U0494376

指向语文核心素养的教学研究

崔嵘◎主编

中国友谊出版公司

图书在版编目（CIP）数据

指向语文核心素养的教学研究 / 崔嵘主编 . -- 北京：中国友谊出版公司，2024.3
ISBN 978-7-5057-5755-4

Ⅰ. ①指… Ⅱ. ①崔… Ⅲ. ①小学语文课—教学研究 Ⅳ. ① G623.202

中国国家版本馆 CIP 数据核字（2023）第 226088 号

书名　指向语文核心素养的教学研究
主编　崔　嵘
出版　中国友谊出版公司
发行　中国友谊出版公司
经销　新华书店
印刷　晟德（天津）印刷有限公司
规格　787 毫米 ×1092 毫米　16 开
　　　32 印张　400 千字
版次　2024 年 6 月第 1 版
印次　2024 年 6 月第 1 次印刷
书号　ISBN 978-7-5057-5755-4
定价　96.00 元
地址　北京市朝阳区西坝河南里 17 号楼
邮编　100028
电话　（010）64678009

编委会

主　编：崔　嵘

副主编：刘为群　王化英

编委会：

柏春庆　高春杰　谷凤霞　蒋杰英　孔凡艳　李新会
刘　利　马　妍　尚红艳　宋继东　王凤红　王云阁
杨红兵　袁红娥　张东岭　张立娟

学术指导委员会：

张维佳　崔增亮　李禄兴　吴　琳

学术助理：

刘启航　苏萌萌

前 言

近年来，语文教育作为课程改革的重中之重，面临着来自社会发展、课程改革、教材变化等方面的诸多挑战。语文课程也在经历着系统化、结构化、科学化的重构。语文核心素养、统编教材、单元整体教学、学习活动、线上教学、跨学科整合等成了语文教育的高频词。但语文课程致力于引导学生热爱国家通用语言文字，培养语言文字运用的能力，为学生学好其他课程打下基础的奠基作用没有变；语文课程在培根铸魂、落实立德树人的根本任务中所具有的不可替代的优势没有变。因此，如何开展守正创新的语文课程改革是语文教育工作者都在认真思考并积极探索的问题。

北京市语文现代化研究会作为从事语文现代化研究的学术团体，始终密切关注小学语文教育教学的时代发展，以服务首都基础教育，引领并推动小学语文教育的研究发展为己任，努力搭建语文教师专业成长的学术平台，受到了广大教师的欢迎。

2021 年，学会召开了第八届年会。本届年会以“领悟统编教材理念，强化核心素养养成”为主题，聚焦“语文核心素养的形成与发展、单元整体教学、学习活动设计、语文评价研究、跨学科整合”等语文教学中的热点问题，在理事单位的小学语文教师中征集了教学论文、教学录像、说课视频等多种形式的实践成果，展示了这些“小语人”对语文教学的孜孜追求。为进一步发挥学会的辐射与引领作用，将学会开展的教学与研究惠及众人，使更多的教师了解小学语文的研究动态和成就，深入理解统编版教材编写理念，同时也为增强小学语文教师之间的交流与借鉴，分享教育智慧，经过多方推选，编委会从这些教学论文及教学设计中精选了部分优秀作品，结集为《指向语文核心素养的教学研究》《基于单元的语文教学设计研究》两书出版。

学会始终秉持以研究助推专业成长的理念，鼓励并支持小学语文教师结合日常教学，开展实践研究。《指向语文核心素养的教学研究》便是这样一本凝聚了近百位语文教师的研究智慧的论文集。本书分为六大板块，各板块内以作者姓氏音序排列，内容涵盖学习活动设计、学习评价实施、单元整体教学、整本书阅读教学、跨学科整合及作业设计等语文教育的热点问题，总结了教师们在促进学生语文素养的形成与发展方面的探索经验。

与语文教育改革同频共振是本学会发展的目标之一。为此，学会始终号召广大语文教师在课堂教学中不断改革，勇于创新。自统编教材使用以来，越来越多的教师认识到实施单元整体教学是用好统编教材的关键。《基于单元的语文教学设计研究》旨在以单元整体教学作为深入研究统编教材的切入点，收录了 83 位教师的教学设计，汇聚了他们在识字教学、革命文化教学、文体教学、阅读策略教学、习作教学以及语文综合性学习单元教学等方面的教学成果。本书共分六大板块，各版块内按教材册次及单元顺序排列，相同的教材篇目以作者姓氏音序排列。

两本书的结集出版在一定程度上见证了北京市语文现代化研究会各理事单位在小学语文教育改革之路上的探索，促进了小学语文教师的专业成长与发展，也昭示了我们未来的发展方向。

由于时间仓促，难免有疏漏，请予指正。同时，因版面有限，还有许多作者的优秀论文及教学设计未及收录，颇为遗憾。衷心期待未来能有更多、更新、更好、更深的作品出现。

感谢学会领导的关怀与指导，感谢常务理事们的大力支持，感谢各理事单位的积极配合，感谢各位作者的辛勤付出，感谢所有为此书编辑出版而辛苦工作的同仁！

编者

2022 年春

目　录

学习活动设计

学习评价

作业设计

跨学科整合

整本书阅读

单元整体教学

学习活动设计

运用思维简图，提升学生习作思维的策略研究

北京市西城区宏庙小学
常倩颖

摘要：

众所周知，学生的语言表达和思维的发展有着密切的关系。因为语言本身就是思维的一种表现，也是思维的外壳。习作的完成正是学生语言综合能力的实际运用过程。因此，我在习作教学中采用思维简图的形式，帮助学生发散思维，收集更多的信息，更好地进行习作，逐渐使学生乐于习作、会写习作、写好习作。

关键词：

思维简图；习作思维；策略

众所周知，学生的语言表达和思维的发展有着密切的关系。因为语言本身就是思维的一种表现，也是思维的外壳。语言表达能力的提升体现了思维能力的发展。语言表达的准确性、条理性也体现着思维的清晰和严谨，语言的连贯性体现着思维的逻辑性，语言的多样性更是体现着思维的丰富性。完成习作的过程正是学生语言综合能力的实际运用过程。因此，我在习作教学中注意对学生思维水平的培养与提升，希望让学生乐于习作、会写习作、写好习作，从而发展学生的语言表达能力，促进思维能力的培养。

一、聚焦习作中的问题

现在的学生在写作文的时候素材匮乏，有的甚至一件事情反复写了很多次，我想这是因为学生的经历太少，才造成这种情况出现。所以我认为习作教学中应该让学生有所体验，让学生在活动体验中积累习作的素材，通过学生的相互交流和教师的重点指导，最终完成习作。对于绝大多数中年级学生来说，

从对习作陌生、无从落笔，到愿意动笔且有的可写，是一个自然过渡的轻松过程。但是，为了让表达更有条理，意思更明确，描述更准确、更具体、更精彩，写作时就需要继续提升学生的思维能力来运用、组织好语言。这对于老师的“教”和学生的“学”都是需要提升的重点和难点。

二、利用思维简图推动学生思维

（一）中心突出

学生在完成习作之前，依据习作的命题，结合思维导图所具备的特点，将主题放置在思维导图的中心位置，再以此为中心，向外延展不同内容的分支，逐层展开，层级的呈现更加明确了围绕一个中心思考的所有内容之间的关系，在丰富内容的基础上，也能始终围绕中心延展开来，以突出中心。

（二）思维发散

中年级学生最常接触和使用的是放射形的思维导图。学生把思维的焦点集中在中心焦点词上，然后从中心词语开始，结合自己的经验和生活积累等进行思维联想和搜索，得到与中心相关联的下一级内容。分支和中心之间以线段相连，形成围绕中心展开的一级思维导图；以一级分支中的内容为新的起点，再进行联想，完成下一级的分支内容。这样依次向下张开，最后形成内容丰富、层级分明的思维导图。从中心出发，逐步进行联想，促进了学生围绕核心问题去展开想象。放射形的结构也更能促进学生思维的连贯性和发散性。

（三）脉络清晰

由于思维导图是以中心为起点，将相关的内容以核心词的形式展示出来。每一层内容和每一分支内容都存在着内在的联系。所以，学生可以借助思维导图把自己的思路梳理清楚，将原来分散的内容进行有目的的归纳和提炼，为完成习作提供更有价值的素材，同时，也可以更加明确所有分散的联想内容之间的关系。

（四）不断补充

学生在思维导图的设计过程中思维是发散的，想到哪里写到哪里，围绕同一个中心，形成了较为开放的思维网络。这样的网络从任何一个中心出发可以向任何方向进行延伸，所以学生可以根据写作需要，在构思中不断地进行修改和补充，不断地完善写作内容，以达到更好的效果。

三、习作中思维简图的运用策略

（一）丰富素材

生活中可以用于习作的素材比比皆是，但是学生在提笔时总是会有点不知所措。有哪些内容可选，选取哪些内容为佳，或多或少地成了学生完成习作时的第一个小难题。所以，要让学生在写作前明确主题，找到核心词，以此作为思维导图的中心点，然后，围绕中心词（中心题材）结合自己的生活体验和积累进行自由想象，并以关键字的形式记录相关要点，以此来丰富写作素材，打开思路。

例如，教师在指导学生对某一物品进行描写时，可以看到学生开始拿到这个题目时，会根据自己的经验产生很多想法，但内容相对来说比较杂乱。而利用思维导图的放射性结构，教师有意识地引导从“学习用品”“体育用品”“厨房用品”等角度展开联想，学生就能大胆地围绕主题想开去，按照一定的规律来罗列出自己喜欢的各种物品，如“毛绒玩具”“小闹钟”“水壶”“笔袋”……此时，学生的思路已经打开。教师适时通过组织学生进行小组讨论，明确自己要介绍的方面。接着再去收集相关的信息，不断地添加在分支上，丰富素材的内容。如图所示：

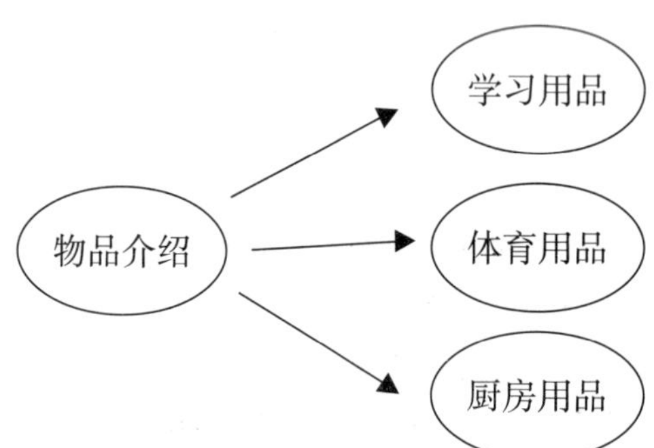

可以说，思维导图为习作拓展寻找素材空间提供了多项选择，让学生在习作的过程中有了最佳选择。在写写画画的过程中，思维的灵动随时闪现，思维不再受约束之困。经过思维导图的梳理，学生的头脑中可选素材的范围变广了，可写的内容变多了。同时，学生在不断地思考“中心点”辐射出去的内容时，个性化的思维成果也得以彰显。有了导图的清晰展现，材料的选择也更有目的性、科学性，效果自然更佳。

（二）梳理思路

学生的思路打开了，想写的内容丰富了起来，但是如何按照一定的思路写下去，使作文条理清晰、主题突出，对于大多数学生来讲是很有难度的。因此，在通过思维导图确定主题之后，就要带领学生理清写作的思路。当学生头脑中已经有了很多相关的信息时，我们要帮助他们把这些信息按照一定的顺序排列起来，也就是把文章的框架建立起来，学生的困惑也迎刃而解了。

1.写事文章的思路梳理

写事的文章从头到尾记叙事件，对小学生而言，主要是要求把事情的起因、经过、结果或发生、发展、结局写完整。这时就必须考虑哪些先写，哪些后写，按照顺序一层一层地写清楚，才能够让人看清楚，读明白。

顺叙，是按照事物发生、发展的先后次序进行叙述。这样写，可以让读者按照时间的顺序来了解整件事情的发展过程，顺应读者的思维，让读者更能够接受。这是小学生最常见也最容易掌握的。

如在习作《记一次游戏》中，我提前让学生从家带来配置好的泡泡液，利用中午的时间，全班同学一起在操场上吹泡泡，有了这样的亲身体验，回到教室后，再让学生利用思维导图进行梳理，这时我发现学生的思维彻底被激活，如图所示：

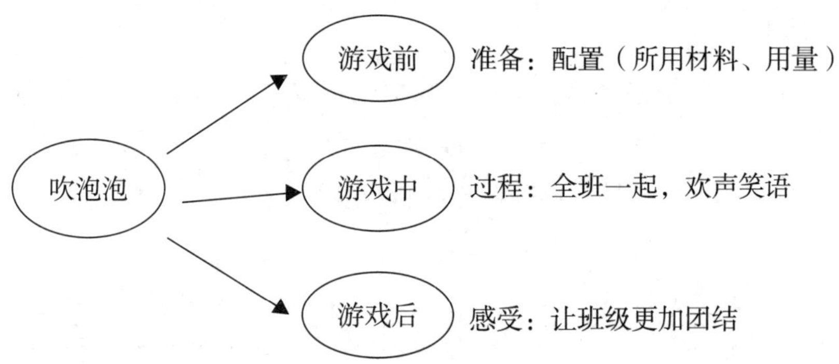

2.写人文章的思路梳理

在记叙文中，既有人，也要有事，因为人和事是相依相伴、密不可分的，这时候我们就要去关注题目的要求。要求写人的题目，文中所写的事一定是为了塑造人物形象、性格品质而服务的，即通过一件或几件事来表现人物一种或多种品质。这一模式如图所示：

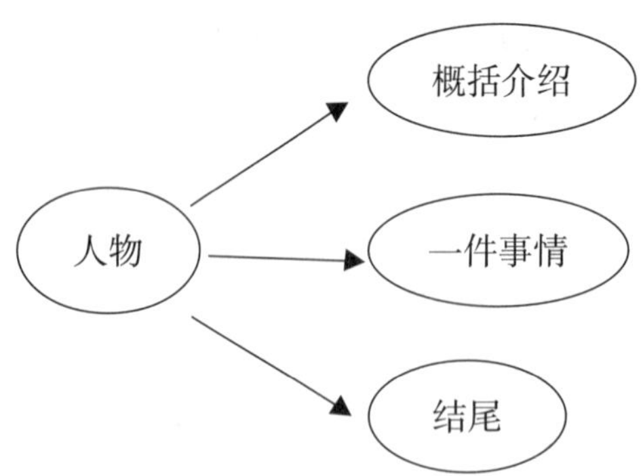

3.写物文章的思路梳理

写物，就是具体、形象地描写物体的形态、色彩、质地等特性。这个“物”包括没有生命的物，也包括动物、植物等有生命的物。而对有生命与无生命的“物”进行描写，应该有所区别。

以《我的动物朋友》为例，这类文章以描写为主，习作时通常用准确的语言先对事物做个整体介绍，再各个部分进行进一步的特征描述，使读者读了文章后，对该事物有个大致的了解。这一模式如图所示：

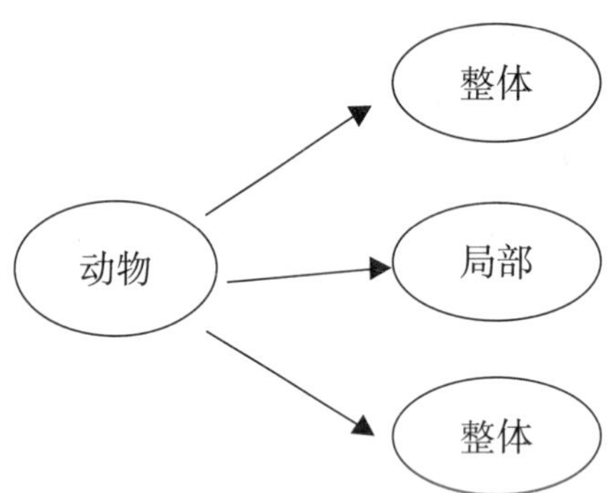

在有了这样的描述之后，本篇习作还应补充动物朋友与“我”的联系，比如“它”与“我”的互动，“我”的喜怒哀乐会对“它”造成怎样的影响。而在写无生命的物时，可以提及它们对我们的帮助。

（三）丰富语言

在明确了“写什么”“怎么写”之后，文章的基本框架已经形成。但是学生依据这个思维导图只能搭建出文章的骨架，“血”和“肉”是需要进一步填充的，而这也是最难、最关键的一步。所以此时要充分把思维导图利用起来，继续增加子分支，并把相关具体的内容也要罗列出来。比如：可以将某个关键词继续展开，然后合理调配，这样我们把思维导图变成文章的时候更加便利，同时也让我们的文章的“血肉”逐步出现。

如学生习作《推荐一个好地方》一文，教师可以引导学生从“好词好句”“修辞方法运用”“资料引用”等多个角度去搜索相关的语言信息，将其罗列在各个思维导图上。

1.好词好句运用

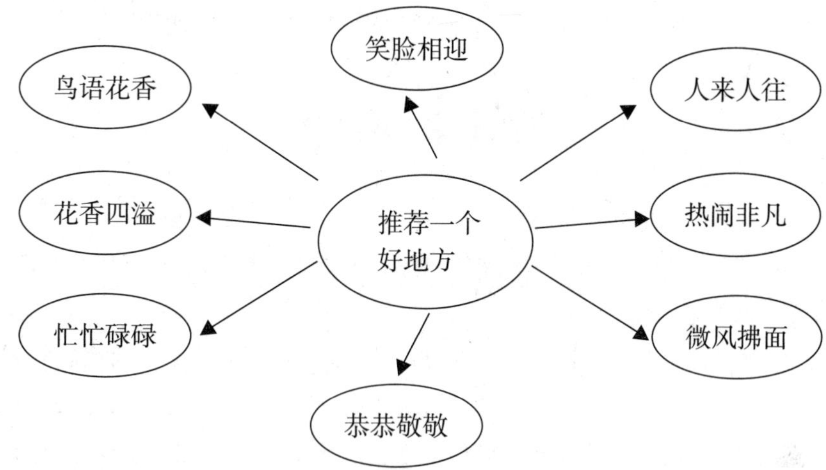

2.修辞方法运用

这一步骤不仅让学生将有关的语言信息做了清晰的梳理，还为自己最终的书面习作准备了许多有用的、可供参考的优质语言资源。可以说，思维导图将学生的课堂学习和生活中的积累整合了起来，让学生在习作前有了一个全盘的考虑，不仅帮助学生明确了“写什么”“怎么写”，还让学生清楚地知道用上哪些词句使文章更具体、生动。

综上所述，运用思维导图的方式，在习作开始之前帮助学生丰富素材，筛选核心内容，明确写作方法和顺序，弄清详略布局，运用好词佳句提升语言表达的条理性、准确性、生动性都是有一定帮助的，从而使学生的写作思路更加清晰、具体，促进学生习作思维水平的提升。

参考文献：

[1] 赵国庆 . 思维导图 [M]. 北京：北京师范大学出版社，2015：2–15.

[2] 中华人民共和国教育部 . 义务教育语文课程标准（2011 年版）[S]. 北京：北京师范大学出版社，2012.

[3] 孙晨洋 . 思维导图教你学小学语文 [M]. 北京：化学工业出版社，2020：143.

[4] 叶圣陶 . 给孩子的写作课 [M]. 长沙：湖南文艺出版社，2018：47–61.

“共生”理论视角下习作教学的研究与实践

北京市西城区厂桥小学
谷利新

摘要：

以“共生”为核心，通过教师和学生之间、学生和学生之间生活经验的互相激活，写作体验的互相交流，写作经验的共享，达到共生共长。作文教学作用于学生的写作过程，有效地帮助学生形成良好的写作意识，把握写作的基本规律，努力使教学从师生的“共享”走向“共生”。这种共生是一种无意识下的主动学习，学生的学习兴趣被激发，成为一种探索后的生成。本文尝试从共生概念的阐述与认识去探寻习作教学的规律，初步从读写共生、细节共生、思维与能力共生几个维度探索共生习作教学，促进语文学科素养的有效落实。

关键词：

共生；共享；写作策略

一、共生的要义

“共生”一词，并不陌生，各种文章中经常出现，但作为一种教学思想还不多见。两种不同的生物生活在一起，相依生存，对彼此都有利，这种生活方式叫作共生。在共生关系中，一方为另一方提供有利于生存的帮助，同时也获得对方的帮助。

教学中，我们又该怎样理解呢？“共生”，顾名思义，即共同生存、共同生活、共同发展。共生的写作教学，就是追求教师和学生之间、学生和学生之间互相激活与共生共长。教学过程是师生交往—积极互动—共同发展的过程。在这个过程中，师生分享彼此的思考、经验和知识，交流彼此的情感、体验和观念，师生在互动中生成，在生成中发展。在这个教学系统中，学生要做的是学会“分享”。分享目的，首先在于唤醒，唤醒学生的生活经验、写作经验、情感认知；其次，能够把已有的生活情景、故事情境、想象内容等再现于脑海；再次，在分享的过程中教师提供必要的教学支架，帮助学生在原有写作经验上形成新的写作经验，从而不断丰富学生的表达，提升语文素养。

教学中我们努力创设多种语言实践活动，引导学生积极参与教学，努力让学生的认知体验促发其他学生的认知体验，以老师的认知经验帮助学生认知体验的形成，老师不是“教”者，学生也不是“学”者。老师与同学同时作为学习参与者进行学习体验的交流，双方在一种融洽的氛围中共生出对文本的认知体验，潜移默化地提高语文能力，提升语文素养。这种互动共生是一种无意识下的主动学习，学生的学习兴趣被激发，教学策略的形成不是教师“抛售”，也不是学生被动认识，而成为一种探索后的生成。

二、共生的实践

我们研究“共生写作”，就是关注写作过程的互相激活，写作体验的互相交流，写作经验的共享，有效地帮助学生形成良好的写作意识，把握写作的基本规律，灵活运用写作知识和写作方法，掌握适当的写作策略。对“共生”教学的研究立足于以下三点：

第一，立足学生的原初体验进行教学决策。学生的原初体验是在初次了解写作内容上生成的“原初理解”，是结合自己的生活经验对问题初步认识，是学生习作的起点，建立在此基础上的教学才能充满生机和活力。

第二，以言语活动为价值取向，着眼于学生基本言语能力的提高和发展。研究“共生”就要思考如何让学生有效动起来，真正成为学习的参与者、实践者、创造者，让学生感兴趣于这门学科。基本策略是让学生“亲历”和“历练”，讲求“以语言带动内容”，融工具性与人文性于一体。

第三，定位学生的学习成长作为教学追求的归宿。教学应以文本为平台，以语言活动为主要形式进行教学互动，以指向学生的语言成长这一目标。这就要求教学中要保证学生在课堂中的读写过程，努力为学生的学习过程服务。

我们暂从下面三个角度简述共生教学方式的尝试与思考。

（一）读写共生

读写共生把读的过程和写的过程紧密结合起来，从而提高学生的写作能力。读为写提供一个具体的话题，一个写作情境，一个典型的借鉴，通过读与写交替、交融的共生活动，促进学生对写作策略的认识与生成。具体操作流程就是通过提供共生话题，在交流中形成问题情境，学生在互动交流、经验分享中再现生活情境与联想画面，完成针对文本的写作训练，形成一种写作策略的认知。比如《绘本写作〈圣诞爷爷的新雪橇〉》这节课的教学就努力构建一种读写共生的习作教学。

《圣诞爷爷的新雪橇》是一个绘本故事：在圣诞村，就在圣诞节前两天麋鹿生病了，修理工通过一夜的工作制作了一辆新雪橇。圣诞爷爷又可以在圣诞节当天给小朋友送礼物了。

这节课安排了三次写的训练。第一次，教师引导学生猜想“圣诞节前一周，圣诞村里的小精灵们都会忙些什么？”教师引导学生运用“有的……有的……还有的……”句式把话说完整。

第二次写话，放在兽医师告诉圣诞老人麋鹿生病，无法完成拉着雪橇送礼物的任务时，教师引导学生猜想圣诞爷爷听到兽医师的话会有什么反应，描述圣诞老人着急的样子。教师提示想象人物的语言表达、面目表情，通过演一演将动作、神态结合在一起。学生的写作生动地再现圣诞老人着急的样子，虽然老师在教学过程中没给学生贴上各种写作方法的标签，但是，动作、语言、神态等描写方法在学生的语言中展现出来，说明学生正在逐步感知描写人物的方法。之后一起继续阅读，对比作者的描写，学生很容易发现自己与作者在描写上是一致的，都运用了描写面部表情、语言和动作的方法来表现圣诞爷爷很着急，这是一种写作策略的共生。

第三次，猜想“修理工叔叔设计的新雪橇会是什么样子”。写出来之后通过阅读绘本原文，感悟作者的写作方法，然后修改自己的原作。

在这几段教学中，绘本提供了一个学生感兴趣的话题，教师创设出一个个具体的写作情境，调动学生的生活经验，学生经验的相互共享丰富了写作内容。学生关联写作知识，想象具体情境，借鉴写法，安排组织语言，教师的指导化于无形，交流互动中师生共同生成对写作策略的认知与理解并加以运用，从而提升言语表达能力。

（二）细节共生

细节是学生习作中“写具体”的最大困难，绝大多数学生作文的瓶颈都在细节。我们认为描写细节的方法重点不在老师的传授，而在自身的实践习得。唤醒学生已有的生活经验、写作经验，在写作的过程中与老师、同学进行互动交流碰撞，产生新的认知，从而形成新的写作经验，进而能够通过细节让表达变得具体，是为细节共生。从操作层面，细节共生可以经历这样一个教学过程：

第一，借助学生习作、生活现象等内容形成共生话题，诱发思维碰撞。

第二，提供教学契机，经验分享，观点分析，放大细节，形成写作经验。

第三，提供、形成教学支架，使学生经历言语表达具体化的过程。

我们用一个案例来说明细节共生的实施教学的过程。

运动会是学生习作中经常用到的素材，但是在学生的笔下，大多数学生的运动会比赛项目是简单而粗略的。不具体是其中的关键问题。把活动写具体作为教学的一个重点，结合学生实际，主要经过这样几个环节来让学生感悟习作的方法：

1.知晓篮球比赛24秒进攻规则，观看24秒篮球视频。

2.观看篮球动画片的一个进攻过程，感受艺术创作时间的拉伸。

3.对比发现。引导学生发现多出来的时间多在何处。

4.交流共生。交流共生得出艺术创作的方式方法。

通过两段视频的比较，学生发现动画片的24秒进攻被放大、放慢，夸张到3分钟、5分钟甚至更长，这是产生疑问的共生原点。通过交流，可以明确动画片之所以时间延长如此之多，是增加了无数的内容，比如增加人物、主人公特写镜头、周围的变化、运球过程等。正是这些内容，让一个24秒的进攻充满了紧张、刺激、悬念，这是艺术创作的方法。这是重要共生环节，学生要发现艺术创作的方式方法，并从观看动画片获得的经验进行迁移，形成描写活动的习作经验，同学相互碰撞、启发，形成习作共识，从而生成新的写作经验。

（三）思维与能力共生

想象是思维的一种呈现方式，在语文学习中起着重要的作用。我们通过想象促进学生言语表达能力的提升。我们来看一个二年级“看图写话”的教学尝试。指导写话，老师通常采用“做标注”的方法进行搭框架的教学。带领孩子标注“人物名字”，写事的图画引领学生标注“看到、想到、说到、做到”等基本信息内容，帮助学生理清写话整体思路。尽管学生具有一定的观察意识，能发挥想象，写出几句连贯的话，但作文的重点部分描写总是过于简单，三言两语，不够具体。这从一定程度上说明，我们“替”学生总结出的方法、策略并没有为学生所理解。我们意识到习作的方法应该是孩子们在细致观察图画和相互交流中不自觉地调动出以往的生活经验、阅读经验，再一点点感悟理解到的，只有细致观察图画、与生活经验相结合、调动自我阅读中的体验与积累，展开丰富的想象，才能把文章写生动、写具体。

比如看图写画《观鱼》的指导，主要经历这样一个教学过程：

1. 图上有什么？都在做什么呢？
2. 你们觉得小男孩喜欢这两条金鱼吗？
3. 为什么他这么喜欢小金鱼啊？
4. 联系生活实际，想象小金鱼会做些什么。

从这四个教学环节分析看图写话教学策略的生成：首先是学会观察整体；接着确定写作的主要对象，把小男孩对金鱼的喜爱转化为具体的人物表现；然后，展开描写，学生至少可以结合图片想象金鱼的样子，想象它们的动态，想象金鱼的活泼，结合生活实际再现与金鱼一起生活的情境；最后，想象再现画面。这个教学环节，借助思维发展中想象的维度，围绕“怎样漂亮”，寻找漂亮的体现，围绕“怎样活泼”，寻找活泼的表现，带领学生关联生活，关联认知，充分发挥想象，让美丽活泼的金鱼生动地再现于脑海。师生、生生相互启发，碰撞出作文的思维，使学生在参与中能清楚地明了文章写作的过程，逐步累积写作经验。

这些教学的尝试仅仅是改变的一个小小开始，要在写作教学中真正创造出自由、轻松、开放、包容的环境，值得我们去思考、摸索、探究、实践的内容还有很多。教师与学生的“共生”作为一种新生事物毕竟还处于发展状态，它还需要更为完善的理论建构与更为丰富的实践成果。最终，形成一套通过言语实践有效提升学生语文素养的策略，建构一种互动式师生共同生长、成熟、发展的教学形式。

参考文献：

[1]中华人民共和国教育部.义务教育语文课程标准（2011年版）[S].北京：北京师范大学出版社，2012：23.

[2]黄厚江.还课堂语文本色[M].北京：教育科学出版社，2012：267.

[3]王荣生，邓彤.写作教学教什么[M].上海：华东师范大学出版社，2014：12.

[4]黄厚江.语文教学的原点[M].江苏：江苏凤凰教育出版社，2011：101.

探究基于核心素养的语文教学实施策略

首都师范大学实验小学
高艳

摘要：

有价值的课堂能促进学生真实学习的自主发生以及将所学知识与生活产生联系，成为促使师生持续发展的积极影响因素和重要平台。在语文教学过程中，为了更加扎实地提升核心素养，为学生形成可持续的学习能力做好积淀，我们可以采用如下策略：建构学习模型，即要引导学生建构一个解决问题的基本思路，然后运用这样的策略去尝试着解决问题；实施深度的合作学习，即引导学生探索、发现，提炼知识背后的思路与策略，生成真实、有挑战性的学习任务，通过个体或小组学习解决真问题；进行交互性分享，即在分享中帮助师生实现对问题的再思考，对内容的再丰富，对知识的再加工，对过程的再论证，这样的对话才是思维的对话，才是高质量的对话。

关键词：

核心素养；语文教学；实施策略

核心素养指的是正确的价值观念、必备品格和关键能力。为落实核心素养，教师在学科教学中要关注以下几点：第一是学习能力；第二，要有担当意识；第三，要有科学精神；第四，要有创新精神；第五，要有健康的身体；第六，要有人文底蕴。在课堂教学中，我们不仅要关注学生的认知性素养，还需要关注学生的社会性发展与自主性发展，从而真正走向跨学科、情境化及问题解决的教学变革。语文核心素养是学生在积极的语言实践活动中积累与建构起来的，并在真实的语言运用情境中表现出来的语言能力及品质。加强核心素养与语文教学的结合，能够更好地促进学生的成长与发展。

好的教学要关注学生真正的学习起点，要在课堂上创设多种机会，让学生在自主探索的过程中，进行深入且充分的学习和交流，从而获得活动经验，理解并掌握知识、思想和方法。

真正有价值的课堂，要能促进学生真实学习的自主发生以及将所学知识与生活产生联系，要想办法将教学和学习历程变成促进师生持续发展的积极影响因素和重要平台。在这样的学习过程中，学生结合自己的目标进行合理的规划，用适合自己的学习方法展开学习，最终提升自主学习、自主管理、自主总结和反省等多种能力，从而促进学习和未来发展。

在语文教学过程中，为了更加扎实地提高核心素养，构建实现学生真正成长的课堂，为学生形成可持续的学习能力做好积淀，我们可以采用如下策略。

一、建构学习的模型

教师一定要引导学生在学习的过程中学会解决问题，从中真正提升学生的核心素养。但是，在教学实践中，我们却发现有些课堂存在着这样的情况：

教师对问题的思考不够深入，表现在一方面是问题提得不够清晰、准确；另外一方面是问题指向什么，教师自己也不是很明确。

问题提出后，学生用什么方法来解决问题，教师没有深度的关注。主要表现在过早地让学生开始学习或进行讨论，而忽略了学生是否能去解决。究其原因，更主要的是教师自己都没有明确的思路，就更谈不上给学生提供适合的、可操作的学习方法了。学生没有掌握解决问题的方法，在新的学习中就无法独立解决新的问题。

课堂上提出有深度的问题特别重要，这就需要教师基于单元整体设计的基础上明确：为什么提这个问题？这个问题的价值和意义是什么？需要创设什么样的情境来提出问题？这个问题指向什么？如何解决这个问题？

第一，能够拓宽学生思考空间的问题才会让学生有兴趣，才会积极地参与其中。教师要引导学生，在明确问题后，先建构一个解决问题的基本思路，然后运用这样的策略去尝试着解决问题。这其实就是一个建构学习模型的过程。

比如，在《金色的草地》教学中，老师提出这样一个问题：土地的颜色在一天中发生了哪些变化？看似简单的问题，但是如何准确地获取相应的信息，需要学生快速地捕捉到：这个问题是要找变化，所以一定是之前和之后有什么不同。要想解决这个问题，可以运用对比进行梳理。有了这样一个基本的思路，学生才能开始有质量的学习。在实践过程中，学生会自主地发现这样的思路是否可以解决问题，从而在总结的过程中，变成一种学习的方法。一旦掌握了学习的方法，学生才会逐步形成学习的能力，从而去解决新问题。

第二，在低年级教学中，学生由于知识储备较少，学习能力相对较弱，需要教师放慢脚步，提供一些学习的支架，即给学生一些思考的提示、学习的步骤，引导着学生逐步去学会如何构建这样的模型。随着年级的升高，学生会发现总结一些新的方法。随着学习的不断深入，教师提供的支架应适当地减少或撤出，让学生自己去寻找支架，自己去总结方法，直至建立起一个适合的学习模型。有了前期扎实的训练，学生就能在总结规律的过程中慢慢形成适合自己的解决问题的策略。虽然这样的过程可能会很漫长，需要把学习的战线拉长，但是这样才是真正地从教到学。构建学习模式的过程将会对学生的核心素养形成起到重要的推动作用。

二、实施深度的合作学习

在语文教学过程中，教师要深刻地认识到，学生在合作学习的过程中将会分享阅读资源，交流阅读问题，汲取彼此的阅读经验，在总结自己和他人的阅读失败教训中，强化阅读技能，让阅读能力和核心素养不断攀升。

在日常教学中，我们要努力彰显学生学习的主体作用，要力求凸显自主发展素养。教师要引导学生在已有学习经验的基础上去发现、探索，形成有挑战性的学习任务，搭建合作的学习平台。在合作的过程中，要引导学生注重提炼知识背后的学习策略。我们要在课堂中努力创建师生、生生生命相遇、相互依存、相互促进、相互成长的学习过程。合作的过程也构建起课堂中积极、向上、和谐、社会性的学习生态场。这样的学习才是有质量的合作学习，才能彰显出蓬勃的生命力。

比如在《花钟》一课，老师在学生调研的基础上针对第一段的学习设计了学习单：结合课文内容梳理出不同时间、不同的花开放的状态；然后进行观察，看看发现了什么。学生在自主学习后，四人一组展开了讨论。在这一过程中，每人承担的任务不同，有主持人、记录者、发言人、提问人。在清晰的学习任务推动下，四个人各司其职，结合学习单进行了充分的讨论，尤其是针对发现了什么互相启发。在小组学习的基础上，进行了全班的合作学习。学生在彼此的发言中进行归纳，很快就总结出：不同的花开放时间不同；开放的状态不同；文中第二句提示了这一段的主要意思。从小组合作到班级合作，两次有梯度地合作学习，帮助学生梳理内容，概括表达方法，循序渐进，在分享、评价、质疑、辩论的过程中，学生的思维水平得以提升。

三、进行交互性分享

沟通过程不仅包括信息发出者的表达与信息接收者的倾听，同时还包括对信息的反馈。思维对话包括两个层次：低层次的思维对话更多的是侧重于信息的直接呈现与浅层交流；高层次的思维对话重在信息的“对接与重组”，更关注的是思维的碰撞与智慧的共生。分享是引发高层次思维对话的一种方式，也就是深度对话。交互式分享是深度对话不可或缺的元素。

交互式分享具有补充、完善、修正、扩展、提升等特点，可以帮助师生实现对学习内容认识逐渐丰富，对问题展开深度思考，对学习过程深入论证，对知识进行再次加工。这样的对话才是思维的对话，才是高质量的对话。

语文课程内容丰富多元，这也决定了思考层面将会从多角度展开。每个学生不论是生活经历还是阅读储备，都存在着差异。每个人对文本的感悟程度和探究深度也有差别，在学生讨论中就会出现多维度的理解，这将对学生起到潜移默化的影响。在语文阅读教学中，教师就要引导学生尊重差异，鼓励学生多维度思考，多元化探究；提示学生不是简单地把自己的想法告诉大家，这样的交流没有价值和意义，因为没有智慧碰撞的分享，不能激发起思维的活力，要努力形成相互分享—乐于审辨—敢于评价—勇于探究—懂得总结—应用生活实践这样的学习观念和思维方式。

如《穷人》一课，学生在交流反馈时安排了如下环节：1.陈述本组观点及理由；2.其他同学针对发言小组的观点进行提问，发言小组进行解释说明；3.发言小组总结归纳，并提出自己的新问题，请其他同学进行说明。4.自由发言。这样的交流在生生之间进行了两轮，不仅要求发言者要言之有序，言之有物，还要及时把合理的建议进行吸纳；倾听者不仅要听明白发言者的主要内容，还要进行相应的补充或完善。

在上课过程中，要努力实现生生互动，很重要的一点就是老师要有清晰的思路和对事情的结果的判定标准，老师要及时地对分享的节奏、内容、方向进行适宜的调控，要让大家积极思考，参与评价。老师在过程中要及时把控讨论的方向、思维的多维，不要轻易打断学生的发言，要注意保护学生思维的连贯性和流畅性。当出现方向性问题的时候，老师要及时纠偏；遇到困难无法解决的时候，老师要适时提供学习的资源。在语文学习过程中，老师要注意把握节奏，该热情讨论就积极谈论，该入情入境地朗读就要静下心来读书。

总之，在语文阅读教学中，每一个教师都需要明确核心素养的教育目标，致力于对学生文化理解能力、审美鉴赏能力和思维能力的培养。因此，语文教师要能够积极创新教学方法，打破传统教育的局限，通过教学方法创新和理念创新来强化教学效果，促进学生的全面发展。

参考文献：

[1] 刘月霞，郭华 . 深度学习：走向核心素养 [M]. 北京：教育科学出版社，2018：19.

[2] 马福兴 . 成长课堂 [M]. 北京：首都师范大学出版社，2020：17–33.

[3] 中华人民共和国教育部 . 义务教育语文课程标准（2011 年版）[S]. 北京：北京师范大学出版社，2012：9.

[4] 引自牛玉玺 . 单元教学整体设计培训中的发言 .

让阅读变得有声有色
——把握朗读切入点，提升阅读能力

北京市通州区教师研修中心实验学校

霍丽娜

摘要：

学好语文离不开大量的阅读。通过读书，让学生入情入境，体会语文学习之美；可以感受、揣摩、体验、感悟，与课文对话，与作者交流，在思维与灵魂的碰撞中张扬学生个性。这里的“读”既包括朗读又包含阅读。那么，怎样才能使朗读和阅读相互促进、相得益彰呢？这需要教师在教学中抓住学生朗读学习的切入点，感悟语言文字的真正魅力。本文通过三个方面展开叙述：师生同读，激发朗读兴趣；扎实训练，夯实朗读基础；持之以恒，满足阅读期待。以此来提升学生的阅读兴趣，并制订长期可行的计划进行训练，持之以恒地推进课内外阅读。

关键词：

朗读；阅读；培养兴趣；扎实训练

《义务教育语文课程标准（2011年版）》在阅读教学建议中提出：“阅读教学是学生、教师、文本之间对话的过程。”这一过程是探究与创新、共享与合作的过程，是激发师生个体生命鲜活，实现师生个体生命成长的过程。语文课上，教师引导孩子们去感受、揣摩、体验、感悟，与课文对话，与作者交流，在思维与灵魂的碰撞中张扬学生个性。叶圣陶老先生也明确指出：“语文课的任务是训练思维，训练语言。”可见，学好语文离不开大量的阅读。通过读书，让学生入情入境，体会语文学习之美。这里的“读”既包括朗读又包含阅读。那么，怎样才能使朗读和阅读相互促进、相得益彰呢？这需要教师在教学中抓住学生朗读学习的切入点，感悟语言文字的真正魅力。

一、师生同读 激发朗读兴趣

叶圣陶先生说："令学生吟诵，要使他们看作一种享受，而不看作一种负担……"这就是说，要想科学有效地进行朗读训练，首先应着力激发学生的朗读兴趣，使他们想读。

（一）教师范读，引领模仿

榜样的作用是无穷的，要激发学生的朗读兴趣，教师的范读起着举足轻重的作用。教师可以在讲读课文前先把课文范读一遍，如果能读得抑扬顿挫、声情并茂，充分吸引学生的注意力，学生就能从教师的范读中获得对课文朗读的第一印象，激发朗读课文的兴趣，然后他们会模仿老师朗读课文时停顿的长短、读音的轻重、语速的快慢、语调的抑扬顿挫进行初步的朗读训练。例如在教学《秋天》一课时，我利用多媒体展示一幅幅画面，并创设情境：蔚蓝的天空中，飘着几朵白云，一群南飞的大雁一会儿排成"人"字，一会儿排成"一"字……美妙的画面很快就把学生带入了情境，然后我伴着音乐轻声朗读，孩子们受到了感染。之后再朗读时，学生们都来模仿老师，他们聆听着自己朗读的声音，静静地享受音乐和读书带给他们的画面感。

（二）朗读竞赛，阅读的原动力

课标指出：语文教学应培养学生广泛的阅读兴趣，扩大阅读面，增加阅读量。课内接触到的阅读材料毕竟是有限的，而课外阅读则是小学生学习语文的有效途径。朗读作为阅读的一部分，教师可以组织一些如配乐朗读、比赛朗读等活动，鼓励学生课外朗读、诵读。通过多样化的诵读形式，学生得到充分的阅读审美享受，从而激发阅读兴趣，提高朗读水平，积累语言。为此，我探索了以下适合低年级学生的"情趣式"诵读法，包括玩读、赛读、唱读、演读等。

玩读。学生做和诵读有关的各种游戏。如背诵《弟子规》之后，老师用"传声筒""扔羽毛""闭上眼睛猜一猜"等学生喜欢的游戏形式，组织学生进行诵读。学生参与踊跃，乐此不疲。

赛读。利用男女同学接力赛、小组赛等方式组织学生进行诵读。比赛中，教师对学生的出色表现及时鼓励，对获胜团队进行适当的奖励。学生们在比赛中热情高涨，学习的效果也就非常理想。

唱读。我校活动课教师会带领学生将《三字经》《春晓》等诗歌经典津津有味地唱出来，这一做法极大地调动了学生学习的热情。

演读。课堂上利用表情、动作、语调辅助朗读，增加趣味，表情的变化、声调的抑扬顿挫等都体现了学生对所学内容的独特感受，加深了学生对文章的体验，增强了记忆效率。

（三）及时表扬，朗读的催化剂

教育心理学研究告诉我们，及时反馈能提高课堂教学效率。对于阅读教学而言，适时地对朗读情况进行评价，既是朗读水平的鉴定，又是对朗读的引导。我想，只要从学生的角度出发，以学生为主体，哪怕是小小的一点进步都要予以肯定，无论是在课堂上的及时肯定，还是课后学生练习朗读时的适度评价，以便对每个学生的均衡发展起到良好的促进作用。所以，无论孩子们的朗读出现了什么样的问题，我都会默默地支持他们，鼓励他们，教育他们，陪伴着他们，做孩子们最忠实的听众。

当孩子们读书有了进步，我和他们这样说："孩子们太棒了！朗读进步真快！一批'小小朗诵家'已经诞生……"有时，我还会说："孩子们读书各具特色，真棒！你们可以向同学发起挑战，而我认为更需要挑战的是你自己，只要肯于坚持，比昨天的自己读书有进步，那么你离成功就又近了一步！"

当孩子们读书出现了错误，我会在班级专用的微信朗读群里这样评价："孩子们读书已经不像一年级水平了，真棒！读错了没关系，但是一定要敢于挑战自我，敢于在众人面前大声朗读！"或者"大家读得真用心，请注意'一会儿'的发音和'清晨林中谁快乐'的停顿！加油加油！"

当朗读成了孩子们的一种习惯时，我这样说："每天的朗读训练，说是在完成学习任务，其实更多的是增强自信、培养语感，时间长了，阅读理解能力自然会有所提升。所以，表扬坚持练读的所有同学！还没开始朗读的同学，赶快加入到我们的队伍中啊，我们期待着！"

所以，无论在课堂上还是在朗读群里，对于有进步的孩子，我一定要把他的成功告诉大家，让同学们夸夸他。对于读得不认真的孩子，我会单独找他提要求，指出不足。当他有了一点点进步时，我再特别地表扬他，使其更有读书的兴趣和意愿。我常常说，"老师一直相信你能够读得更好""你完全可以读好""只是再读得熟练些、响亮些就更好了"之类的话。老师和同学们的评价就是一种良好的心理暗示，让暂时有困难的孩子充满了继续努力的勇气和信心。

二、扎实训练 夯实朗读基础

朗读训练不能一蹴而就，需要长期扎实的训练。按照正确、流利、有感情这三个步骤，循序渐进。首先要读准字音，尤其是要严格要求学生用普通话朗读，让学生反复练习。其次是读出停顿、变化。要求学生在读懂句子的基础上进行。最后，要求学生读出课文表达的情感，读出画面感。在此处指导时，一定要尊重学生的个性体验，不要千人一腔、千文一调，也不要求学生都达到最高的水平。例如在执教《狼牙山五壮士》中，可以利用“添词”的方式体会：

班长斩钉截铁地说：“走！”

班长斩钉截铁地说：“同志们，快走吧！”

将后一句与原句比较读，学生可以深刻地感受到当时的形势多么严峻，刻不容缓，添加任何语句都是多余，朗读时能更充分地表达情感。

又如《鸟的天堂》，可以运用“换词”的方式来体会：

那么多的绿叶，一簇堆在另一簇上面，不留一点缝隙。

那么多的绿叶，一簇长在另一簇上面，不留一点缝隙。

换词后与原句比较品读，就能发现原句更形象地写出了叶子的厚密程度，表现了大榕树旺盛的生命力，此时的朗读就是对大榕树由衷的赞美。

这样鼓励学生读一篇文章可以从不同的角度体会作者的情感基调，揣摩作者及文中人物的丰富情感。这样，学生在朗读中能够张扬个性，大大提高了朗读兴趣，促进了对课文内容的深入理解。

再如，在教学《海底世界》时，由于学生对海底世界缺乏直观感受，我利用多媒体播放风景片段、图片资料，在学生积极回答的同时，我适时地引导：“这么美的海底世界谁愿意给大家读出来呢？”这时，学生的注意力一下子聚焦到了课文上，读书的兴趣也被激发起来，大声地朗读句子，以最佳的状态去读书、感悟，语文学习效率也得到了提高。

三、持之以恒 满足阅读期待

课标要求学生在阅读方面注意“有较丰富的积累，形成良好的语感”。语文的学习是一个长期积累的过程，只有“厚积”，才能“薄发”。学生只有在理解的基础上反复朗读，坚持长期的朗读训练，才能真正做到烂熟于心。这是因为学生语文学习的过程无非是将范文的语言内化为他们自己的语言，从而形成语言储备，然后再运用自己平时积累的语言材料自如地表达自己的认知情感，一旦写作文，只要有内容可写，只要思路清楚，自然有许多句子、许多词语“奔赴”笔下，任其“调遣”。因此，老师要引导学生在朗读课文上下功夫，并注意引导学生在练读中主动积累语言，将自己融入优美的文字之中，通过持续有效的朗读训练，让学生能力得到发展，语言表达更流畅。

学生对朗读有了兴趣才会产生动力，就会努力寻求阅读机会，从中获得阅读满足，产生愉悦的情感体验。这时，我们就可以要求学生广泛阅读，扩大阅读量，满足其对阅读的期待，提升阅读能力。教师可以持续、有目的、有计划地向学生推荐读物，像中外名著、科幻读物、作文选、现当代少儿文学作品等供他们选择，所推荐的读物种类尽可能多样，以满足学生全面发展的需要。教师还可以组织学生对社会上畅销的通俗小说、流行的热门作品（如《杨红樱小说》《爱的教育》等）进行赏读，从语言的准确性、审美性等方面体会语言之魅力，提高学生鉴赏作品的能力。

总之，要使朗读和阅读的训练扎实有效，教师就要用心创设情境，激发学生朗读兴趣，并制订长期可行的计划进行训练，持之以恒地推进课外阅读，想方设法让朗读增色，让阅读发声，使阅读变得有“声”有“色”。

参考文献：

[1] 中华人民共和国教育部．义务教育语文课程标准（2011 年版）[S]. 北京：北京师范大学出版社，2012：23.

[2] 李学勇．试论学生语文阅读能力的培养 [J]. 当代教育论坛，2008.

[3] 程汉杰．程汉杰语文高效阅读教学法 [M]. 北京：中国林业出版社，2008.

[4] 李强．如何提高学生朗读能力 [J]. 读与写（上、下旬），2013.9.

浅析小学语文阅读策略之有目的地阅读

北京市平谷区夏各庄小学

贾小玉

摘要：

六年级上册的第三单元是阅读策略单元。本单元围绕着有目的地阅读这一策略进行教学，重在培养学生根据不同的阅读目的，选用恰当的阅读方法的能力。本文将从以下三个方面阐述如何教学这一阅读策略。首先，理清文章脉络，把握主要内容；其次，根据不同阅读目的，准确筛选阅读材料；再次，教师进行有效的阅读指导时，要突显学生阅读的主体性。同时，教学中也鼓励学生个性化阅读，针对同样的课文、同样的任务，采用不同的阅读方法。

关键词：

阅读目的，阅读策略；有效指导；自主性

传统的小学语文课堂由教师“一统天下”，学生学什么、怎么学，完全取决于教师，学生毫无自主性可言。语文课堂上，教师“胸有成竹”地实施着既定的教学计划，充当着“导演”的角色。学生则按照“剧本”亦步亦趋地读着、说着、做着。如果学生对某个问题的回答不是教师心目中的标准答案，则会被教师无情地否定。如果学生的思维不小心偏离了教师教学设计的轨道，就会被教师生硬地拽回来。一句话，传统的语文课堂上不允许存在与教师课前的教学设计不相容的地方。当今时代，互联网、云数据、人工智能应运而生，驱动着课堂教学的深刻变革。《义务教育语文课程标准（2011年版）》中写道：“阅读教学应引导学生钻研文本，在主动积极的思维和情感活动中，加深理解和体验，有所感悟和思考，受到情感熏陶，获得思想启迪，享受审美乐趣。”为了使学生能够主动地、个性化地和创造性地学习，为了使我们的语文课堂充满应有的生机和活力，教师要引导学生学习并掌握基本的阅读策略，形成运用阅读策略的意识，成为积极的阅读者。

一、理清文章脉络 把握主要内容

有目的地阅读，首先读者要根据自己的阅读目的来选择恰当的阅读材料，对于与阅读目的关联性不强的内容，不需要逐字逐句地细读，只需要蜻蜓点水般一带而过便可，从而减少无关材料和不重要材料对阅读的干扰。与此同时，和问题紧密相连的内容要静下心来认真阅读，必要时要多读几遍，细细斟酌品味，挖掘出文字中所蕴含的有效信息。在细细品读文章时，要选择恰当的阅读方法对文章的内容进行梳理和总结，如圈画关键词、提取关键信息、概括段意、查找资料等，进而深入到文本背后作者所要表达的情感中来，以完成有目的地阅读这一学习任务。

《竹节人》是六年级上册第十课的课文，是一篇叙事性的文章。它回忆了作者童年时代和同学们用毛笔杆制作竹节人，并和同桌在课堂上仍然沉迷在玩竹节人的游戏之中，以致两人手中的竹节人玩具被老师发现并没收，下课后两人想寻回竹节人，结果却意外地发现老师与“我们”一样喜爱玩竹节人。六年级的学生已经有了五年的阅读基础，因此，教师需要让学生们在掌握基本字词知识的同时，整体感知文章的主要内容，理清文章的结构层次，体会文章表达的思想感情。教师在进行第一课时的设计时，重点应放在梳理回忆性记叙文章的脉络、把握主要内容上。

当然，给课文划分段落并概括段落大意，并不是每篇课文第一课时必不可少的教学环节，这只是一种外在的表现形式，用来帮助学生促进阅读的内在吸收。重点在于引导学生理清文章的思路，学习谋篇布局，概括主要内容，这对于提高学生的阅读能力起着至关重要的作用。而在给文章划分段落同时，段落的划分答案并不是唯一的，所谓“仁者见仁，智者见智”，只要学生言之有理、言之有序，教师都应予以尊重。

二、根据不同阅读目的 准确筛选阅读材料

一篇课文是由多部分组成的，阅读任务有时也不止一个。某一个自然段或几个自然段的内容可能只对完成一个相关任务有帮助，也可能对完成两个甚至

多个相关任务均有帮助，我们阅读的时候需要恰当取舍、统筹考虑。如《竹节人》一课的第26自然段，这部分内容字里行间流露出老师全身心地沉浸在玩耍传统玩具竹节人的乐趣之中，同时也是讲一个有关老师的故事的高潮——童心未泯的老师与“我们”一样沉浸在玩竹节人的游戏之中。阅读任务不同，需要关注的文本内容也不尽相同，这就需要反复、多次阅读课文以达到相应的阅读目的。

三、教师有效指导 突显学生阅读的主体性

孩子们的阅读潜能是无限的。语文课堂上的阅读教学切忌串讲串问，事无巨细、繁杂琐碎地分析讲解，而应让学生在“读中学，品中悟，说中创”。教师只是在课文的关键之处、表达的精彩之处给予“画龙点睛”式的点拨，促进学生品读文本感悟生活。要想使学生达成这一阅读目标，教师就需要在备课时深挖教材，对文句细细斟酌、品味。一节语文课的教学重点难点也好，文中的关键词句也好，只有教师自己找到了、想到了、感受到了，才能在课堂上引领学生去思考、去完成语文的深度学习，而不是只浮于文字表面的理解，从而使语文课堂真正成为学生思维训练的主阵地。有目的地阅读，能提高阅读的效率，突出学生的主体作用，学生的学习方式更加自主，是阅读高效的一种表现。

对课文内容的理解是阅读教学的一个基本要求。不管了解、习得哪个阅读策略，都应在对课文内容有基本了解的基础上进行，并在阅读理解的过程中，认识、获得并实践该阅读策略。《竹节人》的作者范锡林是20世纪50年代出生的，我们现在的学生距离《竹节人》的作者所生活的年代时间久远，孩子们没有见过纳鞋底的线，没有用过桌面上是一道道豁开的裂缝的旧课桌，没有玩过作者儿时的玩具竹节人。所以，只凭文字，即使用再准确、再生动的语句来表述竹节人，也都较为抽象。正因为此，《竹节人》这篇课文配有两幅插图，这三个呈现角度各不相同的竹节人插图给了我启示：在完成第一个学习任务“写玩具制作指南，并教别人玩这种玩具”时，何不用图文并茂的手抄报的形式展现出来？从文本阅读到手抄报设计，因在手抄报设计中需要对文字进行感悟，自然加深了学生对文本内容的理解，同时又增添了课堂中的美育气氛，使学生在语文课堂中受到了美的熏陶。

（一）提取关键信息要做到全面、灵活、准确

学生们要想完成一份集竹节人做法、玩法于一体，叙述准确、内容翔实同时又不乏精美图案的手抄报，语文课堂上就需要在教师的引领下用浏览、跳读的方法找出与之内容相关的段落。我们把描写竹节人做法、玩法的段落中的主要内容串联在一起就行了吗？这就是涵盖了制作材料、制作方法和操作方法的“竹节人游戏指南”了吗？当然不是。教师应要求学生细读相关段落，圈划重点，借助文本信息编写竹节人游戏指南，这正是本节课的学习重点。我们在细读文章时，信息提取要尽可能做到全面、准确。

《竹节人》第3自然段详细地写出了竹节人是怎样制作的。教师要引导学生细读课文，圈画关键词句，抓住要点进行有序叙述。文中的11至13自然段、15自然段讲了竹节人的创意玩法。细读这四个自然段，我们会发现，这部分内容不同于乐在其中的一个竹节人的单打独斗，有别于一分伯仲的两个竹节人的双人对搏，表面上写的是竹节人的创意玩法，而实际上也涉及了竹节人的制作方法。玩具的制作自然少不了工具的使用。第3自然段中的“锯、钻”二字，让学生轻而易举地就能想到竹节人的制作工具是锯子、电钻。书上说“锯的时候要小心，弄不好一个个崩裂，前功尽弃”。因此，在使用工具时可以加上温馨提示：锯时要小心，可以慢速旋转着竹子来锯，以防崩裂。因为是带着向别人介绍竹节人玩法的阅读目的，所以要特别关注课文8、9自然段中表示连续动作的词语，关注玩的方法和过程。这样，完美的“竹节人游戏指南”便诞生了。

（二）品读词句，并联系上下文展开想象。

咬文嚼字是语文学科区别于其他学科的主要特征。实际上，每篇课文中都会有一些关键的字、词、句，这些往往是我们理解课文内容的钥匙。为了完成阅读的任务，对相关的语句字斟句酌是十分必要的。如果我们善于抓住它们，深入细致地品味，“咬”得准，“嚼”出味，对文句的理解就会更加深入、透彻。

《竹节人》一课的第二个阅读任务偏重于人物的体验、感受，阅读的目的是体会传统玩具给人们带来的乐趣，应聚焦课文的8–19自然段。在第15自然段中，学生抓住了关键词语“弄巧成拙”，用联系上下文的方法提炼信息并恰当地加以表达——“弄巧成拙”的前文写“巧”，后文写“拙”，“弄巧成拙”这一词语将竹节人搏斗时惊心动魄的场面生动地呈现在读者的面前，使读者也不禁沉浸在斗竹节人的无限乐趣之中。

回顾《竹节人》一课的教学，教师给学生布置了明确的任务：写玩具制作

指南，并教别人玩这种玩具；体会传统玩具给人们带来的乐趣；讲一个有关老师的故事。因为阅读的目的很明确，学生也就有了方向和方法：首先要快速浏览全文，找出相关内容；再仔细阅读，采取提取关键信息、抓住关键词句批画品味，抑或是找到事情的起因、经过和结果，运用复述的方法完成讲述等恰当的阅读方法对文本内容进行信息的提取、梳理、归纳。在选择阅读方法的时候，教师适时引导、点拨，为学生完成相应的阅读任务搭建支架。这样的语文课堂可谓焕然一新。教师开辟出了一个自由的空间，把课堂还给了学生，孩子们可以畅所欲言，大胆说出自己的见解，互相交流切磋，互相取长补短，促使学生成为学习的小主人。而教师更多的是引导者和助学者，正是“授之以鱼，不如授之以渔”。由此可见，在阅读策略单元的教学中，教师更应该放手指导学生进行自主性学习，设计学习任务实践阅读策略，这样学生的阅读能力才能真正提高。

参考文献：

[1] 中华人民共和国教育部 . 义务教育语文课程标准（2011 年版）[S]. 北京：北京师范大学出版社，2012.1：22.

[2] 杨云辉，李亚，陈立杰，等 . 鼎尖教案 . 语文六年级 . 上册 [M]. 延吉：延边教育出版社，2019.8：84–88.

[3] 温儒敏，陈先云，曹鸿飞，等 . 统编小学语文教科书教学设计与指导 . 六年级 . 上册 [M]. 上海：华东师范大学出版社，2019：92–100.

[4] 刘月霞，郭华，等 . 深度学习 . 走向核心素养 . 理论普及读本 [M]. 北京：教育科学出版社，2018.11：29–67.

问题引领促进学生思维发展
——谈核心素养导向下的小学语文教学实践

北京市朝阳区垂杨柳中心小学劲松分校

孔磊

摘要：

2016 年《中国学生发展核心素养》正式发布，其中明确指出学生应具备适应终身发展和社会发展需要的必备品格和关键能力。在核心素养导向下，教师由以往只关注教学内容逐渐转向关注学生思维发展。学生是学习和发展的主体，需要有学习的驱动力，而教师作为学习活动的组织者和引导者，应当积极地给学生营造“问”的氛围，通过有效问题的设计，激发学生在课堂中的求知欲，让学生产生自主思考探究的动能，培养学生自主解决问题的能力，提升学生核心素养。

关键词：

问题引领；思维发展；核心素养；小学语文

2016年《中国学生发展核心素养》正式发布，其中明确指出学生应具备适应终身发展和社会发展需要的必备品格和关键能力。随后《普通高中语文课程标准（2017年版）》又进一步明确了语文学科核心素养包含四大方面内容，即语言建构与运用，思维发展与提升，审美鉴赏与创造，文化传承与理解。在核心素养导向下，教师由以往只关注教学内容逐渐转向关注学生思维发展，这对学生学会学习以适应未来发展的需要具有重要意义。

随着课程改革的深入推进，课堂教学中越来强调问题引领促进学生的思维发展。学生是学习和发展的主体，需要有学习的驱动力，而教师作为学习活动的组织者和引导者，应当积极地给学生营造“问”的氛围，通过有效问题的设计，激发学生在课堂中的求知欲，让学生产生自主思考探究的动能，培养学生自主解决问题的能力，提升学生核心素养。

但是，如何设计问题才能有助于学生的自主学习和思维发展呢？如果问题过于琐碎，那留给学生的只有狭窄的思维空间；如果提问表达不明确，非但不能促进学生的思维发展，反而容易让学生产生懈怠，更无法培养他们的深度思维；如果提问没有从一节课或是一个单元的教学内容系统考虑，问题与问题之间没有建立起联系，课堂结构就会松散，不利于学生实现知识的自我建构，不能引发学生由此及彼的思考。在核心素养导向下，笔者就上述问题结合小学语文学科教学进行了相关的实践研究，现将经验总结如下：

一、把握课后问题 培养学生思维的深刻性

统编版语文教材具有“双线组元”结构特点，每个单元的课后问题都是紧紧围绕语文要素而设计的，教师应当认真解读教材，理清每一课、每一个单元之间的关系，探究以课后问题为导向，引导学生由浅层次认知走向深层次思考，培养学生思维的深刻性。笔者在《狼牙山五壮士》一课的备课中关注到有这样一道课后题：课文第2自然段既关注了人物群体，也写了每一位战士，结合相关内容说说这样写的好处。此问题是紧紧围绕语文要素中提出的“了解点面结合写法”而进行的学习指导。教师要教给学生的不是“点面结合”的概念，而是要通过有效的设计让学生揣摩此种写法，感悟到这样写的好处。因此，在教学中我提出了这样的问题：五位战士是怎样利用险要的地形，把冲上来的敌人一次又一次地打下去的？学生通过朗读知晓五壮士的表现。接着，再追问“五位战士的表现一样吗？你读出了什么？”学生再次回归文本会发现马宝玉沉稳老练、葛振林疾恶如仇、宋学义稳扎稳打、两位小战士一丝不苟，进而体会作者抓住人物表现展现出鲜活的人物形象。至此学习并没有结束，而是深度思考的开始。教师再次抓住课后问题与学生探讨：既然课文第2自然段开头就写了战士们一次次把敌人打了下去，为什么还要具体写每一个人呢？学生再一次对话文本，合作交流之后会得出这样的结论：开头仅仅是整体概括战士们的表现，而后面的内容是具体描写，生动地写出了每一位战士的作战状态，真实地展现了他们的性格特点，能给读者留下深刻的印象。在问题的引领下，学生与文本多次深入对话，最终真正体会到了点面结合的好处，此时教师再告诉学生这种写法叫作“点面结合”，也就水到渠成了。

二、聚焦题目质疑 培养学生思维的全面性

《义务教育语文课程标准（2011年版）》指出：阅读教学应引导学生钻研文本，在主动积极的思维和情感活动中，加深理解和体验，有所感悟和思考，受到情感熏陶，获得思想启迪，享受审美乐趣。那么如何引导学生自主钻研文本，让他们通过自己积极的思考去解决问题呢？我认为有价值的问题引领是有效途径之一。下面以《父爱之舟》一课为例加以阐述。《父爱之舟》属于回忆性散文，在表达上有两个显著特点：一是课文以梦的形式呈现往事，描写了作者和父亲在一起的一个个生活场景，表现了父亲对作者无微不至的爱；二是本文的语言平白如话，作者将父亲对自己的爱以及对父亲的怀念融于字里行间，缓缓叙述，饱含深情，感人至深。五年级学生在体会文本所表达的情感方面，有一定的学习基础，但是对于以场景描写为主的叙事性散文，想让学生体会其中的情感就不是轻而易举的事情了，因而这成了本课设计中教师重点关注的内容。教学中我首先从题目入手引发学生思考：课文题目为《父爱之舟》，内容应该与“父亲”和“舟”有关，请找一找作者在哪些地方提到了小舟，又在哪些地方提到了父爱呢？学生寻找后会发现：为什么作者多次提到了小舟，而只有一次提到父爱呢？父爱与小舟之间到底有怎样的关系呢？当问题从学生头脑中冒出来的时候，便是学生思维发展的开始。于是同学们一下子来了兴趣，此时教师顺势而导：虽然作者极少提到父爱，但我想大家已经感受到了父爱，也许答案就藏在那一幕幕的场景中，相信你们在字里行间仔细品味一定能找到答案。学生又一次对话文本开始认真地寻找那蕴藏着的伟大的父爱了。在本课中，教师通过聚焦题目引导学生主动思考、提出问题，进而通过合作探究使学生在不同的场景中感受父爱。学生通过对问题的全面思考，真正走进人物的内心世界，体会到了字里行间蕴含的情感，促进了思维能力的提升。

三、制造矛盾冲突 培养学生思维的严谨性

人们常说“学贵有疑”，学生敢于质疑、学会质疑才会产生主动思考动能。所以在教学中，我会制造矛盾冲突，引导学生主动质疑，使他们在积极的思维训练中体验探索的乐趣。《飞向蓝天的恐龙》是一篇科普文章，主要向人们

介绍了科学家们根据研究提出的一种假说：鸟类很可能是一种小型恐龙的后裔。20世纪末，我国科学家在辽西首次发现了保存有羽毛印痕的恐龙化石，为人们想象恐龙飞向蓝天、变化为鸟类的演化过程提供了证据。文章既揭示了科学家们在古生物研究方面的重大发现，也向学生开启了一扇探索古生物的科学之门，唤起他们对科学的浓厚兴趣。在学情调研中，我了解到，学生对文章内容很感兴趣，他们希望通过本课的学习进一步了解恐龙到底与鸟类有怎样的亲缘关系，恐龙最终能够飞上蓝天的原因到底是什么。学生对于恐龙的了解并不多，印象中它们体型庞大；对于鸟类则熟悉得多，普遍印象是身体小而轻。基于学情，我在教学中尝试制造矛盾冲突，引导学生自主寻找证据，去解决心中的疑问。课文中有这样一句话："不管怎样，有一点毋庸置疑：原本不会飞的恐龙最终变成了天之骄子——鸟类，它们飞向了蓝天，从此开辟了一个崭新的生活天地。"首先，教师请学生带着感情读一读这句话，然后采访学生朗读句子时候所用的语气。有的学生说"态度坚定"，有的学生说"十分肯定"，还有的说"毋庸置疑"。于是教师指导：同学们的体会与作者不谋而合。作者就是带着毋庸置疑的态度来表达这个观点的。可是作者这样的观点你们同意吗？此时多数学生十分肯定地点着头。可教师却装作大为吃惊的样子看着大家："恐龙能演化成鸟，你也相信吗？"学生还是肯定地点头。此时教师不慌不忙地说："那我说人是由鱼演化成的你相信吗？或者人是由青蛙演化成的，你相信吗？"这时学生一边哈哈大笑，一边不停地摇头。见到学生被这一连串的问题激起了兴趣，教师继续引导学生："为什么我说的大家都不相信，而文中的话你就相信呢？要知道判断事物的对错可不能轻易地肯定或否定，关键要能找到相关的证据，你们能从文中找到恐龙能演化成鸟的证据吗？"学生的回答十分肯定，于是他们开始迫不及待地对话文本。他们一点一点地寻找，不放过任何一个细节，开始是一些零散的信息，在合作交流后又形成了比较清晰的证明。在交流过程中，教师又适时地呈现了当时不同科学家的研究资料，让学生进一步体会到科学家是经过了大量研究、不断寻找证据，最终才印证了"恐龙演化成鸟最终飞向蓝天"的观点是毋庸置疑的。通过这样的课堂尝试，学生的问题意识更强了，思维也变得更加严谨了，可以说收到了很好的效果。

现代思维科学认为，思维过程起源于问题的形成和确定，任何思维过程总是指向某一具体的问题，没有问题思维就成了"无源之水，无本之木"。所以在教学实践中，教师应当认真研究教学内容，设计有效的教学问题，唤起学生主动思考、积极探究的热情。总之，学生是学习的主人，教师在教学改革中要探索以学习者为中心的人才培养模式，通过问题引领促进学生思维发展，提升学生核心素养。

参考文献：

[1] 余文森 . 核心素养导向的课堂教学［M］. 上海：上海教育出版社，2019.

[2] 中华人民共和国教育部 . 高中语文课程标准（2017 版）［M］. 北京：北京师范大学出版社，2017.

[3] 孙菊霞 . 深度学习背景下聚焦思维发展的问题教学法［J］. 沈阳大学学报 .2021（8）.

[4] 中华人民共和国教育部 . 义务教育语文课程标准（2011 年版）[S]. 北京：北京师范大学出版社，2012.1：22.

解析低段课后题，落实语文要素

北京市丰台区丰台第五小学
廉丽娟

摘要：

作为课堂学习的主体，学生应当在一个个真真切切的课堂学习活动中“摸爬滚打”，才能有实实在在的收获。“双减”之下，课堂务必提质、增效，培养学生语文素养是语文教学的大目标。因此，立足文本，以教学目标为定盘星来设计合适的学习活动成为研究的必然。低段统编教材中没有明示语文要素，课后题作为语文要素的隐形存在，则价值尤为凸显。教师应站在学生发展核心素养的学业标准上系统思考，以联结、转换的思维整体解析课后题，领会意图，设计学习活动。本文阐述三个方面：整合课后题，设计关联任务群样式的学习活动；分解课后题，设计任务支架式的学习活动；联结课后题，设计单元进阶任务式的学习活动。

关键词：

低段；课后题；语文要素

课堂是学生的，学生应当置身于一个个真真切切的课堂学习活动“摸爬滚打”，才能有实实在在的收获。“双减”之下，课堂提质、增效需要亮得出，看得见。因此，设计合适的学习活动才能使课堂走向不偏离目标，实现预期的学生受益。

2017年，教育部明确提出高中语文学科核心素养，“根据小学生的学习特点，学科组将‘语文建构与运用’细化为积累与整合、语境与交流；将‘思维发展与提示’细化为联想与想象、分析与判断、探究与发现；将‘审美鉴赏与创造’细化为体验与感悟、理解与鉴赏；将‘文化传承与理解’细化为积累与传承、经典阅读”。要落实培养学生语文素养这个教学目标，也必须立足文本，以教学目标为定盘星来设计合适的学习活动。

低年段统编语文教材中没有明示语文要素，课后思考练习题已然跨越“题”的范畴，作为语文要素的隐形存在，其价值尤为凸显。首先是作为具体学习内容完成的标准，化身为一课目标达成与否的定盘星。其次是语文要素在不同课文中的具体表现形式，表达着要素在一个单元内落实的序列性。由此，教师应站在学生发展核心素养的学业标准上系统思考，以联结、转换的思维整体解析课后题，领会意图，设计学习活动。

一、整合课后题 设计关联任务群样式的学习活动

二年级上册第三单元的语文要素是阅读课文，能说出自己的感受或想法，还有借助词句，尝试讲述课文内容。单元首篇是《曹冲称象》，讲曹冲用巧妙的办法称出了大象的重量。课后题共三道，如下所示：

① 朗读课文。画出课文中提到的两种称象的办法，说说为什么曹冲的办法好。

② 读第4自然段，给下面的内容排序，再说说曹冲称象的过程。

③ 读一读，体会每组句子意思的不同，再用加点的词语各说一句话。

曹冲七岁。
曹冲才七岁。

大象有多重呢？
大象到底有多重呢？

图1 《曹冲称象》一课的课后题

从语文素养着眼，三道题背后的重点是语言和思维的发展，是语境与交流，分析与判断。具体来说，这三道题的题干都提供了思考路径和方法。例如，第一题是画出两种办法，再说说为什么曹冲的办法好。提示学生通过对提取信息的比较，发现两种办法的不同点，进而探究哪里不同，获得核心知识，

表达自己真实的感受和想法，以思维的深刻促进语言的发展。第二题是借助给内容排序，讲述曹冲称象的过程，语言表达中强化了曹冲想的办法。第三题是通过比较句子体会意思的不同，学习准确表达。

第一题直接指向第一个要素，第二题直指第二个要素，最后一题看似无关，实际助推落实第一个要素。这三道题并不是壁垒分明的：按顺序讲述曹冲称象的过程，利于发现“办法好”的核心所在；理解“办法好”能促进讲述称象的过程。体会句子表达的意思，充分感受称象的原因和曹冲年纪很小，助推了理解“办法好”。基于此，打破课后题界限，转化并设计一组学习任务，形成关联紧密、互为支架的任务群样式的学习活动来落实语文要素。

本课任务群分为五个学习任务，具体放在两课时学习中。第一课时，以“为什么曹冲的办法好”引发思考，聚焦课后题，设计了“我讲曹冲称象办法，我按曹冲办法称象，我想曹冲称象的办法”三个小任务，促使学生有顺序、有条理地表达，能返回课文，准确提取信息，联结课文内容，比较官员的办法，关注“曹冲才七岁”这句的“才”，“大象到底有多重呢？”这句的“到底”，真正感受到曹冲的办法好，并且表达出来。

第二课时，设计“称象我也行”“读读说说”两个任务，要求叙述自己做实验“称大象”的过程，读曹冲其他小故事说想法和感受，是对两道课后思考题的补充，即对两个要素的“实践和补充练习”。

《曹冲称象》关联任务群样式的学习活动如下：

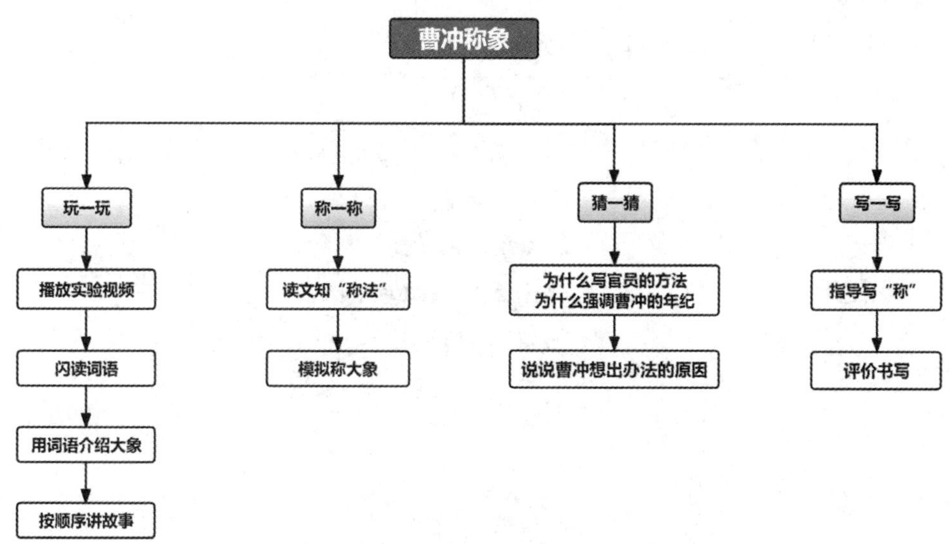

图2 《曹冲称象》关联任务群样式的学习活动（第一课时）

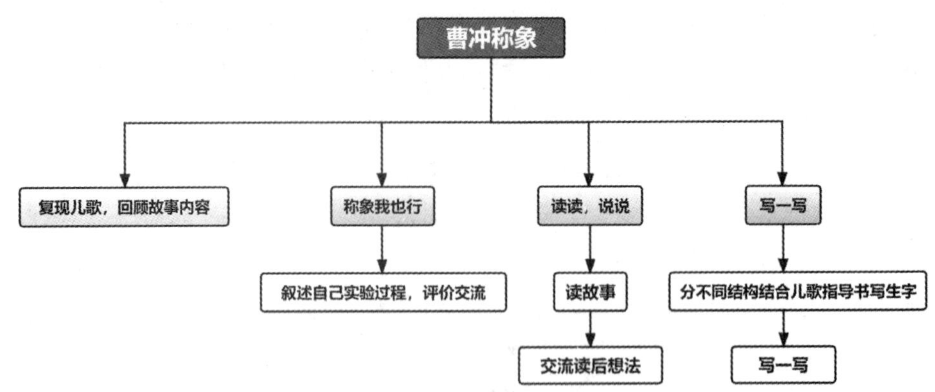

图3 《曹冲称象》关联任务群样式的学习活动（第二课时）

两课时的任务群学习，引导学生在语境中交流，活动中分析和判断，落实和巩固了通过比较谈自己的感受和想法，借助词句讲述课文内容的语文要素。

二、分解课后题 设计任务支架式的学习活动

二年级下册第四单元要素是运用学到的词语把想象的内容写下来。在此之前与之后，与想象有关的语文要素都清楚地出现。联想与想象是特别重要的思维形式，特别是小学低段学生，发展形象思维能有效地促进语言表达更具体、更生动。

这一单元四篇课文的部分课后题如下：

《彩色的梦》

你想用彩色铅笔画些什么？试着仿照第 2 小节或第 3 小节，把想画的内容用几句话写下来。

《枫树上的喜鹊》

看到下面的情景，你会想到什么？试着写下来。（略）

《沙滩上的童话》

根据开头编故事，试着用上下面的词语。（略）

在一片沙漠里，有……

从前，有一座大山……

《我是一只小虫子》

小虫子的生活有意思吗？和同学交流你感兴趣的部分。

图4 四篇课文的部分课后题

比较之下，前三篇课文的课后题特别强调语文要素，对学习路径述说具体、明确。作为末篇的《我是一只小虫子》，课后题“小虫子的生活有意思吗？和同学交流你感兴趣的部分”似乎游离于要素之外，实则不然。这里凸显的是自主阅读成果、自主阅读能力，即学生阅读课文，自然想象画面，产生初步的情感体验，并表达出来。基于语文学科素养的学业标准，教学中要力促学生在语境中自主交流表达，能够自然联想与想象。

这篇课文的文字描绘生动而富有趣味，传达出一只小虫子乐观、豁达的生活态度。这道课后题包含的信息量和内容丰富，教师遵循清晰的目标，分解并设计成学习支架。

《我是一只小虫子》任务支架式的学习活动设计如下：

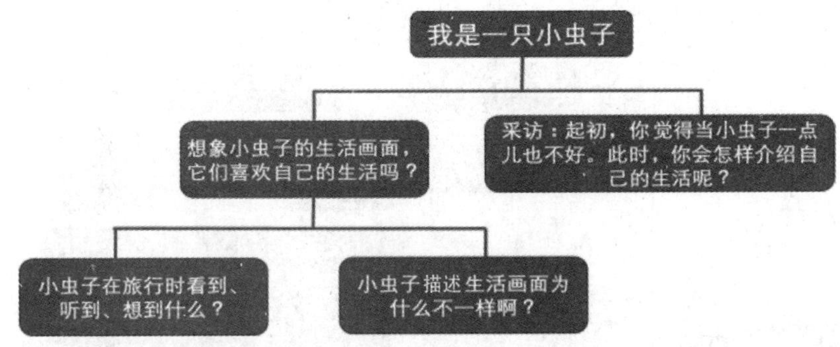

图5 《我是一只小虫子》任务支架式的学习活动

具体任务一“读读画画写小虫子生活的句子，想象小虫子的生活画面，说说它们喜欢自己的生活吗”为学生指出学习路径——画、想、说，引导学生联系生活或者上下文把文字转化成画面，有目标地想象。此任务中的两个问题支架促使学生丰满想象，形成鲜活画面，对比生活画面发展思维。具体任务二是“采访：小虫子们，起初你们觉得当小虫子一点儿也不好。此时，你们会怎样介绍自己的生活呢？请你学着……”。此任务设计意图为教材资源再利用，图片资源为补充，促使学生有内容可想象，有方法可想象。角色代换，“虫眼看生活”，有力地激发学习动力，积极进行言语实践。分解的两个学习任务将想象这个要素落实在语文学习活动中，发展思维，形成能力。

在实际教学中，班级学生的阅读水平和能力分布不均，通过一个单元的学习，对该要素的掌握程度也不尽相同。那么，考虑全员学习的需要，分解课后题，为不同层面学生提供学习支架，形成任务支架式的学习活动，学生借助这样一个个具体的任务支架独立思考、自主学习，言语实践中真习得。

三、联结课后题 设计单元进阶任务式的学习活动

备课时，应基于单元整体研读教材，以单元大目标为导向构建学习流程，各板块小目标清晰可见，再逐个达成分解的学习任务。尤其是低段学生，不断复现、实践，习养渐进，掌握方法，方能实现能力转化。联结单元内各课后题，设计单元进阶任务式的学习活动群，也能有效落实语文要素。

看二年级下册第七单元，语文要素是“借助提示讲故事”。这一单元教学要依托已有的基础，指导学生借助提示，梳理故事内容，按顺序讲故事，不遗漏重要内容。

第七单元各课直接关联这一要素的课后题如下：

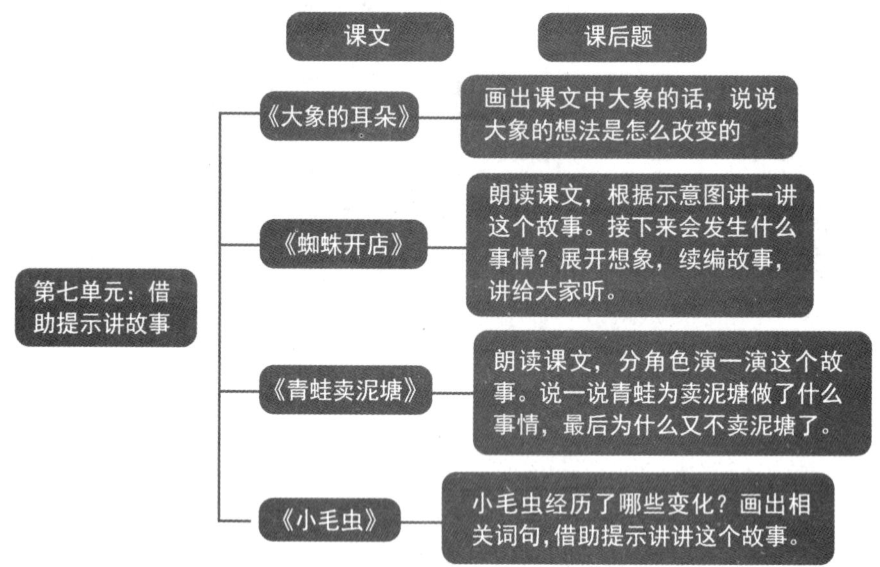

图6　第七单元各课直接关联要素的课后题

都是讲童话故事，都是借助提示讲，有哪些差别？或者说，怎样循序渐进地落实这一要素？从图6上可以看到彼此关联。文、题对接，《大象的耳朵》课后题引导学生以大象说的话来构架故事的线索；《蜘蛛开店》则是以示意图引导学生发现故事结构的奥秘；《青蛙卖泥塘》以青蛙所做的事件构成整个故事；《小毛虫》启发学生图文对照整个故事，了解生长过程。

基于语文素养的形成，在单元大目标下落实语文要素，联结各课的课后题，设计进阶学习任务：了解想法，借助“大象的话”丰满故事内容——图文对照，借助“结构”讲、编故事——梳理事件，“角色代入”演故事——多元评价，借助提示讲故事。四个板块的任务着力点各不相同。首篇课文重点在联

结关键语句，表达完整故事信息，找全面，不遗漏。第二篇在首篇的基础上着重两方面——模仿结构和内容复述故事，以结构或内容的重新演绎来续编故事，从求同走向求异，培养形象思维和创新思维。第三篇着力在具体的一点上指导想象，表演完整的故事，培养思维的缜密性。最后一篇课文的学习任务设计目的是检验学生要素的掌握，多元评价标准促有序、完整、主动运用书中词句、加入想象讲故事，培养形象思维、逻辑思维。

如图所示：

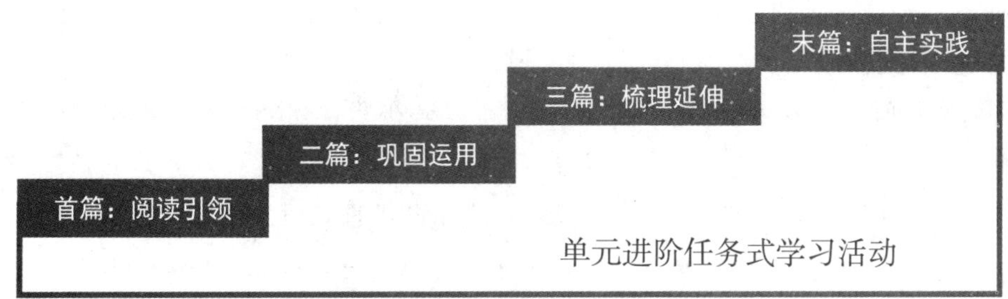

图7　单元进阶任务式学习活动

第七单元单元进阶任务式学习活动群如图所示：

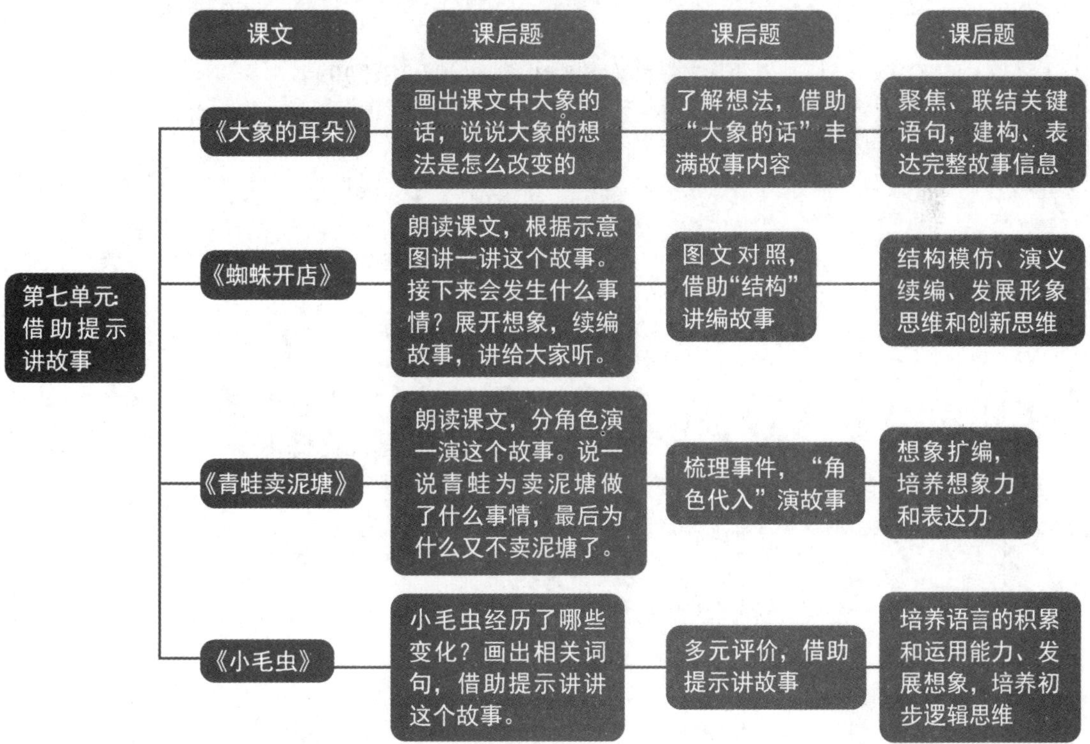

图8　第七单元单元进阶任务式学习活动群

在大单元之下，联结多篇课文的课后题来设计学习任务，旨在多个任务分别发力，承前启后，在进阶中落实要素。学生乐于在学习任务中体验探究的乐趣，尝试关联、比较的思考方式，感受任务达成的喜悦，思维与表达双发展。教师要以语文核心素养为基准，以对照语文要素深度解析课后题为思考路径，以低段学生实际获得为目标，设计合适的学习活动，使语文要素真正落实在学生的学习中。

参考文献：

[1] 李英杰等 . 基于学生发展核心素养的学业标准 小学语文 [M]. 北京：北京师范大学出版社，2020：3.

[2] 李怀源 . 小学语文单元整体教学理论与实务 [M]. 北京：人民教育出版社，2021：63.

[3] 考利 . 教会学生思考 [M]. 徐卫红，译 . 北京：教育科学出版社，2014：139.

[4] 埃里克森，兰宁 . 以概念为本的课程与教学：培养核心素养的绝佳实践 [M]. 鲁效孔，译 . 上海：华东师范大学出版社，2018：72.

[5] 张洪玲，陈晓波 . 新版课程标准解析与教学指导 [M]. 北京：北京师范大学出版社，2012：63.

[6] 秦榴娣 . 学习方法报・文综教学研究 [N]. 2017-08-01（A05）.

浅谈对小学阶段互文阅读的认识

北京市宣武回民小学
楼晓

摘要：

互文阅读是一篇文本和与其相关的其他文本相互敞开、接纳、补充，不断融合，形成新的理解的过程。笔者认为小学语文阶段的互文阅读目的主要有两点：一是加深对阅读主题的认识，二是助力语文要素的落实。互文阅读在学生的阅读实践中发挥着以下作用：一是互文从“一篇”走向“若干篇”又指向这“一篇”。通过扩大阅读视野，发现规律，进行实践，加深对这一篇的认识。二是互文阅读落实了课标中提出的“课外阅读总量应在400万字以上”“要重视培养学生广泛的阅读兴趣，扩大阅读面，增加阅读量，提高阅读品味”的要求。三是在语文实践中，引领学生从课内走向课外，将学生引领到更为广阔的阅读天地中，助力提升学生的语文素养。

关键词：

互文阅读；主题；语文要素；课堂实践；语文素养

随着课程改革的不断深入，近年来教育研究者和一线语文教师一直在探索多篇阅读共进课堂的教学路径，多文本的阅读方式层出不穷，例如群文阅读、主题阅读、互文阅读等。其中互文阅读作为一种教学策略，形式上虽然是一篇带多篇，但不是简单地拓展阅读和补充阅读。在小学阶段，互文阅读的目的是什么？在学生的阅读实践中发挥着怎样的作用？这是值得我们思考和研究的问题。

一、认识互文阅读

“互文性”理论是从当代西方文化思潮激荡更替的洪流中共生出来的一种文本理论。它的提出者法国的克里斯蒂娃曾说过：“任何作品的本文都是像许多行文的镶嵌品那样构成的，任何本文都是其他本文的吸收和转换。”也就是文本和文本是可以互相参照、勾连互动的。

这里的互文性理论和我们中国古代的修辞方法是有相通之处的。互文这种修辞方法指的是由上下文义互相交错、互相渗透、互相补充来表达一个完整句子意思。互文阅读就是不同文本之间形成了平等对话与交流的张力，是这一文本和与其相关的其他文本相互敞开、接纳、补充，不断融合，形成新的理解的过程。正如汪潮教授所归纳，人文、文体、对象、表达等都可以是互文组元的线索。互文阅读就是在关系比较中形成阅读的素养。

二、互文性阅读的目的

（一）加深对阅读主题的认识

互文阅读因“互文性”一词内涵的丰富性和广泛性，决定了它所建构的文本范围是巨大的。既可以是同类主题的比较，又可以是异类主题的对比，而其目的都是为了加深对“这一”阅读主题的认识。

统编教材二年级下册《古诗两首》，是“走进春天”主题下的一篇课文。两首古诗《村居》《咏柳》都和春天有关，能够帮助学生感受春天的美好。教师抓住古诗的文体特点，在学生了解了古诗的意思后，引导学生初步理解古诗的意象。学生在反复诵读、比较中感受到，在诗人贺知章眼中，这“万条垂下绿丝绦”的柳树就是春天，而在诗人高鼎眼中，春天不仅仅是“拂堤杨柳醉春烟”，还是“儿童散学归来早，忙趁东风放纸鸢”的景象。紧接着，教师问学生：“你们还知道哪些描写春天的古诗？在这些诗中，诗人眼中的春天又是什么呢？”这一下，学生的思维纷纷活跃起来：有的背诵《草》，认为诗人眼中的春天就是“野火烧不尽，春风吹又生”；有的背诵《大林寺桃花》，说诗人眼中的春天就是“山寺桃花始盛开”；还有的背诵《春夜喜雨》，说诗人眼中的春天就是“随风潜入夜，润物细无声”的“好雨”；更可喜的是，还有的孩子说，

《宿新市徐公店》里的春天就是“儿童急走追黄蝶，飞入菜花无处寻”的景象。

“一切景语皆情语”，教师引导学生调动课前积累的描写春天的古诗，和学生所学的课文内容进行互文，引导学生发现描写春天的古诗意象，感受到诗中的一切人物、景物。正是诗人眼中的春天，加深了对本单元“走进春天”这一主题的认识，同时更是对学生思维能力的培养和提升。

《守株待兔》是统编教材三年级下册第二单元的一则寓言故事。本单元的主题就是走进寓言故事。在寓言故事的教学中，不但要让学生理解故事的内容，更要使他们感悟到故事所寄托的道理。

在学生学完这篇课文且明白了其中的道理后，教师结合书后的阅读链接《南辕北辙》，以及语文园地日积月累中的九个成语，准备了不同的资料袋，告诉学生这些成语故事都出自典故，请学生以小组为单位，读读这些成语，再读一读成语卡片背后的寓言故事。然后，请不同小组和大家分享自己小组抽取到的寓言故事，试着说一说读懂的道理，大家认真倾听、相互补充。对别人的故事有兴趣的小组，再次交换进行阅读交流。

通过这样的互文阅读，教师把单元教材看作一个整体，重组教材，学生不仅在有限的课堂时间积累了语文园地中的成语，同时在交流中了解了更多的寓言故事和其中的道理。在增加了阅读量和阅读兴趣的同时，进一步体会到寓言的魅力——小故事说明大道理。加深了对本单元主题的认识。

《鹬蚌相争》也是一则寓言故事。在这节课上，教师开展了两次互文性阅读。其中一次是在学生学完《鹬蚌相争》这篇课文，明白了“鹬蚌相争，渔翁得利”的道理后，告诉学生这个故事出自《战国策》，是一个叫苏代的大臣讲给赵王听的，然后让学生自己读读这个故事。学生通过阅读知道了苏代借用《鹬蚌相争》这个寓言故事来劝告赵王：赵燕两国相持会两败俱伤，赵王还是别攻打燕国了。教师引导学生在读中比较，在苏代劝说赵王的时候，如果没有使用寓言，效果有什么不一样？学生体会到，有了这则寓言，赵王很形象地理解了苏代说的道理：此时自己的赵国和对方燕国就像鹬蚌，如果两国交战，秦国会坐收渔翁之利，于是赵王放弃了攻打燕国的打算。

这一处的互文阅读，学生在课文之外补充阅读了课文的出处，不仅体会到寓言的魅力——小故事说明大道理，而且还加深了对“鹬蚌相争，渔翁得利”这个寓意的认识。

然而教师并没有停留于此，又进行了第二次互文。教师让学生默读了另一则寓言故事《同舟共济》，并比较和《鹬蚌相争》有什么不同。学生通过阅读比较明白了鹬蚌相争只能让渔翁得利，而齐心协力才能渡过难关。紧接着教师又追问：这两篇文章对比，你有什么收获？至此，本课的寓意在两篇文章的对比中又得到了更深的提升——由不能鹬蚌相争，让渔翁得利，到人与人要和谐相处。

教师引导学生把课文和另一则寓言故事互文阅读，发现两则寓言的个性和共性特征，从而进一步深化寓意，理解了本课的主题——和谐相处。

（二）助力语文要素的落实

统编教材为凸显语文素养，明晰教学目标，采用“双线组织单元内容”，即以人文主题将单元组织在一起，同时将语文训练的基本要素（包括必需的语文知识、基本的语文能力、适当的学习策略及学习习惯等）由浅入深，分布并体现在各个单元之中。《普通高中语文课程标准（2017年版）》指出：语文学科核心素养是学生在积极的语言实践活动中积累建构起来，并在真实的语言运用情境中表现出来的语言能力及其品质，是学生在语文学习中获得的语言知识与语言能力、思维方法与思维品质、情感态度与价值观的综合体现。互文阅读有助于学生更好地开展语言实践活动，只有在语文实践活动中，学生才能将所学的知识、能力、方法等语文要素转化为自身的语文核心素养。

《海滨小城》是统编教材三年级上册第六单元的一篇课文。本单元的人文主题是“祖国美好河山”，语文要素是“借助关键语句理解一段话的意思”。课堂上，教师利用思维导图等方式，帮助学生理解课文是如何围绕关键语句介绍一段话的。学完课文后，教师创设了一个“小导游”的任务，为学生提供了一篇课外阅读短文——《走进海滨港口——防城港》。教师将短文设计为三个自然段，每个自然段分别介绍了防城港的一个特点，分别围绕一个关键句来写。请学生在自读短文的基础上开展四人小组合作，各组选择一个自然段的内容，通过找关键句、抓关键词语并设计思维导图等方式，理解一段话的意思，然后各小组以小导游的身份向大家介绍。

此环节教师为学生搭建了一个语言实践的平台，通过互文阅读，帮助学生把从课文中学习到的写法在真实的语言情境中运用，不仅帮助学生巩固了“借助关键语句理解一段话的意思”这一单元的语文要素，使之转化为自己的语文核心素养，同时也继续带领学生走进“祖国美好河山”，在内容上和本单元的人文主题达成一致。此外，教师在互文中努力开发、整合课内外、图片与文字等多种资源，努力拓展学生的视野，激发了学生热爱祖国的感情。

再如，学生通过对四年级上册习作单元中《麻雀》和《爬天都峰》两篇课文的互文阅读，知道写一件事时“六要素不可少，事情要按顺序说，笔下人物交替写，主角人物笔墨多”，形成结构化的认知，加深对“如何把一件事写清楚”单元语文要素的理解和落实。

综上所述，笔者认为小学阶段语文互文性阅读的目的有二：一是加深对阅读主题的认识，二是助力语文要素的落实。

三、互文性阅读在学生阅读实践中发挥的作用

通过以上对互文性阅读目的的分析，我们可以看出，互文性阅读在学生的阅读实践中发挥着以下作用：

互文从“一篇”走向“若干篇”又指向这“一篇”。在这一篇的主题、写法等方面，通过扩大阅读视野，发现了规律，深化了认识。

互文阅读落实了课标中提出的“课外阅读总量应在400万字以上”“要重视培养学生广泛的阅读兴趣，扩大阅读面，增加阅读量，提高阅读品味”的要求。

互文阅读同时也适应了课程改革的要求，为学生争取了时间，创设了课堂实践的机会，引领学生从课内走向课外，将学生引领到更为广阔的阅读天地中。

总之，在小学阶段的语文教学中开展互文阅读，能够为学生提供更广阔的语文实践空间，在主题上深化认识，在写法上互相关照，更好落实语文要素，进而提升学生的语文素养。在今后教学中，我们将不断探索研究。

参考文献：

[1] 萨莫瓦约．互文性研究 [M]. 邵伟，译．天津人民出版社，2003：3–5.

[2] 中华人民共和国教育部．普通高中语文课程标准（2017 年版）[M]. 人民教育出版社，2020：6.

[3] 邹花香，增文苏．互文性阅读的内涵、特点与不足 [J]. 教学与管理 2021（3）：35–38.

[4] 朱旭光．互文：统编小学语文教材阅读教学新样态 [J]. 语文建设，2020（8）.

浅谈一年级习作教学
——看图说话与写话

北京第二实验小学平谷分校
李婧

摘要:
近年来，看图说话写话在小学语文教学中的作用日趋重要。要有效促进一年级学生的看图写话能力，教师就要从精选素材、激发学生兴趣、指导学生观察图片、写话方法的指导以及正确评价几方面入手。无论是课本的教学还是课外读物的拓展延伸，让学生在图片中找寻灵感，在生活实践中积累经验，在创编童话故事中提升表达能力，在仿写、图画日记的写作与创作中激发写作兴趣，从而达到激发学生写话意愿，拓展学生想象空间，提高看图写话能力的目的。

关键词:
看图写话；图画日记；写话；一年级

一年级的说话写话教学是中高年级习作教学的基础，但是在实际教学过程中，往往一些教师只注重学生能否将话说完整、说通顺，而忘记了教会学生如何去看图、理解图、说图、写图，这就导致学生面对写话、习作的“畏难”心理。针对教学过程中的问题，教师可以从精选素材、激发学生兴趣、指导学生观察图片、写话方法的指导以及正确的评价几方面入手，开展有效的教学活动。

一、精选素材 动静结合 让说话与写话有的放矢

（一）灵活运用教材图片，变静为动

一年级小学生的思维形式以动作、形象思维为主，而这一阶段的孩子如果

仅仅通过文字来教学，会出现事倍功半的效果。如果教师能够合理利用教材中的图片，结合信息技术将静止的图片转化为动态画面，学生不仅易于理解，更能在头脑中出现画面感，同时，在观看画面的过程中，在脑中形成语言思维。以一年级上学期《江南》教学为例，观看图片后，学生的表述仍然仅仅停留在书中插画的静止画面，而老师在教学中如果将静止的插图利用信息技术手段变成一条条小鱼停留在荷叶间，让小鱼从东到西、从南到北自由游动的动态画面，学生马上能够理解古诗的意思，同时能够用自己的语言表达出来，此时让学生们看着图片将小鱼在水里是怎么游的写出来，也就顺理成章了。在此基础上教师还可以利用适当的图片，让学生在观看动态图片后仿照古诗形式写一写，训练学生语言表达能力，教会学生有顺序地说话、写话。

（二）精选其他读本素材，直观再现

除了灵活运用课本中的图片以外，还可以挖掘其他读本中的图片，如一年级课外绘本读物《老鼠嫁女》。该书画面丰富、故事简单有趣，非常适合低年级的孩子阅读，也很适合对学生进行说话写话训练。对于学生来说，将书中故事简单地讲出来，有一部分学生是能够做到的，但是如何才能够让学生在完整讲故事的基础上更加精彩，这就需要教师将静态画面转变为动态视频，让学生再次观看。教师可以通过网络搜集《老鼠嫁女》的动画视频，学生通过观看视频，在讲解故事的时候就会加入适当的语言描写。比如，学生在描述“风”的环节，就加上了这样的语言“乌云正在高兴的时候，只听到呼呼的声音，它只能看着自己被越吹越远，怎么也抵不过风的力气……”对于一年级的学生来说，能够将语言、声音、动作等描写方式加入到自己的语言中，正是说话能力的提升，而说话能力的提升就有助于学生在写话过程中将自己基于想象修饰过的语言运用到段落中，以此来提升自己写话的可读性。视频的直观再现给学生们提供的不仅仅是说话写话的素材，同时也有利于学生们语言表达能力的提升。

二、兴趣激发 童真引领 让说话与写话更有情趣

兴趣是最好的老师，可以促使学生更加主动地学习。因此，在指导一年级的看图写话教学时，我们要从学生的兴趣出发，让学生兴味盎然地进行更多的观察、更多的联想、更多的创作。

（一）看一看，写一写，让学生走进生活，走进自然

一年级的学生往往对于身边的事物观察较少，对于新鲜事物又很少接触，这就造成学生写话时没有东西可写的现状。要改变这一现状，除了要让学生观察身边事物以外，还要带学生走进生活、走进自然。如：在一年级上学期学习《秋天》这篇课文以后，学生对于秋天有了初步认识，此时如果直接布置写秋天，对于学生来说难度较大。为了降低难度，我让学生仔细观察秋天有什么变化，并利用画一画的形式“画秋天”，利用粘一粘的形式“做秋天”，利用拍一拍的方式“照秋天”……学生亲身走进大自然，观察到了秋天气温的变化，树叶、小草、花朵、庄稼、果树的变化，动物的变化，人们的变化等等，让学生玩玩看看、看看写写，在玩中体验，在体验中想象，在想象中表达，在表达中提高，最终在宽松愉悦的气氛中完成写话。如：有的学生在观察后写道：“秋天来了，秋风吹得树枝左右摆动，树叶像蝴蝶一样，从树上落下来。蓝蓝的天空中，大雁成群地往南飞，秋天就像一幅美丽的画。”

（二）讲一讲，写一写，让学生走进童话，走进故事

很多中高年级的学生写出来的文章，无论是选材立意、结构安排还是语言生动性等方面，总是会呈现千篇一律的状况，如：故事情节、人物对话过于雷同，事情发展没有期待性，总之就是毫无个性可言，就更谈不上充满生活气息和童趣了。一年级的孩子则不然，他们的想象力非常丰富，常常会有一些天马行空的想法。如果他们从感兴趣的童话故事入手，说一说，写一写，就会有语言能力上的提升。如：我给孩子出示了学生比较熟知的熊大、熊二、光头强等人物形象时，孩子们会想象“光头强带来了他发明的新型伐木工具，熊大、熊二前来阻止……”孩子们创编的故事各有特点，内容五花八门，这些作品充满了童真、童趣、童心。面对自己编出来的小故事，再让学生们把它写出来就不难了。再比如在讲解一年级下册《棉花姑娘》一文后，让学生想一想生活中还有哪些动物也是这样默默地为植物除害虫，然后尝试自己编写一个小故事，说清楚这些动物是怎么除害虫的，它们又会说什么。学生们在对故事进行后期创编的过程中，不仅拓展自己的思维，同时也在创作过程中对于生活有了更多的观察与积累。如：有的孩子在学习后就创作出《大树爷爷生病了》《禾苗姐姐生病了》等故事。走进童话、走进故事则从另一角度、另一方式上让学生对于写话有了更多兴趣。

（三）演一演，写一写，让学生走进短剧，走进课本

一年级语文书中，有许多课文图文并茂，非常适合学生进行创作。学生们可以随文进入角色，体会课文的思想感情。如果教师适时引导学生进行写话训练，必然事半功倍。比如，一年级下学期的《小壁虎借尾巴》一课，教师可以让学生在学习后讲一讲、演一演故事，说完、演完再次提问：小壁虎第二次掉了尾巴，故事会怎样发展呢？让学生进行故事的延伸和写话训练。如果教师能够抓住生动有趣的情境，激发情感，学生就会有兴趣去尝试写作。

（四）做一做，写一写，让学生走进劳动，走进实践

教师在教学看图写话时，不能只注重想象，还应该让学生有充分的实践活动，让学生在活动中有感受、在感受中有想法、在想法中有表达的欲望。比如，让学生亲自去水培植物，动手试一试，再去写，那么在自己动手以后，学生能够写出的内容就会更加丰富，也更贴近生活。再如，鼓励学生做家务，然后观察家中人的表情、语言等，积累到自己的写话中。或者让学生观察妈妈的一天，然后在节日期间写一写对妈妈的爱，此时的写话内容自然就会充实，而学生在表达中也会真情流露。

（五）仿一仿，写一写，让学生走进知识，走进创作

一年级学生的说话与写话能力还可以通过写图画日记或仿写课文这一特殊的方式来培养。图画日记就是在日记本上左边画图，右边配上对应的文字。

如在讲完一上《雪地里的小画家》一课以后，可以让学生从生活中找到自己喜欢的小画家进行仿写，既让学生在仿写过程中有了知识的积累，同时也让学生在仿写过程中有了自己的创作。有的学生结合生活中的事物仿写：“天阴啦，天阴啦！天空中来了一群小画家。闪电画飞龙，乌云画山水，风儿画扫把，大雾画白纱……”再如学生仿照老师给的图画日记《我最快乐的事》写图画日记，通过剪贴画和文字表达出自己快乐的心情，以期达到学习知识、再次创作的目的。

三、学会观察 正确指导 让说话写话训练更有方法

一年级的学生在观察图片方面往往还存在着很多的问题，一会儿天上、一

会儿地下的现象很正常，因此，教师要教会学生观察的方法、写话的方法，俗语云“授之以鱼，不如授之以渔”。

细致观察，即要做到观察依从顺序、观察抓住特点、观察融入情感、观察拓展想象。

教师首先应指导学生按顺序观察周围的事物。如按从远到近、从上到下的顺序观察；写小动物时，可按先观察外形，再观察特点，最后观察生活习性……这样学生写话自然也就能做到有顺序。

在观察过程中，要引导学生带着情感去观察，写出来的文章才能感染读者。如：图片内容是两个学生在前面走，后面地上扔着香蕉皮，在他们之后的女孩子皱起眉头。这时教师就应该引导学生去观察图片中人物的表情，想想她们心里的想法、后面会发生的事情，这样不仅能将图片看“活”，还能让学生在写话时知道要写什么。同时，教师还可以适时引导学生添加自己的想象。

四、巧用评价 及时反馈 让说话写话更有动力

写话的最后一个环节，往往会被一些教师所忽视。学生写出来的作品没有得到正确的评价，导致学生对于自己的优点与缺点不能正确认识，势必会成为写话训练的阻碍。对于这一点，教师可以充分利用现代化手段，如：及时将孩子的作品投影出来；将优秀的作品通过照片方式、利用媒体软件（如“美篇”“微信”等）推送给家长共同欣赏；或者将学生修改前与修改后的作品排版打印出来，制作成精美的作品集或者电子作品集，让学生自己能够前后对比，同时欣赏其他同学的作品。这样学生不仅可以学习他人的优点，同时也能够在老师的肯定中得到发展。

总而言之，一年级的习作教学重点还是在说话与写话的训练，重点在于提升学生说话写话的能力，因此教师可以充分利用身边资源、技术，深度挖掘，帮助学生更快乐地写作，更主动地创作。

参考文献：

[1] 王文君 . 探讨小学语文教学如何开展看图写话习作教学 [J]. 中国农村教育，2019（5）.

[2] 占小燕 . 小学语文“开放式”看图写话——论写作能力的培养 [J]. 名师在线，2019（1）.

[3] 刘俊国，邵广民，贾志红 . 小学语文低年级看图写话教学策略 [J]. 文教资料，2017（19）.

设计单元学习活动，落实语文学习的实践属性
——以六下五单元为例

北京市顺义区西辛小学
刘学红

摘要：

在落实语文课程实践性中，单元学习活动具有重要意义和实践价值。首先，单元学习活动以学科核心素养培育为核心，为语文要素实现而进阶，因人文主题落实而贯通。其次，单元学习活动从生活中的现实问题开启，围绕语文能力中的核心问题而展开，向着解决问题而去，凸显问题性。最后，单元学习活动秉承情境性，织运用之网，搭多样支架。

关键词：

单元学习活动；语文学习；实践属性

实践属性是学习的基本属性，是完整的学习不可或缺的重要属性。问题性、情境性和价值性是学习实践属性的重要特征。语文学习自然也具有实践属性，语文课程也是实践性课程。落实语文课程实践性，相比较常规的学习活动，设计单元学习活动具有重要意义和实践价值。

一、单元学习活动担素养重任 承双线共进 突出价值性

单元学习活动的主要特点之一就是学习活动内在包含着多种实践特质，是高于某一种单一实践样式、具有丰富内容和明确价值取向的目的性与意义性活动。这样的学习活动一定具有整体的思维、宽阔的视野和聚合的能量。

（一）单元学习活动为语文要素实现而进阶

六下五单元的语文要素分别为“体会文章是怎样用具体事例说明观点的”“展开想象，写科幻故事”。它作为小学阶段最后一个普通单元，既体现了对六年以来语文学习习惯和阅读表达能力的回顾总结，又通过新的口语表达形式（辩论）、新的习作文体（科幻故事）、新的说理能力（如何选择运用事例来说理）与初中学习衔接。

1.新的说理能力——如何选择运用事例来说明观点

学习“文章内容”写法的语文要素在小学阶段有4次。从本单元语文要素的落实来说，紧密围绕事例与观点的关系，事例与观点的选择与确立设计单元学习大任务，实现由浅入深、由易到难、由学到用、由部分到整体的逻辑顺序，是单元学习之必然，是单元学习活动的核心。本单元大任务之一是文章用什么具体事例怎样说明观点。这样的任务，参照认知目标分类标准，按照高阶思维发展的阶段分解成4个进阶：理解事例与观点关系——分析运用事例说明观点——应用运用事例说明观点——创造具体事例写出观点。每个进阶分为几个具体的学习活动实现。

2.新的口语表达形式——辩论

从实践活动形式来说，本单元第一次明确提出学习辩论。这也是小学阶段最后一次口语交际。教材列举了几个日常生活中容易产生分歧的问题，鼓励学生展开辩论。通过摆事实、讲道理的方式来丰富学生的认知，使其在未来处理事情的过程中具有全面的视角。学生在六年级上册进行过口语交际“意见不同怎么办”，分别对“围绕自己的观点发表看法”和“沟通时的态度”提出要求。在六下第四单元进行“即兴发言”，学习辩论时运用积累，现场发挥。本单元“辩论”在已有的学习基础上提出了新的目标：听出别人讲话中的矛盾或漏洞；抓住漏洞进行反驳，注意用语文明。同时紧紧围绕我方观点展开论述与辩解，是语文要素的进一步进阶。组织辩论赛是具有挑战性的大活动，实践性很强。因此“辩论”是贯穿整个单元的一个大学习活动，需要与前两篇课文教学整合设计学习活动。

3.新的习作文体——科幻故事

统编教材在培养学生想象思维方面有着非常系统的安排，写科幻故事作为一个大任务，有三个难点：相比普通的想象故事，其发展点在于有了科学的翅膀，运用科学技术，具有科学价值。相比漫无目的、天马行空的胡思乱想而言，更有生活基础且让人信服。相比一般的平常的故事，其充满幻想、具有神力，故事曲折并不离奇，让故事更有奇幻色彩。也正是基于以上三点，本次习作具有相当的难度。更需要立足整个单元，将这个大任务分解成几次学习活动，进行整体设计。

可以运用学习单、思维导图、表格等一系列支架，将大任务分解成系列小任务，由观点到事例形成“依据观点分析事例——思考观点形成辨析事例——为了观点学写事例”的学习活动1群，由事例到观点形成“读事例找出观点——选择事例突出观点——运用事例写出观点”的学习活动2群。语文要素在3个大任务的串联下进阶发展。

（二）单元学习活动因人文主题落实而贯通

本单元4篇课文中几个主要人物都有充满好奇而又爱思考的特点，而这些特点又是通过一个个具体事例表现出来的。单元大任务紧密围绕具体事例和观点，将人文主题贯通。为完成任务进行的学习活动虽然有表现形式、支架、情境等差异，但核心内容与目标是聚焦的。因此单元学习活动因着人文主题的落实而贯通起来。另外，人文主题的内涵也因着学习活动的不同有所丰富。

（三）单元学习活动以学科核心素养培育为核心

思维发展与提升、语言建构与运用这两个学科核心素养是一体两面的关系，本单元语文要素和人文主题核心目标就是“思维发展与提升”。在语言文字的建构与运用中初步感知逻辑思维、辩证思维，学习抽象思维、创新思维，丰富形象思维，将创新精神培养贯通整个单元。思维发展体现在两个维度。第一，逐步形成正确的思维方式。思维方式决定着行动方向，比如，通过辩论逐渐养成批判性看待问题、有理有据地发表观点的思维方式，这样的方式将促进良好思维习惯的养成。第二，学会多样的思维方法。

二、单元学习活动从问题中来，向解决而去，凸显问题性

切实解决真实问题是语文交际性实践的重要体现，单元学习活动的重要价值之一就是凸显问题性，向解决问题出发。

（一）单元学习活动从生活中的现实问题开启

好奇和思考是单元人文主题，我们关注学生生活中的真实问题是对这个主

题的回应，是学生为中心理论的落实。单元开启阶段，从生活中的现实问题、生活中有分歧的观点开始，读文、辩论、写科幻故事，都以此为出发点。在教材辩题选择中，A班非常集中，多数选择不可以说谎或可以讲善意的谎言。从生活中挖掘辩题方面，B班是占有优势的，共有18名学生独立选择辩题，占到34.3%。这个单元的习作学习活动倡导解决现实问题类的科幻故事创作，因此在习作准备阶段，让学生思考梳理生活中的问题，完成预习，形成展开幻想的靶心。从学生所列内容看，孩子们是很有想法和创意的。

（二）单元学习活动围绕语文能力中的核心问题展开

单元学习活动设计从语文能力的核心问题开始构想，核心问题要细化、分解。本单元的核心问题与语文要素“具体事例说明观点”有关。“体会文章是怎样用具体事例说明观点的”是属于写法类的语文要素，探讨写法之前必然先要知道写了什么。在《表里的生物》的思维训练设计中，为了突出语文要素学习的整体性，核心问题设计为：

1.默读1–9自然段，思考“表里一定也有一个蝉或虫一类的生物”这个观点是怎样形成的。可以圈画相关语句，也可以填写在表格中，或者用思维导图的形式来表示。

2.默读10–20自然段，抓住一些关键句段，找到“我”证实猜测的依据，说一说“我”证实猜测的过程，然后在小组内交流。

表里的生物		
“我”的观点		观点形成的过程、依据
提出猜想	我想，表里一定也有一个蝉或虫一类的生物	
证实猜测	证实我的猜测没有错，表里边有一个活的生物（与一般的不同的小蝎子）	
懂得道理	这样的话，我不知说了多久，也不知道到什么时候才不说了。	

3.阅读冯至《彩色的鸟》和《猫儿眼》，联系《表里的生物》，在这三篇文章中，你有什么新发现？猜一猜冯至为什么要写这样的故事，受到了什么启迪。

这样的活动设计关注观点形成的过程，在过程中自然认识“我”是怎样的孩子，在探究过程中明白文章是怎样运用事例说明观点的。语文要素落实因突出过程性而软着陆，因关注实践形成硬实力。

（三）单元学习活动展现问题解决的效果

对于整个单元来说，习作要从生活中的问题和困难入手，通过科学幻想找到解决的方案，并创作出曲折的故事，清晰地表达出观点。本次习作就是整个单元学习的检验。两次指导课，效果明显不同，学生习作的变化也是明显的。第一次指导后学生的习作有科学味不浓、观点不足和故事性不强三个问题，解决的办法有三种：一是增加了一次拓展阅读课，补充阅读《换个角度》等；二是指导课突出对用具体事例说明观点的课文和文章阅读的回顾，并思考自己的科幻故事要怎样做；三是让学生讨论将故事写生动写曲折的方法，然后将习作提纲转变为用表格将科幻故事的构成要素展现出来。

三、单元学习活动搭多样支架 织运用之网 秉承情境性

（一）搭资料支架，厚重文本情境

大量占有相关资料，在厚重文本情境中体现着由厚到薄的飞跃。初次接触辩论，难点之一就是运用论据来反驳、说服对方。因此将辩题提前布置，让学生搜集占有资料，用资料卡的方式整理资料，为己所用。课前占有资料为新知学习铺路搭桥，课后拓展资料则为深化理解，归类认知搭建阶梯。

（二）设问题支架，利用生活情境

巧设问题，可以成功撬开“铁板”的缝隙；同时问题作为学习活动中的支架，还具有牵一发而动全身的作用。这个单元的学习，从生活中真实的问题进入。课前导入：在我们的生活中，针对同一个问题会出现有分歧的现象，比如现在有电脑了，打字特别快，有的人就认为电脑时代不需要练字，而有的人认为电脑时代需要练字。在你的生活中，面对一个问题有没有分歧出现？或者你的生活中有哪些问题困扰你？

（三）建操作支架，创设语用情境

学习活动是实践，其本身就具有操作性，建设操作性支架，是单元学习活动对操作性提出的更高要求。建立的操作性支架，离不开积极语用情境的创设。学生的积极语用过程，应当是依托教师设置的语用情境促发了情绪波

动，于是如鲠在喉、不吐不快，而“所发之辞”的品质是由学生自我的语言内存和即时语言表达的品质所决定的。因此创设基于文本语境的、新的、丰富多维的语用情境，有助于达成多样化的语用习得，是积极语用的实现方式。本单元的课堂练笔或表达设计，在思维品质上有高的要求，因此具有综合性与高品位。

（四）立评价支架，建设表现情境

所谓表现情境，指有利于进行表现性评价的那一类情境，它区别于死记硬背、圈画抄写类的评价。比如辩论的口语交际就是一种表现性极强的活动情境，对辩论中的参与者很难用统一的标准来判定，就需要根据现场表现、临场发挥来做出相应的评价。应从“理由充分，论据充足；论述流畅，逻辑严谨；反驳精准，反应灵活；用语文明，配合默契”四个方面进行评价，评选出最佳辩手。评选出来后再请最佳辩手传授相关经验得失，促进学生的元认知学习。

参考文献：

[1] 郭元祥，伍远岳．学习的实践属性及其意义向度 [J]. 教育研究，2016（2）：102–109.

[2] 夏加发．语文课程的实践性及其实施策略 [J]. 语文教学通讯，2020（4）：8–11.

[3] 张琼．以实践能力培养为取向的知识教学变革研究 [D]. 武汉：华中师范大学 .2011.3.

[4] 游伟．在实践中学习辩论 [J]. 小学教学设计，2020（1–2）：51–52.

巧借关联悟哲理 深读寓言传文化

北京小学万年花城分校
李月萍

摘要:

阅读是运用语言文字来获取信息、认识世界、发展思维，并获得审美体验与知识的活动。寓言作为一种文体有着独特的魅力，它是用比喻性的故事来寄托意味深长的道理，给人以启示的文学体裁，字数不多，言简意赅。在寓言教学中，可以借助“关联”寻求信息、获取知识、解决问题。通过对寓言学习方式的研究，将学生的线性思维扩宽为关联性思维，借助关联内容、关联字理、关联人物关系、关联成语的运用、关联历史背景等对不同方面的关联探究，让学生发现学寓言不仅仅是学会一个故事、明白一个道理，同时也更加理解寓言故事背后所关联的博大精深的中国传统文化，进而提升学生的阅读能力和思维水平。

关键词:

寓言；关联；阅读能力

阅读是运用语言文字来获取信息、认识世界、发展思维，并获得审美体验与知识的活动。寓言作为一种文体有着独特的魅力，它是用比喻性的故事来寄托意味深长的道理，给人以启示的文学体裁，字数不多，言简意赅。人们从文字浅显的寓言中可以获得深刻的人生哲理，寓言可以教人智慧和培养道德情操，开拓人的思维以及培养审美能力。

语言大师吕叔湘曾说，“教学教学，就是教学生怎样学，不是把现成的东西教给学生，而是要教学生学习的方法。”因此教学中，通过对寓言学习方式的研究，要将学生的线性思维扩宽为关联性思维，引导学生关联内容、关联字理、关联人物关系、关联成语的运用、关联历史背景……通过对不同方面的关联探究，让学生发现学寓言不仅仅是学会一个故事、明白一个道理，同时也更加理解寓言故事背后所关联的博大精深的中国传统文化，进而提升学生的阅读能力和思维水平。

一、关联字理，了解汉字文化

汉字文化是我国传统文化的重要组成部分。汉字的构字遵循了一定的规律，没有哪一种文字能够像汉字那样具有系统性和逻辑性。汉字是一种只需用眼看就能思考的文字。寓言教学中有很多可挖掘的汉字文化，学生在学习汉字的同时，通过思考不仅记住了字形、字音，同时更对汉字背后的意义有了深刻的思考。

如：在学习《滥竽充数》这篇古文时，我们通过学前问卷了解到，大部分孩子对于文中所提到的“竽”并不认识，个别学生仅仅知道“竽”是一种乐器，但不是很了解。因此在学习古文时，我关联了“竽”这个字的字理，让学生识字观图，感受汉字之美。学生借助图片发现这个乐器是由竹子做的，因此联想到竹字头，进而想到这个字是形声字。我在此基础上引导学生了解“竽”下面的“于”

本义指人在田间走的时候要绕行，引申为气流通过竹管，曲折迂回而出，声音悠扬动听，所以在汉朝宫廷雅乐中“竽”占首席位置，非常重要。在这一关联的过程中，学生不但了解了形声字“竽”的字理，同时也进一步了解“竽”这种乐器的乐声悠扬，以及其首席地位。因此，渗透汉字文化也为读懂古文做好了铺垫。

图1　“竽”字资料

再如：《学弈》这则寓言中，对于题目“学弈”这个词语的理解学生知道是学下棋，但对“弈”这个字为什么是下棋的含义还不是很了解。借助汉字的演变，结合小篆的字体让学生感受这个“弈”字是像人在用手下棋，因此对字义理解就更为印象深刻了，这种结合插图来理解字义也是一种思维训练。

图2 “弈”字资料

二、关联人物 整体把握寓意

寓言这种体裁，人物关系简单清晰。通过这种简单的人物关系，我们却会感受到深刻的道理。以往学寓言时，老师往往带领学生分析人物关系，让学生在枯燥的翻译中进行理解，其实学生在古诗学习的基础上已经掌握了根据注释了解句子内容，那么在寓言教学中不应仅仅停留在翻译理解句子上。因此在学习寓言中，我尝试引导学生自主思考，把文字中简单的人物关系用图解的形式进行展示。学生在自主梳理的过程中，既理解了文中的人物关系，也形成了关联思维习惯，提升了思维水平。

如：在教学《滥竽充数》这篇古文时，抓住“宣王、湣王、南郭处士”这三个人物的关系是了解古文内容的基础，因此教师应引导学生梳理关系，在关联人物的基础上，引导学生读懂关键词句，读懂人物关系，了解历史背景，真正为理解内容做好铺垫。

如：借助“宣王死，湣王立”读懂宣王和湣王的父子关系。在读懂父子关系的基础上，再借助“必三百人”“好一一听之”这两句话体会两个君王不同的喜好，为理解后文内容南郭的逃与不逃做好铺垫，进而引发学生思考造成南郭不同结果的原因又是什么，为学生理解南郭处士的特点做好铺垫。

再如：在《学弈》这篇寓言中借助人物关系图，让学生关联三个人的关系，以及两个学生在下棋的过程中不同的表现，从而理解人物的特点，理解寓意。

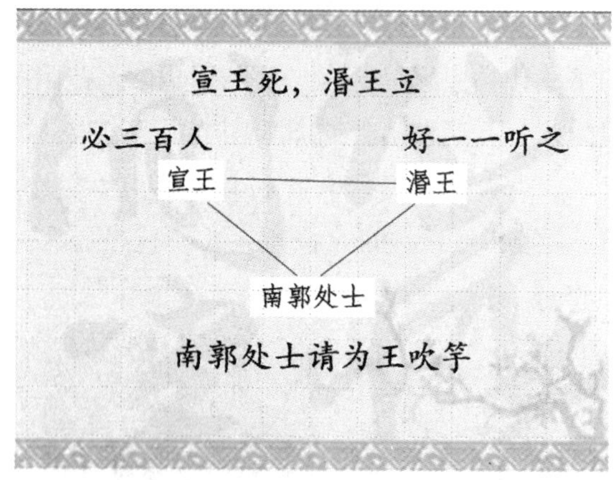

图3 “宣王、湣王、南郭处士”三人关系

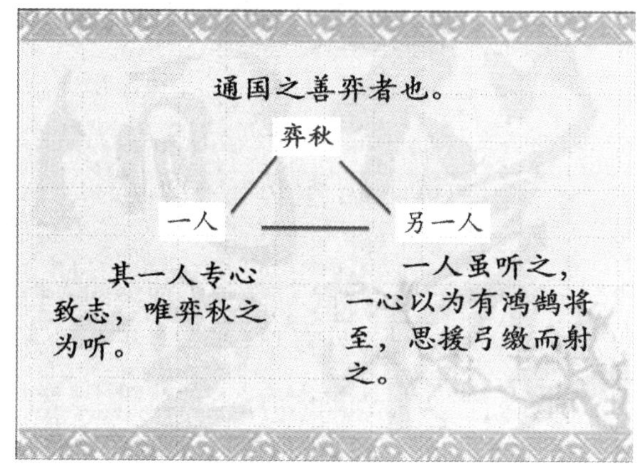

图4 “弈秋 一人 另一人”三人关系

寓言教学中把人物关联起来，就可以把烦琐的分析、翻译变成对人物的整体感知，在这种整体感知的基础上通过概括表达、朗读等方法再次表达对人物的理解，不仅是对学生思维能力的提升，同时对学生阅读能力的提升更是一种训练。

三、关联历史 深刻感悟寓意

早在春秋战国时代寓言就已经盛行，当时一些思想家把讲寓言当成辩论的手段。讲寓言是为了在政治主张上战胜对方，为了阐明自己的观点。因此，寓言不仅教育了当今的我们，在古时候也有其特有的历史作用。关联历史背景，让学生不仅读懂寓言，还读懂寓言背后的历史文化，可以拓展学生的课外阅读，更有助于他们对寓意的理解和运用，使阅读能力得以提升。

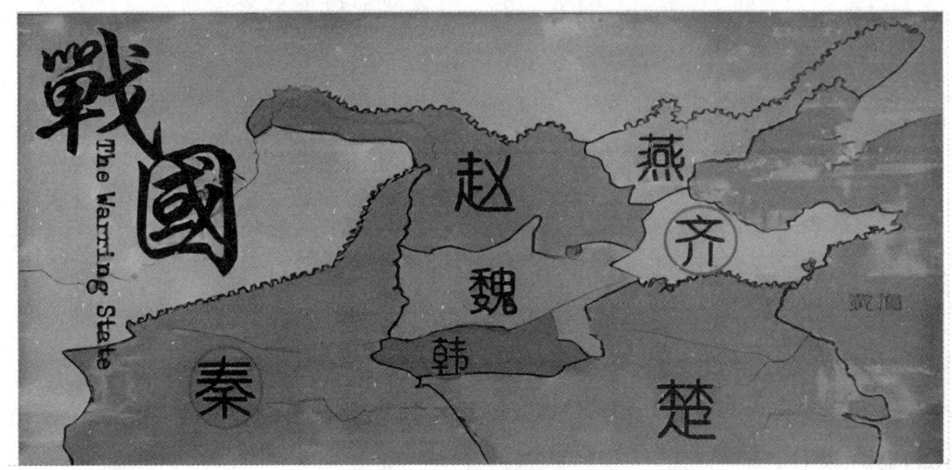

图5 战国资料

（一）感悟历史作用

在学习《滥竽充数》这篇寓言时，学生在理解了寓意后，回顾开课伊始所提的问题：为什么韩非子要给韩王讲述这个故事呢？在学生最需要的时候，引导学生阅读相关资料：

> 资料：韩国在战国七雄中非常弱小，韩王治理朝政时一般是集体议事，议完并不检查大臣行动，许多没有真才实学的人混在其中，而有真才实学的大臣却得不到重用。韩非子看到这种现象非常忧虑国家的前途，多次进谏，但汉王始终未采纳。

一份资料的阅读不只在于解决问题，更重要的是阅读后引发新的思考：韩非子为什么不直接告诉韩王？为什么要讲述齐国这样一个故事呢……引导学生深入地思考，让学生理解在古代大臣们劝谏君王时，为了便于君王接受，避免责罚甚至杀头之罪，大都会用这种“曲谏”的方式寄喻于故事中，让听者在自我教育中得到思想的启迪、行为的规劝，进而让学生感受这种委婉、含蓄的表达形式，也是我们中华民族的一种智慧，值得我们学习和传承。

在关联阅历史背景的过程中，学生对寓言有了更深切的感受：“一则小小的寓言，有可能改变一个君王，改写一段历史”“寓言在古代，劝谏君王；在现代，警示后人”。

（二）感悟教育作用

在学习《学弈》这篇寓言时，学生知道这个故事是孟子讲给他的弟子听的。此时教师要引导学生思考：孟子为什么要讲这个故事，继而通过拓展资料，让学生了解故事背后的教育意义。

> 资料：这个故事出自《孟子·告子》，该书是孟子和他的学生告子记录的有关人言行方面。孟子看到齐王不是一个明智的君王，经常受到一些奸邪之人的左右，让他的善良之心被磨灭了，国家随之灭亡。举弈秋下棋这件事，暗指做事要专心致志，不能受其他的影响，否则会一事无成。

最后引导学生了解几千年前的孟子就在教育弟子做事要专心致志，当下的我们更应该把中华民族的优良传统延续下去，感受文化的传承。

寓言的学习可以关联作者的思想及创作意图。寓言有的是治国理政的计谋，有的是对客观世界的认识，有的是处世之法，这些都是传统文化中极有价值的重要内容。如若在阅读中建立了“关联”的意识，更容易发现其中的哲学思想，发展阅读思维，将学生由课内引向课外。学生在关联阅读中感受到我国寓言的“含蓄之美”和“智慧之美”。学生不但读懂了寓言故事，还读懂了一段历史，读出了深意，产生了兴趣，传承了文化，更是提高了阅读能力……

四、关联生活 传承优秀文化

寓言的学习不能停留在理解上，还要引导学生关联生活，思考在生活中的运用。很多成语都是出自寓言故事，而我们生活中使用更多的恰恰是这些成语，因此学生多角度地理解和使用成语才能真正做到学以致用。

（一）关联生活智慧做人

在学习《郑人买履》这篇寓言时，我引导学生在课堂上演一演、讲一讲。学生在表演的过程中体会郑人宁愿相信尺码，也不相信自己的脚，深刻地感受到他在生活中遇到问题不知道变通，墨守成规。

学到这里我们不能止步于此。在学生理解了这则寓言内容后，更应引导学生思考该怎么做。于是我引导学生大胆想象，如果郑人穿越到了我们的生活中，此时你想对他说什么。这时有学生会把自己理解的道理讲给郑人听，还有的学生能联系自己的生活把自己的做法教给了郑人。最后郑人听取了大家的建议，改正了自己的问题，此时再让学生演一演21世纪郑人的做法。在表演、讨论、劝导的过程中，学生不仅理解了寓言所告诉我们的道理：不能墨守成规、不知道变通，最关键是在生活中学会遇到这样的问题更应该灵活变通，随机应变。

在将课内故事联系到生活中后，我又顺势拓展学生思路再次关联生活：想想生活中有没有像郑人这样的人呢？在学生回忆的基础上引导讨论以下几种行为。

> **三、我会说**
>
> 天气越来越暖和，小刚却在大热天穿着很厚的衣服，热得他满头大汗。同学们问他为什么不脱衣服，他却说："我妈妈说今天降温要多穿点。"
>
> 强强没有把记事本拿回家，不知道作业是什么，结果就没有完成作业。
>
> 明明每天早晨都负责为班级开窗通风，可是今天雾霾很严重，他依然为大家开窗通风。
>
> 小满在画画的时候，眼看作品就要画完了，突然被同桌碰了一下，画走了样，于是他哇哇大哭起来。

学生们踊跃地给这些同学出主意，想办法。学生在交流中最终明白，在生活中遇到这样的问题不能墨守成规，要学会随机应变，灵活处理，才是解决问题的好办法。

因此在教学中要让学生关联生活，结合生活进行体验和思考，学会将寓言故事中的道理运用于解决生活中的问题，最终培养学生在生活中处理问题的能力。将寓言故事中寄托的意味深长的道理运用于实际生活中，学会智慧做人，这也是文化的传承，是学习寓言的真正目的。

（二）关联语境运用寓言

《滥竽充数》这篇寓言学习到最后，引导学生回顾所积累的成语，要让学生知道很多成语出自寓言故事，成语在我们的生活中广为使用。因此课堂上我引导学生在生活体验中运用成语，在不同的语境中区分含义。如：

这一环节的关键在于通过最后三个选项的选择去体会"滥竽充数"的三重含义：冒充内行——指人；以次充好——指物；自谦——引申意。这样的运用巧妙地突破了教学难点。学生在自主发现中真正体会到：寓言学习亦不在故事，不只是明白道理，更应学以致用，以理规己，这才是学习寓言的根本目的。

我国著名儿童文学家严文井曾说过："寓言是一个魔袋，袋子很小，却能从里面取出很多东西来，甚至能取出比袋子大得多的东西。"在严文井先生的启发下，我们借寓言这个魔袋进行了研究，在教学过程中运用关联阅读，带领学生品语言、传文化、习能力。希望能借寓言这个魔袋，开启学生心灵之门，启发智慧，让学生获取更多的知识和能力。

参考文献：

[1] 中华人民共和国教育部 . 义务教育语文课程标准（2011 年版）[S]. 北京：北京师范大学出版社，2012.

[2] 夏红梅，郭惠宇 . 阅读教学与思维品质 [M]. 上海：上海教育出版社， 2019.

[3] 人民文学出版社编辑部 . 中国寓言故事精选 [M] . 北京：人民文学出版社，2018.

[4] 张素丽 . 汉字文化视野下的识字教学研究 [M]. 天津：天津人民出版社，2019.

遵循文本特点挖掘语用价值，设计学习活动落实语文要素
——例谈统编教材《海底世界》

北京市海淀区实验小学
马金梅

摘要：

说明文语用训练价值较强，在阅读教学活动中，应把握文体特点，充分发挥这一类文体的语用功能，以提高学生语言实践运用能力，让课堂学习充满浓浓的语文味。基于小学说明文教学的现状以及存在的问题，本文以《海底世界》具体教学为例，谈谈如何挖掘说明文的语用价值，设计多种学习活动，引导学生通过品读、演示、迁移运用等多种学习活动拓宽表达途径，学习并实践“清楚地表达”，让说明文学习更加凸显语用功能，从而落实单元语文要素，提升学生的语文素养。

关键词：

文本特点；语用价值；学习活动；语文要素；

说明文作为人类探索、传播和交流知识、技术及文化的重要载体，其表达方式以说明为主，侧重于对事物、事理进行介绍解说，具有较强的实用性。依据说明文的文体特点，充分挖掘其语言运用价值，巧妙设计多种活动，充分发挥语用功能，既提高学生语言实践运用能力，又不把其上成科普课，让说明文课堂学习充满浓浓的语文味，才是说明文教学的目的所在。

一、小学说明文教学存在的问题

说明文科学性、知识性强，这样的文体特点就决定了说明文不会像记叙

文、小说、戏剧等文体那样吸引人。因此，有不少教师在教学此类文本时，为了激发学生兴趣，用浏览图片等直观的教学方式代替语言品味。这样的教学方式下，课堂表面上呈现出来的是热热闹闹，但实际上是脱离了文本，脱离了语文课堂，上成自然课或科学讲座，造成学习本末倒置，这是不可取的。同时有关说明文的说明方法、说明顺序等，在平时语文教学中特别受到教师的重视。不可否认这是说明文的根本，但教师的教学如果只盯着说明方法单纯地讲解或分析，课堂上呈现出的学习活动是机械而单一的，学生就会学得乏味，觉得无聊。

二、遵循文本特点 发掘说明文的语用价值

从教材编排来看，统编教材在小学中年级段选编了不少文质兼优的说明文，从单元提出的“围绕一个意思把一段话写清楚”“了解课文如何从几个方面把事物写清楚”的语文要素来看，在小学中年级段编排说明文的学习，目的就是使之成为语言表达有效训练的平台之一。

从学生能力进阶来看，到了小学中年级，要由学习怎么把一段写清楚到怎么把事物写清楚，实现语言表达能力梯度发展，是学生写作能力发展的关键期。

因此，基于中年级学生的学段特点，说明文教学应改变以往单一分析的教学方式，要立足其文体特点，挖掘语用价值，组织开展形式多样的语言实践活动，让学生在活动中感受说明文语言的科学性与严谨性，体会说明方法的使用效果，感受语言表达清楚的魅力，落实单元语文要素，使之成为学生学习及运用语言表达的良好范例。

三 、搭设多种学习活动 落实单元语文要素

（一）组合朗读，学习篇章结构，感悟“清楚地表达”

说明文的学习中，“读”的活动也不能或缺，这不仅可以避免课堂上单一地讲解分析，还可以使学生在朗读中学习篇章结构。

以《海底世界》一课为例，无论是从“篇”来看，还是从“段”来看，文

章的结构层次都十分清晰。全篇采用了典型的总分总结构，除首尾段落外，每段的内容基本上是由中心句、总说句领起。因此笔者引导学生了解每段的内容后，立足全篇，让学生自主安排朗读形式并说明理由。学生通过合作朗读的形式，进一步感知课文是如何围绕中心句从不同方面构段成篇的，也能够初步了解到课文是从不同方面把事物写清楚的。这样的朗读活动指向的就是文本结构方面的秘妙，侧重于说明文阅读和清楚表达的策略指导，有效提升了文本的语文核心价值。

（二）巧妙演示，揣摩语言特点中学习“清楚地表达”

仍以《海底世界》一课为例，仔细阅读这篇文章，就不难发现课文的第4自然段为了表现出海底动物活动的丰富，作者不仅采取了“围绕一个意思”来写的构段方式，而且选择的是活动方式最具代表性的四类海洋动物。这种典型段落、选择方法与语言特点的巧妙结合，是本篇课文表达形式的独到之处。因此，在教学此重点段时，笔者不仅用朗读的形式替代了句式分析，也删去了说明方法的分析，设计了运用“演示”展现海底动物活动方式的学习活动，活动任务分为以下几步：

首先，由学生合作完成下列表格内容：

表1　学习表格

动物的名称	活动的方法
海参	爬　肌肉收缩慢
像梭子的鱼	游　比火车还快
乌贼　章鱼	喷水　利用反推力
贝类	巴　免费旅行

通过表格进行梳理，学生不仅能一目了然地了解海底动物活动方式不同，还可以借助它抓住关键词进行对比。通过深化理解，学生就能知道作者刻意选择这几种动物的原因在于它们具有很强的代表性，体现海底动物不同的活动特点，以不同的活动方法为切入点，按顺序进行展示，把所要表达的意思说明清楚。

当然，活动任务的设计并不能止步于此。这段话描述海底动物活动方式的语言简洁，表达十分准确清楚，蕴含着趣味性与科学性，特别具有思维含量。为了让学生进一步体会这一表达特色，接下来就让学生同桌合作，互相读一读、演一演，用手势动作表现出海底动物的活动方法。活动任务要求如下：

1. 自然第 4 自然段，选一种你最感兴趣的海底动物，把它的活动方式用手势动作演示出来。

2. 运用评价单，对同学的演示评价。围绕“他演示得像不像？”来评，并结合相关语句说说出具体的理由。

评价单

海底动物	演示的相似度
海参	★★★★★
像梭子的鱼	★★★★★
乌贼　章鱼	★★★★★
贝类	★★★★★

图1　活动任务要求

完成这个活动任务，无论是演示还是评价，都需要将文本内容与演示联结、比较。这个“演与评”的活动设计，改变了以往单一僵化的分析模式，既能将语言品味转换为形象的体验，切实地感受到海底动物的活动方式新奇有趣，又能揣摩领会语言表达要准确生动，才能把事物的特点说清楚，感受语言表达中的精妙和特点，使语言的感悟与表达方法的渗透有机地统一起来，实现了由“阅读核心”转为指向“表达”。

（三）适度仿写，迁移运用中落实“清楚地表达”

语文素养的核心是语文能力，语文能力的核心是语用能力。说明文承载普及知识的任务，无论是文本结构还是语言表达特色，都十分鲜明。因此，笔者认为说明文的教学也应该回归语文本色，教师应该适度予以延伸，聚焦说明文表达方法特征点，开展训练活动，让学生从中领悟说明文表达方式，并加以灵活应用，达到提高语言表达的目的。

1.学习用典型结构“清楚地表达”

再以《海底世界》一课的第4自然段教学为例，此段教学活动的设计，不能局限于朗读及演示等，而要探究海底动物的活动特点。在关注文字的表达形式和学习构段方法之后，教师应因势利导让学生尝试运用表达方法，提升表达品质。因此，笔者又将这个重点段落的学习活动向语用表达进行了延伸，转换视角尝试介绍海洋动物的睡眠特点。学生的学习活动经历了以下几个步骤：

首先是发布活动任务：“海洋学家邀请我们一起去看海洋动物，并从中推选出你认为睡姿最特别的一种海洋动物”。这样的情境任务，在激发学生的兴趣同时也聚焦到语言表达的实践。

其次，围绕发布的任务练笔表达：在师生交流有关海底动物如何睡眠的视频及文字资料后，组织学生以小组为单位，写一写海洋动物们是如何睡觉的。最后进行小组汇报，介绍海底动物的睡觉方式。

图文资料及学习单如下：

表 2　图文资料及学习单

海洋动物	视频截图	文字
刺参		当水温至20℃时，刺参便转移到深海的岩礁暗处，潜藏石底，一睡就是三四个月，其间不吃不动。
章鱼		章鱼进入睡眠状态后，触角依旧动个不停。
裂嘴鱼	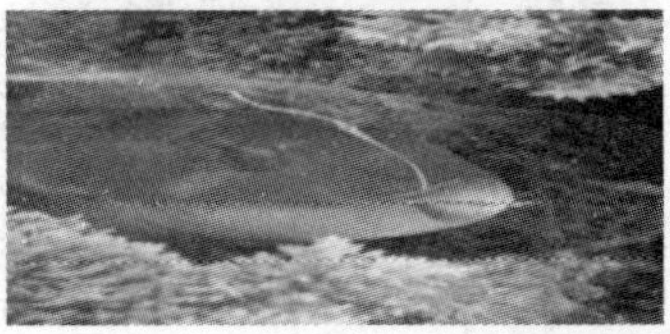	裂嘴鱼会分泌白色黏膜，睡在黏膜形成的气泡中。
海牛		海牛喜欢在海底睡觉。它们睡上十来分钟就得起来到海面上透透气，然后回来继续睡。
鲸鱼		鲸鱼不仅能边游边睡，还可以立起来睡。

学习单

海底动物睡觉的方式__________。__________

图2 《海底世界》学习单

组合提供的图文资料，不但顺承延伸了文本内容，丰富了学生的知识信息，而且以此为资源，为学生的模仿实践、积极表达提供了写作支架。在整个迁移仿写的学习活动中，学生能够选择睡觉方式最有代表性的海洋动物，运用典型的总分结构段式，转化视频图像为鲜活的文字，用准确活泼的语言呈现出海底动物各有各的睡眠特点。通过实际动笔，融情、境、思于一体，活化认知文本中的思维方式，语言运用，丰富学生语言表达的生命力和感染力，提升学生语言表达能力。

2.学习用典型句式“清楚地表达”

此外，《海底世界》的第3自然段中，作者借助“有的……有的……有的……还有的……”这个典型句式，运用形象的比喻及一组叠词形式的象声词描述了海底动物发出的各种声音，使得表达活泼有序，不仅清楚地展现出海底世界声音的多样，还让读者觉得趣味十足，情趣盎然。

于是，在教学此段时，笔者紧紧扣住这个句式，以此为范例，引导学生学习围绕一个意思清楚地表达。首先，提出问题让学生在品读过程中思考：神奇的海底世界，我们虽然不能身临其境，但作者的描写却让我们如闻其声，他是怎么描写的呢？通过这个问题聚焦“有的……有的……有的……还有的……”句式表达，让学生了解作者是通过用我们常听到的小动物的声音来描写海底的声音，虽然只选取了四种具有代表性的声音，但让我们想象到海底动物窃窃私语时发出的声音和陆地上一样丰富。接着，补充声音资料，模拟情境：假如你此时置身在海底，也戴上了“水中听音器”，快来听听海底动物还发出了什么样的声音，引导学生充分发挥想象，尝试用“有的……有的……有的……还有的……”句式以及叠词形式的拟声词进行表达。

如上教学环节通过创设具体情境，模仿运用第3自然段的典型句式进行表达，不仅使学生对海底世界的奇妙有了更进一步的体会，而且还引导他们能够围绕一个意思清楚地表达出海底声音的特点及多样，让语言的理解和运用、思维的发展和提升更加切实有效。

总而言之，作为小学语文统编教材中一种重要的文体，说明文并非只是传统意义上的科普文，其承载着多重功能，是提高学生语言能力、培养学生科学精神的重要载体。因此，在教学活动中，教师要注重对语言价值的挖掘，贴合说明文的文本特征精心设计学习活动，让学生在品悟、表达等不同层面的学习活动中，与文本多维对话，拓展学习语言、运用语言的广度和深度，提高学生的表达能力，提升学生的语文素养。

参考文献：

[1] 石群 . 语用视野下的阅读教学思考——《海底世界》教学内容及策略解析 [J]. 小学教学参考, 2016（4）：66-67.

[2] 晋萍 . 指向有效思维 推进深度阅读——以《海底世界》教学为例 [J]. 小学生作文辅导（语文园地），2020（8）：78.

[3] 周佾 . 锤炼语言，让课堂充满浓浓语文味——以《海底世界》为例浅谈小学语文课堂中教师教学语言的艺术 [J]. 语文世界：教师之窗，2018（9）：65-66.

[4] 侍艳楠 . 承载知识的言语表达——小学说明文语用实践例谈 [J]. 小学生作文辅导（语文园地），2020（10）：69.

聚焦核心价值，实现长文短教
——以《小英雄雨来（节选）》为例

北京市朝阳区教育科学研究院

马妍

摘要：

课文在语文教科书中处于核心地位，是主导语文教师规划教学的主要元素，是实施课堂教学的核心材料。面对小学语文统编教材中的长文章，我们总会想到“长文短教”，即精选最具有教学价值的内容，取得有效率的、最佳的教学效果。“长文短教”对教师的文本解读和教材处理能力提出了较高的要求。本文以统编小学语文教材四年级下册第六单元《小英雄雨来（节选）》为例，认为面对长文章，教师可以聚焦于教学目标和教学方法这两个核心问题进行思考：准确设定教学目标，单元整体设计教学，实现长文章教学的核心价值；精心设计教学环节，服务学生发展需要，关注训练板块，搭建学生学习的支架；着眼于学生的发展需要，落脚于思维培养。

关键词：

长文短教；教学目标；教学方法；思维培养

课文在语文教科书中处于核心地位，是主导语文教师规划教学的主要元素，是实施课堂教学的核心材料。纵观统编小学语文教材，我们发现长文章的数量明显增多。继四年级下册第六单元首次提出了“长文章”这一概念后，教材又陆续编排了《“诺曼底号”遇难记》《猎人海力布》《父爱之舟》《竹节人》等长文章，不断丰富着学生的长文章阅读方法和策略。

长文章通常指篇幅比较长，文字比较多，内涵比较丰富的课文。在实际学习中，这一类对学生阅读具有挑战性的长文章，给部分教师的语文课堂教学造成一定程度的困难。如何破解这一难题，就成为亟须解决的问题。

提高长文章的课堂教学效率，我们总会想到“长文短教”，即在教学中能够精选最具有教学价值的内容，取得较好的教学效果。“长文短教”对教师的文本解读和教材处理能力提出了较高的要求。面对长文章，教师可以聚焦于两个核心问题进行思考：一是聚焦教学目标的精准定位，这是解决“教什么”“学什么”的问题；二是聚焦教学方法的恰当运用，这是解决“怎么教”“怎么学”的问题。由核心问题的解决实现核心价值——学生语文核心素养的提升。如何做到聚焦核心点，学好长文章呢？笔者以统编小学语文教材四年级下册第六单元《小英雄雨来（节选）》为例，谈一谈自己的思考。

一、准确设定教学目标，实现长文章教学的核心价值

面对信息丰富的长文章，我们必须明确教学的核心价值，准确设定教学目标，整体建构教学内容，从而达到长文短教，提高教学效率。

（一）关注语文要素，理解目标指向

统编教科书单元导语中的语文要素提示了单元教学目标指向。教材执行主编陈先云指出“所谓语文要素就是语文训练的基本要素，包括基本方法、基本能力、基本学习内容和学习习惯”。语文要素是教师必须关注的重点。以统编教材四年级下册第六单元为例：围绕“成长”这一主题编排了《小英雄雨来》《我们家的男子汉》《芦花鞋》三篇长课文，故事性强，语言丰富，展示了不同时代的少年儿童成长的故事。语文要素是“学习把握长文章的主要内容”，要求把握长文章的主要内容，要了解故事的起因、经过、结果，要关注主要人物和事件。三篇课文用不同的方式把文章分成几个部分，在课后题和学习提示中，都提出了用列小标题把握课文主要内容的阅读要求，提示了把握长文章主要内容的方法。由单元语文要素出发，我们可以清晰地梳理出“用较快的速度默读课文，借助列小标题的方法，学习把握长文章的主要内容”和“感受不同时代儿童成长的故事，体会人物的特点与品质”是本单元的两个核心教学目标。准确定位教学目标，就可以简化头绪，突出重点。我们在确定单元教学目标之后，把《小英雄雨来》第一课时和第二课时的教学重点分别确定为学习借助列小标题把握长文章的主要内容；通过雨来的言行，感受人物形象，体会英雄的品质。

（二）树立整体观念，在建构中发展素养

统编教材的编写具有整体意识，这体现在每个年段、每个年级、每册教材语文要素的层次性和关联性。这就要求教师在使用教材中也要有整体意识，站在整体的角度研读教材，把握教材，使用教材。以四年级下册第六单元为例，语文要素是“学习把握长文章的主要内容”。我们通过梳理就会发现，在此之前，教材在四年级上册开始学习把握文章主要内容的方法。四年级上册第四单元提出了“了解故事的起因、经过、结果，学习把握文章主要内容”，第七单元提出了“关注主要人物和事件，学习把握文章的主要内容”。四年级下册第七单元提高了要求——“借助列小标题的方法，学习把握长文章的主要内容”。四年级上册与四年级下册在把握文章主要内容这个要素上形成的训练序列，使学生在学习中形成了一条方法主线，体现了教材编写的整体性、训练点的层次性。教师树立整体观念，把握住教材这一特点，就可以通过回顾以前所学，帮助学生更快地掌握新方法。在《小英雄雨来》的学习中，教师可以让学生抓住有关雨来的主要事件概括小标题，这样一篇六部分的长文章化为六个连续性的小故事，让学生综合运用已经掌握的把握文章内容的方法，提取关键内容进行概括，化繁为简，化难为易，化长为短，在学习中掌握“把握长文章的主要内容”的方法。

除了掌握方法，学生素养的提升还离不开学习过程中的自主建构，长文章的学习也离不开整体建构。王荣生教授曾提到：语文课程肩负着培育文学、文化素养的重任，而文学、文化素养在语文课程里有特定的所指，它以确指的“定篇”存在。整体建构，主要指以定篇功能和教材提供的资源来确定能够帮助学生进行整体建构相关语文知识能力的教学内容，进而进行教学方案的设计和教学活动的实施，提升学生语文素养。整体建构可以从学习内容的整体性、学生作为学习主体的整体性和学习情境的整体性等方面进行思考。统编教材四年级下册第七单元在教学中，我们可以把“小标题”作为切入点，进行整体建构。三篇课文中《小英雄雨来》是精读课文，《我们家的男子汉》和《芦花鞋》是略读课文。学生在精读课文中掌握提炼小标题的方法，然后在两篇略读课文中，依托导读部分中提出的“给每个部分换个小标题”和“为每个部分列出小标题”的学习任务，运用并丰富小标题概括主要内容的方法。《我们家的男子汉》课文有小标题，任务是试着改一改；《芦花鞋》依据空行试着给课文概括小标题，学习任务难度逐步提升，同时我们要让学生明白小标题的概括方法不仅仅是信息的提炼，它还可以借助我们对人物的理解和评价进行凝练，从而实

现学生从内容的把握到人物形象理解感悟的提升，这个学习的过程也是学生不断建构的过程。

二、精心设计教学环节，服务学生发展需要

教师站在学生的视角，立足于学生的学习实际，精心设计教学环节，服务于学生语言和思维发展，才能真正实现长文短教，实现学生语文素养的提升。

（一）关注教材训练板块，搭建学生学习的支架

在双线组元的前提下，统编教材的编写者对以课后思考练习题为代表的训练板块进行了精心编排，成为很好的教学支架。我们在备课时要关注训练板块，理解编排的用意，搭建学习支架，有效开展教学活动。

《小英雄雨来》课后思考第二题是“照样子给其他四个部分列出小标题，再说说课文的主要内容”。为掌握“借助列小标题的方法，学习把握长文章的主要内容”的方法，我们借助思考题引导学生分步讨论：第一步发现范例的秘密。学生默读课文第一、二部分内容，说说题目中给出的小标题的特点。通过学生的自学和讨论，形成一致的意见：这两个小标题都是概括了雨来怎么样或者是干了什么，字数相同，形式上都是短语。师生总结概括小标题的方法：可以先按照“谁怎么样或者是干了什么”的句式概括出段意，再把句子缩为短语，尽量做到字数相同，简练严整。这一步学习非常关键，学生经历了自主发现，交流讨论，厘清范例的学习过程，为后面学习奠定基础。第二步尝试列小标题。学生默读三至六部分，仿照样子给这四部分列出小标题。这是学生自主学习、实践运用的过程。第三步交流修改小标题。学生充分交流小标题，发现问题后引导学生回文阅读，陈述理由，交流讨论，修改标题。这一步是学生对方法总结提升的过程，重点在修改。第四步串联标题说主要内容。这一步是落实语文要素的过程。

由以上四步骤我们可以看到，在长文章教学中，关注课后思考题，搭建学生学习的支架，促进实践，能有效提升学习能力。

（二）着眼于学生的发展需要，落脚于思维培养

思维的发展与提升是语文学科核心素养的重要方面。《义务教育语文课程标准（2011年版）》和《普通高中语文课程标准（2017年版2020年修订）》中

都明确提出了关于思维培养的课程目标。着眼于学生发展，我们的教学应有落脚于思维培养的理念。

思维品质（包括思维的敏捷性、灵活性、创新性、批判性、深刻性）是区分思维水平高低的重要指标，是思维培养的突破口，其中思维的深刻性又是其他思维品质的基础。思维的深刻性具体表现为：在认识事物本质和内在规律性关系时具体、全面、深入；表达思想观点时概念明确、判断恰当、推理合理、论证得法，具有抽象逻辑性。这一系列过程自然都离不开概括。由此可见，小学是思维培养的基础阶段，概括能力是思维培养的基础，长文章的教学为培养学生概括能力提供了很好的平台。《小英雄雨来》的教学，学生在概括小标题的学习过程中，关注了作者的行文思路，理清了内容间的内在逻辑关系，在文章整体框架内构建认知结构，学生的思维会逐渐达到有条理、有层次、符合逻辑的程度，继而促进思维全面、系统地发展。在思维中，对词语的理解是否准确、精细决定了运用它进行思维的精密、深刻程度。在修正小标题用词的过程中，学生经历准确理解和掌握概念，进而正确运用概念，最终使思维达到周密、严谨、深刻的程度。教师在进行长文章教学时，明确其背后对于学生思维培养的意义，在选择教学方法时目的性会更加明确。

我们要立足文本，把握教材中语文要素螺旋上升的层次安排，从单元整体教学落实语文要素，探寻到适合学生学习实际的长文短教的有效策略，从而提升学生的语文核心素养。

参考文献：

[1] 王荣生．语文科课程论建构 [D]. 华东师范大学，2003.

[2] 林崇德．教育与发展——创新人才的心理学整合研究 [M]. 北京师范大学出版社，2004：359–361.

[3] 中华人民共和国教育部．义务教育语文课程标准（2011 年版）[S]. 北京：北京师范大学出版社，2012：23.

[4] 中华人民共和国教育部．普通高中语文课程标准（2017 年版 2020 年修订）[S]. 北京：北京师范大学出版社．

基于第一学段学生阅读能力培养的实践与研究

北京市东城区地坛小学
秦宪民

摘要：

第一学段的语文教学应当从激发学生阅读兴趣和热情出发，以字词句为着力点，采用灵活多样的学习路径引导学生学语习文，为培养学生的阅读能力、提升语文素养奠定坚实的基础。针对这一学段学生的特点，在教学中聚焦多元，采用“激发联想、动作表演、视觉画面”等有趣的学习路径引导学生理解词语，让他们在轻松愉快的氛围中学词用词，体验学习的乐趣；通过“图文结合、联想情景、配音游戏”等学习路径，引导学生初步感知文章内容，品味语言魅力，促进学生与作者的情感共鸣。同时，评价也能作为促进学生语文素养提升的一种路径，不仅使学生的学习受到激励，也令阅读教学更有情感，使学习语文成为更有生命力的活动。

关键词：

第一学段；有趣的学习路径；有效的策略；阅读能力；语文学科素养

阅读能力是学生语文素养的重要组成部分，第一学段的语文教学应该从激发学生阅读兴趣和热情出发，为培养学生阅读能力、提升语文素养奠定坚实的基础。叶圣陶先生说：“语就是口头语言，文就是书面语言，语文课就是学语习文。”低年段语文教学应当以字词句为着力点，以生动有趣的教材文本为载体，采用灵活多样的学习路径，引导学生学语习文，理解、积累文中的重要词句，学会初步感知文章内容，对感兴趣的人物、事件有自己的感受和想法。

由于学生生理、心理以及语言能力的发展具有阶段性特征，因此在教学中应该根据不同学段学生的特点，选取合适的学习路径。第一学段学生注意力短暂，缺乏耐心和意志力，他们在课堂中不能持久地保持良好的学习状态，兴趣占据着学习的主导地位，但他们好奇心强，天真活泼，乐于接受新知识。因此，在学习路径的选择上应注意让学生动起来、“玩”起来，使他们在轻松愉悦的活动中学习，让课堂灵动起来。

一、多元聚焦学词语

《义务教育语文课程标准（2011年版）》提出，应“结合上下文和生活实际了解课文中词句的意思，在阅读中积累词语”。词语教学是第一学段语文教学的重要组成部分，理解、积累词语也是学生应当具备的阅读能力之一。在学习过程中，学生往往在脱离语言环境的情况下认识、理解生字词语，特别对一些较为抽象的词语缺少直观的认识，理解起来难度很大，以致学生在运用词语的过程中出错。针对第一学段学生的特点，在教学中应当多元化学习，采用有趣的学习路径引导学生理解词语，让他们在轻松愉快的氛围中学词用词，体验学习的乐趣。

（一）激发联想 理解词语

第一学段学生的认知水平处于启蒙阶段，以具体的形象思维为主，想象力丰富。引导学生通过联想理解词语，是一种行之有效的方法。教师在学生朗读词语时提示：“当你读到这个词语时想到了什么？”学生会展开想象的翅膀，生动地描述由这个词语所联想到的情景，进而理解词语的意思。例如在学习“雄伟”时，有的学生说“我想到了雄伟的天安门”，有的学生说“我联想到雄伟的长城”，有的学生说“我联想到雄伟的泰山”……学生通过联想，脑海中展现出高大、壮丽的形象，从而理解了词义。

（二）动作表演 理解词语

在教学中，教师运用表演的方法创设一定的情境，可以帮助学生理解词语，甚至是一些抽象的词语，化抽象为形象，让学生乐于接受。例如“打水”，学生通过做动作，很容易理解是“用工具取水”的意思。再如，理解“在乎”一词时，学生可以用自己的铅笔盒做道具，做一做动作表现出“在乎”的意思。学生有的轻拿轻放，有的把铅笔盒抱在胸前，有的小心地爱抚……用动作表现出内心的在意，从而理解了词语。

（三）视觉画面 理解词语

在教学中，采取直观的教学策略，借助图文并茂的板书，也有利于帮助学生理解词语。例如，在古诗《江南》的教学中，理解“何田田”的意思时，首先出示图片，让学生看图说说初步认识。学生感知到荷叶又大又圆，又绿又多。再让学生参与板书贴荷叶图片，认识了“田田”的意思。接着出示句子填空：荷叶真（　　）啊！让学生通过完成句子填空和朗读，加深了理解，感受到荷叶挨挨挤挤、层层叠叠，碧绿、挺立的样子。最后第二次让多名学生同时在黑板上贴荷叶图片，加强亲身体验和直观感受。两次板书贴荷叶，展示了荷叶茂密、旺盛、充满生机活力的样子，使学生直观地理解了“何田田”的意思。

（四）联系生活 理解词语

这是在理解词语中较常用的方法，它让理解词语与学生的生活经验联系在一起，让学生在联想中调动起自己的生活体验，唤起相似的记忆，从而更具化、更感性地理解词语。如“锋利的斧头”，理解“锋利”就可引导孩子们联系自己见过的刀、剑等来理解，“锋利”这个词语就会在孩子们的头脑中留下鲜明的印象。

（五）联系上下文 理解词语

汉语语法的基本特点是“意合”，这就决定了要正确理解词语、句子和篇章的内涵，必须联系上下文从整体上把握文章，领悟词句在具体语境中的意思。而我们大家都知道，每个词都是在一定的语言环境中出现，联系上下文来理解词语，关键是要仔细阅读全文，上上下下地看，前前后后地读，找出文中与词语意思有联系的内容，就能比较准确地意会词语的意思。例如教学《树和喜鹊》一课，理解“孤单”的词义时，老师向学生提出问题“你知道‘孤单’是什么意思嘛？”教室里静下来，没有人举手回答问题。这时老师告诉学生，其实每篇文章都是我们的好老师，有时带着问题读读文章的前后内容，就会找到答案。然后让学生回读第一段内容“从前，这里只有一棵树，树上只有一个鸟窝，鸟窝里只有一只喜鹊”。学生读完第一自然段陆陆续续举起了很多只小手。接着，老师又让学生观察书上的第一幅图片，再用自己的话说说“孤单”的意思。学生此时很顺利地说出了对“孤单”的理解。

俗话说，教无定法，贵在有法。对于第一学段的学生，教师在阅读教学中要根据文本需要和学生实际，灵活地选用多元化教学策略，调动学生多种感官参与，选择有趣的学习路径引导学生理解词语，使词语教学真正落到实处，让学生在一字一词中感受学习语文的乐趣，为提升语文阅读能力打下坚实的基础，使语文课堂更生动、更自然、更真实。

二、创设情境练朗读

课标要求各个学段的阅读教学都要重视朗读和默读。各学段关于朗读的目标中都要求“有感情地朗读”，这是指要让学生在朗读中通过品味语言，体会作者及其作品中的情感态度，学习用恰当的语气语调朗读，表现自己对作者及其作品情感态度的理解。可见“朗读”是语文教学中培养学生阅读能力的重要途径，只有多读，才能感知文章内容，只有读出感情来，才能与作者的情感产生共鸣。但一味强调多读，不教给学生阅读方法，不注意读的形式是不行的。对低年级学生来说，反复地朗读只停留在字面上，并不会有更深的感悟。如何培养学生读的兴趣和读出情感是低段阅读教学中的重点，又是难点。

（一）图文结合 助力初读感知

低年级的课文大都配有形象、生动、活泼的插图。在教学中充分利用课文中的插图，让学生看图，说说图上画有什么，这对理解课文内容很有帮助，然后图文对照读课文，能收到良好的朗读效果。《青蛙写诗》一课的教学中，我引导学生观察书上的插图，思考：为什么小蝌蚪来当逗号？水泡泡来当句号？一串水珠来当省略号？学生通过图片和标点的对比，认识到它们的相似之处，了解了这几个标点的特点和作用。结合图片上小蝌蚪、水泡泡、水珠的样子，学生在朗读时自己就读出了语气语调的变化。这样的安排既培养了学生的观察能力，又培养了学生的口语表达能力，同时对读懂课文，理解字、词、句都是大有裨益。

（二）想象情景 品味语言魅力

一年级的学生学习语言要从积累词语和句子开始。课堂上教师引导学生在理解词义的基础上积累词语，通过填空练习培养学生读题、审题的能力，并学习语言的表达，教给学生学习语文的方法。

教学《项链》这篇课文前，教师了解到全班大约有五分之四的学生去过海边，没有去过的同学在电视上也见到过大海和沙滩。教学时，教师引导学生想象来到了海边，置身于一片金色的沙滩上，抓住“蓝蓝的、黄黄的、雪白雪白的”一起欣赏在沙滩上看到的美丽景色；抓住“又宽又远、又长又软”体会大海、沙滩带来的舒服的感受；从“哗哗地笑着，涌向沙滩，悄悄撒下小小的海螺和贝壳”感受大海像调皮的孩子，和我们一起做游戏；让学生回忆自己在海边做了什么，再通过朗读表现出第一串项链漂亮，第二串“项链”有趣，从而品味课文语言的魅力。

（三）“配音游戏” 促进情感共鸣

朗读是低年级语文阅读教学重点，课堂中，多种形式的朗读，对培养学生阅读能力起着潜移默化的作用。一年级学生容易唱读，这时候，听老师范读，配音朗读的游戏，对培养学生朗读的能力很有帮助。在教学《江南》的最后环节，教师设计为视频做配音的游戏活动，学生看着水墨动画视频，听着悦耳动听的音乐，为视频配上自己的朗诵，把本节课的教学推向高潮。有的学生仿佛把自己当作了采莲人，荡舟莲叶之间，有的学生诵读时好像是一条小鱼，摇头摆尾。学生已经融入古诗之中，已经成为古诗中的角色，还有学生下课后仍在滔滔不绝地背诵着古诗。

三、巧妙评价固实效

低年级学生自我意识较强，虽然注意力、记忆力、理解能力、思维能力、表达能力等随年龄增长有阶梯性增强，思想认知也开始萌芽，但是他们仍然处于“玩”的学习模式，缺乏耐心和毅力，自我控制力不够，学习品质和习惯还极不稳固。多种多样的评价方式、有趣的评价方法，是调动学生学习热情、培养阅读能力、提高语文素养的有效路径。例如，开展“积分晋级”激励性评价，学生课堂上积极发言、回答问题完整、思维有创新、表达清楚、学习有好方法等等，都会得到积分奖励，十张积分卡晋级，换一张古诗卡，十张古诗卡晋级，换一张奖状。“积分晋级”的评价方法，激发了学生在课堂上学习的积极性，提高了学生回答问题的质量，促进了学生阅读能力的形成，同时也提高了课堂教学的实效。

基于第一学段学生的特点，教师在语文阅读能力培养的实践中应当扬长避短、扬长导短、扬长续短、补短追长。课堂教学中以有趣和有效为前提，敢于大胆创新和尝试不同策略，选用适合学生特点的学习路径，关注语文阅读能力，更关注语文学科素养，让课堂有生活，更有生命，努力提高课堂教学的实效。

参考文献：

[1] 中华人民共和国教育部制定．义务教育语文课程标准（2011 年版）[S]. 北京：北京师范大学出版社，2012.1.

[2] 吉春亚．吉春亚讲语文 [M]. 北京：语文出版社，2009.12.

[3] 吴琳．吴琳讲语文 [M]. 北京：语文出版社，2008.8.

[4] 于漪．涌动生命的课堂 [M]. 太原：山西人民出版社，2011.10 .

统编版小学语文复述教学学习活动设计研究
——以中段阅读教学中故事单元的复述教学为例

首都师范大学附属朝阳实验小学
孙佳兴

摘要：

在小学语文阅读教学中，教师会引导学生通过不同的方式进行课文内容的感悟与理解。复述是把握文章脉络的重要途径，能够让学生快速把握课文内容，尤其是对中段的学生。学好复述，既能提升语言表达与运用能力，又能为概括文章主要内容打下坚实基础。复述这一能力的培养完全切合课标要求，有层次、有梯度地设计教材，能够有效完成教学目标。教材从二年级上册的借助图片、词语或关键句初步复述到五年级的创造性复述，这一过程体现了学生能力的提高。因此，中段的复述教学涵盖了详细复述和简要复述两个很重要的能力，它们相辅相成，缺一不可。在教学中，教师应把握好故事单元，利用不同的教学活动设计激发学生的阅读兴趣。

关键词：

复述学习活动设计；统编小学语文；核心素养；语言表达能力

一、复述在小学语文阅读教学中的重要作用

《义务教育语文课程标准（2011年版）》在第二学段“阅读”部分明确要求：“能复述叙事性作品的大意，初步感受作品中生动的形象和优美的语言，关心作品中人物的命运和喜怒哀乐，与他人交流自己的阅读感受。”在第三学段“阅读”部分也有明确指示：“阅读叙事性作品，了解事件梗概，能简单描述自己印象最深的场景、人物、细节。”由此得知，复述是小学语文阅读教学中必要的一项能力训练。复述训练在培养学生语言构建与运用的同时，

对思维能力的提升也是有很大好处的，落实了小学语文核心素养的要求。

在小学中段的语文教学中，对复述这一能力有详细复述和简要复述两种不同的要求。三年级下册第八单元“有趣的故事”的语文要素是：了解故事的主要内容，复述故事。把“复述”作为单元语文要素进行集中学习，在统编教材中是首次出现。它指向基于对故事内容充分了解和把握基础上的详细复述，是内化课文语言、学习表达的过程。虽然学生在二年级已经学过借助图片、词语或关键句初步复述，但详细复述对三年级的孩子来说还是有难度的，这就需要教师在教学过程中充分调动学生的主观能动性，运用具体的教学策略使学生高效掌握复述方法。四年级上册第八单元“历史传说故事”的语文要素是：了解故事情节，简要复述课文。这一单元语文要素的制定要求学生关注主要人物和事件，学习抓住文章主要内容进行详细叙述，次要内容简略叙述，复述时还要注意按照一定的顺序，培养概括能力。学生在中段掌握好详细复述和简要复述的策略，才能在将来更好地进行创造性复述，在口语表达与运用上也会更加游刃有余。

二、小学中段阅读教学中课文复述存在的问题

（一）教师对于复述文本研读不透彻

小学语文中段的课文篇幅都比较长，研读复述文本是极其重要的。教师对文本主题把握的程度越精准，越有利于学生复述课文，复述效果也会越好。但许多教师在实际阅读教学中，缺乏清晰的目标设计，对于文本解读不到位，导致学生进行的课文复述是无效的、无用的。全面把握教材是教师进行课堂教学的重要前提，教师要做的是先引导学生初步体会课文的主要内容，再进行分析课文，接着复述课文。在复述课文的同时，还要引导学生感悟复述的方法，以便今后加以运用。

（二）复述课文形式缺少多样性

三、四年级的孩子认知发展有限，他们对于事物有着强烈的好奇心，所以教师在课堂上要充分调动学生的积极性，激发他们的学习热情。但通常情况下，教师采用的复述形式比较单一，缺少多样性，这样就会导致学生的学习效率不高，不愿意参与到课堂当中来，较难达成本节课的教学目标。

（三）复述课文缺乏情境趣味性

统编教材小学语文中段关于复述这一能力的教学，编写的单元主题均是“故事”。故事本身对于八九岁的孩子来说就充满了趣味性。这时，教师应该借力打力，让故事的趣味性发挥到极致。但教师在教学中通常只关注到复述策略的教授而忽略了情境创设的重要性，导致多数学生在学习复述课文时兴趣不高，不愿意表达。趣味性的情境创设，直接激发了学生的学习兴趣，学生会更加愿意做课堂的主人。

（四）教师对于学生复述课文的能力难把控

有时，教师精心准备了一堂课，但学生复述课文的情况教师无法真实全部地了解，这对今后的教学造成了很大的阻碍。在课堂40分钟的黄金时间里，无法保证每位同学都复述一遍课文。这时，小组合作探究式学习在课堂上就起了至关重要的作用。

三、小学中段故事单元教学中复述教学的活动设计

开展故事单元的复述教学，要处理好阅读理解与复述的关系。复述本身就是一种很有效的阅读理解策略。教学时应避免对课文面面俱到、琐碎分析，要引导学生重点关注故事中的主要情节，以及让人意想不到的内容，体会故事的“有趣”，把时间更多地用在学习怎样复述故事，通过学习活动让学生复述故事。另外，整个单元的教学内容可以有机整合。

（一）学习活动一：结合注释讲故事

统编教材重视古诗文教学，因此小学生在中段就会学习5篇文言文，而这些文言文有一个共同点——全是故事。教材也要求学生用自己的话讲故事，这可以看作是复述故事的一种方式。学习文言文的方法主要有看插图、看注释、拆字组词或换词等。所以，要想知道文言文故事的主要内容，就一定要借助注释。以《王戎不取道旁李》为例，复述故事是这个单元的语文要素。课堂上，教师应注意引导学生结合注释用自己的话讲故事。在讲故事的同时，其他学生还可以进行补充完善或者提出疑问，以达到最好的效果。这样的复述对于古文的背诵也是十分有益的。

（二）学习活动二：借助表格，按着一定顺序进行复述

对于文章篇幅较长，主要人物较少的文章，可以采取画表格的方式先进行文章内容的梳理，再进行复述。填表头时，可以关注表示时间的词句，抓住人物表现进行填写。如，《慢性子裁缝和急性子顾客》这篇文章共有29个自然段，要想把故事复述得既完整又简练，借助表格是个不错的方法。文章中不同时间，两个性格截然相反的人物表现让人忍俊不禁，学生小组合作很容易就可以把表格填写完整。之后，小组借助表格，按着时间有序地进行复述，不会遗漏故事的重要情节。复述不完整的地方，组员互相补充，教师相机指导尽量用自己的话进行复述。学生们在轻松的氛围下就掌握了复述课文的方法。

再如，四上《故事二则》，二则故事同样可以借助表格进行简要复述。为了激发学生的学习积极性，在教学时教师要注意创设情境。学习《扁鹊治病》这篇课文时，让学生穿越时空，回到古代，做扁鹊的助手，整理蔡桓侯病情的病历。此时，学生很积极地进行表格的填写，十分有效地激发学生的学习欲望。为了更好地进行单元整合，教师在教学时可以结合园地中的“交流平台”和“词句段运用”来更好地达成教学目标。在这篇课文的教学中，教师可以结合园地里的“词句段运用”，引导学生发现，要想简要复述课文，人物对话要进行转述。接下来，小组合作每人一句进行接龙复述，调动了学生的竞争意识，达到了不错的课堂效果。有了前边的学习，在教学《纪昌学射》时，教师可以完全放手，让学生根据已学方法小组自主完成学习，借助板书“按故事发展的顺序”“主要信息不能遗漏”“人物对话要转换”组内进行复述，教师适时点拨指导即可。

（三）学习活动三：根据示意图和文字提示进行复述

为了让学生更快地背诵一篇文章，教师通常会用到文字提示的方法。复述课文时，示意图和文字提示对学生来说也是有帮助的。《漏》这篇文章人物较多，语言也多，还转换了好几个地点。所以，学生可以借助在不同地点、不同人物的表现等提示，较完整地把这个故事复述出来。在厘清故事脉络后，教师要让学生明确老虎和贼的表现是故事的重点，借助示意图和文字提示，要尽可能详细地复述这部分内容，注意详略得当，人物对话要转述。

（四）学习活动四：梳理故事情节进行复述

学生在复述故事之前，需要对故事情节十分熟悉。因此，梳理好故事情节有助于复述故事。以《西门豹治邺》为例，故事分为三部分：摸清底细、惩治

巫婆和官绅、兴修水利。为了简要复述，要让学生明确哪个部分是主要的，需要详细复述，哪个部分是次要的，可以简略复述。在小组进行复述时，提示学生关注人物心理、动作、神态等。

四、结语

综上所述，小学语文中段阅读教学中复述这一能力对学生的语言运用能力和口语表达能力有着深远的影响。复述能力的训练不是一个单独的知识点，它是一架梯子，使学生从初步复述走到创造性复述。复述能力不能一蹴而就，教师要做的是在平时的教学中鼓励学生自主探究学习，有梯度、有层次地进行训练，让学生有抓手，才能有效落实小学语文核心素养的要求。

参考文献：

[1] 王凤敏，郑海燕 . 语文复述训练四法 [J]. 黑河教育，2000（6）.

[2] 王荭 . 小学语文复述训练策略 [J]. 教育实践与研究，2018（31）：25–29.

[3] 蒋英 . 被遗忘的角落——小学语文课堂中的复述训练 [J]. 新课程研究，2016.

[4] 中华人民共和国教育部制定 . 义务教育语文课程标准（2011 年版）[S]. 北京：北京师范大学出版社，2011.

小学语文阅读素养提升的预测策略单元教学

平谷区第七小学
孙俏伶

摘要：

“阅读策略单元”在统编小学教科书设计中有独立的设置，这也是统编教材编写的一大创新。以预测策略单元为例，教学中运用“激活——建构——巩固”的方法来整体规划教学过程，有助于学生习得预测策略，提升学生语文素养，培养学生阅读能力，引导学生成为有品质的阅读者。预测要依据自身已有的知识和经验以及文本的主要内容，对故事发展、结局和人物命运等内容进行推测，在阅读过程中验证自己的推测，在不断推测与验证中推进阅读，而不是简单盲目地猜想。本文将就此提出针对性地解决策略，促使教者着手去研究更多的预测策略与实施路径，以便科学合理地使用新教材，将学练用落实到位。

关键词：

阅读素养；预测策略；小学语文

“阅读素养”包括参加社会活动、通过阅读进行学习并积累知识，是对书面语言的理解、反思和运用的能力。学生对同一篇文章的内容理解和语言的记忆也存在着很大的差别。因此，我们要重视学生阅读素养的提升，培养学生阅读兴趣和习惯，让学生在生活实践中应用。

预测策略教学是指将学生无意识的阅读心理进行引导，使其转变为有意识的阅读策略，并能够在阅读过程中对内容进行不断预测，从而激发学生阅读的初始期待。从2017年秋季开始，部分地区开始使用统编教材，教师们对新教材内容、教学方法、知识角度等多方面已经有了系统化的思考和探究，在语文单元的教学中或多或少地渗透一些阅读策略意识。三年级上册第四单元是第一次以单元的形式对学生提出了明确的预测阅读要求——“学会预测”，这一独立的阅读策略单元是统编教材的创新之举。那么如何运用预测策略教学，以保证语文阅读素养提升呢?

一、树立基于阅读素养提升的预测策略教学理念

教师是教学的实施者，因此教师的教育理念对教育教学活动的方向、内容、方法等有着重要的作用，同时也可以指引教师找到正确的预测策略教学方向。预测策略教学首先要让学生知道如何通过文本信息中的题目、内容、表格、导语、插图、旁批等去预测故事中人物心理变化和情节发展。教师在教学中应采取多种形式的训练，使学生学会并运用预测策略，让学生真正地参与其中。通过对课文中已知信息的处理，凭借自己的知识储备与经验思考，提取整合信息，得出自己的假设并验证，在反复假设和验证的过程中熟练运用预测策略并养成习惯。这样学生在自己的思考假设中解决了问题，从而对预测产生浓厚的兴趣和成就感，使学生敢于预测、乐于预测、得益于预测。

二、把握教材与学情 做好教学设计前期分析

（一）有依据地制定预测策略的教学目标

教师在设计阅读教学目标时可以结合单元导语页的内容，结合教材教师用书中的提示，重点指导学生如何预测，循序渐进地提高阅读的效率和质量，避免机械化的学习。见表1。

表1 “阅读策略单元”语文要素梳理

阅读策略	语文要素
预测	1. 学生一边阅读文章一边对文章的内容、情节、人物心理变化等进行预测，能够根据文章故事情节去猜想。 2. 学习预测的一些基本方法。 3. 能够尝试自己续编故事。
提问	1. 阅读文章时试着从不同的角度去思考，能够根据文章提出自己的问题。 2. 写一个人时，要注意把对他印象最深的地方写出来。
提高阅读速度	1. 学习如何提高阅读速度。 2. 结合具体事例写出人物的特点。
有目的地阅读	1. 根据阅读的需求和不同的目的，能够选用适合的阅读方法。 2. 写事物时试着加入自己的感情，能够表达自己的看法。

（二）学情分析

学生在阅读中偶尔会使用预测策略，但是并不清楚预测的方法，对预测策略也很陌生，不能有依据地进行预测策略。学生的预测能力受学习方法、生活经验和能力的影响，预测的依据和预测的角度是有差异的。因此教师在制定阅读策略教学目标时，应该符合此年龄段学生的心理发展规律，关注学生的个体差异。

低学段学生的思维特点有较明显的形象具体性，对画面等表象较敏感，因此教学时目标主要是对文章大概内容、题目、封面或者插图去预测。中年段学生思维是从具体形象思维向抽象思维发展的，因此预测不仅可以从题目、封面展开，还可以从文章的段落及关键词句出发，预测并掌握文章主旨内容及文章大意。到了高段，学生的思维已经进入抽象概念思维敏感期，教学时需要自主探究，深入文本，从细节中寻找线索，自主地判断并验证，从而掌握文章更深层次的内容。

三、选择适合学生预测的内容

预测策略的使用要根据文章的解读内容，对每一篇课文逐一排查，通过课后习题、阅读提示语、文章内容、教师参考用书和课文旁批等，选择适合预测教学的文章内容以及切入口，多维度地使用预测策略。

教师在确定预测策略的文章内容后，应先找准预测切入口和启发点，要让学生先产生问题再解决问题，此切入点要符合学生心理发展规律以及能力，使学生对预测产生兴趣，激发其阅读的欲望，同时培养学生提出问题、解决问题的能力。最常见的预测的切入点有四个：从文章题目入手预测，根据文章插图预测，对关键情节预测，在内容留白处预测。

（一）从文章题目入手预测

一篇课文的题目是文章的题眼，往往揭示了文章的主旨或者预示主要的内容，对题目质疑能够使学生对文章内容有个初步的判断，也能激发学生阅读的兴趣。一年级上册《比尾巴》和二年级下册《蜘蛛开店》两课就可以从文章题目入手预测，由题目质疑：《比尾巴》可以提出谁和谁比尾巴？它们的尾巴是什么样子的？又如《蜘蛛开店》，蜘蛛开店做生意，卖什么呢？生意怎么样？

由题目引发疑问，学生带着问题去寻找答案的同时，既激发了对文章阅读的兴趣，又能在读中思考，从而使思维能力得到训练。

（二）根据文章插图预测

课本中很多课文都有配文插图，尤其是低年级教材中，每篇课文都会有与文章内容吻合的插图。这些插图的插入是作者和绘画者根据文章精心设计安排的，有助于学生学习并理解课文，因此我们在教学中可以通过插图梳理分析各插图的逻辑关系和细节呈现，对课文内容进行预测。一年级下册的《小猴子下山》一课配有5幅插图，《咕咚》一课中配有4 幅插图，这两篇课文都可以根据文章插图预测，教学中可以先让学生按顺序观察插图，再根据文章题目将所有图画串联起来，从而大胆地预测故事梗概。根据插图预测能充分地激发学生想象力，非常符合低学段的教学风格特点，其他学段的课文插图可根据需要酌情处理。

（三）对关键情节预测

在小学课文中有很多叙事文章，通过事情的发展、人物心理变化等一系列内容描写展开叙事，但故事发展不是一成不变的，每篇课文都存在着一些小的情节，这也是叙事文的特点。因此，情节是一篇好的叙事文所必备的，学生通过抓住关键情节的发展能够更加深层地理解人物特点，了解文章内容，掌握作者想要表达的意思。五年级下册《跳水》这篇课文在教学时就可以在关键情节处进行预测。文章中猴子摘了孩子的帽子，故意逗孩子生气，孩子在水手们的嘲笑声中一步步跟着猴子爬上最高的横木，想要拿回自己的帽子。孩子只要一失足就会摔在甲板上直接没命了，这时船长刚好从船舱出来。此情节正是文章的关键情节，船长看到自己的儿子爬到那么高的横木上会怎么做呢？教学时可以暂停阅读进程，让学生根据自己的生活经验，充分发挥自己的想象去猜测孩子的命运。

（四）在内容留白处预测

课文中内容留白是作者故意为之，是作者一种模糊的表达方式，目的是让学生放飞思维，给学生创造想象的空间，使学生更深层次地理解课文内容。教学五年级上册第10课《牛郎织女（一）》时，就可以在内容留白处预测，让学生展开丰富的想象，如帮牛郎的老牛是怎么知道织女那天会下凡去湖边森林的？再比如织女留在人间，其他仙女是怎么跟王母娘娘交代的，有什么好的借口？

小学语文阅读素养是一步一步建立的，是在阅读过程中形成的，因此学生掌握预测策略的方法就尤为重要。学生阅读文章时通过对文章信息的整合，对自己的想法进行调整、验证和修改，然后再进行思考，深度读文章，形成新的假设，多次重复假设验证，使学生更深层次地掌握文章脉络、人物关系以及情感态度，在反复假设验证的过程中锻炼思维。

四、迁移运用预测策略 提升阅读素养

预测策略的过程能够使学生的思维得到训练，提升信息整合能力。因此，预测策略的运用并不是局限于阅读，还可以扩展迁移到其他方面。

（一）在课内单元模块中活用

低年级在识字写字中便可以运用预测策略，通过观察图片，结合已经学过的部首，猜测字音、掌握字义、理解词语和句子。在故事的扩写和编写上也能运用预测策略。如一年级上册第9课《日月明》中会意字“泪、休、歪”的猜读;《小蜗牛》的课后习题“在图画的帮助下猜加点字的读音”。再如二年级上册“语文园地”中的“字词句运用”部分，给学生一些有共同特点、结构的词语，让学生通过对词语部分的理解去猜这个词语整体的意思。二年级下册《要是你在野外迷了路》中的泡泡提示，就是培养学生联系上下文，理解词语在文章中的意思。

（二）在课外阅读中活用

阅读策略的掌握是一个漫长的过程，学生不仅可以在课堂内应用预测策略，还可以把它应用到课外阅读中，巩固学过的阅读策略，增加课外阅读量。学生也可以运用预测策略去筛选，从而买到自己想要的书籍。比如先通过阅读题目、目录、插图等，预测本书的主要内容是什么，从而思考本书是不是自己想要阅读的书籍，再决定购买。

（三）在生活实践中迁移

预测策略不仅可以在阅读中使用，还可以把这种思维模式运用到生活中去，帮助学生更清楚地分析事情，预测不同选择、不同做法产生的结果，从而选择正确的处理方式，避免因冲动导致不良结果的产生。

预测策略对阅读素养的提升有着重要的作用，教师应在教学中合理地运用预测策略，以达到良好的阅读效果。

参考文献：

[1] 吴卫清 . 小学语文阅读预测策略的教学探究 [J]. 魅力国，2019（48）：206-207.

[2] 陈文杰 . 小学语文单元阅读教学策略研究 [D]. 重庆：西南大学，2020.

[3] 唐斌 . 小学语文预测策略单元教学中的问题与对策研究 [D]. 重庆：西南大学，2020.

[4] 袁芳 . 以问叩响预测之门——统编教材三年级上册策略单元教学的有效话题设置 [J]. 教学月刊（小学版），2018（11）.

基于UbD理论的语文单元整体教学设计与实施
——以小学语文二年级上册“家乡”单元为例

中国人民大学附属中学实验小学
孙雪薇

摘要:

基于UbD理论的小学语文单元整体教学使语文课堂走向深入，帮助学生在真实情境中运用所学知识，有效地促进学生主动学习和理解建构，发展学生的语文核心素养。本文以统编小学语文二年级上册第四单元“家乡”为例，尝试从UbD视角出发，创设情境，设计了围绕“为家乡代言”活动的系列任务：搜集资料，“赏”家乡；理解感悟，“游”祖国；积累运用，为家乡代言。在大任务驱动下，学习联系上下文和生活经验了解词句意思的方法，并将积累的词句在“代言”中加以运用，关注学生语言的建构与运用，以及思维的发展与提升。

关键词:

UbD理论；单元整体教学设计；小学语文；语文核心素养

UbD理论主要强调以终为始的逆向思考；单元整体教学设计倡导学生的主动思维建构，引导学生进行有意义的深度学习。本文以统编小学语文二年级上册第四单元“家乡”为例，从UbD视角出发，探究小学语文单元整体教学设计的可行性。

一、理论梳理

（一）关于UbD理论

UbD是由美国格兰特·威金斯（Grant Wiggins）和杰伊·麦克泰格（Jay

McTighe）提出的一种以具体的课堂学习结果作为教学目标，根据具体目标进行逆向思考的综合教学设计方法，具体可分为三个基本阶段：确定预期的教学结果、明确合适的评估证据、设计学习体验和教学活动。在建构主义认知理论的指导下，UbD理论通过分析明晰大概念，整合零散的基础知识与思维技能，为学生提供正确理解知识内容的思维框架，进而对其实现深度化的理解，最终实现实际应用和知识迁移。

这种方法中的目标、评估、活动相互关联，还强调学生应该在学习活动体验中接受知识、掌握技能，教师为学生设计学习活动，通过表现性任务的驱动，引导学生在不断完成任务的活动过程中接受知识、掌握技能，并由此学会依据评估指标和量规进行自我评价。

（二）关于单元整体教学

《义务教育语文课程标准（2011年版）》明确提出语文教学要面向全体学生，注重学生语文素养的整体提高。统编语文教材采用了“人文主题”和“语文要素”双线组织单元的结构形式，兼顾语文素养的各个方面。为了贯彻用好教材、落实语文课程标准的整体要求，促进全体学生语文素养的提升，积极探索指向素养的教学成为语文教育工作者应该深入探讨的课题。

崔允漷教授明确提到，“单元设计”应该是立足学科核心素养，整合目标、任务、情境与内容的教学单位。一个单元就是一个指向素养的、相对独立的、体现完整教学过程的课程细胞。单元整体教学能帮助学习者进行有意义的学习，更好地落实课程标准和语文要素，是落实立德树人、发展素质教育、深化课程改革的必然要求，也是学科核心素养落地的关键路径。

二、基于 UbD 理论的小学语文单元整体教学设计

为落实语文课程标准的要求，促进学生语文素养的提升，本文以小学语文二年级上册第四单元“家乡”为例，尝试从UbD视角出发，创设了“我为家乡代言”的情境，开展了以“赏家乡、游祖国”为主题的学习活动，在“赏自己家乡——游祖国河山——为家乡代言”的大任务驱动下，学习联系上下文和生活经验了解词句意思的方法，学习课文的语言表达，积累好词佳句，并将积累的词句在“代言”中加以运用，关注了学生语言的建构与运用，以及思维的发展与提升。现将设计介绍如下：

（一）确定预期结果，明确单元目标

UbD理论将学习目标分成三个层级：知识技能、理解建构、学习迁移。因此教师将“家乡”单元的学习迁移层级的目标设定为：学生能够运用所学“为家乡代言”；在知识技能层面，包括识字写字、朗读课文、掌握联系上下文和生活经验理解词语的方法等目标，为最终的学习迁移打下语言基础；在理解建构层面，包括展开想象说画面、了解家乡收集特色等，为最终的学习迁移打下情感和素材基础。举例呈现如图1所示。

知识技能	理解建构	学习迁移
·认识57个生字，读准3个多音字，会写38个字，会写37个词语。 ·能正确、流利地朗读课文，理解课文内容，了解要代言的内容。 ·掌握联系上下文和生活经验等理解词句的方法，积累语言，为完成“为家乡代言”的任务打下语言基础。	·能联系上下文和生活经验，理解词句的意思。展开想象，用自己的话说说诗句描绘的画面，初步感受大自然的神奇、壮丽。 ·搜集资料、询问家人，了解自己家乡的特色，激发对自己家乡的热爱，为完成“为家乡代言”的任务打下情感和素材基础。	·积累词句，并能够运用在仿写中。 ·运用积累的语言，向同学们介绍自己家乡的特色，“为家乡代言”。

图1　UbD理论下的“家乡”单元教学目标

分类梳理学习目标后，能发现各层级的学习目标不仅是在学习一些具体的理解字词、积累语言等方面的知识和技能，同时也在培养学生语言的建构与运用、思维的发展与提升等素养，促进学生深度学习。根据UbD理论将学习目标进行分类整合，对单元整体教学设计具有明确的指导作用。

（二）明确评估证据，促成学习评价

UbD理论提出了“理解六侧面”，即解释、阐明、应用、洞察、神入、自知。这六个侧面呈现出了学生理解的不同层级和不同方面，也能为评估提供多元化的指标。以其作为评估指标，旨在促进知识迁移的教学中，引导学生在这些侧面尽可能全面地得到发展，让学生经历完整的学习。例如，当学生能够用不同的方法理解课文中词句的意思并积累下来，为祖国河山“代言”时，就意味着学生能够理解课文内容和主题，能够达到“理解六侧面”的解释和阐明的层级；如果能够进一步将收集到的家乡资料进行整合，运用积累的语言向同学分享自己家乡的特色，为自己的家乡“代言”，则意味着学生能够理解和运用

所学，能在真实情境中有效地使用和调整学到的知识，达到“理解六侧面”的应用层级。同时，在教学中教师引导学生自评和生生互评，在课后采用他人（家长）评价，力图提高学生自身的元认知能力和表达能力，达到“理解六侧面”的自知层级，拉近生生距离，提高课堂参与率，在关注个体差异的同时体现了学生的主体地位；多方的评价和教师评价有效互补，更好地调整、改进教学，试图完成评价客观性、准确性和鼓励性的融合，对学生的学习产生积极影响。

表 1　UbD 理论下的“家乡”单元表现性评价

评价项目	维度	量规	
“赏家乡”：询问家人、搜集资料，了解自己的家乡	结合生活，搜集整合资料	优秀	询问家人、搜集丰富的资料，了解家乡的特色。
		良好	询问家人、搜集一些资料，了解家乡的特色。
		再努力	询问家人、搜集较少资料，不了解家乡的特色。
“游祖国”：理解、领略祖国河山的美丽	理解词句	优秀	能够联系上下文、结合生活经验、借助图片等理解词句。
		良好	能够结合生活经验、借助图片等理解词句。
		再努力	不能理解词句。
	积累语言	优秀	能够积累构词方式不同的词语，运用风景有关的词语，能借助图片仿写比喻句，联系生活仿写先列举后总结的句子，语言流畅，内容合理。背诵课文相应段落。
		良好	能够积累构词方式不同的词语，能借助图片仿写比喻句或联系生活仿写先列举后总结的句子，语言较流畅，内容较合理。背诵课文相应段落。
		再努力	能够积累构词方式不同的词语，不能借助图片仿写比喻句或联系生活仿写先列举后总结的句子，语言不流畅，内容不合理。不能背诵课文相应段落。
	为祖国河山代言	优秀	能够运用积累的词句，结合自己对祖国河山的了解为其代言，语言通顺，内容符合课文内容。
		良好	能够用上文中和积累的词句，语言较通顺，内容较符合课文内容。
		再努力	不能够运用文中和积累的词句，语言不通顺，内容不符合课文内容。
“为家乡代言”：介绍家乡，为家乡代言	展示材料、口头汇报	优秀	结合搜集的资料，向同学们介绍自己的家乡，为家乡代言，语言表达完整通顺，声音洪亮，表情自信，能够用上积累的词句。
		良好	结合搜集的资料，向同学们介绍自己的家乡，为家乡代言，语言表达较完整通顺，声音较洪亮，表情较自信，能够用上积累的词句。
		再努力	结合搜集的资料，向同学们介绍自己的家乡，为家乡代言，语言表达不够完整通顺，声音不够洪亮，表情不自信，不能用上积累的词句。

（三）设计学习活动，促进理解掌握

本单元设计了以下学习活动：

1.搜集资料，“赏”自己家乡

单元伊始，学生首先进行自主学习，整体了解单元课文，并通过查阅资料、询问家人等方式初步了解自己的家乡，初步感知要代言的内容，接着教师利用语文园地“识字加油站”中的火车票创设游历祖国河山的情境，开启单元教学。

2.理解感悟，“游”祖国河山

引导学生在《古诗二首》寻大川之气势磅礴，在《黄山奇石》觅名山之神奇有趣，在《日月潭》中赏宝岛之优美朦胧，在《葡萄沟》中品葡萄沟浓郁的风土人情，通过“游祖国”的方式增进对课文的理解，升华对文本主旨的把握，激活了在学习课文中收获的静态知识。如《葡萄沟》具体设计部分：首先，基于单元为家乡“代言”活动，通过创设到葡萄沟游览的真实情境，把学生带入生动形象的场景中，将字词巧妙地融入葡萄沟的旅游宣传海报中，将语文学习和日常生活结合起来，有利于激发学生学习的兴趣，增强语文学习的趣味性；接着，引导学生汇报“你是从哪些词句中了解葡萄沟的”，深入了解葡萄沟，联系上下文、生活实际和图片理解了“茂密”“五光十色”等词语的意思，结合视频了解葡萄沟的风土人情，感悟“葡萄沟真是个好地方”，并且结合课文中的语言为这个好地方代言；最后，通过仿写课文中的句子，介绍家乡的一个特色，为单元最终的“为家乡代言”任务做准备。

3.积累运用，为家乡代言

引导学生积累词句，运用在仿写中，并向同学们介绍家乡的特色，为家乡代言，达到迁移运用的理解层级，引发学生的深度学习，促进知识的理解和掌握。

三、教学反思

本单元的教学活动中学生对“代言”自己的家乡产生了非常浓厚的兴趣，搜集了丰富的资料，积极主动地运用所学，将家乡的特色介绍给同学们，并将这样的分享和代言延续到了课外，取得了较好的效果。在教学过程中，有两点感受和反思较为深刻：

（一）双线交织相融，创建更真实、更开放的情境

教师努力发掘单元主题和各种语文要素之间的有机联系，寻找多重目标之间的联系，以“赏家乡”“游祖国”“为家乡代言”的活动打通了人文性和工具性，实现多重价值，使双线交织相融。在此次教学活动中，除了口头汇报、展示手抄报等方式外，还涌现出各类“代言”方式，如写话、绘画、朗诵、思维导图、舞蹈、表演等，甚至还有很多学生家长参与其中。因此在设计教学时可以设计更贴近学生生活又能承载教育价值的真实情境，在任务形式上可以更多样，可组织多方参与学习，让学生经历真实任务的解决过程，给学生提供充分展示的空间。

（二）教学评一体化，共同创设可观察、可操作、可检测的表现性评价

在教学过程中，教师帮助学生学会自我评价，明确他们想要达到的学习水平、需要提高的地方以及具体的改进方案，并提供个性化指导；还可以让学生共同讨论确定可观察、可操作、可检测的表现性评价标准，提高元认知能力的同时，让学生成为学习真正的主人。

参考文献：

[1] 威金斯，麦克泰格 . 追求理解的教学设计 [M]. 闫寒冰，等译 . 华东师范大学出版社，2017。

[2] 马晓萍 . 基于 UbD 理论的游记单元整体教学设计 [J]. 教学月刊・中学版（语文教学），2020（6）：45–50.

[3] 崔允漷 . 如何开展指向学科核心素养的大单元设计 [J]. 北京教育（普教版）， 2019，（02）：11–15.

[4] 谭景凤，于波 . 问题情境的性质及其教育意义 [J]. 教学与管理，2016（25）.

[5] 项其杰 . 基于 UbD 理念促进深度学习的实践与反思——以人教版“通电导线在磁场中受到的力”教学为例 [J]. 物理通报，2021（2）：59–62.

[6] 中华人民共和国教育部制定 . 义务教育语文课程标准（2011 年版）[S]. 北京：北京师范大学出版社，2012.

“全学科阅读”视角下的阅读实践活动设计研究

北京市京源学校

唐欣

摘要：

阅读是人类重要的学习方式。教育就是让学生通过阅读领悟前人经验的过程。随着教学改革的进程，学科核心素养越来越得到重视，而各学科对阅读能力的要求也越来越突出。因此，我们将阅读的关注点放在全学科阅读之上。全学科阅读指向更广泛的阅读内容，可以以打破学科壁垒的全学科阅读为实施途径，通过有效设计丰富多彩的阅读实践活动来实现各学科能力的融通，开创更广阔的阅读空间，进而提升人的核心素养。

关键词：

全学科阅读；实施途径

阅读本身应该是人类的一种内在需求，一方面它是自我成长的需求，人们需要通过读各种书籍来了解自己不了解的领域，从书籍中获取精神养分，实现自我的成长；另一方面它是解决问题的需求，生活中遇到一些问题，需要通过阅读来得到解决。从内在需求这个角度出发，我们可以将阅读活动聚焦在学生读的内容和读的方法上，希望通过已经掌握的阅读策略去阅读不同类别的书籍，解决问题。在这一理念下的全学科阅读的“全”，既指各学科全面开展阅读活动，还指打破学科壁垒，提升综合能力的阅读活动。

一、整体构建要素

谈及全学科阅读，首先我们要从顶层构建，才能实现阅读可持续发展。经过实践探索，我们将全学科阅读的顶层构建概括为“遵循一个核心、着力两个维度、形成三方合力”。

（一）遵循一个核心

教育的核心是立德树人。而阅读是人类重要的学习方式之一。我们可以通过多样的阅读活动，来实现立德树人的根本任务。学生会在阅读中领悟前人经验的过程，感受真善美，树立正确的人生观和价值观。

因此，全学科阅读必须围绕“立德树人”这一核心开展，无论以怎样的形式、阅读怎样的内容、形成怎样的能力阶梯，都不能偏离这个核心。

（二）着力两个维度

两个维度是指读的内容与读的方法。用适宜的阅读内容引领学生的阅读能力发展和精神思想的发育，帮助学生建构适合自己的阅读路径与策略。在这两个主要的目标维度之中，还隐含着“情感态度价值观”的维度，指向学生正确的世界观、人生观和价值观的形成。

怎样确定读的内容？以前我们更多看到的是单篇经典文章，过于注重单本书的阅读成果。在融通理念下的全学科阅读，则将焦点落在阅读行为上，站在主题式、项目式阅读这个角度之上来确定读的内容。这样的变化更符合阅读者个性的需求，更符合全学科阅读的要求。

在阅读的方法上，我们围绕着语文核心素养，依据主题阅读的内容确定了阅读方法。阅读内容在学生身上发生转化，以绘画创作的方式来表达自己的理解，以导图的方式来呈现阅读的思维过程。这样的图像化阅读方法可以提升形象感知能力，利用联结式阅读方法建立阅读整体意识，经常用到的方法就是对比阅读，即将有关联的两本书放在一起阅读，在对比中学生阅读活动更加深入。此外，还有很多阅读活动，例如提问、猜想阅读活动等，也可以提升学生阅读能力。综合以上方法，我们可以看到，开展阅读活动，注重的是学生阅读的思维过程，关注的是学生阅读能力的提升。这也是“授人以鱼不如授人以渔”的体现。

（三）形成三方合力

我们知道，阅读活动是一个持续的过程。在阅读开展中，我们要借助“家校社”三方合力，来实现阅读效果的最大化。

例如，在小学低年级阶段，我们可以把阅读重点放在亲子阅读上，让阅读成为习惯。把阅读转化为生活的一部分，可以为学生的终身阅读打下良好基础。因此，我们可以借助现代媒体的多种方式来组织活动，展示亲子阅读的成果。朗读、亲子小剧场、读书分享会等在 5G 时代得以完全实现。小学高年级阶段，就需要关注同伴阅读，以小组合作的形式开展项目式阅读，充分发挥学生的主观能动性。学校也可以充分与家庭、社区合作，开展主题阅读分享活动，为学生全面营造阅读氛围。

总之，充分发挥三处空间，形成合力，帮助学生形成持续的阅读行为和稳定的阅读状态。

二、阅读活动设计与实施

（一）关注学科素养的阅读活动设计与实施

以往，我们会将阅读狭义地归为语文学科的任务。课的思路也更多的是从语文学科核心素养出发。其实每个学科都需要阅读，而在其他学科，尤其是数学、科学等学科，教师和学生往往认为阅读没有那么重要。关注学科素养的阅读活动就是要全面开展阅读活动，在活动中运用学科思维去阅读对应的书目，关注阅读活动在整个学习过程中的参与度。

以数学学科为例，教学数学绘本的创作与使用就很好地体现了学科阅读的鲜明特点。学生将数学问题融入生活中，借用自己曾经的阅读经验、结合生活体验进行绘本的创作与交流。

教师在组织学生开展活动的时候，可以分为以下几步。第一步，找准落脚点。引导学生阅读数学相关知识点，构架初步的故事框架。第二步，在合作阅读中实现转化。学生以小组合作的方式进行知识点的阅读，然后借助曾经的阅读经验进行再创造。例如，有的孩子就把数学的排序问题与阅读《西游记》关联在一起，描绘了师徒四人闯关降魔的故事情节，每一个妖魔鬼怪都对应着一个数学排序问题。这就是阅读活动的重要转化过程。因为学生需要去设计符合人物形象的关卡，还需要思考关卡的难易度、问题的描述、解答的过程等问题，并把它们融合在一个完整的故事里。第三步，在交流阅读中优化。此时呈现在学生面前的不再是一道道数学题目，而是一个融合了数学问题且更具阅读价值的阅读对象。学生通过分享交流等活动，借助小组互评、师生互评等评价手段进行作品的优化。

数学绘本活动的整个过程，是在阅读活动的支持下完成，在阅读中不断深入的一次数学实践活动。

（二）任务式的阅读活动设计与实施

任务式的阅读活动以任务驱动的方式更能充分调动学生多学科能力，关注的是学生在完成任务过程中可以依据阅读需求，综合运用学科素养的能力。

例如，以“红色家书”为任务的阅读活动。第一阶段是提出任务，产生阅读的需求。统编版语文教材在每个年级都有围绕英雄人物、英雄故事编写的内容集中的单元。除此以外，学生阅读的红色读物也为学生完成任务提供了丰富的活动资源。教师可以将此阶段与教材内容、与阅读资源紧密结合。通过课内外结合，读英雄故事，感受英雄形象，表达敬佩、崇敬等情感。由此引出“红色家书”的阅读主题。第二阶段是自主阅读与探究。学生可以搜集英雄人物的家书，开展交流阅读活动。学生在交流中阅读也走向了深入。第三阶段是阅读成果的展示。阅读成果的展示可以是多种形式的。例如以戏剧的形式来展示，举办“红色家书”戏剧展演节。活动的设计从全学科阅读角度考虑，要想呈现一个诵读节目，首先学生要阅读相关人物的事迹、家书原稿，了解时代背景等，将这些阅读成果综合在一起，进行概括提升的思维活动。接着，学生要借助语文、艺术、计算机等多学科能力，将一封家书变成一段表演。服装怎样设计，舞台怎样走位，包括形体、舞台背景制作、音乐选配等等，都是学生围绕着“家书”内容进行设计的。

再如以“昆虫记微博物馆”为任务阅读活动。在任务启动的阶段，我们引导学生发现问题。设计明信片都要包含哪些元素。经过小组任务的分配，确定自己的阅读重点。以小组合作的方式进行项目式阅读。学科教师参与其中，来帮助学生完成一个个任务。我们看到，科学学科从科学研究的方法上引导学生关注文本中的相关信息，将科学意识根植于学生心中，为明信片设计奠定了科学的基础。数学学科教师找到一个切入点——几何大师蜘蛛，引导学生以数学视角进行阅读，发现蜘蛛鲜明的特点，启发学生在设计明信片时去寻找昆虫最有代表性的特点。从不同的视角去发现昆虫鲜明的特点，还可以从整本书出发，进行统计等数学思维的阅读，学习用数据说话，表达意思。美术教师引导学生将阅读成果图像化。这里的图像不是简单的描摹，而是融入学生阅读体验的一种再创造，他们利用美术学科的构图、色彩等知识来进行创作，表达自己的阅读体验、阅读理解。语文学科教师引导学生对名片上的文字信息进行提炼、创造。我们发现，在项目的牵引下，学生运用不同的学科思维去阅读同一本书，实现综合阅读能力的提升，从而成为真正意义上的多学科阅读。

（三）主题牵动的阅读活动设计与实施

全学科阅读的第三个途径就是主题牵动的阅读活动。它与“任务式阅读”的最大区别为：任务式阅读活动中，我们以阅读内容为视角，去开展多学科参与的阅读时间活动外；而主题阅读活动中，我们以“阅读策略”为视角，关注学科间融会贯通的能力，实现综合素养的提升。

例如，以“图像化阅读策略”为聚焦点开展的阅读活动——我是封面设计师。首先，教师可以引导学生借助图像化阅读策略对所阅读的内容行整体的梳理与概括。学生呈现不同形式的思维导图，这也是学科思维在阅读中发挥作用的产物。有的同学用时间轴来表示《长征》这一类历史类书目，关注的是历史事件及产生的影响；有的用成长树、人生经历图谱来表示像《青铜葵花》这样的文学类作品，关注文学形象、故事情节；有的用表格的方式对比了《书法八大家》的艺术特色，关注艺术风格、艺术成就。我们看到，学生在阅读不同类别的书目时都运用了图像化阅读策略，同时也体现了阅读的差异性。

接着，教师引导学生进行深层次的阅读，再次阅读的过程就是学生将学科能力融会贯通的过程。

为阅读的书目重新设计封面。这一阅读活动就是在“学科素养阅读”与“任务式阅读”的基础上，纵深发展思考，集中体现了阅读转化的过程、个性阅读表达的过程。学生要完成这样一个阅读活动，就一定会充分调动综合能力。

在具体的实施过程中，我们也看到了学生综合能力的体现。例如，一位学生在设计《上下五千年》一书的封面时，就创造性地把自己也画进了封面，把一个古人与一个现代人对话的场景描绘出来。他在解读其创作意图时解释道，读这本书可以直接与古人对话，直接与历史对话。我们看到，这一场景的出现是学生将自己阅读内容与阅读的感受融汇在一起，进行了再创造，体现了学生对《上下五千年》这本书更深入的个人理解。

显而易见，同一阅读策略运用在不同领域的书籍，关注的是学生阅读的深度以及综合能力的提升。

参考文献：

[1] 白杨．基于阅读素养提升的小学全学科阅读课程实践探究 [J]．广东教育·综合，2021（4）．

[2] 范悦文，吕丹．基于教学实践的全学科阅读：概念、价值与路径 [J]．中国教师，2021（4）．

[3] 耿姗姗．全学科阅读的校本实践 [J]．江苏教育，2020（2）．

[4] 李万峰．区域视角下全学科阅读及其推进策略 [J]．北京教育，2019（9）．

语文学习活动设计的策略研究

北京市海淀区培星小学
田晶晶

摘要：

随着基础教育课程改革的推进，发展学生核心素养，实现立德树人的根本任务，成为小学语文课程的重要目标。教师可以通过语文学习活动的设计，让学生在动手实践、解决问题的过程中整体发展核心素养。

在日常教学中，可以创设真实的情境任务，为学生提供学习语言、运用语言的空间；可以设计演讲会、朗诵会等实践活动；也可以与生活相联系，用“旅游设计路线图”“为小队设计队旗”等真实的任务来激发学生参与的热情，展开积极主动的学习探究。语文活动的设计要凸显语文学科的特点，这就要整合学习资源，围绕学科思想和学科能力设计活动。语文活动还要注重思维的发展，鼓励思辨和质疑，引导学生进行多元理解，并根据教学评一体的原则，促进学生自我反思和不断成长。

关键词：

语文学习活动设计；情境任务；学习资源；多元思维

随着基础教育课程改革的推进，发展学生核心素养、实现立德树人的根本任务，成为小学语文课程的重要目标。这就需要教师摒弃讲授式、分析式、论证式的教学模式，通过语文学习活动的设计，让学生在动手实践、解决问题的过程中发展语文核心素养。

顾名思义，语文学习活动指的是语文学科的学习活动，是语文教学与语文实践活动相互补充、相互融合而形成的一种教学形式，既具备活动的特性，又要体现语文学科的本质。根据课标要求，结合语文教材，依据学习目标，设计生动活泼而富有成效的语文学习活动，帮助学生在积极主动的参与中，在同伴的交流互动中，在语言、思维、审美、文化等领域的逐步发展中，提升语文能力，从而实现立德树人的重要目标。

一、创设情境任务 提供语用空间

生活是语文的外延，学生学习语文的目的不是考试，而是能够在生活中自然、生动地表达，这就要将语文的学习活动与生活相关联，设计真实的情境任务，为学生提供语言运用的空间和平台。

（一）与实践活动整合，在做中学

“综合性”是语文课程的重要特点，开展丰富的语文实践活动，为学生提供运用语言的空间，激活学生内在的学习需求，激发学习兴趣，让语言真正的“活”起来。

在教学统编五年级《太阳》一课时，老师布置同学们以假日小队的形式去参观天文馆中“太阳”展区，并能结合资料为游客介绍太阳。为了完成介绍和讲解的任务，同学们在学习课文时分外积极踊跃。他们通过提取信息、小组交流、品读语言等方式，运用《太阳》这一课学到的说明方法，力求为游客讲得既准确严谨，又形象生动。这样的活动，既帮助学生对方法和知识掌握得更加牢固，同时锻炼了语言表达能力，在准备讲解稿并且为别人讲解的过程中培养了综合素养。

按照单元的整体规划，展开单元主题活动，为学生建立起更大的知识和能力的建构空间，在一段时间的整体学习中学方法、用语言。如五年级“家国责任”单元，通过学习革命者的故事，学习古诗中描写的爱国者的英雄行为和豪迈气概，开展英雄人物宣讲活动，自己创作一篇以“家国责任”为主题的宣讲稿或者诗歌，为低年级同学、亲戚朋友等身边人宣讲英雄的故事。这些活动既让学生学以致用，又帮助他们铭记历史，发愤图强，落实社会主义核心价值观，实现了学科育人的目标。

（二）与生活实际关联，在用中学

建构主义认为，学生的学习是在已有学习经验的基础上不断建构、不断进行顺应和同化的过程，也是个体在与情境持续互动中，不断解决问题和创生意义的过程。因而，提倡课堂教学应该与生活相结合，将教学的范围无限延展到生活的空间里。

在统编教材三年级上学期“壮美山河”单元的教学时，教师设计了“云游祖国”的学习活动，通过对《美丽的小兴安岭》《海滨小城》等课文的学习，感受祖国山河的壮美，学习如何把一处景点介绍得生动而富有情感。学生们寻找自己以前去过的某处景点，绘制图片、制作PPT，录制一段讲解视频，发到班级群中分享，并观看其他同学的视频，为他人点赞或评论，一下子就激发起了大家学习本单元的兴趣，在真实的任务情境中培养了学生的表达能力。

在学习“万物有灵”单元时，学生们挑选某个事物，为自己小队设计一个特殊的队旗，于是出现了“蜜蜂小队”“花生小队”等颇具精神内涵的队名和队旗；学习“世界各地”单元时，学生们作为小导游，介绍世界各地的风土人情……当语言学习的空间不断得到拓展，学生学习的主动性、积极性都会有很大提高，而这样的语言运用，更考验他们的综合素养，推动他们进行更深入、更立体的语文学习。

二、整合学习资源 建立知识体系

语文学习活动要围绕着语文学习展开，既要有的放矢，依据教材和学生学习基础制定恰切的目标，又要给足空间，让学生能够有深度、有广度、有温度地在活动中学习语文。因此，教师在设计活动之时，可以从必备的阅读能力、文学体裁等角度出发，实现语文工具性与人文性的共同发展。

（一）以阅读能力为导向，整体着眼方法

在小学阶段语文学习中，“整体感知”“形成解释”“做出评价”“提取信息”是最重要的阅读能力，围绕这些能力，依据文本和教材要求设计学习活动，帮助学生深入理解文本，逐步积累阅读方法。

统编教材五年级下册的《景阳冈》是一篇名著节选，文本篇幅长，情节复杂，因而在梳理文本内容时，教师设计了小组讨论、概括小标题的学习活动，进行对“整体感知”能力的着重培养。

六上的《故宫博物院》是一篇非连续性文本，将说明性文本、叙述性文本、简易图示等放在一起，形成课文内容。依据课前任务“绘制游览故宫路线图”“为家人重点介绍一两个景点”开展个人研读和小组讨论，培养了学生围绕阅读目的提取重要信息的能力。

（二）以文学体裁为依托，关联主题文本

学生在学习中不仅要培养能力，还应该逐渐感受语文学科的思想方法，从而逐渐成为“自能读书，不用老师教；自能作文，不待老师改”的新型学习者。

统编教材在三年级重点编排了寓言这种文学体裁的单元教学，在教学《守株待兔》时，教师设计了寻找“生活中守株待兔的人”的学习活动，学生先要理解本篇寓言“抱着侥幸心理，妄想不劳而获”的道理，还要在生活中寻找类似想要不劳而获的人，深入理解寓言“小故事，大道理”的特点，并通过阅读其他寓言故事发现其中蕴含的如何说服别人的方法和智慧，感受文以载道、自强不息的君子之风。

三、鼓励思辨质疑 展开多元理解

学习活动的设计，不应该以老师、以课本为正确答案，而应该提倡学生自己在探究的过程中，逐步总结经验，发现道理。当今多元社会，学生的知识水平和学习能力与以前相比都有了很大提高，要鼓励他们创新性地看待知识，用不同的视角来看待问题。

在学习了《呼风唤雨的世纪》之后，学生感受到科技进步带来的巨大变化，可以开展辩论赛“科技发展的利与弊”，通过课文内容并结合自己搜集到的资料来组织语言，围绕着科技发展“利大于弊”“弊大于利”的辩题展开论证。在表达与倾听的过程中，考虑科技推动社会进步，但同时也在战争、环境污染等方面带来的危害，从而能够辩证地看待问题。

在六年级课文《桥》的教学时，一些同学有疑问“为什么党员就一定要排在后面？”根据学生的疑问，教师开展了“我身边的党员”的采访活动。交流的时候，学生说起自己的父母作为党员如何发挥作用，自豪感油然而生；讲述了叔叔阿姨在1998年抗洪、汶川地震等灾害面前的真实故事，由衷地感到佩服。通过这个活动，学生对课文的理解更加深入，同时感悟到共产党员“全心全意为人民服务”的宗旨，受到了思想教育。

四、注重教学评一体 促进自我激励

如何确保学生参与活动的积极性和有效性？这就需要通过评价来进行考量。近几年来，越来越多的老师开始关注评价对于学生的激励作用，通过教师语言引导、课后练习、发奖励等方式来培养学生继续学习的兴趣，强化习得的知识和方法。其实评价本身就是学习活动中重要的组成部分，通过多种方式的自我评价实现教学评一体，可以更好地提高学习效率。

从评价主体来说，可以分为自我评价、同伴评价、教师评价、家长评价等。其中，自我评价往往容易被忽略，却是学习活动中必不可少的一环。首先，学生在参与制定评价量规的过程中，为自己设定了目标，明确了方向，他知道自己“要做到什么”；那么接下来的学习，学生就会努力地冲着目标前进，想办法去做。做完之后，做得好不好呢？依据评价量规给自己打分，重新审视自己学习过程的表现，既可以查漏补缺，又为下一次的学习做好了准备，形成了方法。

例如，对于北师大版《挑山工》一课，学生需要结合批注进行学习和思考，在自读课文之前，先一起讨论自读的方法，形成评价单。讨论前，学生能做到其中的一到两点；讨论后，大家综合集体的智慧，既了解了应该如何做，如圈画、写心得、语言简洁等，还努力做到联系生活实际，合理想象，发现写法特点等内容，学习方法更丰富，思考问题更全面。当进行汇报的时候，学生还会依据此评价为自己打星，如只拿到了四颗星，就会引起反思；拿到五星，也知道了自己为什么获得如此评价，把方法又巩固了一遍。

学生是学习活动的主体，教师起到的是主导作用，设计从生活出发的情境任务，结合语文学科本身的知识特点，重在引导思维的深入发展，逐步培养学生形成评价和反思的意识，这样的学习活动就可以帮助学生积极主动地进行有意义的、创造性的学习，并运用知识解决现实问题，不断提升能力和素养。

参考文献：

[1] 中华人民共和国教育部制定 . 义务教育语文课程标准（2011 年版）[S]. 北京师范大学出版社，2012.1.

[2] 中华人民共和国教育部制定 . 普通高中语文课程标准（2017 年版）[S]. 人民教育出版社，2020.5.

[3] 乔晖 . 语文教科书中学习活动的设计 [M]. 上海：华东师范大学出版社，2013.

[4] 刘晓雪 . 核心素养视域下的语文学习活动研究 [D]. 苏州：苏州大学文学院，2020.5.

[5] 程振理 . 语文学习活动的理性实施 [J]. 语文教学通讯，2015（29）.

用“思维导图”杠杆，撬动学生的语文学习兴趣

北京市平谷区第一小学
魏丙荣

摘要：

思维导图具有将知识可视化的特性，它凭借图形、线条、符号等方式的连接，将复杂的知识体系以结构图的方式清晰直观地表现出来。本文将从三个方面阐述利用思维导图激发学生学习语文的兴趣。即：一、思维导图运用于课内阅读教学，可以激发学生的学习兴趣；二、利用思维导图带领学生进行课外阅读，激发学生的阅读兴趣；三、师生共同绘制思维导图，激发学生复习的兴趣。运用思维导图进行教学，有利于激发学生学习兴趣，强化学生对知识的记忆与理解，也有利于培养学生的创新能力、探究能力，而且能有效促进逻辑思维和抽象思维的发展。

关键词：

语文教学；思维导图；学习兴趣

《义务语文课程标准（2011年版）》（以下简称“课标”）指出：“语文教学应激发学生的学习兴趣。”“知之者不如好之者，好之者不如乐之者”。学生的思维活动是建立在浓厚的兴趣和丰富的情感基础上的，只要能唤起他们对学习的兴趣，他们自然会进入学习的境界中，自觉、自主地学习。然而，在现实的学习中，经常听到学生唉声叹气和老师的抱怨声：“下节又是语文，唉……”“下节又是我的语文课，一堂课只有几个学生举手回答问题，叫到不举手的学生，一问三不知，这课可怎么上！”

一、存在问题

学生不喜欢语文课，提到语文就头疼，认为语文课最枯燥无味。它既比不上丰富多彩的美术课，也比不上能放松身心的体育课。语文课上，每篇课文都是先进行生字、词语教学，然后就是分析课文，体会作者的思想感情。上课时，总有几个学生游离在课堂之外，学习好的学生侃侃而谈，其他学生洗耳恭听或者似听非听，成了“微缩课堂”。教师对教学也缺少了激情，使得课堂死气沉沉。在这样的语文课堂中，学生不能充分发挥自己的才能，没有体验自主探究的过程，掌握自主探究的方法。老舍、冯骥才的优美篇章，在这样的课堂中也失去了应有的魅力，学生的阅读能力、创新能力又怎么能提高呢？

二、数据分析

通过对学生的问卷调查，我们发现，影响学习的非智力因素中最重要的是兴趣（78.64%）、习惯（50.26%）、毅力（45.82%）、自信（37.00%）、目标（35.05%）。课堂教学中最能激发学习兴趣的是动手实践（52.21%）、讨论（41.16%）、启发（37.57%）、创设问题情境（33.69%）、利用信息技术（32.03%）。

学生大量的学习时间在课堂，因此学习兴趣也更多地在课堂上激发，并在课堂上外显。无论是学生还是老师，要更多地采用动手实践、讨论、启发、创设问题情境、利用信息技术等方法激发语文学习兴趣。

三、解决策略

一味地教师讲学生听，无疑会扼杀学生的学习兴趣。那么，怎样才能改变现状，撬动语文学习兴趣呢？为了能独立自主地阅读文章，体验学习的过程，掌握学习的方法，学生需要在学习中多思、深思、善思，做到在学习中探究，在探究中学习。教师为激发学生的探究意识、创新意识，提高语文阅读能力及综合素养，可以运用“思维导图”进行小学高年级语文教学。

（一）认识思维导图

1.思维导图概述

思维导图是一种高效的思维和学习工具，由英国“记忆之父”东尼·博赞先生发明，并在全球得到广泛应用，已成为21世纪风靡全球的思维工具，目前全球使用者近6亿人。它注重开发人的左右脑，运用线条、符号、词汇和图像，把一长串枯燥的信息变成彩色的、容易记忆的、有高度组织性的导图。它绘制起来非常简单，而且非常有趣。

2.手绘思维导图

绘制思维导图并不复杂。在教学中，鼓励学生采用手工绘图法，四步完成思维导图。第一步，绘制中心主题；第二步，理分支，延伸出二级主题；第三步，根据内容需要，可以在二级主题节点处，继续延伸下级主题；第四步，加工、完善。

教师在教学中，不断给学生提供实践机会，“做中学”，在学生练习的过程中，讲解曲线、连接、色彩、关键词、简笔画这些更接近大脑形象记忆的巧妙运用。为使学生能够尽快上手，教师不要急于求成，把八大图形一股脑地教给学生，可以先以“章鱼形”和“树形”为基本图形，再不断丰富思维导图的类型，同时不断展示、讲解好的思维导图，以帮助学生加深对思维导图的认识。

（二）利用思维导图进行语文教学

课标明确指出：“兴趣是最好的老师，培养学生学习的兴趣是每个教师进行教学任务的前提条件之一。”思维导图中的图形、符号、色彩都能极大地调动孩子学习的兴趣，激发孩子学习的内驱力，让孩子真正爱上学习。

1.思维导图运用于课内阅读教学，可以激发学生的学习兴趣

在讲《祖父的园子》这一篇课文时，学生感觉课文内容散乱，无从下手。此时，教师可以利用思维导图将知识可视化的特性，凭借它的图形、线条、符号等方式的连接，不仅能将复杂的知识体系以结构图的方式清晰直观地表现出来，还能有效促进学生的逻辑思维和抽象思维的发展。课上，教师在黑板上写

上“祖父的园子”，然后对课文进行梗概的梳理。教师从“祖父的园子里有什么”入手，在教师的引导下，学生用简洁的语言梳理出了文章梗概——祖父的园子里有动物、植物、人物，以及他们所做的事。教师把这几个主题写在黑板上，然后由学生自己从“第一主题”到“次主题”延伸，再向下逐步发展主题层次，构建基本结构，而后训练学生画。

学生把思维导图画好后，教师鼓励他们走上讲台，利用实物投影展示、讲解自己创作的思维导图。再通过生生评议、质疑、答疑，互相学习，取长补短。同时教师进一步提出新的要求，鼓励学生向更深、更多的主题层次发展，逐步画出完整的、有个性的思维导图。这一节课的学习，让更多的孩子获得了自信与满满的成就感，他们的学习兴趣更足了，热情更高涨了。学生的主观能动性和创造天赋得到了充分发挥，成为教学主体。

2.利用思维导图带领学生进行课外阅读，激发学生阅读兴趣

五年级的学生呈现出了明显的两极分化。有些爱读书的学生，不用老师和家长催促，就可以自发地读书。而有一些孩子却恰恰相反，不要说读课外书了，甚至连语文书上的一些长课文都不愿意去看。

五年级必读书目里有四大名著的经典篇目，学生感觉瞬间有“四座大山”阻挡在他们面前。于是我想到了可以借助多种形式的思维导图，从时间、空间、情节、人物形象、语言特色、写作方法等多个方面进行指导，帮助学生阅读整本书。这样能更有效地整合信息，促进思维能力的提升。

阅读课上，教师先播放《三国演义》影视片段，一下把学生带入了金戈铁马的情境。接着让学生结合自己课前阅读中国古典名著《三国演义》的情况，选择自己喜欢的思维导图形式，如气泡图、括号图等，自己动手实践，把自己熟悉的人物形象整理出来。然后小组合作，各小组在组长的组织下进行比较、讨论，添加新的分支。小组成员为了尽快完成思维导图的绘制，还可以进行分工，两个同学合作，负责一个分支的绘制，形成组内集体智慧。在此过程，每个学生都能积极地参与到合作讨论中去，每个小组都形成一个良好的学习共同体。小组成员在完成整个导图以后，可以经教师审阅，对好的作品予以贴红花奖励。最后学生利用思维导图在实物投影上尽情展示、分享《三国演义》的阅读成果，如图所示。

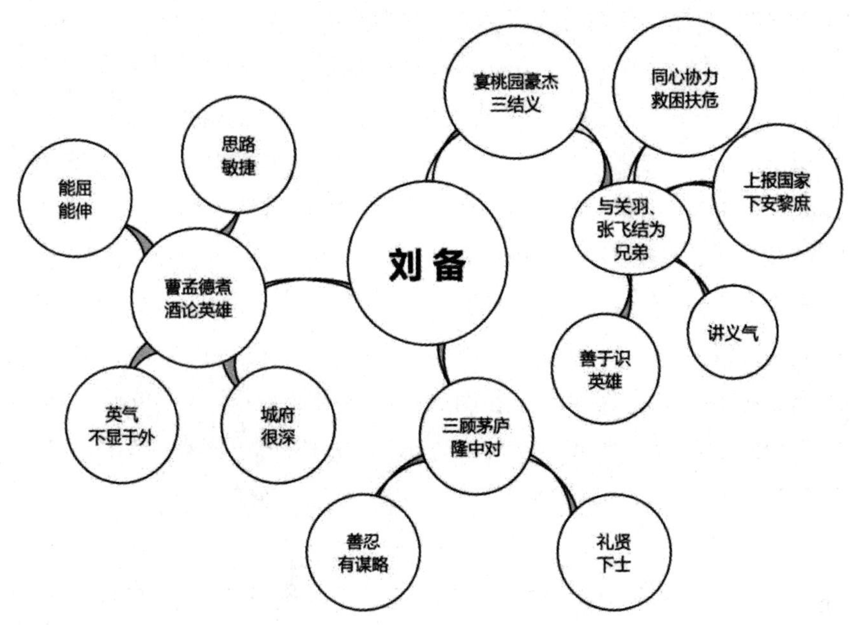

图1 《三国演义》的阅读成果

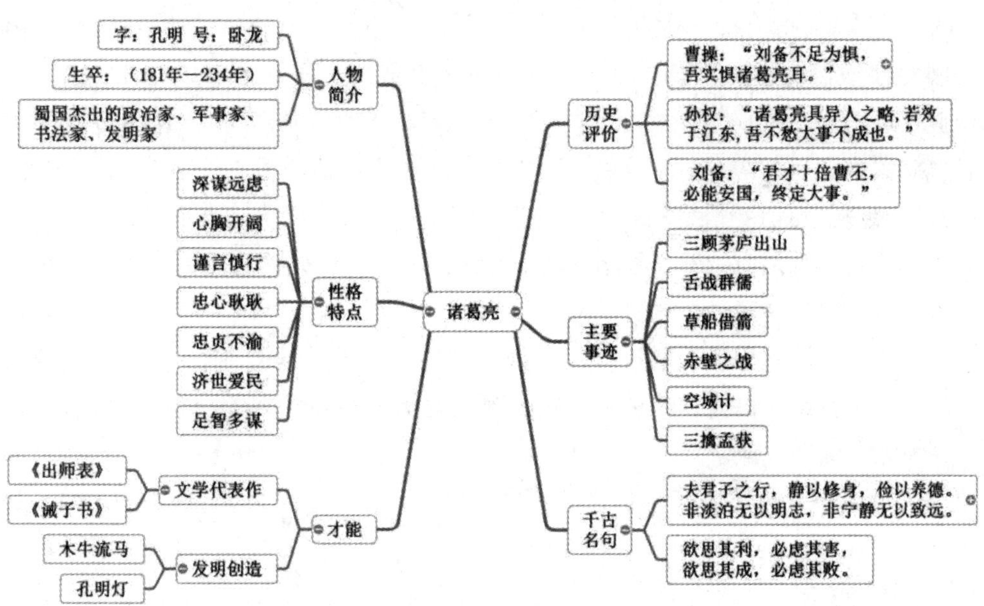

图2 《三国演义》的阅读成果

学生在使用多媒体信息技术的环境下，在自主、合作中运用思维导图开展课外阅读活动，不仅培养了学生主动探究、团结合作、勇于创新的精神，还大大地提高了自主学习能力、思维能力，激发了学生深入阅读经典的热情。

3.师生共同绘制思维导图，激发学生复习的兴趣

复习是掌握语文知识、巩固语文知识的重要环节，是使学生对所学知识进行系统梳理、深化、拓展及灵活运用的重要阶段。在传统的复习课上，教师只是简单地回顾所学知识，或者进行题海战术，没有深化，这样的教学方式使学生感到索然无味，参与率也不高，实效性不强。那么，如何激发学生的复习兴趣呢?

在复习之初，为了让学生从整体上建构和把握知识，为了让复习课像新授课那样有“新鲜感”，像练习课那样有“成功感”，我引导学生用不同颜色的笔绘制思维导图，使其成为色彩绚丽的整体画面。例如，在复习时，我先在黑板上画出“树的主干”，上面标有“五年级下册第一单元”字样，并让学生结合所学内容，画出这树干的分支。在引导下，学生画出了“古诗三首”“祖父的园子”“月是故乡明”“梅花魂”作为树的分支。然后让学生在这些分支上继续画一些小的分支。如学生又把“古诗三首”分为“四时田园杂兴”“稚子弄冰”“村晚”三个分支。在“祖父的园子”一分支上又添加了“栽花”“拔草”“种菜”“铲地”等小的分支。每个分支要求学生用不同的颜色来表示，形成了一棵“知识树”。最后启发学生根据自己的想象继续画细的“分支”。如有的学生在“古诗三首”这一分支上又分出了“生字词”“情感表达”等细小的分支，并且把诗中的“生字词”列举出来，把诗中的“情感表达”以关键词“喜爱劳动”“质朴天性”作为它的分支。这一过程学生乐在其中，连平常课上“默默无闻”的学生都跑到黑板上去补充复习内容。通过梳理，知识变得结构化了，有助于学生对文章的理解。

实践证明，巧借思维导图，可以有效激发学生的复习兴趣，促进学生主动学习与探究，提升语文复习效率。

“只要我们怀着火热的耐心，到黎明之前，我们定能进入那座壮丽的城池……”我想，只要我们怀着火热的耐心，不断地研究探寻，也一定能够进入魅力无穷的高效课堂。

参考文献：

［1］引自人大附中联合学校总校常务副校长周建华校长 2020 年 2 月 22 日接受《科教头条》采访时发言，有改动 .

［2］博赞 . 思维导图［M］. 卜煜婷，译 . 北京：化学工业出版社，2015：1.

［3］章青青 . 借助导图，让整本书阅读思维可视化［J］. 小学语文教师 .2021（7–8）：114.

［4］引自智利著名诗人聂鲁达在获得诺贝尔文学奖的颁奖典礼上的发言 .

小学语文课堂教学中“分组互动”策略的有效落实

濮阳建业国际学校
王凤丽

摘要：

在小学语文课堂教学中，如何调动学生的主观能动性与学习热情，提升课堂教学的有效价值，一直以来都是广大一线教师极为关注的议题。在语文课堂教学中，充分赋予学生主动权和自主性，关键在于为学生创造积极学习、自发探究的平台和机遇，这其中协作式策略、互动式策略的作用不容小觑。本文即以此为切入口，论述小学语文课堂教学中“分组互动”策略的基本涵义和应用价值，并重点阐述这一策略有效落实及应用的思路，借此提出个人思考及见解。

关键词：

分组互动；语文课堂教学；探究式学习；情境教学；实践能力

近年来，一些全新的语文教学理念开始被更多人所熟知，同时也为语文教学实践提供了全新方向和思路。在小学语文教学中，如何确保学生始终保持积极的学习热情和积极性，逐渐培育良好的学习习惯与主动意识，是广大一线教师必须深入思考的议题。教师应认识到，学生是课堂教学的主体，而课堂教学的推进必须在丰富形式、完善内容、提升品质上下功夫，切实增强课堂教学的吸引力，确保学生可以学有所得、学有所思，进而提升语文综合素养。为此，教师可以有效运用分组协作式的互动策略，提升课堂教学的活跃度，促进教学工作朝着纵深方向发展。

一、“分组互动”策略在小学语文课堂教学中的应用价值

所谓的“分组互动”策略，指的是在课堂教学中对班级学生进行适度分组以提升学生学习互动交流效能的一种方式。“分组互动”策略的关键词是“分组”与“互动”，这其实是两种教学思维的融汇，即分组协作与互动式学习的结合。分组协作的要义在于学生彼此启迪、帮助，提升集体协作能力；互动式学习强调学生们在交流互鉴中形成全新的思维与意识，进而探索全新的学习思路及方法。将分组协作与互动式学习有机结合起来，即“分组互动”策略，这也是当前小学语文教学中很常用的一类方法。

将“分组互动”策略应用于小学语文课堂教学中，不仅可以进一步调节课堂气氛，塑造自由、活跃、融洽、包容、和谐的课堂氛围，同时也可以引导学生们彼此交流沟通，提升学习过程中知识传递的效能，进而展现良好的课堂风貌，促进教学发展。此外，“分组互动”策略可以将“小班化”教学的效果极致化、最大化，能够引导学生在各个小组的学习中更好地摄取语文关键知识点，从而形成自我的感悟意识，不断提升学习能力。因此，语文教师应注意“分组互动”策略的应用场景与时机，要根据教学进度和学生的需求状况进行科学研判，不失时机地运用这一策略，以提升教学效果，优化教学质量。

二、小学语文课堂教学中“分组互动”策略的应用与落实

在小学语文课堂教学中运用“分组互动”策略，最关键的是要把握分组时机和方法，尤其是对学生分组需求和条件进行科学分析。同时，要设定教学主题任务或方向，激发各个小组的互动效果，助力课堂教学工作，提升学生语文学习的理解与应用能力。

（一）合理设定分组模式，为互动学习夯实基础

“分组互动”策略的应用和落实，首先要选择合理的分组思路，即老师要根据学生们的状况进行合理分组，这样才能为协作式学习、互动学习奠定良好基础。适宜的分组方法可以让优势互补的学生们在一个小组内开展互动学习，达到彼此交流互鉴、相互帮扶的良好效果。

一般来说，小学语文课堂教学中的分组可以按照“优中差相结合”的原则分配，每组以4–5人为宜，包括1–2名优秀学生、2名中等成绩学生以及1–2名后进生。这样的搭配与分组可以让不同学习层级、不同评价指标下的学生在一个小组内，从而实现了信息资源的有效调配，同时也给互动学习和协作式学习奠定了坚实基础。倘若将成绩较好的学生集中于一个小组，或将后进生一股脑地配置到同一个小组中，很容易出现课堂教学中的“马太效应”，显然不利于学生的优势互补，同时也会导致班级教学两极分化现象产生。除此之外，从小学生的性格特点、个人喜好、人际交往活动等因素入手，也要对分组方法进行仔细考量。比如，一个小组中不应存在学生个体性格特质过于同质的状况，应以互补性为宜，将活泼好动、安静内敛的学生分配在一起，容易产生互动学习效果，同时也不至于组内气氛过于低沉、压抑。

总之，分组时要根据老师的考察与研判，依照学生的需求和基本情况进行，确保后续的协作式、互动式教学可以更好推进，以深化教学层次。

（二）设计课堂主题学习任务，引导互动方向

小学语文课堂教学的推进必须做到有的放矢、循序渐进，尤其是通过设定主题任务或周期性探究题目，引导学生在小组互动中开展探究，可以极大提升学生的语文理解、认知与实践能力。主题性任务的设计必不可少，目标以课本知识点为依托，为学生创造小组互动探索的机会，引发学生的深入思考，提升教学深度。比如，在课文的学习过程中，老师可以为学生们设定一个小组探究主题，然后安排几个题目，引导各个小组开展互动探索，形成共识，并最终与老师的课堂授课形成对接，如“这篇课文的主题思想是什么”“课文中的重要描写方法有哪些”“课文中运用的修辞方法有哪几种”等。在这些主题探索任务的引导下，各个小组可以在边诵读理解边互动交流中产生思维火花，进而增强对课文理解的深度，形成多层次认知。

例如，在统编六年级下的散文《匆匆》教学中，老师就可以为学生们设定如下主题探究任务，然后让各个小组开展互动式探究，在完成任务过程中掌握课文中心思想与关键知识点。“《匆匆》中一系列排比句的运用产生了什么效果？课文中的景物与生活场景的描写是什么目的？”教师要引导各个小组积极探究分析，在你一言我一语的互动交流中形成对课文的深刻理解，既要掌握关键的字词句，同时也要理解作者的写作技法，形成对课文主题思想的深刻认识。以具体的主题学习任务为引领，学生可以在小组互动中提高理解能力，从而在课堂学习中抓住重点，逐步养成良好的分析与拆解能力，提升学习品质。

（三）融合情境教学模式，强化分组互动学习效果

情境教学模式是小学语文课堂教学中不可或缺的重要方法，对营造良好的课堂氛围、提升学生的学习兴趣与主观能动性有显著作用。尤其是在建构教学情境过程中，引领学生们开展分组讨论和互动，能够极大提升学生们的积极性，让学生们形成语文探索意识，掌握关键知识点，提升应用水平和语文实践能力。情境教学模式要在课堂教学中发挥更大功能，必须确保情境教学渗透到学生学习的各个层面中，尤其是与学生们的分组互动产生紧密衔接，促进分组互动与探究互动的推进，调动学生们的学习热情与兴趣。

如在六年级上的《宇宙生命之谜》一文的教学中，老师就可以通过设置多媒体情境的方法，进一步明确教学重点，同时营造分组互动氛围。老师可以选取宇宙探秘相关的科普纪录片与短视频，做成PPT或视频短片，然后在授课过程中放映。之后，老师结合课文进行相关知识的讲解。紧接着，老师可以要求各个小组就短片的内容与课文的内容进行对比探究，让大家根据讨论结果说出感想与体验。在互动、探究过程中，应鼓励学生们大胆思考，也可以提出一些个人的奇思妙想，进一步活跃分组互动气氛。同时，老师也可以在课下鼓励学生们到图书馆、天文馆中参阅、参观，进一步探索宇宙的奥秘。这种将课堂情境与生活化情境相结合的方法，不仅对分组互动有良好的促进作用，同时也可以引导学生开阔眼界，对宇宙知识更广泛地摄取，进一步增加他们的认识储备。

（四）及时开展反馈评价，积极调整分组互动方式

“分组互动”策略的运用必须注重全过程把控，即从教学的全流程入手，提高综合认知，在分组互动后要及时加以反馈、评价，引导学生建立自我评价习惯，对个人的学习方法和思路开展有效调整。从老师的角度来说，学生们在“分组互动”中学得怎么样、悟得深不深，有没有掌握语文知识点与重要内容，都是评价的要点。老师可以根据测验、考察的结果，对每个小组乃至每位同学的学习状况给出反馈，让学生们认识到自己在分组互动中的得失优劣，从而掌握更好的学习方法。此外，要引导学生们开展对同组同学的客观评价，并开展自我评价，最后与老师的评价融合在一起，形成“三位一体”评价模式，得出综合评价结果。依照评价结果，各位学生可以以此为参照，认识自己学习过程中的不足，并在后续学习中加以调整和改进。

例如，在《草原》一文教学过程中，老师可以按照分组互动方式为学生们

安排探索任务，对课文中描写草原景色的词句进行分析，并指出这种景色描写的意义和作用。之后，各个小组开展讨论与互动，每位学生可以发言并写出个人的理解。在课堂授课结束后，老师可以引领学生们开展他评与自评，然后形成反馈意见。老师在搜集评价意见后给出客观总结，然后反馈给每个小组及学生，重点指出理解、分析中的不足与疏漏……通过类似的方法，老师可以帮助学生全面理解文本，指引学生们及时调整，补齐知识短板，养成良好的改进与自我学习修复意识。因此，只有将分组互动教学中的反馈与评价有效凸显出来，才能提升语文课堂教学的针对性，增强学生的调整能力，提高学生语文综合能力。

三、结语

综上所述，小学语文课堂教学的推进要进一步突出学生的主体地位，千方百计为学生们创造主动发言、积极作为的空间和机遇。为此，运用“分组互动”策略不仅对课堂气氛调动和激发有积极作用，同时也可以引导学生们积极主动地参与到小组探究式协作学习中，进而打开语文学习思维，具备全新的知识认知能力，并最终提高语文实践应用水平。情境教学、探究式教学与有效反馈评价手段的结合，能增强“分组互动”策略价值，为小学语文课堂教学深化提供支撑，促进小学生语文学习能力与综合素养不断跃升。

参考文献：

[1] 李东美，刘霞，王绪可 . 合作学习模式在小学语文教学中的应用分析 [J]. 科学咨询（教育科研），2020（3）.

[2] 童廷君 . 小学语文课堂导入存在问题分析与策略 [J]. 牡丹江教育学院学报，2020（11）.

[3] 黄国华 . 合作学习在小学语文教学中的运用研究 [J]. 作文成功之路（上），2016（9）.

[4] 刘晓花 . 探讨合作学习在小学语文教学中的应用 [J]. 课程教育研究，2020（18）.

学科核心素养视域下的单元学习活动设计

北京市海淀区教师进修学校

王化英

摘要：

随着《普通高中语文课程标准（2017年版）》的出台，学科核心素养成为学科育人价值的集中体现。语文核心素养导向下的语文教学设计要注重整体性，要让学生在语言的建构与运用中发展思维、提升审美、传承文化。语文核心素养的培育，需要课程、教材、教学、评价等各教育教学要素共同努力，形成整体性合力。在课程目标的设置上，应将学生全面发展放在首位，设计指向素养发展的整体性教学目标；在课程实施上，要设计具有实践性、综合性、过程性的学习活动，在活动中让语言、思维、审美、文化得以整体发展，促进学生的全面成长，为学生走向社会打下坚实的基础。

关键词：

小学语文；学科核心素养；单元学习活动

语文课程中，单元是其组成系统中的一个子系统，是课程系统中一种有机的模块式组织与构成。单元是依据课程标准或者课程纲要，围绕主题（专题、话题、问题）或者活动等选择学习材料，并进行结构化组织的学习单位。新时期，随着课程改革的逐步深入，教育越来越注重学生作为生命个体的成长，注重学生的全面发展，立德树人成为教育的终极目标，课程开始着力于培养学生的核心素养，即基于学生内在的学习动力和创造性地思考并解决问题的能力，并将其视为学生适应未来社会生活的必备品格与关键能力。

在学科核心素养视域下，课程开发和课堂转型需从单元整体教学开启，学生的学习不再是知识点的传输和技能训练，而是具备学科核心素养。因此，单元整体学习活动设计是基于学科核心素养，思考怎样描绘基于一定目标和主题而展开探究过程的活动，目的是通过持续一个阶段的学习、一以贯穿的探究活动来培养学生的核心素养。正如崔允漷老师所说，单元是一种学习单位，一个单元就是一个学习事件、一个完整的学习故事，因此，一个单元就是一个微课程。

可以说，教材中的单元编写是通俗意义上的内容单元，而它作为单元整体设计中的单元，是变教材中的教学单元为学生的学习单元，是以学科核心素养及学生的进阶发展为目标，整合教学内容，在一定的学习情境下开展学习活动，实施学习评价的单元学习过程。

一、单元组成要素

（一）单元要素

语文教材中的单元一般由这几个要素组成：单元导语、精读课文、略读课文、习作、习作例文（仅出现在习作单元）、快乐读书吧、口语交际和语文园地。

在每一个单元的编写中，精读课文、语文园地从小学一年级开始是每个单元的必要组成要素，快乐读书吧和口语交际根据学习的需要会出现在每册书的几个单元中，而单元导语、略读课文、习作则从三年级开始编入教材。每个单元的学习目标会清晰地写在单元导读页中，每个单元会从阅读和写作两个方面各安排一个能力训练点。如统编四年级下册第七单元的单元导语是“天下兴亡，匹夫有责”，即围绕人文主题“家国情怀”编排文章，本单元的两个能力训练点是“关注主要人物和事件，学习把握文章的主要内容”和“学习写书信”，旨在培养概括能力和落实应用文写作训练。

（二）要素价值

单元内各要素从不同角度指向单元目标的达成，彰显其自身存在的价值。“单元导语”从人文主题和语文要素两个角度清晰解读了本单元的学习目标，阐释了学科育人价值；“精读课文”既突出了对人文主题内涵的多角度感知，又着力于语文要素的习得、落实；“略读课文”是单元学习的尝试，体现学生自主阅读下方法的迁移；“习作”是读写结合的体现，展现了从读到写的学习过程，与阅读训练形成输入到输出的对比关系；“语文园地”从交流平台、词句段运用、积累、书写等方面梳理单元学习重点，重在补充知识、总结方法；“快乐读书吧”“口语交际”等内容紧扣单元主题，拓展延伸，综合提高提升听、说、读、写能力，单元各要素有机融合，整体指向学科育人价值与核心素养。

二、单元整体设计要素

基于对统编教材单元编写的认识，单元整体设计要在对单元学习内容准确认识的基础上，梳理、整合和重组学习素材，变静态的学习内容为相互关联的单元微课程，指向学生学科核心素养的整体发展。单元整体设计要在真实情境的创设下，以任务来驱动学生的深度学习，指向学生思维上的发展、知识上的递进、情感上的升华，提升学生的语文素养，形成适应社会生活的关键能力与必备品格。一个完整的单元设计中，主要包含以下几个要素：

（一）单元目标

单元目标是学生经过单元学习后达成的预期学习效果。单元目标的确定是明确学生通过本单元的学习，他们将要知道什么、能做什么，为开展教学活动提供方向上的引领。单元目标的确定是开展单元教学设计的起点和核心。

（二）任务情境

任务情境是为达成单元目标而设计的贯穿整个单元活动过程中的学习任务与学习环境。学生在特定的环境，明确的学习任务之下，要以“问题解决”为驱动，进行以语言与运用为核心的连续的学习活动。在任务情境中学生要体验一个完整的、前后联结的学习过程，在实践性的任务中引导下展开学习，在不断地“做事”中学习“做事”。

（三）单元结构

单元结构是指为达成单元目标整体规划学生学习活动，使任务情境具有结构化、进阶性的一组关联性学习活动。单元课程的实施需要完整的单元结构，即围绕单元学习主题和单元目标的制定，进行单元学习活动、学习课时的设计，大主题下涵盖小主题，大活动下分设小活动，循序渐进推进单元学习活动，不断回应单元目标，指向最终目标的达成，在知识与技能的运用中逐渐形成对概念的理解，培养学科核心素养。

（四）单元评价

单元评价是依据单元学习目标对学生的学习过程、学习效果、学习情感等不同维度进行综合评价。单元评价设计是指在单元教学过程中或在某一阶段，依据单元目标运用不同的方式对学生学习表现和结果进行测量、评定与分析。单元评价包含评价任务、评价标准、评价方式、评价主体、设计意图等要素。单元评价可以在学习过程中，也可以是学习完成后进行，如随堂测验、活动反馈、报告等，随时监测学生在单元学习中的学习效果。

三、单元整体设计流程

在进行单元的整体设计时，首先要变教材中的内容单元为学生的学习单位，即融合单元双线确定本单元学生的学习主题，依据课标的相关要求，整合课内外学习资源，以学生的认知需要为起点，清晰定位本单元的育人价值，设计教学活动，彰显学生“做事”的学习过程，最后呈现学习可视化的结果。

下面按单元设计流程进行具体阐释。

（一）确定单元学习主题

单元学习主题是单元的眼睛，是单元学习价值的凝练，对单元学习具有引领性。学习主题的主体是学生，核心是学习，它不是单元人文主题和语文要素的简单复现，而是融合双线指向大概念，关联学习情境与任务指向课程的实施，使课程内容结构化、过程情境化，统领单元整体教学。单元学习主题显示单元的核心目标与达成路径。

（二）定位单元育人价值

单元作为课程最基本的一个自然单位，最主要的就是确定单元的育人价值，一般从以下几个方面总结推进以确定单元育人价值：

1.教材方面

从教材编者的视角，确定单元育人价值，深挖教材，做好教材分析是确定单元育人价值的基础。首先，结合单元人文主题和语文要素，做好教材与“课标”相关要求的对接，把握课标的相关要求，立足学段认识单元。其次，纵向分析单元人文主题和语文要素，看教材中的体系进阶。立足不同学段、年级的教材，梳理能力进阶，说明本单元在教材中的位置和作用。最后，横向分析单元内的人文主题和语文要素，看单元内部的关联，分析单元内各板块的内在关联。

2.学情方面

如果说教材分析是从教材编写视角确定单元育人价值，学情分析则是从学生视角确定单元育人价值。通过教材分析，我们知道了编者赋予学生学习的应然目标，而学情分析就是通过对所教学生的分析明确应然目标距离学生的实际情况，找到发展进阶。学情调研是对学生距离应然状态进行实际水平的测量，学情调研的内容主要包括学生的知识储备、能力基础、情感态度、学习习惯与方法等，学情调研的方法可以是问卷、访谈、观察、作业等形式。

3.单元育人价值

基于前面进行的教材和学情分析，确定单元育人价值。单元育人素养价值是基于单元教材分析后，明确本单元在学科教学中的地位和作用，从教材编者角度明确本单元的应然目标，同时，结合所教学生的实然状态，发现问题，从而明确学生在本单元学习中必备的能力进阶和人文熏陶，单元育人素养价值是对学科育人价值的阐释。

（三）明确单元学习目标与重难点

单元学习目标是以学科素养为核心，明确本单元的育人价值与功能，将知识与能力、过程与方法、情感态度价值的三维目标有机整合在一起，整体叙写。在撰写单元学习目标时，还应注意目标的表述要以学生为主体，具体清楚，力求可操作、可观察、可评价。教学重难点依据教学目标的制定进行撰写，但各有侧重，教学重点基于教材的分析，而教学难点则来自学情的调研。

（四）设计单元学习评价

单元学习评价，是对单元育人目标实施结果的考量。单元学习评价设计一般针对两个方面：一是学习过程中，学生在实践中“做事”的评价；二是在单元学习结束后成果的可视化评价。如统编四上的神话单元学习以讲述神话故事贯穿，在学习过程中，针对课文内容和能力的发展，针对性地设计讲述评价，最终通过召开神话故事会的形式，小组进行讲故事的成果汇报，彰显了过程的实践性评价和成果的可视化评价。

（五）规划具体学习活动

规划具体学习活动也就是设计单元学习活动的框架，是单元学习过程的完整呈现，一般由学习主题、学习素材、课时安排和活动板块进阶几部分组成等。单元设计框架可以以教学结构图的形式，清楚、简洁、明了地呈现单元内的课时安排及各课时之间的关联，从逻辑线索上体现知识逻辑、认知逻辑和问题解决逻辑，突出学科素养发展的关键。

为未来培养社会需要的创新型人才，需要我们的教学从注重基础知识的传授、基本技能的训练转化为对学生解决问题的关键能力与必备品格的培养，从单篇到单元，从学习到迁移，从课堂习得到情境运用，带给学生的是自我的真实成长。

参考文献:

[1] 崔允漷 . 如何开展指向学科核心素养的大单元设计 [J]. 北京教育(普教版)，2019(2):11-15.

[2] 钟启泉 . 学会单元设计 [J]. 新教育，2017（14）：1.

依托信息技术手段，有效设计语文学习活动

北京市顺义区建新小学
王秋梅 李琳

摘要：

在语文教学活动的设计中，应适当运用现代化的信息技术手段，去呈现语文教学的内容、学生学习的方式、教师的教学方式，能够为学生的学习、发展提供丰富多彩的教育环境和有力的学习工具。为此，我们借助信息技术手段，结合学生的实际认知，尝试设计相关的语文学习活动，如：借助信息技术，了解汉字演变，让识字更有效；借助信息技术，展示汉字结构，让书写更规范；借助信息技术，理解关键词句，让感悟更深刻；借助信息技术，助力写话评价，让表达更生动等等，以此引导学生积极思考、主动参与，提高学生语文学习的能力，最终提升语文学科的素养。

关键词：

语文教学； 学习活动设计； 素养提升

教育部颁发的《国家基础教育课程改革纲要（试行）》中，进一步明确提出“大力推进信息技术在教学过程中的普遍应用，促进信息技术与学科课程的整合，逐步实现教学内容的呈现方式、学生的学习方式、教师的教学方式和师生互动方式的变革，充分发挥信息技术的优势，为学生的学习和发展提供丰富多彩的教育环境和有力的学习工具”。

然而，当前语文教学中借助信息技术手段，设计学习活动的现状不容乐观，主要表现在以下几个方面：首先，学校缺少信息技术的相关培训、研究课题的指向和专家的指导，教师在观念上的转变不够，信息技术成了公开课、研究课上的专利；其次，配套的教学资源匮乏，教师不能便捷地获取高质量的、与课程配套的资源，阻碍了信息技术在学习活动设计中的应用；再

次，教师对信息技术在语文教学活动中的重要性认识不够。现实中有些教师仍然仅仅把信息技术作为一种辅助教学的手段，甚至是教学的一种点缀而已；而且，一些教师在语文学习活动的设计中，对于何时使用信息技术、为什么使用信息技术比较模糊；最后体现为信息技术的形式比较单一，以PPT为主要形式等等。

在这样的大背景下，借助信息技术手段，设计语文学习活动还是存在一定难度的。为此，我们进行了一些积极的探索及尝试，收到了较好效果。

一、借助信息技术，了解汉字演变，让识字更有效

《义务教育语文课程标准（2011年版）》中指出：要运用多种识字教学方法和直观的教学手段，创设丰富多彩的教学情境，提高识字的教学效率。教学中，适当借助信息技术手段，利用富有动感的画面，通过实物图形、甲骨文、金文、小篆、隶书、楷书这一演变规律进行字理学习活动的设计，有效触动学生丰富的联想，使枯燥无味的笔画结构和生动鲜明的表象统一起来，将汉字的形义关系展现出来，让汉字变得形象、生动，提高学生的学习汉字的兴趣。

例如在统编教材一年级下册《荷叶圆圆》一课，教学象形字“鱼”字时，教师先利用多媒体出示一张“鱼”的图片，然后出示甲骨文“鱼”字，引导学生和图片对比找一找鱼的头、身、鳞、鳍，初步了解象形字的构字特点，接着多媒体依次出示小篆、楷书及现在的简化字，让学生感受汉字的演变过程，然后进行二次对比，猜一猜简化的“鱼”字中，哪处是鱼的头、身、鳞、鳍，帮助学生加深记忆。

图1 “鱼”字资料

由此可见，利用信息技术手段，将所要学习汉字的演变过程展现出来，可以帮助学生打破时间和空间的限制，将他们带入到汉字的世界，在调动学生学习热情、丰富知识的同时，感受祖国文字的魅力，激发他们学习汉字的强烈欲望。

二、借助信息技术，展示汉字结构，让书写更规范

每一个汉字都有固定的书写顺序，然而，很多孩子往往只注重字形的正确，忽视汉字正确的笔顺。针对这种情况，在进行书写指导时，借助信息技术动态演示汉字的笔顺，设计学习活动，能够帮助学生掌握汉字结构和笔画规律，有效保证汉字书写的规范性和准确性，让书写更加规范。

例如统编教材二年级上册《小蝌蚪找妈妈》一课的生字教学，其中“皮”字的笔顺为“横钩—撇—竖—横撇—捺”，学生在书写时，对于“皮”字的笔顺容易出错。教学中，教师利用信息技术动态演示“皮”字的笔顺，学生书空跟随练习，加深理解与记忆。然后在大屏幕上出示田字格中的“皮”字，引导学生思考，要想把“皮”字写规范，需要注意什么。学生通过观察，发现“皮”字的第三笔“竖”压在竖中线上，第四笔“横撇”的“横”压在横中线上。此时，借助动画让这两个笔画变红，引起学生的注意。这样，学生就会在书写的过程中关注汉字关键笔画的位置，让汉字的书写更加规范。在学生描红仿写后，教师借助投影将一两个学生书写的“皮”字展示出来，引导学生从“正确、整洁、规范”三方面进行评议，“写对了奖励一颗正确星，不涂抹奖励一颗整洁星，关键笔画竖压在竖中线上，‘横撇’的‘横’压在横中线上，奖励一颗端正星”，教师在投影上带领大家共同评价、批改后，学生再次练习书写，真正让写字教学扎实有效。

三、借助信息技术，理解关键词句，让感悟更深刻

统编教材选编的课文，内容非常丰富。如二年级上第四单元，围绕“家乡”这个主题，编排了《古诗二首》《黄山奇石》《日月潭》《葡萄沟》四篇课文，内容涵盖古今，跨越海峡，表现了祖国的辽阔和美丽。但这些地方很多孩子没有去过，对于文本内容比较陌生，在理解方面存在一定的困难。此时，我们就可以借助信息技术，设计学习活动，通过播放图片或视频，弥补他们生活经验的不足，进而了解关键词句的意思，加深理解感悟。

例如统编教材二年级上册《葡萄沟》一课，其中第3自然段介绍的是葡萄干的制作过程，具体内容如下：

收下来的葡萄有的运到城市去，有的运到阴房里制成葡萄干。阴房修在山坡上，样子很像碉堡，四壁留着许多小孔，里面钉着许多木架子。成串的葡萄挂在架子上，利用流动的热空气让水分蒸发掉，就成了葡萄干。这里生产的葡萄干颜色鲜、味道甜，非常有名。

学生在学习这个自然段时，提出的疑问有以下两个：1.阴房到底是什么样的？2.为什么说“这里生产的葡萄干颜色鲜、味道甜，非常有名？和别的地方的葡萄干有什么不同？”

解决第一个问题时，教师先让学生读一读课文，找一找、画一画课文中是怎么介绍“阴房”的，学生找到的句子是“阴房修在山坡上，样子很像碉堡，四壁留着许多小孔，里面钉着许多木架子”。借助文本，学生的头脑中将“阴房”与“碉堡”建立起联系，但此时头脑中阴房的样子依旧是模糊的，此时出示碉堡、阴房的图片，让学生进行对比说一说阴房与碉堡的相同之处，充分调动学生参与语文学习活动的主动性，进而理解“样子很像碉堡，四壁留着许多小孔”这句话。

解决第二个问题时，先让学生读课文，然后借助“运到阴房、挂在架子上、利用流动的热空气、蒸发水分”等词语说说葡萄干的制作过程，在学生初步理解课文内容的基础上，播放葡萄在阴房中变成葡萄干的视频。学生借助视频与生动的讲解，进一步理解“颜色鲜、味道甜”的原因，最终理解课文内容。

借助多媒体技术，配上音乐、图片、视频等内容，营造生动形象的情境，将学生带入具体的情境中，让学生对文本相关内容有更多有效的理解，丰富他们的生活及学习经验，从而降低学习的难度，更好地理解相关教学内容。

四、借助信息技术，助力写话评价，让表达更生动

借助现代信息技术，进行写话学习活动的设计，可以从根本上改变传统写话教学的评价方式。利用现代信息技术的交互功能，我们可以帮助学生发现自己写话中的优点与不足；可以把典型的词、句展现给学生，培养他们基本的写话能力；可以利用现代信息媒体将自己的写话成果展示给大家，供同学阅读；还可以在评析他人写话的过程中，畅所欲言，从而激发学生的表现欲望。

例如二年级上册第七单元语文园地七中的写话：看看下面这幅图，小老鼠在干什么？电脑屏幕上突然出现了谁？接下来怎么样？快把你想到的写下来吧！

图2　二年级上册第七单元语文园地七

上课时，教师先引导学生进行整体观察，说清楚什么时间、谁、在哪、干什么，在此基础上进行细致观察。

师：大家看，当这只小老鼠遇见了猫，它是什么表情，此时，你想送给它哪些词语？再来看看屏幕上的猫，你又想送给它哪些词语呢？学生一边说教师一边在屏幕上打出学生积累的词语。

大吃一惊　吓了一跳　大惊失色　全身发抖　胆战心惊　害怕
紧张　张大嘴巴　双眼圆瞪　恶狠狠　凶巴巴　胖胖的

然后明确写话要求：（1）展开想象，把故事写完整。（2）能够用上积累的词语。（3）书写规范，不会写的字写拼音。学生进行自主写话。

教师在巡视学生写话的过程中，将比较典型的学生写话拍成图片，用传图识字将图片上的文字进行识别并提取，转成word文档，发送到电脑上。

一天，小老鼠在电脑边玩，玩得正欢，突然，屏幕上出现了一只大花猫，小老鼠吓了一跳，它赶紧往外跑，一口气跑到了家里，心想：还好，没被大花猫抓住。

全班共同评价这位同学的写话，说说他哪里写得好。

生1：他在写话时用上了“吓了一跳”这个词语，我觉得很好。

生2：他在最后加上了小老鼠的想法。

此时，老师进行引导：还可以加上什么内容，就能让写话更生动？教师让学生说一说，并且利用搜狗输入法中的语音，直接将学生的语音转换成文字加入到写话之中。

生1：应该加上这是一只怎样的大花猫。大花猫双眼圆瞪，张大嘴巴，好像要一口吃掉小老鼠。

生2：还可以加上小老鼠看到大花猫的心情。小老鼠全身发抖，一下子坐在了地上，眼泪都流出来了。

生3：我觉得小老鼠回到家应该赶紧关上门。

> 一天，小老鼠在电脑边玩，玩得正欢，突然，屏幕上出现了一只大花猫。大花猫双眼圆瞪，张大嘴巴，好像要一口吃掉小老鼠。小老鼠吓了一跳，全身发抖，一下子坐在了地上，眼泪都流出来了。它赶紧往外跑，一口气跑到了家里，赶快关上了门，心想：还好，我跑得快，没被大花猫抓住。

在同学们的共同评议中，这篇写话变得越来越生动、越来越具体。而且，大家也在评议的过程中学习了写话的方法，让小动物会说话、做动作、有想法。

综上所述，在小学语文教学中，教师可以从识字、写字、阅读、写话等方方面面，借助信息技术手段，有效设计相关学习活动，并借助活动引导学生积极思考、主动参与，使他们的学习更加直观生动，在感受语文学习给自己带来价值的同时，提高语文学习的能力，最终提升语文学科的素养。

参考文献：

[1] 杨彩凤 . 利用现代教育技术提高小学低年级识字教学效率研究 [J]. 新教育时代电子杂志（教师版），2017（19）：9.

[2] 刘万武 . 小学低年级识字教学方法研究 [J]. 课程教育研究，2019（27）：55–56.

[3] 马希凤 . 信息技术在小学语文教学中引发的几点思考 [J]. 中国校外教育，2018（23）：159 – 160.

[4] 税红艳 . 浅谈小学语文教学中信息技术应用存在的问题及其解决措施 [J]. 课程教育研究，2020（10）：40–41.

[5] 中华人民共和国教育部制定 . 义务教育语文课程标准（2011 年版）[S]. 北京：北京师范大学出版社，2012.1

抓住要素训练，设计学习活动

北京市房山区韩村河镇五侯中心小学
王淑芳

摘要：

2017 年，《普通高中语文课程标准（2017 版）》正式颁布，统编小学语文教材在全国使用，标志着“立德树人”的根本任务在语文学科全面落实。作为一名语文教师，我细读统编教材的同时也在思考：如何利用新教材使课堂教学具有吸引力，让孩子们高高兴兴地学、有滋有味地学？本文以阅读课为例，阐述了在教学中注意抓住单元语文要素训练点，通过核心学习活动设计，带动语文学习全过程的策略尝试，努力实现学生自主学习，逐步让学生由“爱学”到“会学”，提高课堂教学效率。

关键词：

语文要素；学习活动；学科素养

如何使课堂教学具有吸引力，让孩子们高高兴兴地学、有滋有味地学是每一位语文老师都在思考的问题。而统编教材就为我们提供了很好的助力器。我在教学中聚焦单元语文要素训练点，通过核心学习活动的设计，带动语文学习的全过程，驱动学生自主学习，逐步让他们由“爱学”到“会学”，提高课堂教学效率。

一、揭示要素训练点，使学生在期待中愉快地投入学习

统编教材将选文按单元编排，以“人文主题+语文要素”双线组元。这既强调语文与生活的联系，促进学生形成正确的世界观、人生观、价值观；又保证了语文综合素养的基本训练，每课一得，使教学有一条大致可以把握的线

索，也有层级序列较为清晰的梯度结构。我在单元授课伊始，常以生动、形象、简单的实例，让学生具体感知要素训练点的内容及学习方法，起到事半功倍的效果。

以统编语文二年级下册第六单元为例，本单元以“大自然的秘密”为主题，编排了《古诗二首》《雷雨》《要是你在野外迷了路》《太空生活趣事多》4篇课文。单元的语文要素是“提取主要信息，了解课文内容”。这是在延续前面“能找出课文的具体信息”“整合信息、做出推断”要求的基础上，在阅读理解方面的进一步深化。授课之前，我请大家听一段话：

很久以前，凤凰只是一只很不起眼的小鸟，丝毫没有传说中的那样光彩夺目。但它很勤劳，从早到晚忙个不停，还把别的鸟儿扔掉的果实一颗一颗地捡起来，藏在洞里。有一年，森林大旱，鸟儿们都没有吃的，凤凰急忙把自己积存下来的干果分给大家，和大家共渡难关。旱灾过后，为了感谢凤凰，鸟儿们推举凤凰做了鸟王。

之后让学生说说故事的大意。学生回答后，我又问：“大家为什么推举凤凰做鸟王？”学生列举了凤凰勤劳、分干果的事，在此基础上，我板书“勤劳、分干果、鸟王”，并指出读课文时，抓住这样的主要信息就可以了解故事的内容。这个单元我们就运用这种方法，学习了解课文内容。

这样既揭示了本单元的训练要素，又引起了学生的学习兴趣；既初步了解了要素的内容，又知道了学习方法；既进行了听说训练，又创设了学习情境。学生的注意力集中在要素训练点上，兴趣盎然地投入新的学习。

二、落实要素训练点，使学生在新的追求中逐步走向自主学习

（一）突出要素训练点，简化教学程序

落实语文要素训练是解决语文教学高耗时低效能突出问题的途径之一，教学的意义在于促进语文知识技能的迁移、运用，让知识真正在生活情境中运用。学生运用语文解决实际问题，将生活变得更加美好，这是语文的价值所在，不一定课课都以学字词、解文意、析中心、悟写法的程序进行。学习内容的不同，训练要素的不同，核心学习活动设计自然有别。

例如：统编教材二年级上册第八单元编排了《狐假虎威》《狐狸分奶酪》《纸船和风筝》《风娃娃》，其中后两篇为不注音文章。本单元的人文主题是相处；语文要素有两个：1.自主识字，自主阅读；2.借助提示，复述课文。为了

更扎实地落实语文要素，使学生“一课一得”，我对单元语文要素进行分解：

《狐假虎威》一课的语文要素为：1.通过复习借助图画、字形特点等方法识记汉字。2.借助提示词表演故事，复述课文。

《狐狸分奶酪》一课的语文要素为：1.通过复习联系上下文和生活经验等方法识记汉字。2.借助对话，复述课文。

《纸船和风筝》一课的语文要素为：1.借助已学的识字方法猜字阅读。2.借助关键句，复述课文。

《风娃娃》一课的语文要素则是在前三篇的基础上，综合运用多种识字方法，自主识字；借助提示语讲故事。

在实际授课过程中，每一课都围绕以上环节落实，这样使得教学程序为要素训练的需要而设，学生就不觉得乏味了。

（二）设计学习活动，放手让学生去学

这里的“放手”二字尤为重要。学生在课堂上，可以自由地、以自己喜欢的方式读书、思索；也可以按自己的认识去了解文章、提出问题，完全可以各抒己见。教师不用担心学生说错或意见不一，只要学生真正参与了学习，错可以纠正，认识也可以求大同存小异。这样学生常常会因自己的新见解而感到兴奋不已，老师也会感到其乐无穷。

以统编教材二年级上册第八单元中《狐假虎威》一课为例，本课人文主题是：围绕“狐狸与老虎的相处”，理解“狐假虎威”的寓意，能联系生活中相关的现象。为实现本课语文要素，将其细化成四个活动目标。针对活动目标，我设计了相应的学习活动内容、活动方式和组织形式，见表1。

表1　学习活动设计表

活动目标	活动内容	活动方式	组织形式
活动一：运用多种方法识字	·借助图画、联系熟字、借助形声字构字规律识字。 ·熟字比较：瓜和爪；爱和受；霞和假。	猜测 比较 交流 推想	教师引导 师生合作
活动二：读好对话，引导学生想象狐狸说话的神情、动作，入情入境	朗读三处狐狸说的话 ·第一处（第2自然段）引导学生联系上下文，体会狐狸的处境。做做“眼珠子骨碌碌一转”动作。 ·第二处（第4自然段）引导学生想象狐狸说话的神情和动作，边想象边表演。 ·第三处（第6自然段）引导学生联系提示语，猜测狐狸当时的想法。	想象 猜测	分角色朗读

续表

活动目标	活动内容	活动方式	组织形式
活动三：分角色演一演“狐假虎威”的故事	研读第 8–9 自然段，通过联系上下文、结合生活实际、观察插图、做动作等多种方式了解“神气活现、摇头摆尾、半信半疑、东张西望、大摇大摆”等词语的意思，将这些词与狐狸和老虎进行匹配，从而了解故事内容。	朗读 做动作 观察插图 欣赏动画	表演 交流
活动四：了解成语“狐假虎威”的意思，初步学习复述课文	·引导学生找出直接解释这个词语的句子：“原来，狐狸是借着老虎的威风把百兽吓跑的。” ·猜想“假”“威”的意思，引导学生结合生活实际说说自己的感受，了解成语表达的引申义，初步复述故事。	推想 联系生活 引申	合作 交流

学习活动的设计直奔单元语文要素目标。课堂上，每个环节都紧紧围绕要素训练展开，学生人人参与，为全体学生开辟学习及表达的机会，增加多人次的练习，让学生紧紧地吸在课堂教学这块磁石上，兴趣盎然地学习复述课文。

三、语用实践，使学生在成功的喜悦中创造性地学习

学习了要素训练点，不等于学习任务的完成，还需要学生在语言运用的实践中加深对要素的理解。以二年级下册第七单元为例，语文要素是“借助提示讲故事”，四篇课文提供了四种讲故事的方法：《大象的耳朵》中的“抓住关键句子”；《蜘蛛开店》中的“抓住多个关键词及结构图”；《青蛙卖泥塘》中的“抓住人物转换提示图”；《小毛虫》中的“利用词句结合关联图”。我们在教学中，不仅关注每一篇课文承载的语文要素落实任务，更要把握单元内多篇课文之间横向的要素关联，从而形成语文要素教学链，在语言运用中实现单元知识技能的迁移。

如《大象的耳朵》这篇有趣的童话故事，它主要讲了大象耷拉着一对耳朵，小兔子、小鹿子、小马、小老鼠都认为它的耳朵有问题。听到别人都这么说，大象也开始动摇了，以为自己的耳朵真的有问题。于是，它用竹竿把耳朵撑起来，结果总有小虫子钻进它的耳朵里，吵得它头痛又心烦，它又把耳朵放下来。这个故事告诉我们，对于别人的说法，要动脑筋，选择最适合自己的方式。教学中通过抓大象与小动物的对话，学习读好问句，学习抓住关键句子讲故事。

【环节一：学习对话】

师：这一天，大象正在路上慢慢地散步，分别遇到了小兔子、小山羊。小兔子、小山羊是怎样对大象的耳朵有疑问的？大象说了什么？学生分别读出小动物的对话。

师：结合前文想一想，大象会怎么回答小羊的疑问呢？请你试着把大象与小羊的对话补充完整。学生结合前文的框架抓住关键句子，创编大象与小羊的对话。

【环节二：创编对话】

师：大象除了遇到小兔子、小羊，还遇到了好多小动物，请你展开想象，选一种小动物，同桌两个人来演一演，想一想它们会说些什么，会做些什么。学生可以结合前文、插图进行创编故事训练。总之，本课教学抓住大象想法的句子，以小动物的对话展开。教学中，通过有层次地设计对话情景，引导学生抓住关键句子练习讲故事，为后边《蜘蛛开店》抓多个关键词及结构图“卖什么—写招牌—顾客来了—编织所用时间或逃跑”来学习讲故事做铺垫。在有趣的生活情境中，在复杂的问题解决过程中，学生实现讲故事能力的转化。转化过程中潜移默化地渗透了语言建构与运用，促进学生思维的发展与提升，有效落实了语文学科核心素养。

综上所述，聚焦要素训练点设计有效的学习活动，带动语文教学的全过程，就是我在实践中摸索出的使用统编教材的教学策略。相信有学生的学习意识，语文的实践意识，教材的转化意识，我们的语文课堂教学会越来越高效，真正服务好学生素养的整体发展。

参考文献：

[1] 刘飞 . 语文统编教材大单元教学设计框架构建及其运用 [J]. 基础教育课程，2020（23）：40–51.

指向语文要素的学习活动设计的研究

北京市顺义区李桥中心小学校
肖启荣

摘要：

语文是一门综合性、实践性课程，“实践”与“活动”密不可分。课堂教学的顺利进行，得益于一个个学习活动。如何设计有效的学习活动来落实语文要素，提升学生语文核心素养，已然成了教师们思考的重要问题。本文在分析指向语文要素的学习活动内涵、意义的基础上，探究优化语文学习活动的策略，从而提高语文课堂教学质量，提高学生语文核心素养。

关键词：

语文要素；学习活动；策略方法

统编语文教材在单元编排时，以“人文主题+语文要素”的形式进行双线组元。在实际课堂教学中，教师应围绕单元语文要素，精心设计语文学习活动，使学生在言语实践活动中，知识、能力、情感态度和价值观有所提升，语文核心素养得到提高。

一、指向语文要素的学习活动内涵

（一）语文要素

小学语文统编教材提出了“语文要素”这一核心概念，“语文要素”构成了小学语文教材训练系统的基石。小学语文教科书执行主编陈先云先生认为，“所谓语文要素，就是语文训练的基本元素，包括基本方法、基本能力、基本学习内容和学习习惯”。这些训练的基本元素由浅入深、由易到难，分布在每个单元的练习系统中，形成了语文教学的纲和本，进一步明确了教师在语文课堂上应该“教什么”。

（二）学习活动

课堂学习活动是指在教师的指导下，学生在课堂上进行的形式和内容都十分丰富、必不可少的学习实践活动，是教学过程本质要素和主要呈现载体（教和学双边活动）的联结点，也是学生发挥主体作用、自主构建的最佳形式。”

基于此，笔者认为，学习活动应是以学生为主体，指向学习目标，聚焦学习重点，由教师自主设计的有意义的实践活动。学习活动是联结教与学的纽带，是学习内容与学生之间的桥梁。课堂上，通过一系列学习活动的实施，学生的知识与技能得到提升，情感与态度以及价值观等得到培养，素养得到提高。

（三）指向语文要素的学习活动

指向语文要素的学习活动，就是以落实语文要素为目标而设计的语文学习活动。教师通过学习活动的设计与实施，完成教学内容；学生通过参与、完成学习活动，提升能力，形成语文素养。

二、指向语文要素的学习活动意义

（一）激发学生学习动机

学习动机是激励和指引学生自主学习的一种需要，是推动学生自主学习的内部动力。这种内部动力，可以很好地促进学生主动学习、积极学习。以学习活动的方式进行语文教学，可以较好地激发学生动机，积极主动地思考、建构。

（二）凸显以学生为主体

教学活动分为教师教的活动和学生学的活动。学习活动的目的是提升学生能力，促进学生发展。《义务教育语文课程标准（2011年版）》指出：教师应是学生学习的组织者、合作者和引导者，教师要认识到“教学内容的确定重点在于学生需要学什么，教学设计侧重于学生如何学习”。以学习活动的方式来推进课堂教学进程，是站在学生的角度思考教学，很好地体现了“以生为本”的理念，凸显了学生的主体性。

（三）提高课堂教学实效

“双减”背景下，语文教育更加呼唤高质量的语文课堂，让学生在语文课堂上学会、学足、学好，从而减轻学生过重的学业负担是落实“双减”的重要途径。基于语文要素的学习活动设计聚焦单元训练重点，基于学生已有经验，教学目标更加明确，教学效果更加凸显。

三、指向语文要素的学习活动设计策略

（一）立足单元整体，明确活动目标

1.聚焦单元导语，了解单元任务

统编小学语文教材的一大特色，就是以人文主题和语文要素这两条线来组合单元。这两条线让教师更加清晰地知道了语文教学应该“教什么”。以《爬天都峰》为例，此课位于四年级上册第五单元，导读页提示单元语文要素有两个：一是了解作者是怎样把事情写清楚的；二是写一件事，把事情写清楚。前一个语文要素指向从阅读中学习表达，后一个语文要素则指向学生写作时要把一件事情叙述清楚。这两个任务，既是本单元学生所要形成的关键习作能力，又是教师教学本单元时的根本任务。教师在设计学习活动前，要认真解读单元导语，对单元任务做到了然于心，这样活动设计时才能有的放矢。

2.聚焦单元板块，明确教学职责

统编小学语文教材每个单元的各个板块是环环相扣、紧密联系的。要设计出落实语文要素、促进学生发展的语文学习活动，教师就要对每个板块的教学职责做到心中有数，这样才能使学习活动更有针对性。以“习作单元”精读课文的教学为例，统编教材的习作单元一般由“精读课文”“交流平台”“初试身手”“习作例文”“单元习作”等几个板块组成。通过仔细研读与分析，可以发现“精读课文”的作用在于从阅读中学习习作方法；“交流平台”的作用在于帮助学生梳理、总结从课文中学到的习作方法；“初试身手”是让学生初步尝试运用在精读课文中学到的习作方法进行初步练习；“习作例文”则为学生提供可资借鉴的习作范例，丰富表达方法；“单元习作”引导学生迁移习作方法，进行习作实践，形成习作成果。由此可见，教师在进行习作单元的“精读课

文”学习活动设计时，就应该充分考虑从阅读中学习表达的重要使命，基于这样的出发点设计学习活动，落实“精读课文”的重要使命与职责，才能更好地发挥单元整体教学的作用，形成教学合力。

3.聚焦学习内容，制定合理目标

教学目标如同旅行者的目的地、射箭者瞄准的靶心，是教师设计学习活动的出发点和归宿，是教学实施前重要的一步，也是关键一步。倘若目标制定过高，则容易造成学生的畏难情绪；倘若目标制定过低，则不利于学生深入思考。因此，制定出切实可行的教学目标显得尤为重要。教师在制定教学目标时，在充分了解单元任务、板块功能的基础上，还要对文本内容及课后习题进行深入分析，整体把握，结合学生的认知基础，从提升学生素养的角度制定出合理教学目标。

（二）加强活动整合，优化活动序列

一堂语文课，光靠一个学习活动，很难达成落实语文要素的教学目标。一节语文课往往由多个学习活动组成。然而，每个学习活动并不是孤立存在的，而是相辅相成、互相促进的。在设计学习活动时，教师既要依据学习目标进行整体设计，也要注意不同学习活动之间的整合，有序设计学习活动，逐步引导学生走向深入，提高语文能力。

例如，在教学《女娲补天》一课时，教师就基于神话故事特点以及单元语文要素设计了讲神话故事的活动。课堂上，通过讲完整故事、讲清楚故事、讲生动故事三个层次，层层递进，展开教学，感受中国神话文化魅力，丰富学生想象，锻炼语言表达能力。

（三）强化学生主体，提高活动实效

1.创设活动情境

“教育即生活，生活即教育”，学生语文学习所获得的素养最终将服务于学生今后的学习与生活。链接学生生活，为学生创设一个真实的或模拟真实的学习活动情境，可以最大限度地反映学习内容是如何应用在现实生活中的。创设学习活动的情境，可以将语文学习与生活建立起联系，在激发学生学习主动性的同时，使学生在情境中综合运用所学知识、技能，调动以往学习经验，提升语文素养和语文能力。

以三年级下册《火烧云》一课为例。作者萧红用优美的语言描写出了火烧云的颜色之美、形状之多、变化之快，让人有身临其境之感。结合单元语文要

素“了解课文是从哪几个方面把事物写清楚的”及本课文本的特点，笔者在教学时设计了“争当美景推荐员”的学习活动，并设计了如下三个评价等级：

表1 “争当美景推荐员”的学习活动评价表

入门级美景推荐员	进阶级美景推荐员	金牌美景推荐员
能用相关语句说清楚火烧云特点。	熟练地介绍火烧云的特点。	有感情地介绍火烧云的特点，让听众产生看火烧云的愿望。

“争当美景推荐员”的活动情境，建立起文本与生活的联系。学生在美景推荐员的进阶之旅中，在深化对文本语言文字理解与感悟的同时，对作者的表达特点也有了进一步认知，为语文要素的落实奠定了良好基础。

2.丰富活动形式

学生是语文课堂的主体，单一的学习活动形式容易使学生产生倦怠心理，从而影响教学效果。因此，教师在设计学习活动时，在充分解读教材内容的基础上，还应结合学生的认知特点、经验差异，设计形式多样的学习活动，增强活动的趣味性，提高活动实效。例如，在语文课堂上，教师可以根据实际情况，在一些具有争议的地方适时展开小组讨论，提升理解能力；开展多种游戏，吸引学生注意力；也可以开展写一写、演一演、画一画等活动，增进对内容的深入理解，促进学生形成语文能力。

3.提供活动支撑

学习活动是实施教与学的双边行为。教师在设计学习活动时，不仅要考虑如何围绕单元要素及文本特点设计怎样的学习活动，也要站在学生的角度思考学生应该通过何种方式来完成学习活动，明确学生活动的具体方法、操作过程，从而设计出可操作、可实施的恰当的学习活动，为学生的深入学习搭建阶梯，提供支撑。

以五年级上册《鸟的天堂》一课教学为例。课堂上，教师引导学生聚焦热闹的画面进行思考：什么在变，怎么变的，并出示学习提示：

独学：1.读一读：读12自然段的相关语句。2.画一画：画出相关语句。3.圈一圈：圈出关键词。

合作学：1.交流个人学习成果，形成小组意见。2.分工完成学习任务，一人填写“胶片”。3.一人汇报，合作朗读，展现变化。

此项学习活动，不仅提出了活动的具体任务，还为学生如何学习提供了实践操作路径，助力学生形成观点，加深认识。

学习活动是落实语文要素、提升核心素养的重要途径，指向语文要素的学习活动设计，能够最大限度促进语文素养的形成，从而实现高效的语文课堂，促进学生更好地发展，助力学生语文素养提升。

参考文献：

[1] 中华人民共和国教育部 . 义务教育语文课程标准（2011 年版）[S]. 北京：北京师范大学出版社，2012：2.

[2] 陈先云 . 课程观引领下统编小学语文教科书能力体系的构建 [J]. 课程 . 教材 . 教法，2019，39（03）：78–87.DOI：10.19877/j.cnki.kcjcjf.2019.03.012.

[3] 黄树生 . 简论建构主义理论观照下课堂学习活动设计的基本原则 [J]. 江苏教育研究，2009（41）：32.

数字化背景下的小学语文教与学活动策略初探

北京教育学院石景山分院
杨红兵

摘要：

本文聚焦数字化背景下，语文教与学活动的设计研究。从利用微课资源、手持移动终端技术、网络环境等多种角度，阐述总结了教师精心设计教学活动的具体策略，详细描述了学生学习活动展开的过程，突出了信息技术与语文教学整合理念，并由此说明数字化背景下教与学活动的研究可以提升教与学的质量。

关键词：

数字化；教与学活动；小学语文；教学策略

当前数字化信息技术迅猛的发展，给语文教育的发展带来了新的生机与活力。与传统的语文教学相比，由现代信息技术支撑的数字化环境，为语文教学的展开提供了崭新的舞台，对语文教学模式的改革提出了更高的要求。声像画面的交融，自主与开放的结合，古代与现代的交会，课内阅读与课外阅读的拓展，使语文教学呈现多姿多彩的景象，充满无穷的魅力。当然，在改革的同时也伴有问题的出现，这就激发了教育工作者不断思考，如何将数字化信息技术与语文新教材、课堂教学的改革紧密结合起来，从而促进教与学方式的变革，提高课堂教学效率呢？笔者想从以下几个方面谈谈数字化背景下的语文教学策略的初步探索。

一、利用微课资源，指导自主学习

伴随着教学需求的不断增加以及技术的发展，微课以课堂教学视频为核心，以一定的呈现方式营造了主题化的资源应用小环境，其优势表现在四个方面：其一是时间短，可依据学生的认知特点进行播放，最多不超过10分钟；其二是教学内容精要，相对于较宽泛的传统课堂，微课更聚焦问题，更容易满足学生个性化的需求；其三是内驱力强，微课更多地为学生提供了自主的空间；其四是资源容量小，为分享与传播提供了可能。

统编语文教材的出台改变了之前以人文主题单一主线结构内容的方式，加入了"语文要素"这条主线，双线结构并行发展，为语文教学工具性与人文性的统一奠定了基础。要想将学生语文素养的培养落实到位，就要使两条主线并行不悖，贯穿始终。而数字化资源的有效开发，为达到上述目标提供了平台。如中小学古诗文教学数量比以往增加了一倍多，为了促进教师加大研究的力度，扩大教学资源，我们从古诗文本赏析与古诗教学微课两个方面做了课程的开发。

古诗文本赏析主要放在初中阶段，这样的资源既为教师的专业发展找到了抓手，也为孩子们的自主学习提供了空间。学生在学习之前先通过微课进行预习，较为充分地了解古诗的写作背景，诗人的经历及赏析的基本角度和方法，有了这样的课前学习的基础，课堂上教师的指导及学生的学习感悟会更具有针对性。同时也利于学生提出问题，带着有准备的头脑进入课堂，形成对问题的探究。而系统化的资源为日后学生系统的学习提供了可能。学生可以不受时空的局限，让资源在课前、课中及课后多次使用。正是这样系列化、灵活多用的资源为学生语文素养的形成提供了长久的资源集约支持，避免了星星点点、资源无序使用的状态。

在小学阶段，微课资源帮助教师突破了教学重点或难点。比如：学习《送元二使安西》一课，其中"渭城朝雨浥轻尘，客舍青青柳色新"一句中的"柳"含有"留"之意。怎样将这一文化内涵传递给学生呢？教师可将3–5钟的小微课插入学生的学习之中，让文化渗透、语文学习与数字技术进行整合，既丰富了知识，了解了诗句的内涵，又传承了文化，可谓一举多得。

二、创设生动情境，引发情感体验

信息技术能将学生带进生动活泼、色彩纷呈的教学情境中，使学生的感官以及内心接受新意的刺激，加强对事物的理解，不断发展其思维能力，大大降低学生认知的难度。

如何让学生真正有所感悟，触动真情，是语文教学长久存在的一个难点。统编教材二上的《大禹治水》折射出了中华民族的精神。在本课教学中，教师适时引出“三过家门而不入”的成语，并巧妙利用数字技术播放“绘本故事”。在动情音乐的伴随下，教师声情并茂地再现大禹三过家门而不入的场景。此时，在学生的眼前有画面、耳畔有动听的音乐，再加上教师深情的讲述，整体情境令人动容，学生对大禹的敬佩之情油然而生。借此契机，教师结合图画再次设置情境，加强角色体验，让学生作为百姓中的一员对大禹说出心里话，这一环节无疑为情感的激发锦上添花。大禹治水在古代典籍中也有广泛的记录，学习课文的本身就使学生受到了文化的熏陶与感染，再借助成语使学生对人物形象以及大禹无私奉献的精神又有了更深刻的感悟。在这里，教师借助多媒体技术进行情境创设，让文化及深厚的情感在学生心灵的成长中得以浸润，为其精神家园的建立添上了一道亮丽的风景。

三、通过多种途径，加强有效反馈

手持移动终端技术不仅能促进知识共享，还能对课堂学习情况即时反馈，发现并纠正学生的问题，帮助教师及时调整教学节奏和教学方法，提高教与学的效率，增强其交流互动的开放性、及时反馈的动态性、个性学习的自主性、趣味学习的实效性。由此，在数字信息技术的支持下，教师挖掘教学软件的多种功能，开展多种多样的学习活动，调动学生学习的积极性。如：在检查复习环节，学生需要掌握若干词语，教师利用“聚光灯”功能展开教学，“聚光灯”到哪，字就出现在哪儿，使学生识字的效果得到及时反馈。这样既能激发学生的学习兴趣，又能起到复习巩固的作用。

教师还通过手机、电脑及大屏幕实现多屏互动。课上学生在写字、阅读批注、习作之后，教师进行巡视，随时抓拍案例传到大屏幕上，教师以根据学生的即时生成，对学生加以引导，实现互动交流。例如：共享单车已成为人们现代生活中不可缺少的重要的交通工具之一，为人们的出行带来了方便。教师引导学生围绕这一主题开展动手实践及习作训练。教师充分利用学生手中持有的平板电脑，指导学生展开创新性学习。首先，学生根据共享单车的优点与不足，把自己头脑中创新型的单车通过平板电脑提供的部件进行组装，形成新型单车，体现了学生对以往单车的改良，也充分展现了学生发明、创新的能力。之后，学生将创意作品图片上传，同学互相欣赏，互相讲述自己的创意思路。

接下来，将自己的创意作品用文字表述出来，并向大家推荐。款款新型单车，引发了学生的好奇心，加强了口头与书面的交流，使表达更加充分、更准确、更吸引人。平板电脑的使用，为学生的创新能力培养提供了资源支持，进而又为语言的表达搭设了平台与空间。

四、借助网络环境，加以拓展积累

由于网络为学生提供了丰富多彩、图文并茂、形声兼备的学习信息库，通过搜索引擎输入所需要的信息代码，相关的知识可谓应有尽有。在极短时间内，网络便能帮助我们搜索与整理相关信息。学生从网络资源中不仅获得的信息量大，而且还是多视野、多形态、多层次的，较之传统教学，信息量大大增加。

（一）借助互动平台，实现互动交流

互联网平台的建立，为学生提供了丰富的学习资源。全国小学语文统编教材渗透了“三位一体”的阅读理念，形成了“领读—自读—整本书阅读”的阅读思路。那么，教师应如何借助网络环境实现这一教学的目标呢？以《刷子李》的教学为例。课上，教师引导学生在学文后，积极开展群文阅读，从小说《俗世奇人》入手，学生以小组为单位，从教师提供的资源包中选取相应的文章展开自读，同时将阅读感受通过网络平台上传，激发交流的兴趣和欲望，形成生生、师生之间的网络互动，让交流更深入。而群文阅读也给学生思维的发展提供了空间，学生可以对所学文章加以比较，并通过表格、图式等形成对比阅读的理解，加强了认知的建构。课下，学生可以对整本书继续阅读，并通过平台表达个人阅读感悟，加强阅读深度，教师也可根据阅读反馈了解学情，对之后的阅读加以指导。

（二）依托网络环境，展开阅读评比

在线学习平台的使用，具备了反馈的及时性和交互性，更能满足学生的学习需求，有助于学生自主学习能力的培养。

平时，教师不能关注到每个孩子的背诵积累的情况，而网络平台为清晰呈现学生的读背情况提供了可能。结合课内古诗阅读，很多学校开展了多种途径的课外古诗阅读活动，而网络环境下的阅读更具特色。有的学校在假期开展了

古诗阅读小达人的活动，通过上传语音、知识竞猜等多种形式形成网络互动，积累活动积分，通过数据统计了解学生古诗阅读积累的情况。小达人的评比在此基础上产生。然后，选拔优异者参加学校诗词大会。同时，在互联网技术的支持下，反馈评价的力度也加大了，激发了孩子们学习古诗的兴趣，在阅读积累中加强了中华优秀传统文化的传承。

（三）建立游戏环境，丰富学习积累

游戏活动的建立会大大激发学生参与活动的热情，同时还有利于学生互动交流，可以互通有无、取长补短。在古诗阅读实践活动中，我区有的学校建立了3D国学院，在这样游戏环境中学生可以穿越时空，与众多的大诗人（如李白、杜甫、白居易）相遇，欣赏到他们的作品，展开丰富的想象，让孩子们产生对古诗的学习兴趣。同时，这也有利于学生大量地积累古诗，更利于学生整体的思考。如：学生在小学阶段学习李白、杜甫的诗歌最多，六年级学生在老师的指导下，依托3D国学院，把六年来学习的诗歌进行梳理，对两位作家作品风格进行总结、提炼，并在互动平台交流，这样的学习不仅提高了学生的学习兴趣，还提高了学生的鉴赏能力，并为以后进一步的学习积累打下了坚实的基础，为中小衔接创造了条件。

数字信息技术为孩子们的学习创设了丰富多彩的环境，开辟了多种路径，优势明显。同时，在愉悦的环境中，使学生获得知识、提高能力，更重要的是在这样的环境之中，以数字信息技术为支撑，在多方面实现了理念、教材、教师、学生、技术的相互融合，促进了教学效率的提升，为高效课堂的实现提供了可能。

参考文献：

[1] 潘琪 . 数字化背景下的小学语文课堂教学重构 [J]. 新智慧，2019（10）：21.

[2] 刘月娜 . 信息化背景下提高语文课堂教学质量的思考 [J]. 中国多媒体与网络教学学报（中旬刊），2018（5）：79-80.

[3] 施汉中、任伟 . 基于数字化背景下的小学语文自主合作学习研究 [J]. 写作，2016（18）：90-93.

[4] 马瑞玲 .“数字化”背景下的初中语文教学 [J]. 赤子（上中旬），2014（24）：289.

[5] 张艳玲 . 智慧教育环境下小学语文阅读活动设计研究 [D]. 曲阜：曲阜师范大学 .2019.

以仿写为径，提升语文核心素养

北京市平谷区黄松峪中心小学
杨晓洁

摘要：

语言建构与运用是指学生在语言实践中，通过积累逐步掌握语言文字特点，在具体的语言情境中能够正确有效地运用。想要达成此目的，教师可以在阅读和写作之间建一座“仿写”的桥，多创造语言实践的机会。在阅读教学中利用例文，引导学生学习、借鉴、应用一些名家的语言运用方式，积累写作的方法和技巧。本文将从三个方面阐述利用仿写落实语文核心素养的有效途径：一、品味语言，学表达；二、领会写作方法，学表达；三、关注结构，学表达。仿写活动，让学生在语言实践中把握语言文字运用的规律，引领学生迁移内化，形成技能，提升语文素养。

关键词：

小学语文；阅读 ；仿写 ；语文素养

当今是核心素养时代，而语文学科核心素养里重要一条就是语言建构与运用。这是指学生在丰富的语言实践中，通过主动的积累、梳理和整合，逐步掌握祖国语言文字特点及其运用规律，形成个体的言语经验，在具体的语言情境中正确有效地运用祖国语言文字进行交流沟通的能力。

叶圣陶老先生强调：“语文教材无非是个例子，凭这个例子要使学生能够举一反三，练习阅读和写作的熟练技巧。”儿童在阅读学习中模仿，在读懂的基础上复述或仿照课文的句子说话，从中学习遣词造句的方法，这是写作起步训练的根本途径。

要培养孩子良好的言语表达能力，可以在课堂上搭建阅读输入与表达输出共生的通道，在阅读和写作之间建一座“仿写”的桥，送孩子走上乐于表达、积极创作的便捷之路。表达从模仿范文开始，可以学习、借鉴、应用一些“名家”的语言运用方式，在阅读教学中积累写作的方法和技巧，使习作创作之路从积累模仿开始。

一、品味语言，学表达

培养学生语言建构与运用的能力，重在通过阅读积累语言样式，丰富语言材料的储备，通过表达形成个体语言经验，发展表达能力。那么就需要教师在阅读教学中多创造语言实践的机会，为学生的语言实践开辟更为广阔的时空，让学生在语言实践中把握语言文字运用的规律，品味语言的韵味，真正习得语言，提升语言能力和语文素养。

（一）仿写诗歌

《故乡是北京》是阎肃的诗歌，表达了作者热爱故乡北京的情感。全诗语言通俗易懂却不失高雅，风格新颖，读起来韵味十足，从头至尾如叙家常一般娓娓道来，字字句句都饱含深情厚谊。在习文之后，适时引导：大作家列举例子说明自己最爱北京的部分只写了两个小节，作家最爱的还会不会有其他内容，你们能不能替作者再表达一下？

随之配以图片与学生回顾北京的名胜古迹、北京的民俗文化、北京的风味小吃等等。学生看着图片，感受着生活中熟悉的事物，兴趣也就随之而来。准备工作都做足了，学生在心中有料的情况下，借用原文语言形式开始仿写。

★学生作品

我还是最爱我的北京！
不说那天坛的回音壁、万里的长城，
也不说那颐和园的湖、北海的塔。
唱不够那栩栩如生的面人，
道不尽那雄伟的故宫。
单想那油条、驴打滚、豌豆黄，
便生出一片热爱北京的浓浓情！

★学生作品

我还是最爱我的北京！
不说那雄伟的长城、宏伟的天安门，

也不说潭柘寺的湖、美丽的颐和园。

唱不够那卢沟桥大小不一的狮子，

道不尽那皇穹宇的回音壁。

单想那豌豆黄、驴打滚、冰糖葫芦，

便生出一片热爱北京的浓浓情！

第一次仿写之后，学生借用原文语言结构，添加事物，很容易就能仿写出来。但是语用教学重在言语的重构，重在从理解到运用的转化，重在学生自己的创作与表达，所以还可以引导学生进行第二次创作仿写。孩子们的家乡在平谷，而平谷也有很多自己的特色，完全可以动笔来赞美一下！

动笔之前，先引导：平谷有哪些值得写的事物？先让学生自己说一说，然后再图片分享。风景名胜、特色物产、民间风俗，学生说着说着思维就打开了，有“滔滔不绝”之势，教师适时还要追问：这些有什么特点？因为所要表达的内容都是熟知的事物，所以，学生表达的欲望也更为强烈。交流之后，学生结合名家的语言结构，创作赞美自己家乡的作品。

★学生作品

我还是最爱我的平谷！

不说那石林峡的游乐园、文明的图书馆，

也不说那桃花海的桃花、湿地公园的湖。

唱不够那大溶洞五彩的石头，

道不尽那天云山的玻璃栈道。

单想那大桃、柿子、栗子，

便生出一片热爱平谷的浓浓情！

★学生作品

我还是最爱我的平谷！

不说那天云山的山、湖洞水的水，

也不说那大溶洞的洞、天云山的玻璃桥。

唱不够那长城的绵延万里，

道不尽那平谷的大桃令人垂涎欲滴。

单想那栗子、柿子、核桃，

便生出一片热爱平谷的浓浓情！

（二）仿写古诗

小学语文教材中有很多以“送别”和“思念亲人”为主题的古诗，《山中送别》《赠汪伦》《九月九日忆山东兄弟》就是其代表作。古诗用语不多，但蕴含的意象却非常丰富，传达的情感也是厚重而深远。这样的主题经久不衰，语言表达形式又是中国传统文化的精髓，那么为何不来创作一番呢？教师在古诗学习之后，设置了这样的情境："你们在生活中有没有送别过亲人，或是在异地想念家人？"孩子们纷纷表示有，教师进一步引导学生分享一下当时的情景，生活中的熟悉经历使得他们有话可说。最后教师引导："咱们也学着大诗人的样子，创编一首小诗，可以借用古诗的形式，写出当时的情境，表达出当时的心情。"

★学生作品

八月十五思姑姑（现代）（高上）
独在上海为异客，
每逢中秋倍思亲。
遥知机场登高处，
遍吃月饼少一人。

★学生作品

赠妈妈（现代）（孙晔）
妈妈乘机将欲行，
忽闻机场哭泣声。
航道长有三千尺，
不及妈妈送我情。

★学生作品

村中送别（现代）（谭思恩）
村中相送罢，
日暮掩大门。
春草明年绿，
姥姥何时归？

二、领会写作方法，学表达

每一篇例文都是一座"宝库"。教师要精心选择课文中具有典型特征且描写精彩的段落，引导学生发现段落的构段特点和表达方式，寻找规律和特点，继而创设情境进行语言实践。

《神奇的鸟岛》一文的第2段在描写鸟的种类多的时候，运用了抓住事物特征的写作方法，以便让学生在读文时立刻就能了解到各种鸟儿的特征。这种写作方法能准确表达出事物的特点，使其具体形象，生动本真，是一种行之有效的写作方法。

在教学时，教师可以创设情境，引领学生学习运用这种写法。在学生读文了解到各种鸟儿特点之后，教师追问："你们想看看这些鸟儿吗？老师搜集了这些鸟的图片，可是忘记打上它们的名字了，大家一起来辨认一下！"之后播放鸟儿的图片，学生马上就能根据文中所描述的特点进行辨认。教师接着追问："你们是怎么这么快就能辨认出来的呢？"这样进一步引导学生体会抓住事物特征进行描写的好处。随后，教师创设语言实践的机会引导学生仿写："鸟岛上还有很多其他的鸟儿，你们想看看吗？"教师播放其他鸟儿的图片，一边观看，一边引导学生说一说每一种鸟儿的特征，从颜色、大小、形态等不同方面进行交流。最后引导学生进行仿写。

★学生作品

踏上鸟岛，眼前的景色令人眼花缭乱。湖水里翘着红通通鼻子的是翘鼻麻鸭，用尖尖的像钩子一样的嘴捕鱼的是鸬鹚，迈着红得似火的长腿踱步觅食的是红脚鹬，头上戴着一顶棕色帽子的是棕头鸥，随身带着一个大袋子，袋子里装满了鱼的是鹈鹕，头上顶着一个皇冠的是秋沙鸭。一个多么欢乐的鸟的世界啊！

★学生作品

踏上鸟岛，眼前的景色令人眼花缭乱。岛上都是各种各样的鸟、鸟巢和鸟蛋。那迈着长腿踱步觅食的是红脚鹬，那小巧玲珑戴着一顶帽子的是棕头鸥，那造型别致的是秋沙鸭，像刚从理发店里出来似的，神气极了！那红彤彤翘鼻子的是翘鼻麻鸭，还有那长着弯弯的刀子嘴的是鸬鹚。一个多么欢乐的鸟的世界啊！

三、关注结构，学表达

《我爱故乡的杨梅》是一篇记叙文。作者从杨梅的外形、颜色、味道三方面进行介绍，同时写出了吃杨梅时的无限乐趣。文中的每一个自然段针对杨梅的某一方面进行细致描写。教师在教学中引导学生关注课文构段方法，既将段的教学落在课堂实处，又帮助学生进一步学习体悟自然段组织结构的方法。平谷的大桃，远近闻名，正是学习创作语言实践的好素材。

仿写前，教师用图片唤起学生的生活记忆。通过图片让学生再一次走入桃花海感受桃花的美，通过图片让孩子们再一次回顾摘桃的乐趣、吃桃时的甜脆。接着启发学生思考，如果想把平谷特产大桃介绍给游客，可以从哪些方面进行介绍。孩子们的发言立足于例文，又超越了例文。交流分享后，引导学生进行创作，消除畏难情绪，一篇篇生动的小文跃然呈现。

★学生作品（重点段落）

每年 4 月中旬，桃树开满粉白相间的花。花瓣是椭圆形的，花朵由五片花瓣组成。远看，像一片花海，犹如人间仙境一般。近看，有的像五角星，有的像小女孩绽开的笑脸，还有的像小喇叭，在吹奏幸福的乐曲！

大桃成熟的季节在 7、8 月份。这个时节，摘桃子便成了我们小孩子最快乐的事情。当我走到树下，一眼就看到了一个又大又红的桃子，于是我伸出了手，向那个大桃发起了挑战。我先用两只手把住大桃，然后一拧，再一拽，桃子就被摘了下来。我拿着那个又大又红的桃，心里美滋滋的，迫不及待地拿着就吃，吃得满嘴都是桃毛。

★学生作品（重点段落）

每当 7、8 月份的时候，那红彤彤的桃子就成熟了。周六日，就可以去地里摘桃子了，我先下手为强摘了一个又红又大的桃子，急得连桃毛都没洗，就咬下一口，这时别提多幸福了。有的桃皮很薄，用舌头轻轻一舔皮就破了，还有的桃很硬，但是咬一口特别脆，而且还特别甜，水也很多。

朱熹说："模拟者，古人用功之法。读得韩文熟，便做韩文的文法；读得苏文熟，便做苏文的文法。"语言的本质在于应用，仿写就是给孩子们造房子的框架，同时也让孩子明白，习文就是为了迁移运用，可以把好的语言及方法借用到自己的文章之中。教师再适时创造语言实践的机会，引领学生迁移运用，内化方法。日积月累，孩子们在表达时就会有路可寻、有法可循，孩子们的言语就会日渐丰满，离自如表达内心情感的目标就会越来越近，从而真正实现走上创作之路。

参考文献：

[1] 张丽萍 . 在语言实践中实现语言生长 [J]. 小学语文教师，2018（12）：28–30.

[2] 张晓华 . 浅议状物类散文读写结合"点"的确立 [J]. 小学语文教师，2019（5）：46–48.

[3] 江涛 . 阅读与表达共生，立言与立心并进 [J]. 小学语文教师，2017（7–8）：139–141.

[4] 程静川，王晓春 . 寻找凸显"语用"的随文练笔方式 [J]. 小学语文教师，2017（3）：64–66.

从《搭石》谈“提高阅读速度策略单元”教学

北京市顺义区石园小学
张冬霞

摘要：

统编教材五年级上“阅读策略”单元分别通过“阅读提示”和“习题”，展示提高阅读速度的基本方法，告诉学生“提高阅读速度”有法可依、有章可循。学习策略的同时要重视对课文内容的理解。学习策略前，教师应引导学生明确学习“速读”的意义和价值，给学生情感上的支持，促使学生有所为而学；学习策略时，要针对训练点，找到具体落实路径，及时提供适切的“方法支架”，外化学生阅读和思考的过程，使他们对“策略”的认识，由不知到知再到会操作，最终形成能力；学习策略后，组织学生从“阅读用时长短”和“了解内容多少”进行综合评价，使学生的速读变成基于对课文内容的理解的速读。本文以《搭石》一课为例说明如何教学“提高阅读速度”这一策略。

关键词：

阅读速度；阅读策略；搭石

《搭石》是一篇写景散文，安排在统编小学语文义务教育教科书第九册第二单元。本单元是一个改进阅读方法，“学习提高阅读速度”的阅读策略单元。

《搭石》一课对我们如何教学“提高阅读速度”策略有诸多的启迪：该怎样解读这个特殊的单元？语文教师该如何展开速读策略教学？

一、速读策略单元的解读

统编语文教材的最大特点之一就是围绕“人文主题”和“语文要素”双线

组织单元。而“阅读策略”单元例外，是完全以阅读策略为主线进行编排的，并分别通过文前的“阅读提示”和文后的“习题”引导学生具体学习、运用阅读策略，旨在告诉学生“提高阅读速度”有法可依、有章可循。下面以五上第二单元为例加以说明。

（一）解读阅读提示

本单元的阅读提示如下：

用较快的速度默读课文，记下所用的时间。读的时候集中注意力，遇到不懂的词语不要停下来，不要回读。

对此，可以从以下三方面理解：

1.关于默读

研究表明，通常情况下默读的速度是朗读速度的三倍左右。因此，“默读”本身就是提高阅读速度的一种方法。而课标在整个小学阶段有关默读方法的指引是螺旋上升的：二年级开始学习默读；三年级默读时尽量做到不出声，不指读，且带着问题默读；五年级默读要有一定速度，默读一般读物每分钟不少于300字。

2.习惯培养

小学生读书经常出现读读停停或走神等现象，而集中注意力是最基本的阅读习惯。因此，教学时必须有针对性地加强集中注意力的训练。研究表明，选择了特定的阅读内容，就会对此表现出一种敏锐度，关注特定内容，从而放弃其他的信息对象。教学时，让学生带着问题读，包括解决课后习题的过程，就是要让学生做出自己的选择，从而集中注意力，达到提高阅读速度的目的。

3.策略学习

在低、中年级的学习过程中老师经常向学生提出这样的要求：不好读的地方多读两遍，遇到不懂的字词要查字典……而这些都大大降低了阅读的速度。本课要学习的主要速读策略就是要改变上述影响阅读速度的习惯，遇到不懂的词语不要停下来，不要回读，迅速在疑问处做下记号，在下文的阅读中加以理解。

总之，教学中要充分重视教材的前后衔接，关注学生已有的阅读经验。在预测（三年级上册）、提问（四年级上册）等专项阅读策略学习基础上，结合五年级学生抽象逻辑思维正逐步形成的思维特点，充分用好文本资源，展开真实的阅读体验，在阅读实践中学习快速阅读方法。教学时，通过计时阅读和限时阅读，检测阅读效果。

（二）解读课后习题

> 1. 你读这篇课文用了几分钟？了解了哪些内容？和同学交流自己的阅读体会。
>
> 2. 说说课文给你留下印象最深的画面是什么，从哪些语句中可以体会到乡亲们美好的情感。

“你读这篇课文用了几分钟”——通过记下阅读时间，强化速读意识。

“了解了哪些内容？说说课文给你留下印象最深的画面是什么，从哪些语句中可以体会到乡亲们美好的情感”——使学生初步体会到阅读速度和阅读理解之间的关系，明白不能忽视理解一味追求阅读速度，要在理解内容的基础上尽可能提高阅读速度。

“和同学交流自己的阅读体会”——外化了个体阅读的思考过程，启发学生：在读书的时候要反思阅读过程。并且在与同伴交流的过程中，互相启发，不断丰富阅读体验，更好地迁移运用于今后的阅读实践。

二、本单元的教学

基于上述分析，为了保证速读的有效性，在执教《搭石》第一课时，我力求从情感、方法、评价等方面给予学生支持：

（一）情感支持

渗透情感的教学过程被誉为“作为教育者的人对受教育者的人进行教育所实施的真正的教学”。教师可以给学生情感上的支持，以提高他们的认知能力、动机程度和意志水平，并形成良好的品质。

学习策略前，通过讨论，引导学生明确学习“阅读有一定速度”的意义和价值，帮助学生建立学习内容与学生自身的内在兴趣、需要之间的联系，让孩子们明白“我学习的东西是有用的”，促使学生有所为而学。人本主义认为，此时学生学习的积极性最容易激发。

学习策略时，我先组织学生在没有策略指引的情况下进行快速默读，有的学生因为过分追求阅读速度，一边读一边看计时器等，从而导致读完后不知道课文说的是什么；还有的学生受原有的阅读经验影响，遇到不懂的地方想半天，从而降低阅读速度……有了这样的真实阅读体验，学生特别渴望从老师那里获得有效的速读策略，教学进程自然进入到有策略支撑的环节。此时的“策略”教学是源于学生真实需要的教学，学生的内驱力被调动，学习成为他们的一种兴趣和自觉，可以真正达到事半功倍的教学效果。

同样在“快速默读”这一前提下，通过无策略支撑和有策略支撑的对比体验，促使学生明确速读的要求和方法：

用较快的速度默读课文——不出声、不指读；

集中注意力——这是最基本的阅读习惯，读的过程中不分心，不走神，能够抵抗来自周边环境和自己内心的干扰，让自己尽可能地进入课文所描述的情境中；

遇到不懂的词句不要停下来，不要回读——这是本节课重点学习的阅读策略。这里所说“遇到不懂的词语不要停下来”并不是说直接跳过去不管它，而是要迅速在旁边画个问号，暂时跳过去，在后面的阅读过程中寻找答案。

（二）方法支持

要使罗森塔尔效应在学习中产生效果，最核心的是教师要将对学生的期望转化为学生的行动，而不是只停留在言语和心里。这就需要教师积极关注学生，发现他们学习上的症结，及时提供适切的“支架”，带领学生体会学习的过程，并使学生有学习的勇气，最终转化为行动力，从而达到期望。正如特级教师于永正所言：“过程真的比结果更重要。有过程，才有方法可言，才有能力可言。”

学习策略时，尊重“学生的阅读过程是个性化的，更是隐性的”事实，借助PPT“逐行擦除”动画，逐段呈现课文内容，迫使学生一直往下读，从而清晰地感受到什么是“不停读”；每读完一个自然段，都组织学生按照如下提示，跟大家分享速读体会。

速读这个自然段时，我跳过的词语是_____，因为________。通过读这个自然段我了解的内容有____________________。

这样一来，对于“不回读”，学生既知道是什么，更明确为什么：因为这些被跳过去的词语并不影响对课文内容的理解，阅读过程中，抓大放小，不在小处纠缠，这样就可以节省时间，提高阅读速度，同时还能迅速了解整段，甚至整篇文章内容。

这样的设计，外化了个体阅读的思考过程，启发学生：在读书的时候要反思阅读过程。并且在与同伴的交流过程中，互相启发，不断丰富阅读经验，更好地迁移运用于今后的阅读实践。

（三）评价支持

学习策略后，组织学生利用评价表，从“阅读用时长短”和“了解内容多少”两个维度进行综合评价，使学生的速读有标准可依。这样一来，学生的速读就不是一味地追求速度的速读，而是基于对课文内容的理解的速读了。同时也给学生提供动力，让每个人都能体验到成功的喜悦。

表1　速度评价表

星级速读者			
内容 时间	了解内容 又准又全	了解内容 较准较全	了解 一部分内容
低于1分30秒	五星级	四星级	三星级
1分30秒—2分	四星级	三星级	二星级
2分钟以上	三星级	二星级	一星级

三、教学反思

（一）关于“自主支持型”教学方式

教师转变教学方式，是顺应教育改革大趋势的必然选择。新课程改革以来，我国传统的教学方式已经逐步转变，但课堂上“满堂灌”“一言堂”现象仍然存在，教师以分数为导向，强调学生对知识点“死记硬背”，导致学生“高分低能”的问题仍然不少。而这种行为直接导致学生上课兴趣不高，容易走神等结果。

一系列的研究结果表明，“控制型”的倾向往往对学生产生一系列消极的影响。而采用“教师自主支持型教学”的方式，即教师在教学过程中摒弃控制学生和灌输教学的行为，尊重学生的主体地位，采纳学生的问题、观点和意见，鼓励学生独立思考，理解学生的学习行为，激发学生的内在学习动力的一种教学方式，通过创设更为开放和支持的学习环境，让教师转变为学生学习的支持者和促进者，学生的学习自主性和学习投入度会有较大幅度提升。在实施自主支持型教学的班级里，学生更愿意待在学校，倾向于表现出更好的学业能力，且具有创造性，偏爱积极挑战。

实践证明，“教师自主支持”教学方式符合《国家中长期教育改革和发展规划纲要（2010-2020）》中“我们的教育要以学生为主体，以教师为主导，充分发挥学生的主动性”的要求，是切实为学生的终身发展服务的一种教学模式。

（二）关于“阅读”和“速读”

1.曾经有人对被评为全国十佳少年的孩子进行调查，发现这些孩子的阅读能力比普通孩子高；还曾经有人采访了一些成功人士，发现这些人在总结成功经验时不约而同地提到阅读使他们受益匪浅……由此可见，阅读对于一个人的成长的影响是巨大的。而掌握多种读书方式，并能够根据阅读目的灵活地选用适切的读书方法，能大大提升阅读效果。

2.现代社会是信息爆炸的时代，科学和文化发展迅速，生活节奏加快，知识不断更新。每个人用来读书和学习的时间都是有限的，因此我们每一个人都需要提高阅读能力，尤其是提高阅读速度。只有读得快，才能提高时间利用率，吸收更多的知识和信息，以适应这个事事“求快”的时代。

需要强调的是，对学生进行速读训练，不可能一蹴而就，而且要想提高阅读速度，必须先提高理解速度，以避免学生速读不成，反而读书囫囵吞枣、马虎粗心，失去了享受阅读的乐趣，失去了精读课文的技能。

3.“速读”是一种良好习惯，也是一种必备能力和基础素养，它可以为学生的终身发展奠定基础。统编语文教材总主编温儒敏教授曾甩下一句狠话：语文高考最后要实现让15%的人做不完。2019年高考的阅读量比去年增加了5%-8%。这些信息就是对提高阅读速度的急迫警示。

参考文献：

[1] 汪潮．统编教材的“阅读策略单元”：单元解读与对比课例 [M]. 福建：福建教育出版社，2020.9.

[2] 中华人民共和国教育部．义务教育语文课程标准（2011 年版）[S]. 北京：北京大学出版社，2012.12.

深度学习视域下有效落实语文要素的实践研究

北京市顺义区裕龙小学

张海飞 陈静

摘要：

伴随统编本语文教材全国统一使用，如何正确掌握统编教材，落实语文要素，从而提升学生语文素养将会是一个重要命题。纵观我校统编本教材使用现状，广大一线教师们对语文要素如何有效落实还存在一定问题。因而准确把握统编本教材，有效落实语文要素迫在眉睫。统编教材围绕同一个语文要素进行多角度、多层次训练，体现单元整体意识；语文教学必须以“学的活动”为基点，以儿童已有语文经验作为教学的前提条件，增强学生本位意识；在大语文观下设计层级教学活动，加强语文实践；领悟统编教材“三位一体”结构教学内涵，注重课外拓展。基于SOLO分类理论，立足大语文观，深度挖掘教材特点，培育学生高阶思维，真正实现“教课文”到“教语文”的转型，乃至“用语文教儿童”的转型。

关键词：

统编教材；语文要素；SOLO分类；高阶思维

温儒敏教授在解读统编本教材使用时曾指出：将语文素养的各种基本因素，包括基本的语文知识、必需的语文能力、适当的学习策略和学习习惯，以及写作、口语训练等等，分成若干个知识或能力训练的“点”，由浅入深，由易及难，分布并体现在各个单元的课文导引或习题设计之中。不难看出，统编教材通过明确语文要素的方式让教师们有了教的抓手，有了教什么、教到什么程度的明确指向。作为一线教师的我们，如何实现从“教课文”到“教语文”的转型，如何在落实语文要素的过程中实现学生语文素养的提升，将是我们一个重要的研究命题。

一、统编本教材使用现状和问题

通过不同层面教材培训，广大一线教师对语文要素有着自己的解读。但就语文要素如何落实，落实如何，笔者通过观察我校部分语文教师课堂，发现存在以下问题：

（一）换汤不换药

统编教材里的课文和北京版教材相比，课文换了不少。对于从未教过的课文，语文教师们要精心研读课文，研读参考丛书，但是对新旧课文的语文要素如何落实仍然比较迷茫。因而造就部分教师继续穿新鞋走老路，特别是对一些“老课文”，仍然按照传统语文课堂教学模式上课。

（二）未注重关联性

统编教材已经从内容、主题和能力训练点等方面进行了重组，单元内部之间、学段之间都存在一定关联性。但是笔者发现大部分语文教师在单篇教学时，只注重本课如何学习，而非站在语文课程观的角度上看这个单元，乃至这篇课文。

（三）演变成阅读训练课

缘于每个单元都有非常明确的学习提示，因而教师们要抓住所谓的“语文学习真谛”，即教学重点。在课堂实践中开门见山，直奔主题，找准训练点不断加强练习，语文课俨然变成阅读能力训练课。

纵观以上几种我校语文教学现状，挖掘其本质还是在于“落实”二字。语文要素落实并非纸上谈兵，而是要在真正的语文学习中掷地有声。

二、SOLO 分类理论解读

SOLO分类理论是由澳大利亚教育心理学家、香港大学教育心理学教授J.B.彼格斯（ J.B.Biggs）先生及其同事提出的一种评价理论。该理论认为，一个人回答某个具体问题时所表现出来的思维结构是可以检测的，彼格斯称之为

"可观察的学习成果结构"（Structure of observed learning outcomes），英文缩写成 SOLO。该理论按照个体回答问题时所表现出来的思维结构复杂性，将个体的思维层次由简单到复杂划分为五种水平：前结构、单一结构、多点结构、关联结构、抽象拓展结构。学生的思维层次达到关联结构或者拓展抽象结构则认为达到"高阶思维"水平。

三、统编教材教学策略

基于SOLO分类理论，语文教学应建立思维的层级性、注重思维的开放性，依托学习活动真正将语文要素和阅读能力建立关联。

（一）基于 SOLO 分类理论进行深度备课

纵观统编教材，一般情况下，一个单元内的数篇课文都是在一个人文主题下，围绕同一个语文要素进行多角度、多层次训练。一个单元的课文以某个语文要素为例让学生发现、理解、运用，继而又会在"语文园地"中专题整理、综合运用，在进行教材解读时，要从理解概念的本义、理解概念的结构意，再到理解概念的价值意义，实现备课层层升级。

例如三年级上册第五单元，首先，理解"观察"概念本义。"观察"是有目的、有计划的知觉活动，是知觉的一种高级形式。对于"观察"本义理解透彻，方能对本单元有更清晰的认识。其次，理解"观察"概念结构意。这一单元的能力线索为在精读课文中"学"，在交流平台和初试身手中"练"；在习作例文中"学"，在习作中"练"，从而实现学与练的完美结合；知识线索为对单个事物的简单认知到多个事物的复杂认知。最后，理解"观察"的价值意义。语文学习的最终要义在于冲破课堂小天地，回归生活大课堂。通过本单元系列学习，学生的眼中要有"物"，能够通过观察留住"物"。更重要的是，学生心中也要有"物"，要能够练就文学的审美眼光，从熟悉的生活中，从寻常的事物中，发现美，表达美。

（二）基于 SOLO 分类理论增强学生本位

王荣生教授曾说过："新课程其实是呼唤这样的课堂：使学生的'学'相对丰富、多样，使学生的'学'比较有结构、比较完整。"在SOLO分类理论指导下，语文教学更加注重以"学的活动"为基点，以儿童已有语文经验作为教学前提条件。

例如在讲《方帽子店》时，了解学生已有认知起点，通过给方帽子店主和创新者做代言的方式，让学生在辩论中继而发展思维。学生需要结合教材文本内容以及查阅资料作为论述要点才能有效辩论，说服对方。在此学习过程中，需要学生将文本和资料进行关联，讲述其中的道理。基于学生本位意识，发展学生高阶思维，领悟其中蕴含道理。

（三）基于 SOLO 分类理论加强语文实践

《课标》提出："语文是实践性课程，应着重培养学生的语文实践能力，而培养这种能力的主要途径也是语文实践。"

1.构建层级学习活动

语文能力不是靠教知识得来的，而是在丰富的语文实践活动中逐渐形成的。依托SOLO分类理论，通过设计层层有挑战性的学习任务，从而实现学生高阶思维的生成与发展。

例如在讲《敕勒歌》时首先让学生默读诗歌，用笔圈画描写哪些景物，并按照句式说出自己的感受：我觉得这里的阴山（　　）；我觉得这里的天空（　　）；我觉得这里的草原（　　）；我觉得这里的牛羊（　　）。其次，通过抓住关键字"见"，体会"动静结合"的写法特点。再次，连景成画，把四种景物连起来讲述所呈现在自己脑海中的画面。最后，倾听老师如何表达实现表达能力再进阶。整个学习过程，注重言语实践，学生将在多个开放性学习活动中提升表达能力。

2.提供有效思维支架

纸上得来终觉浅，绝知此事要躬行。在学习过程中，要注重学生实践，注重学生体验。通过体验，学生可以调动多种感官对所学习事物认识得更深刻，从而发展思维。在这条发展思维的实践路径上，无疑需要提供有效的思维支架才能让两者相得益彰。

再如三年级上册第五单元，本单元聚焦"观察"，围绕"体会作者怎样留心观察周围的事物"以及"仔细观察，把观察所得写下来"这两大语文要素展开。在教学中该如何有效落实语文要素呢？教师在观念上要明确注重学生观察体验，让学生留心观察生活，在体验的基础上再进行习作体验，将会是最佳路径。教师在行动上要提供有效思维支架，通过设置观察记录表，让学生记录、分享观察所得，在纵向、横向的对比中找到观察事物的方法，感受观察之趣。

表1　观察记录表

观察记录表			
观察事物	观察方法	观察发现	观察感受

思维支架的运用还要随着不同年段学生的思维发展水平、学段之间的内部勾连进行调整。到了四年级上册第三单元“观察”单元时，就要围绕“体会文章生动准确的表达，感受作者连续细致的观察”这一阅读要素和“进行连续观察，学写观察日记”这一习作要素进行学习。教师要明确同为“观察”，在四年级教学时就可以以观察日记、观察表格等不同形式来记录观察结果和体会，将思维进行可视化。

（四）基于 SOLO 分类理论注重课外拓展

统编本教材建构了“教读—自读—课外阅读”“三位一体”的教学结构，而让课外阅读有效落地的途径之一就是进行1+X拓展阅读。显然光有拓展意识是不够的，需要教师在单篇课文或者“快乐读书吧”中的整本书阅读教学中给学生提供一个开放的思维场域，引导学生感悟阅读方法或阅读策略，发展学生思维，聚焦语文要素落实语文教学。

以六上《童年》一书为例，这部作品人物众多、情节烦琐、时代背景远离学生生活，学生读起来有一定困难。因此，在教学中教师就要基于SOLO分类理论思考教学终点何在、价值意义何在，需要运用阅读策略及时推动或调整教学进程，之后，及时引导学生反思提炼整本书阅读策略，以服务于课下自主阅读。在阅读《童年》前，教师让学生借助“人物环形图”“人物特征图”梳理人物关系、概括人物特点——学生由此感悟到运用“工具性支架”可以带动整本书阅读。再如，通过对“外祖父”人物特点的概括，学生发现评价人物需要运用“关联”的思维方式，寻找人物最主要、最核心的特点——这是思维方式、方法的支架，也可应用到自主阅读中。又如，在理解阿廖沙是个怎样的人、理解什么是成长小说时，通过借助课外的相关资源来激活思维、深化理解，学生由此发现——融入课外资源展开互动式思考也是一种重要的学习策略，如此等等，不一而论。通过以上所述，不难看出：《童年》整本书阅读教学时，始终以培养学生高阶思维为终结目标，学习活动的层层深入，阅读策略的巧妙融入，将课外拓展和文本内容学习更好地为落实语文要素而服务。

依托SOLO分类理论，让学生成为课堂真正的主人，顺应儿童的天性，以学生的视角设计教学，培育学生高阶思维，提升语文核心素养，才是语文教学的大道。

参考文献：

[1] 中华人民共和国教育部 . 义务教育语文课程标准（2011 年版）[S]. 北京：北京师范大学出版社，2012.9.

[2] 王荣生 . 阅读教学教什么 [M]. 上海：华东师范大学出版社，2016.4.

[3] 彼格斯，科利斯 . 学习质量评价：SOLO 分类理论（可观察的学习成果结构）[M]. 北京：人民教育出版社，2010.

[4] 薛法根 . 用语文教儿童——统编本小学语文教材的教学要义 [J]. 语文建设，2018（10）.

[5] 温儒敏 . “部编本”语文教材的编写理念、特色与使用建议 [J]. 课程·教材·教法 .2016（11）.

“趣”字当头，促中年级学生乐写作文

北京市顺义区高丽营第二小学
张海云

摘要：

中年级是习作的起步阶段，是低年级看图说话、写话的延续，与高年级作文的过渡阶段，具有承上启下的重要作用。针对学生初写作文遇到的无话可说、无事可写等问题，教师探索出作文内容要素形式多样化，指导要求循序渐进，作文素材要素在听、读中积累的教学策略，激发、维护、保持学生写作兴趣，让学生乐于写作，体会到写作乐趣，甚至把写作当成“志趣”沉醉其中，同时让他们的思想素质、文化素质和心理素质都切实得到了提高。

关键词：

写作兴趣；作文要素；循序渐进；积累

小学中年级作文是由写句过渡到写段，由写段扩展到写篇，具有承上启下的重要作用。可是现实教学中却往往出现部分学生作文写得干巴巴，全篇也就一大段甚至几句话的现象。

记得刚接三年级教学时，班上绝大部分学生都惧怕作文。开学初的习作课《猜猜他是谁》让我记忆犹新。虽然写前我组织学生讨论了“写作时要选择让你印象深刻的同学的一两个特点，加入事例，注意不要把他的名字和班级职务说出来，看看你的同伴能不能猜出他是谁”，而且我还以此为题写了一篇下水文。但真正让学生写时，结果却出人意料：有的愁眉不展，迟迟难以下笔；有的虽然很快完成了“佳作”，却令我大失所望。不少学生这样写：“他是我的同学。他长得不高也不矮。他长着一双大眼睛，双眼皮大眼睛。我很喜欢他……”更糟糕的是：这次写作给学生留下的印象是作文太难了！很多学生说，最烦写作文了。这可怎么办？

课下我开始和学生聊天："你觉得写作文什么最难？"

"老师让写的东西，我不感兴趣。"

"没东西可写！"

"每次写作文，我都得现编现想，一个多小时才憋出来，老师还嫌字少，得不了高分。"

"老师教的观察方法我明白了，但一到写的时候就没词。"

症结找到了，我认为：学生之所以惧怕作文，一是由于学生生活范围有限，再加上感知水平不高，表象的积累较少，常常感到"无米下锅"。学生的词汇积累少得可怜。当然没法写出好作文。二是没有写作兴趣。学生对生活的感悟能力不高。学生身在生活，心却游离在生活之外，常常视而不见，听而不闻，写出来的文章内容干瘪，语言无味，更别提生活情趣了。看来激发学生作文动机的要素中，能否攻克这种心理障碍，关系到作文教学的成败。于是，我把"兴趣"培养放到了习作教学首位，利用学生认知规律，抓住三个作文要素，培养学生写作素养。

一、作文内容要素形式多样化，激发学生写作兴趣

三年级孩子好奇心强，如果采用同一种形式的训练，就会厌倦。在作文形式上，教师要力求多样化，"开放心灵的真我"，使学生在每次写作文前，都有一种充满好奇的等待心理。

（一）巧用看图作文，激起学生说话、写话兴趣

图画是生活的具体形象的反映，容易吸引学生的注意力，激起兴趣，也培养了观察力、分析力。低年级写话的形式主要就是看图作文，三年级第一学期初的学生刚刚开始学习作文，可安排这样的形式进行有效衔接与沟通。

（二）教师指导学生作文要从内容着手

教师要有意识地指导学生观察生活，寻找素材。"以具有开放心灵的真我置身于这个世界"顺承孩子们爱玩好动的天性。只有学生感兴趣的东西，他们才会才思不竭。在学习《肥皂泡》一文时，我让学生在课堂上亲手制作，边动手操作边解说制作步骤。玩"贴鼻子"游戏时，性急的学生变成了"长颈鹿"，紧张的学生"目不转睛地盯着"，开心的学生不是"前仰后合笑疼了肚子"，就

是“连眼泪都笑了出来”。这样的形式，学生怎么会不喜欢、没兴趣呢？因此，教师应尽量拓宽学生生活面，不断丰富他们的生活阅历。如举行讲故事、拔河、诵读、踢毽子等丰富多彩的活动，鼓励学生游学、参观。学生玩得投入，说起来津津有味，写起来饶有趣味。

（三）结合文本续写，展开丰富想象，激起学生兴趣

《亡羊补牢》教学中，我针对养羊人几次不听邻居的话，是怎样想的，结果怎样，组织大家讨论，同学们说：“养羊人说‘我太后悔了’‘我的羊又丢了，赔钱了，我应该听邻居的话呀！’”夸张的语言和表情让学生们从中切实感受到：亡羊补牢，为时已晚。我趁机又提出“如果邻居此时经过，他们会说些什么？”同学们纷纷举手：“邻居说‘这回羊又丢了，听我话吧，赶快修好羊圈吧！’养羊人回答‘是呀，我后悔了，我立刻就补羊圈去’。” 于是，我趁机让学生续写故事。在故事中指导学生开展想象，把养羊人和邻居的动作、表情适当加入，学生们说得好玩、写得有趣，让整个课堂充满了欢笑声。

二、作文指导要循序渐进，维护学生写作兴趣

三年级刚开始写作文时，学生往往为了凑字数，东拉西扯。可谓天上一句，地下一句，不知所云。教师要及时加以引导，否则学生就丧失了写作兴趣。教师指导学生写好作文，要从通顺、连贯开始，由浅入深，循序渐进，逐渐达到生动，使学生养成习作的素养，维持写作兴趣。以写片断为例，可分三步进行。

第一步把两句话写连贯。

写作文时句子之间要连贯，有联系。如何让他们明白“联系”的意思呢？我根据儿童形象思维的优势，让他们从具体的句子中获得感性认识。如：“我吃了一碗饭。我脱了一件毛衣。”这两个句子之间有没有联系呢？学生一开始可能无法回答，接下来教师再次出示句子：“中午，我吃了一碗饭，觉得很热，就脱了一件毛衣。”学生一比较，显然，后面这个句子联系比较紧密。还可以把老师或同学的几个动作连贯地说一说、写一写等。这样学生很快就能掌握“连贯”，知道其实写作文并不难。这样，学生对写作也就有了一定兴趣。

第二步把句子写具体。

“具体”二字是整个小学阶段对学生作文的重点要求，也是大多数三年级

学生写出好作文的重要原因。为此，可以从把句子写具体入手。我曾让学生做过这样的练习，出示一个句子："妈妈切菜。"要求学生把这句话写生动、写具体。为了让同学们有的可写，我特意扮演妈妈当场演示，进行了情景再现，让同学们认真思考，以接龙的形式通过回答我的问题来进行说话练习。A．妈来到什么地方切菜?（厨房）B．妈妈到了厨房又是怎样切菜的?（慢慢）C．能不能把妈妈切菜的步骤说清楚？于是有了"妈妈来到厨房。放好案板，把菜整理好，理齐。右手拿起刀，左手把住菜，开始切起来。妈妈把菜切成一截截的，最后装在一个盘子里"这样一段话。我把其中重点动词写到了黑板上，让大家练习给简单的句子逐渐加上修饰的形容词，就可以把内容表述具体了。最后又有了这样的句子：妈妈迈着轻快的脚步、一边切一边哼着小曲等等。简单的方法让大家感受到什么是写具体，学生也乐学、乐写。

第三步把句子写生动。

作文能否写得生动，还依赖于用词是否准确。一方面，需要学生利用课内课外阅读积累词汇，脑中所储存的词语多了，到了要运用时，就不愁"无米下锅"了。另一方面，还要求学生不断地体会、练习、运用。可以做这样的专门训练：如"笑"是人的一种表情，有的学生只是用一句"她高兴地笑了"来写"笑"，体现不出生动。我要求学生把见过的一种笑写下来，要求写出"笑"时人物的面部表情、声音以及肢体动作。学生根据提示，于是一个"笑"字便演变了"哈哈大笑""前仰后合""微微一笑""皮笑肉不笑"等各种丰富生动的形象。

学生在由写连贯具体再到生动的过程，步步深入，一次次尝到了成功的喜悦，极大地激发了习作的动机要素，写作的兴趣也就显现出来了。

三、作文素材要素提倡积累，保持学生写作兴趣

阅读是最好的积累，让学生得法于课内，得益于课外，从大量的课外阅读中汲取营养，显得尤为重要。在激发学生主动积累的学习动机的要素中，除了爱与尊重之外，还有一个最为根本的要素，就是学生自我实现的需要。这是让学生获得学习动机最为有效的方法。而让学生拥有自我实现的需要的前提是满足学生其他的需要。

（一）"听"与"想象"结合，理解文字

当学生写一句或一段精彩的话后，我都让他读给大家听，让大家边听边在头脑中想象画面。抽象理解语言文字要跟认识事物联系起来，这不仅是理解文章的一种手段，对听的能力也是一种很好的训练。所以，听到句子想象后，如果头脑中画面清晰，说明是成功的片段或语句，如果画面很乱或不能形成画面，说明写得不够具体、明白。例如：学生在观察“日月同辉”的自然现象时，写了一段话，我让学生边听边想象这段话中所描述的画面。同学们听后，在脑海里很快产生了这样一幅美丽的图画：在蓝蓝的天空中，太阳越来越红，月亮越来越淡，很快消失在团团白云间。学生们在听的过程中，运用想象，更好地理解了语言文字。

我还不定期安排学生讲绘本、童话、身边的小事等，在听记过程中，学生们逐渐丰富了自己的语言，培养了对作文的浓厚兴趣。而且，在无意中能了解一篇文章的结构要素及多方面的知识积累。不知不觉中，他们就会喜欢上作文课了。

（二）阅读中积累知识，增强感悟能力

读书破万卷，下笔如有神。根据学校实际，我发动学生每人准备1–2本课外书，带到学校里相互交换看，抽时间让他们讨论阅读。同时，学生准备了积累本，把课外书中看到的好词佳句摘抄下来，毕竟“好记性不如烂笔头”。当然，我还鼓励学生在家多看课外书，自愿进行 4 分钟阅读打卡活动来了解课外阅读情况。如果学生在课堂发言或者写话时运用了课外书中的好词，我会给予嘉奖。除此以外，还鼓励学生勤练笔。

有效习作教学策略的实施，让中年级学生由初识到乐于写作，体会到写作的乐趣，沉醉其中。写作的同时他们的思想素质、文化素质和心理素质都切实得到了提高。

参考文献：

[1][美] 帕克 . 帕尔默 . 教学勇气——漫步教师心灵 [M]. 方彤译 . 上海：华东师范大学出版社，2020.

[2] 周彬 . 叩问课堂 [M]. 上海：华东师范大学出版社，2007.

[3] 齐建芳主编 . 学科教育心理学 [M]. 北京：北京师范大学出版社，2014.

从"隔岸观火"到"身临其境"
——浅谈阅读教学中情感体验的学习活动设计

北京市顺义区教育研究和教师研修中心附属实验小学
张娇娇

摘要：

《义务教育语文课程标准(2011年版)》指出，"阅读是学生的个性化行为，不应以教师的分析来代替学生的阅读实践。应让学生在主动积极的思维和情感活动中，加深理解和体验，有所感悟和思考，受到情感熏陶，获得思想启迪，享受审美乐趣。要珍视学生独特的感受、体验和理解"。因此，在阅读教学中，教师应不断总结教学方法，运用情感体验策略，设计高质量学习活动，从而帮助学生达到从"隔岸观火"到"身临其境"的理想阅读效果。

关键词：

阅读教学；情感体验；学习活动

阅读教学是学生、教师、文本之间的对话过程。学生在理解文本过程中，情感体验不能忽视。教师要善于运用情感这把钥匙，开启学生情感的大门，达到以情动人、以情感人、以情育人的教学效果。如何帮助学生架起从"隔岸观火"到"身临其境"的情感桥梁，让他们在阅读教学中追寻到真正的"情感体验"，应是当下语文教师的倾心追求。笔者将结合自身教学实践，谈几点可行的做法。

一、深入挖掘教材，浸润家国情怀

认真钻研教材是上好语文课的基本前提。统编语文教材文质兼美、内涵丰富，贯穿人文关怀，突出家国情怀。教师需要在深入了解编者意图和研读教材的基础上，充分挖掘教材中与“家国情怀”内涵相契合的内容，运用情感体验策略，设计恰如其分的学习活动，使得学生在理解文本的基础上深入感悟文本背后的家国精神、民族情怀。

为了更好地让学生在书香氤氲中亲近经典，浸润家国情怀，在我的语文课堂中，我设计了每周一节的“师生共读一本书”的活动。我们从《论语》读到《弟子规》，从《唐诗三百首》读到《中华上下五千年》。我们在语文教学中亲近中华经典，在学习活动中热爱中华文化。

在学习古诗《示儿》《闻官军收河南河北》两首诗时，我设计“对比阅读”这一学习活动，引导学生运用对比阅读的方法，找出它们在表达情感上的异同点，并将自己的观点在小组内交流分享。通过小组合作探究，学生不难发现这两首诗都是爱国诗歌，但在行文表达上却截然不同。前者作为诗圣杜甫的“生平第一首快诗”，即兴而作，一气呵成，情感抒发酣畅淋漓。后者则是爱国诗人陆游的“绝笔式”的遗嘱，情动于衷，悲满行间。两首诗在一喜一悲的不同情态之中，都跳动着诗人那颗滚烫的赤子之心，都抒发着诗人那浓浓的爱国之情。学生们学得入境入情，感动不已。诗人的爱国情怀如春风般拂过学生稚嫩的心田，他们与诗人、国家的距离在不知不觉中贴近。

二、多种形式朗读，在吟诵中入情

朗读是语文教学的一种重要手段。多种形式的朗读，如范读、轮读、师生对读、分角色朗读等，对学生感知作者情感、品味作品意境起着重要作用。将这些朗读方法广泛而合理地运用到语文教学中来，可以拉近学生与文本的距离，帮助他们体会蕴含在文本中的情感。

范读可以声情并茂地将文中的美传递给学生，引领学生在文字的律动中神思遐想，叩响学生心灵的大门，实现情感的交融。在执教《慈母情深》这一课时，我设计了“跟着名家学朗读”这一学习活动。出示文章作者梁晓声先生在《朗读者》中倾情朗读这篇文章的视频。这一视频为学生提供了很好的朗读范例，也给学生们近距离接触文学大家提供了机会。通过梁晓声先生的范读，学生们很快能够把握住诵读的精髓，快速融进文中所创设的角色，课堂一下子被浓浓的慈母情深所笼罩。

分角色朗读是语文课堂教学中一种常用的形式。学生通过语气的轻重缓急、抑扬顿挫入情入境，表现出人物（对象）的特性。他们也把对人物（对象）的理解、感知都融入进角色朗读中。在执教《陶罐与铁罐》一课中，我设计了“分角色朗诵”这一学习活动。进入角色的同学们在一遍一遍的练习中，揣摩出陶罐和铁罐的特点，并通过声情并茂的朗读展现在师生面前。当傲慢的铁罐和谦逊的陶罐被活灵活现地展现时，同学们已然体会到了作者想要传递的情感。

三、巧创情景，引领学生入境

文章的字里行间都蕴藏着作者的情感，但如果无法进入作者创作的情境，就很难与作者达到“共情”。为了帮助学生入情，我为学生创设了理解课文内容所需要的情境，并充分调动起他们的想象力，借助他们已有的学习经验、生活经历来帮助他们理解课文的内容。必要时我还会借助多媒体设备，展示适当的图片或者播放适宜的音乐来烘托气氛，使学生入情入境，甚至进入角色。同时，想象力与审美能力是息息相关的，学生在进行想象时无疑锻炼了自己的审美鉴赏能力。

如执教《海底世界》一课，我是这样设计学习活动的：课程伊始，我一边借助多媒体设备展示海底世界奇异的景色，一边为学生解说美丽的海底世界。当学生的心思都被海底奇异、美丽、神奇的景色吸引时，我顺势为学生创设这样的情境：“现在大家已经跟着老师潜入海底，置身于这美丽的海底世界之中，你看到了什么？此刻，如果要是能有一位朗诵家，为我们倾情朗诵一段就更美妙了！”这一招非常有效，同学们纷纷举手展示，他们尽情地朗读着，语气或调皮或吃惊或惊奇，无论哪一种语气，都让我们仿佛觉得文中所展示的一切真的就出现在他们的眼前。

又如在执教《别董大》一课时，通过研读教材不难发现：《别董大》区别于其他送别诗的伤感缠绵，本诗以积极的劝慰、坚强的信念、慷慨的悲歌、真挚的友谊，为送别诗添上了另一种豪放健美的色彩。因此，在教学时，我们的学习活动是这样展开的：先是让学生抓住关键词句进行反复吟诵，体悟诗句所表达的含义，引导他们通过揣摩诗句，描绘他们所看到的画面。紧接着，通过出示董大与高适现状的资料，引导他们感受董大与高适两人前途的晦暗，继而提问：“如果是你，面对凄凉的景象、未知的前途、困惑的人生，你会怎么说、怎么做？”此时，有同学说他感到前途无望，有同学说他会和友人挥泪告别，还有同学说他可能会借酒消愁……学生们的发言真切且多样。此时，引导学生找出诗人的做法并再次出示诗句“莫愁前路无知己，天下谁人不识君！”经过前面的铺垫，教师顺势引导：“在那样一个千里黄云、北风吹雁、大雪纷飞的黄昏，面对如此凄凉景象，诗人却能勃发出如此昂扬斗志来，你从诗人的身上感受到了什么？”这时，同学们自然而然地表达出作者乐观的人生态度、豁达的心胸以及对友人的深厚情谊。

四、真情批注，抓住情感触发点

阅读是读者与作者的心灵的对话、思维的碰撞、精神的交流。每一篇文本都倾注着作者的感情。语文教学的价值在于引领学生深入阅读文本，与文本对话，与作者对话，体会作品中的感情。在课堂教学中，我通常采用“批注式阅读的方法”进行文本学习，让学生通过批注将自己对作品的理解表达出来。

在执教《慈母情深》这篇课文时，我让学生在初读课文，了解课文大意的基础上，采用“批注式阅读方法”进行学习。我给学生留出了充分的自学时间，让他们根据学习提示默读课文，圈画出感触深刻的句子并在旁边写下感受。他们基本都能从“背直起来了，我的母亲。转过身来了，我的母亲。褐色的口罩上方，一对眼神疲惫的眼睛吃惊地望着我，我的母亲……”等语句中感受到环境之苦、母亲之苦，并在旁边批注下一时的感动。在课堂中，学生们与文本充分接触、交流，在流淌的批注中渐渐走进作者，走进这位伟大的母亲，实现与作者的心灵对话与情感交流。

真情批注是他们心灵自由的独白，是他们情感体验的外化。有了批注的铺垫，在接下来的课堂交流中，学生们畅所欲言，与大家一起分享自己的阅读体验，他们无不被这位伟大的母亲感动。

五、细节补白，掀起情感波澜

“以小见大”“见微知著”恰如其分地总结出细节的妙处。在教学过程中，教师需要敏锐地捕捉文本中的细节信息，引导学生去关注这些细节。在课堂教学中，我常常引导学生带着问题去读书，捕捉文本中的细节信息，并通过细节补白掀起情感波澜，获得情感体验。

在执教《慈母情深》这一课时，学生对“母亲掏衣兜，掏出一卷揉得皱皱的毛票，用龟裂的手指数着”这一部分产生了质疑。“龟裂的手指”学生们从未见过，酷暑天有“龟裂的手指”更是让他们感到不可思议。并且，在现在学生的观念里，毛票是面值很少的钱，几乎可以忽略不计。因此，他们认为这一部分描写未免有些夸张。为了让学生弄清心中的疑问，我设计了“走进文章背后的故事”这一学习活动，引导他们通过搜集资料，了解《慈母情深》的创作背景。学生们动情地分享着作者梁晓声在接受采访的资料：“当时家中有五个孩子（一个哥哥、三个弟弟妹妹），父亲是中国第一批铁路建筑工人，很早就去大西北工作了，每个月寄回来一点钱，所以五个孩子都是被母亲带大的。艰辛、贫穷、痛苦等词语，能够完全概括他们一家当时的处境。对于文中的买书的一元五角钱，可以买两小碟咸菜，可供他们全家吃两顿。”他们心中的疑惑自然被解开。同时，他们与文本的距离越来越近，这也为接下来进一步感受“慈母情深”做铺垫。

阅读教学中的情感体验教学，赋予文辞篇章以生机与活力，点燃了课堂，同样也点燃了学生蕴藏在心中的感情。要想让学生在阅读教学中追寻到真正的“情感体验”，需要教师不断地总结教学方法，运用情感体验教学策略，精心设计高质量学习活动，从而帮助他们达到“身临其境”的理想阅读效果。一线语文教师也唯有紧跟时代步伐、更新教学理念、创新教学模式、提升教学技能，才能真正为学生上好一门课，为国家培养好一代人！

参考文献：

[1] 缪剑妮 . 小学语文课堂教学中文本细读方法的实践与研究 [D]. 延边：延边大学，2011.

[2] 任晓冰 . 初中语文阅读教学中文本细读的策略探究与实践 [D]. 上海：华东师范大学，2010.

[3] 张兴文 . 浅谈小学语文高年级阅读教学中的情感训练 [J]. 天天爱科学（教学研究），2021（8）：129–130.

[4] 周保梅 . 以经典之魅力，育人文之情怀——《闻官军收河南河北》《示儿》教学随想 [J]. 小学教学参考，2019（34）：76–77.

[5] 中华人民共和国教育部 . 义务教育语文课程标准（2011 年版）[S]. 北京：北京师范大学出版社，2012：9.

阅读有方，促核心素养提升

北京市平谷区第六小学
周俊雅

摘要：

随着新课改的不断发展，阅读已不再局限于课堂与教材，更多是注重学生能力与文化素养的提升。提高核心素养不仅能够提高学生的阅读能力，还有助于学生树立正确的人生观和价值观，从而推动学生全方位的发展。阅读能力与核心素养相辅相成。本文将从明确阅读能力的重要性、激发兴趣拓展阅读、抓阅读方法助能力提升、依托教材深化素养养成四方面来进行论述。

关键词：

兴趣；阅读方法；核心素养

阅读能力对于语文学习和提高核心素养是十分有必要的，在阅读教学中渗透方法，培养学生的方法意识十分重要。因此教师在讲授每一篇文章时不应仅仅单纯抛出某个问题，而应该引导学生运用某种方法去主动思索，并能够举一反三地迁移运用到今后的读写与表达实践中去。因此，在阅读教学中应关注以下几个方面：

一、明确阅读能力的重要性

我们知道想要理解一篇文章，需要熟读、精读，具备良好的阅读能力。而拥有良好的阅读习惯与能力会让人获益终生。同样，阅读能力的培养也是小学语文教育的重要目标之一，阅读能力直接影响着学生的理解力、知识的迁移与运用能力以及表达能力。学生养成良好的阅读习惯，在极大程度上能帮助提高其阅读质量，提升文化素养，也为学生今后的学习发展奠定扎实的基础，对于他们开阔眼界、增加内涵、提高底蕴具有重大的意义。比如：同样的一堂课，有些学生上了之后依旧似懂非知；有的学生则一点就透，“优劣参差不齐”的原因除了学生之间较小的资质差异外，更在于有些学生的阅读多且广泛，有丰富的阅读经验和丰厚的背景知识，因此，理解能力也随之提升。而正是因为有良好的阅读能力和理解能力，在课上就更容易跟上老师的思路，形成自己的独立见解，无形中也能起到事半功倍的效果。

二、激发兴趣拓展阅读

孔子曾说过，“知之者不如好之者，好之者不如乐之者”。瑞士教育家、心理学家皮亚杰曾指出，“所有的智力方面的工作都要依赖于兴趣”。这些充分说明了兴趣在学习中起到的重要作用。激发学生的阅读兴趣，就如花香蜂自来一样，学生会自然而然地能从阅读中取得收获，产生愉悦感。所以，每一堂课的内容都需要经过精心设计与思考，从而激发学生想要深入学习、阅读，走近文章的好奇心。基于核心素养的阅读教学，要充分利用小学生的好奇心，在学好课文基础上不断拓展课外阅读，吸引学生，开阔学生的眼界。教师可以抓住学生的兴趣点拓展阅读，进一步激发他们的求知欲望；还可以结合课后作业，比如推荐书籍，开展读书笔记评比、故事会等，关联一系列的阅读活动，激发学生思考。

三、抓阅读方法助能力提升

有效地培养读书能力，除调动学生的读书兴趣之外，还需要教师做出科学合理、有指向性的引导，帮助学生把握恰当的阅读方法，从而不断地提高学生的核心素养。

（一）借助画图，将抽象的知识转化成形象的画面

在学习《爬山虎的脚》时，学生在朗读描写爬山虎脚的特点的段落以后，显得一知半解，于是我请两位学生上台来根据书中的介绍画一画爬山虎的脚，学生兴趣高涨。他们边对照书中的介绍，边看示范的同学画的是否正确。有的

说："枝状的六七根细丝，应该是在茎上长叶柄的地方。"有的说："细丝应该是向上的，这样才能一步步爬上去。"……就这样边画边议，爬山虎的脚的样子、位置直观地展现在眼前。可见，运用图画辅助阅读，也是帮助理解文章的好方法之一。

（二）抓关键词想象，理解文章情感

《普罗米修斯》一课在学习普罗米修斯受难这部分时，有些词语是绝不可错过的，比如"死死地""既不能……也不能……"。我让学生感受什么是"死死地"锁？在"死死地"锁之后，他还"既不能怎样，也不能怎样"？在理解"风吹雨淋"一词时，我补充了一段课外的资料"高加索山被人们形容为无法到达的地方，连鸟都不愿意从那里飞过，那样一座山上刮起的会是怎样的风，下起的会是怎样的雨？"学生们脑补画面，表情变得凝重起来，似乎在和英雄共同痛苦，一起承受，他们想象出那座山上刮起的是凛冽刺骨的寒风，下起的雨中可能还有拳头大的冰雹。"普罗米修斯真可怜，真伟大啊！"正是这些关键词语的理解带给了句子生命，促使学生加深了对文章的理解。

（三）抓关键句感悟对比，理解文章情感

教学《麻雀》这课时，我让学生抓住关键句段说一说彼此之间的关系，引导学生"抓重点句子理解课文内容"。聚焦小麻雀时从"画出描写小麻雀的句子，说说你体会到了什么？"入手，鼓励学生充分表达自己的感悟。学生从"嘴角嫩黄""头上长着绒毛"体会到了小麻雀的稚嫩幼小，从"呆呆地""无可奈何"拍打着小翅膀，体会到了小麻雀的可怜无助。当一个学生说"我认为小麻雀很淘气，因为它不在巢里好好待着"时，我让其他同学来谈谈自己的看法，并说出理由。学生在交流中，很自然地理解"风猛烈地摇撼着路旁的白桦树"这一环境描写是为后面它"从巢里掉下来的"推断提供依据，不仅加深了课文内容的理解，也关注到文章的写法。聚焦老麻雀时，出示两个句子："突然，一只老麻雀从一棵树上飞下来，像一块石头似的落在猎狗面前"和"突然，一只老麻雀从一棵树上飞下来，飞到猎狗面前"，进行对比阅读。通过比较，学生可以体会它飞下时的速度、救孩心切时的奋不顾身、果断勇敢坚定的形象。学生将自己看到的、听到的、想到的在文中找到并画出，接着交流体会，感悟写法，并通过有感情的朗读加深认识。尤其是交流"在它看来，猎狗是个多么庞大的怪物啊！可是它不能安然地站在高高的没有危险的树枝上，一种强大的力量使它飞了下来"时，学生可以感悟老麻雀对小麻雀伟大的母爱。

通过抓关键词句想象体会，学生提高了共情能力和情感理解能力。

四、依托教材深化素养养成

统编教材以核心素养为导向，创造性地编排了阅读策略单元。教师在课堂上可以通过对学生的训练和引导，加强对学生的语文思维的培养，让学生能够对具体的语文知识灵活地运用。例如：统编四年级上册第二单元是围绕学习在阅读时运用“提问”策略，促进阅读理解编排的，这也是继三年级所学的“预测”单元后的又一阅读策略单元。这一单元围绕“提问”策略安排了一系列相关联的教学内容，旨在引导学生了解提问的重要性，激发他们主动阅读、成为积极的阅读者的意愿。本单元设计了三篇精读课文和一篇略读课文，为培养学生问题意识和学习提问策略提供了方法。

《一个豆荚里的五粒豆》是本单元的第一篇课文，也是一篇篇幅较长的童话，作者是丹麦作家安徒生。课文主要讲了一个豆荚里有五颗豌豆，他们每个都有自己的志向。一粒想飞到世界中去，一粒想飞到太阳上去，另外两粒想飞得更高更远，还有一粒脚踏实地，随遇而安，对世界没有什么奢求。其中第五颗豌豆活得最有意义，他创造了一个奇迹，拯救了一个常年卧病在床的小女孩，而其他四颗豌豆有的掉进了臭水沟被泡得太大，有的被鸽子吃掉了。在教学中，为了激发学生的探究欲望，我先提出问题，“今天，咱们学习《一个豆荚里的五粒豆》，你们知道作者是谁吗？你还知道他的哪些故事？”果然，学生们争相举手，说了许多童话故事，包括学过的《卖火柴的小女孩》等。因为本单元的学习要素是尝试从不同角度思考提出问题，所以，我紧接着引导学生们对题目质疑，学生们提出了许多问题，包括“这五粒豌豆之间发生了什么故事？哪粒豆子最了不起？”等等，兴趣十分浓厚。本文比较长，因此我在阅读教学中，特别关注学生的自主体验。他们通读文章提出问题，小组合作筛选问题，明确有价值的问题即对理解课文内容有帮助的问题，随后共同解决问题。学生逐步学会体味语言，在字、词、句、篇的联系中揣摩语言文字的内涵，积极思考，提出疑问，体会文章内在的思想感情。学生们筛选出的问题多是围绕第五粒豆和小女孩之间的故事展开的思考，比如：为什么母亲把一株豌豆苗称为“一个小花园”？为什么第五粒豆子是最了不起的？等等，在筛选问题后，教师进一步引导学生归纳问题，发现共性。学生总结发现，有些是针对文章整体或部分来提问的，有些是根据部分内容提出的。在解决问题的过程中，学生发现针对整体的问题虽然较难回答，但更能引人思考，形成整体感知，从而明白在阅读课文时，从整篇提问更能帮助对文章的宏观理解，可以多提这样的问题。同时，教师也要引导学生拓展思考提问的角度，开阔学生的思维。阅读策略单元的设置与学习，能够帮助学生更好地掌握阅读策略，更深入地理解课文的内容、语言和表达方法，同时提高语言的积累和运用能力，促进思维的发展和提升。

总之，明确阅读能力的重要性，依托教材和阅读练习学习阅读策略，强化核心素养的养成，才能让学生的能力与眼界并行，在阅读中接触到万千世界，在阅读中领略科技与自然的奇妙，更加发自内心地爱上阅读。

参考文献：

[1] 陆金花 . 小学语文教学中对学生阅读兴趣的培养策略研究 [J]. 学苑教育，2020（8）.

[2] 张影 . 基于核心素养导向的小学语文阅读教学分析 [J]. 青少年日记（教育教学研究），2019（4）.

[3] 胡梦婷 . 核心素养下的小学语文阅读教学 [J]. 教育观察，2019（26）.

[4] 人民教育出版社课程教材研究所小学语文课程教材研究开发中心 . 义务教育教科书教师教学用书 [M]. 北京：人民教育出版社，2020：131.

小学语文混合式教学策略研究

北京市通州区教师研修中心
张立娟

摘要：

在小学语文教学中开展混合式教学研究是社会发展和教学改革的需要，它是一种促进学生进行深度学习，落实立德树人目标的有效途径。本文将从三个方面阐述开展混合式教学研究的策略：提供混合学习资源，开阔阅读视野，提高学习兴趣；创设混合学习环境，指导深入学习，促进交流互学；构建新的评价方式，进行数据分析，改进教学行为。混合式学习模式重构了教学的过程，真正实现了“先学后教”，师生的学习互动贯穿课前、课中、课后整个学习的进程，使语文学习变得更立体、更丰富、更动态、更可控。

关键词：

混合式学习；教学策略；语文学科素养

《义务教育语文课程标准（2011年版）》指出：“拓宽语文学习和运用的领域，注重跨学科的学习和现代科技手段的运用，使学生在不同内容和方法的相互交叉、渗透和整合中开阔视野，提高学习效率，初步养成现代社会所需要的语文素养……语文教师应高度重视课程资源的开发与利用，创造性地开展各类活动，增强学生在各种场合学语文、用语文的意识，通过多种途径提高学生的语文素养。”不难看出当今的语文教学不仅要继承以往以课本学习为主阵地所取得的成功经验，更要结合当今社会形势的发展，拓宽学生学习的场域，引导学生开展深度学习，切实提高他们进行终生学习的能力。新冠疫情的发生迫使我们要加快开展新的教学方式的研究，在信息（智能）时代的大背景下，近一年以来，混合式学习以迅猛的速度发展起来。

什么是混合式学习呢？最早它是在2001 年《美国教育技术白皮书》中被

提出，在 2003 年由北京师范大学何克抗教授在全球计算机教育应用大会上引入国内的。国内普遍认为混合式学习是将传统学习方式的优势和网络化学习的优势结合起来，使二者优势互补，获得最佳的学习效果。在小学语文课堂教学中怎样开展混合式学习呢？通过对混合式学习理论的学习并大胆进行实践，我们摸索出了以下教学策略。

一、提供混合学习资源，开阔阅读视野，提高学习兴趣

教学既是一门科学，又是一门艺术；既有规律可循，又需要教师的创造。教学的核心是思维，学习的关键是思考。在教学过程中激发学生的学习动机，引发学生的认知冲突，通过分析事物之间的联系及关系是有效的策略。如今，教师和学生身处大数据时代，“全体数据”的思维转变使个性化阅读真正成了可能，课堂的边界已经被打破，知识的边界在不断地拓展。教学改革后的变化还表现在统编教材以单元建构教材，所选篇目在数量和质量等方面都经过了严格把关，一册教材最多只能编入不到30篇课文。囿于阅读数量限制，学生从每册书中接触到的文本有限。统编教材虽然设置了“快乐读书吧”板块，以扩大学生的阅读量，但还是远远不够的。因此教师要为学生提供相关资源，引导学生开展混合式阅读，做到课内课外学习有效衔接，引导学生发现阅读材料之间的联系，促进学生的思维发展成了重点教学内容。

例如，小学语文五年级上册第三单元的人文主题为“民间故事”，教材选入了《猎人海力布》《牛郎织女（一）》《牛郎织女（二）》三篇课文。民间故事，情节生动曲折，语言通俗易懂。它在娓娓道来的叙述中能够潜移默化地对学生进行情感和价值观的引领。因此，在本单元的教学中，教师要做好课外阅读与课内阅读的衔接工作，为学生推荐更多类似的民间传说故事的阅读文本，让学生领略到民间传统文化的独特魅力。

在本单元学习中，我们在班级群中推荐了《鸡下蛋还债》《油条的来历》《两兄弟打赌》等十几个短小的民间故事，让学生利用课上或晨午检时间阅读。经统计，全班47名学生，在一天内全部读完的达95%，两天内学生全部读完。结合本单元的语文要素“了解课文内容，创造性地复述故事”和“提取主要信息，缩写故事”，课前阅读是激发阅读兴趣，单元内容教学完毕是借助学到的方法，围绕语文要素在实践中培养学习能力。因此，教师组织学生回顾课内学到的方法：1.转换叙述的口吻讲故事。2.进行大胆想象，为故事增加合理情节。

3.变换情节顺序讲故事。学生灵活运用方法再次阅读后，召开班级故事会，收到了极好的效果。将学生讲故事的过程进行录像，放到班级群，学生自由观看后，可以针对内容讲述、情节设计、外在形象等方面留言。学生对线上线下混合式学习的“学—读—讲—评”的语文学习更有兴趣了。

以一篇带一类文体的阅读，通过以上设计，开阔了学生的阅读视野，从学习方法运用到表达能力提高，真可谓事半功倍。

二、创设混合学习环境，指导深入学习，促进交流互学

让全体学生开展深度学习，这是一件挺难的事情。深度学习的发生有两个层级。根据SOLO分类理论，第一层级，思维处于“关联结构层次”状态，学生找到了多个解决问题的思路，并且能够把这些思路结合起来思考。第二层级，思维处于“抽象拓展层次”层级，学生能够对问题进行抽象的概括，从理论的高度来分析问题，而且能够深化问题，使问题本身的意义得到拓展。

一般情况下，学生的学习环境为课堂学习，然而语文教学的目的并不仅仅在于学生掌握课本中的字词句篇的刻板学习，而是要培养学生的实际应用能力，将学用紧密结合，促进深度学习，提高语文学科核心素养。混合式学习环境为学生营造开展深度学习的环境和良好体验，从而让学生获得语文学习的乐趣。

例如，在六年级上册第七单元。人文主题是艺术之美，语文要素是“借助语言文字展开想象，体会艺术之美”和“写自己的拿手好戏，把重点部分写具体”。课文所涉及的艺术形式有书法、绘画、琴艺、戏剧等等。对教师而言，这类文本不仅是在促进学生对语言文字方面的认识，而且能够深化美育工作的开展。教师可以让具有才艺特长的学生录制表演视频，上传到班级微信群或者QQ群等班级交流空间，为学生的个性发展提供能够一展身手的舞台，让学生欣赏同伴表现出的艺术之美。

另外，教师还可以引导学生对教学资源进行合理开发和运用，为同伴提供丰富多彩的学习资料和学习工具，培养他们的自学和协作学习能力，提高课堂学习效率。教师可以（六年级学生在信息技术课上已经学习了很多电子技术操作和多媒体操作技术）提供一些经过筛选的视频和辅助网站，以小组为单位利用课余时间浏览主题网站，自主学习知识，满足学生不同的学习需求。学生置身于自己参与其中的“互联网视野”中去学习语文，表达语文。他们可以随时

上传、修改自己的成果，比如，课文朗读的音频、配合课文的插画、仿写的片段等。上传的资料可以让班里的同学看到，满足了学生在努力后寻求肯定的心理需求。同类作品的碰撞还能进一步激发学生的灵感。当然，更重要的是学生的作品丰富了资源库的建设，这些资源又为下一批学生的学习提供了素材。

这样的学习设计体现了课标提出的语文课程是实践性课程，应着重培养学生的语文实践能力的要求，使语文与信息技术学科有效融合；是发挥学生主体地位，体现个体差异和不同的学习需求，进行自主、合作、探究学习的最好体现。

通过开展丰富多彩且趣味性强的活动，教师再带领学生们回归到文本之中，更能够使学生在课文阅读中产生身临其境的感受，促进语文学习的融会贯通，让他们在自觉建立多种联系的过程中开展深度学习。

三、构建新的评价方式，进行数据分析，改进教学行为

《教育部关于印发义务教育语文等学科课程标准（2011年版）的通知》非常强调学生学业评价要基于课程标准开展，它明确指出，“强化评价在教学诊断和促进学生发展中的积极作用。要以课程标准为依据确定科学的评价标准，尤其要重视基础知识与基本技能、过程与方法、情感态度价值观等课程目标的全面落实。改进评价方式和方法，注重过程性评价。严格按照课程标准命题”。

的确，阅读检测是诊断教学质量、反馈教学过程的一种有效的手段，透过试题的解读，可以让我们更清晰地看到课堂阅读教学的落点与指向，为课堂教学的优化提供了新的思路，如此才可不断落实语文要素的学习，提升学生语文核心素养。这就使得教师不仅是课程的执行者，更应具备课程设计与开发的能力，即依据现代课程理论，应用系统分析方法，分析教学以及学习过程中的问题和需求，适切地选择网络和技术工具，确定教学资源、活动、方法、策略、管理等，并对教学过程和结果做出评价的计划过程和操作程序等的能力。

比如针对学生的课前预习情况，可以利用“晓黑板”等网络平台，发起练习任务，即自学字词、熟读课文，制订每天预习计划，促进学生养成良好的预习习惯。

再比如，为了巩固识字的效果，可以在腾讯会议或小鹅通等平台上，根据不同年级、不同学期，凡是要求学生会认的字设计若干份由若干句子和短文组成的试卷，学生抽取其中一份，稍做准备进行认读。读错后学生自行纠正的不

计算读错，不会认的字读错不计算读错。

评价的标准为：

优秀：全对或错1–3个并能及时改正；良好：错4–5个；及格：错5–8个；待合格：错9个及以上。

优秀者不再测评。良好者可选择再次测评，及格者和待合格的可再次测评，以最好成绩登记。

教师根据学习内容设计配套的检测题，既便于学生自我检测，又便于教师掌握教学效果。教师在设计题型时，既可以有基础题，还可以有拓展题。拓展题主要是检测对词语的运用。学生将作业上传至石墨文档，教师不仅可以看到上交的数量、人员、上交的时间，更可以方便地进行批阅。针对不同学生能力存在差异，教师可以采用网上会议等多种形式进行集中指导或个别辅导。最后，再提供具有层次性的教学资源，让学生在练习中巩固学校效果。

多样的互动学习和评价，拓展了学生的学习时空，丰富了学习体验，使得良好的学习经验在班级内不断扩散、辐射，营造了积极向上的学习氛围。

与传统教学相比，混合式学习模式重构了教学的过程，真正实现了“先学后教”“少教多学”，师生的学习互动贯穿课前、课中、课后整个学习的进程。混合式学习为学生搭建一个自由、开放的学习时空，提供丰富的学习资源，给予他们更多的自主学习的空间。这种线上线下的相互渗透，使语文学习变得更立体、更丰富、更动态、更可控。如今，未来已来，教师应以新的教学理念，在提高自身教学能力的同时，进一步提升信息技术素养，利用更多手段促进学生深度学习，培养他们的综合素养。

参考文献：

[1] 中华人民共和国教育部 . 义务教育语文课程标准（2011 年版）[S]. 北京：北京师范大学出版社，2012：9.

[2] 彼格斯，科利斯 . 学业质量评价——SOLO 分类理论 [M]. 高凌飚，张洪岩，译 . 北京：人民教育出版社，2010：29.

[3] 霍恩，斯泰克 . 混合式学习：用颠覆式创新推动教育革命 [M]. 聂风华、徐铁英，译 . 北京：机械工业出版社，2015：120.

[4] 何克抗，林君芬，张文兰 . 教学系统设计 [M]. 北京：高等教育出版社，201：167.

运用多种策略培养低年级学生口语交际能力

北京市顺义区马坡第二小学
张淑玲

摘要：

口语是最基本、最便捷的交际工具。口语交际能力是每一个人在社会生活中必备的能力，而且具有较强的语言表达能力是每个人适应现代社会的需要。《义务教育语文课程标准（2011 年版）》中明确指出“口语交际是现代公民的必备能力。应培养学生倾听、表达和应对的能力，使学生具有文明和谐地进行人际交流的素养”。由此看出，培养学生的口语交际能力既是学生日常生活的需要，也是课标的要求。因此，作为语文教师要高度重视学生口语交际能力的培养。针对低年级学生特点，运用“结合生活实际训练学生说完整话、巧用书中插图激发口语交际兴趣、关注听说行为培养良好交际习惯、运用多种形式培养交际能力”等策略，促进学生口语交际能力的提升。

关键词：

口语交际；交际兴趣；交际习惯；交际能力

口语交际是最基本、最便捷的交际工具。口语交际能力是每一个人在社会生活中必备的能力，而且具有较强的语言表达能力是每个人适应现代社会的需要。《义务教育语文课程标准（2011年版）》中明确指出“口语交际是现代公民的必备能力。应培养学生倾听、表达和应对的能力，使学生具有文明和谐地进行人际交流的素养”。由此看出，培养学生的口语交际能力既是学生日常生活的需要，也是课标的要求。因此，作为语文教师要高度重视学生口语交际能力的培养，特别是一、二年级学生的口语交际训练尤为重要。在教学实践中，我尝试运用以下策略和方法，对低年级学生加强口语交际训练。

一、结合生活实际，训练学生说完整话

一年级学生在入学前已积累了一定数量的词语，能够运用语言表达自己的意思，但有时语言说得不够完整，词语搭配不当，不能正确表达自己的意思。所以从一年级开始，要训练学生说完整话。

为了让学生建立“说完整话”的概念，教师应在平时加强基本句式的训练。根据生活中的不同情境练习说完整话。例如进行“谁怎么样；谁是什么；谁做什么；什么怎么样”等句式练习说话，让学生建立说完整话的概念。在把一句话说完整的基础上，再练习如何把一句话说具体。比如从“谁干什么”的句式到“谁在什么地方干什么”，最后再到“什么时候，谁在什么地方，怎样干什么”。这样，结合生活实际有步骤地训练学生把一句话说完整、说具体。

口语交际课上同样训练学生说完整话。部编版语文教材一年级上册安排了口语交际《我们做朋友》，主要是让学生能向他人做自我介绍，增进主动交往的意识，同时要求学生交谈时要注意交际的礼仪，让同学交流时“看着对方的眼睛”。这一口语交际训练从学生的现实生活入手提出交际的话题。引导学生说说开学以来认识了哪些同学，还想和谁交朋友，激发学生愿意交往的愿望，唤起交际的动机。学生与学生交流时，告诉学生要先相互问好，大声说话让别人听得见，并且眼睛看着对方。另外，介绍自己的名字、兴趣爱好等时把话说完整、说清楚，让对方听明白，进一步了解自己。同时还可以询问对方的兴趣爱好、喜欢哪些游戏，真心地邀请对方和自己交朋友等等。

教师要求学生不仅在课堂上说完整话，课间游戏时、在家里时也要说完整话。久而久之，学生逐步建立完整话的概念，养成了说完整话的好习惯，为口语交际打下良好的基础。

二、巧用书中插图，激发口语交际兴趣

低年级语文教材中有许多插图，直观形象，生动有趣，能激发学生观察、联想和表达的兴趣。这些插图不仅浓缩了课文内容，而且将观察方法、思维训练隐含其中。这样的教材可谓图文并茂，学生易于接受，并对这些内容也非常感兴趣。

为此，老师在平时的教学中，要充分挖掘教材内容进行口语交际训练。针对不同的插图，让学生按顺序、有重点地观察插图，再进行说话练习；还可以通过插图帮助学生有条理地、具体地复述课文。有时候可以利用课文的留白，让学生展开想象，补充情节或续编故事，把课文中没有写到的内容用语言表达出来。

统编语文教材一年级上册安排了口语交际《小兔运南瓜》，采用的就是看图补白编故事的形式进行口语交际训练。教材中配有三幅插图，其中第二幅插图中只有一个大大的问号。插图下面有个问题："小兔可以用哪些方法把南瓜运回家？"留给学生想象的空间，引发学生大胆想象。

在做此训练时，我引导学生联系生活实际大胆想象，想出新颖的、合理的办法，用一两句话把想法说清楚，并引导学生积极参与讨论、说出自己喜欢哪种方法。然后，学生相互说一说、评一评、改一改。最后，学生完整地讲述小兔运南瓜的故事，分角色演一演。

在这个过程中，教师充分运用插图引导学生大胆想象，敢于表达自己的想法。积极与同学配合讲故事，表演故事，增强学生表达的自信心。讲故事的同学能够做到态度大方，表达清楚，有的还加上自己的动作。学生想象出许多生动、具体的办法，积极踊跃地发言。这样能调动学生的积极性和主动性，使他们乐于表达，同时激发学生表达的兴趣。

三、关注听说行为，培养良好交际习惯

针对一、二年级口语交际的目标及内容，《义务教育语文课程标准（2011年版）》明确提出"能认真听别人讲话，努力了解讲话的主要内容；与别人交谈，态度自然大方，有礼貌"。要达到这些标准，需要教师重视培养学生良好的听、说习惯。

低年级普遍存在一些不良现象，例如老师一提出问题，学生立刻把手举得很高，有的站起来边举手边嚷："老师，我！老师，我！"有的学生虽然成绩优秀，但不善于表达，说话支支吾吾。还有的学生则不然，一开口就滔滔不绝，说个没完没了，没有头绪。面对这些问题，教师在平时的教学中要注意培养学生良好的倾听与说话习惯。

教师要教给学生倾听的方法，知道听别人说话要有礼貌，眼睛注视对方，做到听别人讲话要专心，不要边听边玩。例如上课专心听讲不随便说话，听

别人回答问题要认真等。教师还要引导他们要学会说话，学会把关键的内容说出来。学会按顺序说话，有条理地表达，注意事情的前后顺序等。教师注重培养学生良好的听说习惯，能不断地提高他们的口语交际能力，养成良好的学习习惯。

四、运用多种形式，培养学生交际能力

口语交际是听与说双方的互动过程，要鼓励学生在各种教学活动中锻炼口语交际能力。培养他们倾听、应对和表达的能力，使学生具有文明和谐地进行人际交流的素养。因为语言是思维的直接体现，说话清楚的学生，思维一般是清晰的、活跃的。学生的口语表达能力是他们今后书面语言表达的基础。

针对有些低年级小学生胆子小，说话声音小，有时会出现吞吞吐吐、含糊不清等现象，教师对他们进行口语交际能力的训练是非常必要的，可以采用多种形式培养他们口语交际能力，让他们的口语表达做到规范、准确、有条理。

（一）教师精心设计口语交际课

教师结合教材的单元主题内容及训练重点精心设计每一节口语交际课，通过做游戏、讲故事等不同形式，激发学生听、说的兴趣，提高学生听说的能力；也可以利用部编教材，创设口语交际训练情境，增加口语训练环节，引导低年级学生主动讲述故事，更好地完成小学低年级语文口语交际训练，促进学生口语交际能力的提升。

（二）语文课上提供表达的机会

每天的语文课安排3分钟的口语训练，学生可以把前一天看到的、听到的、想到的等用语言表达出来。刚开始可能有的同学只说一句话，逐渐地学生能够说几句话。例如一年级有个同学把奶奶过生日的场面在语文课上讲给全班同学听。学生说道："昨天是奶奶的生日，姑姑、叔叔都来了。姑姑给奶奶买了新衣服，叔叔给奶奶买了生日蛋糕，我给奶奶唱了一首歌。奶奶非常高兴。"只要教师天天坚持对学生进行口语交际训练，就能为将来的写话打下良好的基础。此外，教师还可以在课堂上安排读书、写字的互评活动，创设表达交流的机会，让学生的口语交际能力在语文课上得到锻炼。

（三）引导学生参加交际活动

教师可以充分利用学校每周的班队会，“六一”儿童节，运动会，各种朗诵、演讲比赛等活动，设计好各种口语交际内容，为学生搭建交流的平台，让学生在活动中充分表达，提高交际能力。

（四）引导学生认真观察生活

教师要把口语交际与学生的生活紧密联系起来，做到口语交际生活化，把生活变成学生进行口语交际的重要场所。平时，布置一些口语交际的实践性作业。例如，让学生把在学校里发生的自己最感兴趣的事情讲给家长听，还可以把自己家里或上学路上看到的情况讲给老师和同学听。这样，不但对学生进行口语训练，还能培养学生留心观察身边的事物的良好习惯。

（五）注重口语交际训练的评价

对于口语交际来说，师生的评价也尤为重要。教师的鼓励能够对低年级学生产生很大的影响。首先，在进行口语交际训练时，教师可以从学生表达的方式、说话的语气、动作等方面进行评价与鼓励，让他们敢说、敢想。其次还需要开展生生互评，让学生在互评中增进友谊，锻炼能力，相互学习。评价环节的有效落实能激发学生口语交际的热情。

总之，口语交际是每个人具有的一项适应社会的基本能力。在教学中，教师要高度重视低年级学生口语交际训练，让他们掌握口语交际的方法与策略。深入挖掘统编教材内容，充分利用教学资源，逐步提高学生的口语交际能力，使每一个学生具有良好的表达能力，能够适应现代社会的需要。

参考文献：

[1] 中华人民共和国教育部 . 义务教育语文课程标准（2011 年版）[S]. 北京：北京师范大学出版社，2012.

从侧耳倾听到能说会道
——基于核心素养培养小学生口语交际能力

北京市通州区第二中学（小学部）
张彤

摘要：

语文学科核心素养主要包括“语言建构与运用”“思维发展与提升”“审美鉴赏与创造”“文化传承与理解”四个方面。《义务教育语文课程标准（2011年版）》明确要求学生：具有日常口语交际的基本能力，学会倾听、表达与交流，初步学会运用口头语言文明地进行人际沟通和社会交往。口语交际模块出现在小学语文统编教材中，足见口语交际训练可以达到落实语文核心素养的作用，并且对学生终身发展和社会发展有着十分深远的影响。本文将在理解学生语文核心素养的背景下，以小学中年级统编语文教材为案例，浅谈培养学生的口语交际能力的方法。

关键词：

口语交际；核心素养；统编教材

一、中年级学段小学生口语交际学情与教情

（一）抓住学生弱点，寻找突破口

统编语文教材在部分单元设计了口语交际模块，以提升学生的口语交际能力。中年级学段的小学生心智尚未成熟，有的学生不懂得倾听他人的想法，发言时重复别人已经讲过的内容；有的学生腼腆扭捏，话不成句，甚至“一词”以蔽之；有的学生说话表意模糊，词不达意，难以用有逻辑性的语言来说明自己的观点；有的学生课上积极热情，但思想肤浅，一不小心就偏离大家交流的主题；有的学生课上胆小害羞，心中有想法却金口难开。由此可见，口语交际

教学的重要性不容小觑。

（二）重读写，轻听说的老观念

谈起语文的教学，很多人的第一反应就是识字、阅读与写作。读写训练十分自然地成了语文课堂教学的重中之重。即便涉及听和说方面的训练，也只是针对所设置的情境简单而空泛地组织学生讨论发言，师生二者都缺乏深入思考和研究。有些时候，我们过于关注学生知识水平的提高，却忽略了在口语交际过程中培养学生的思维能力、分析和解决问题的能力、实际操作能力、创造能力。口语交际能力的强化，会对儿童的情感、意识、思维、能力等各方面产生积极作用，是小学语文教育中非常重要的环节。随着社会的进步、经济的发展，不懂得倾听与倾诉，不会沟通与交流，如何在这样一个人与人联系非常紧密的社会中寻找立足之地呢？

（三）课标明确，教师难讲

《义务教育语文课程标准（2011年版）》对第二学段口语交际方面的教学目标与内容提出了明确要求和建议："能用普通话交谈。学会认真倾听，能就不理解的地方向人请教，就不同的意见与人商讨；听人说话能把握主要内容，并能简要转述；能清楚明白地讲述见闻，说出自己的感受和想法，讲述故事力求具体生动。"这段话为我们的口语教学指点迷津，但如何使得学生在两年的学习过程中成功地达到预期设定的目标是每个语文教师面临的挑战。统编教材中的口语交际模块应该采取怎样的教学方法让学生获取更大的收获？如何打破学生的被动状态，让所有的孩子都乐于参与到交际训练中？如何将口语交际与学生的日常生活有机地结合，真正促进学生行为习惯、思想态度形成，以及综合能力的提升呢？理论与实践的融会贯通需要的不仅是尝试与创新，更需要坚持不懈的毅力。

二、统编教材口语交际模块编排特点

（一）设置话题丰富，难度循序渐进

口语交际并非单纯意义上所讲的"听说训练"。统编教材单独设置了口语交际模块，目的是突出"交际"的功能，促使学生养成良好的交际能力与习惯。统编小学语文教材每册安排了4次口语交际训练（六年级下册为3次），共

提供47个交际话题，让学生体会各种身份和场合。不仅内容丰富，而且在倾听、表达及交际素养等不同层面上要求达到的教学目标的高度也呈循序渐进的上升梯度。每个交际话题安排一课时，完整的课时安排方便教师集中时间，有针对性地进行训练。

（二）情境发散思维，提示多种多样

统编教材“口语交际”页面，一般由情境插画、情境对话框、文字讲解和小贴士四部分组成。情境插画非常直观自然地把学生带到生活之中，激发学生交流的欲望；情境对话框以同龄人的口吻为学生提供范例，拓宽学生的思路；文字讲解用亲切的话语引发学生思考，提出话题，明确口语交际的目标，为学生提出了可行的方法策略；小贴士比较醒目，提示交际时需要注意的事项，清晰地呈现出训练的重难点。

如三年级上册第一单元，口语交际话题为“我的暑假生活”。两幅情境插画展现了部分学生的真实生活。第一幅画是在田间地头做农活，第二幅画是在游乐场里乘坐摩天轮。教学时，教师应充分利用这两张插画，帮助学生回忆自己的亲身经历，对情境对话框中结尾的省略号进行补充。其他同学可以展示出课前准备好的照片和实物，把同学们带入新的、更多样的情境中去，讲述背后的暑假生活。大家在课上先想一想讲哪个故事最能吸引同学们的兴趣，怎样讲述故事才能让同学们充分地了解自己的暑假生活；再结合图片或实物讲一讲自己的经历；接着评一评哪位同学内容讲得清晰又具体，细节生动又形象，语言流畅又得体；最后议一议怎样度过暑假生活最有意义。既达到了学生思维能力、情感意识多方面的提升，又使得“过有意义的生活”这一理念入心践行。小贴士中提示的内容也不可忽视：选择别人可能感兴趣的内容讲及借助图片或实物讲。因为小贴士中的内容可以引导学生认识到口语交际要有对象意识，可以借助形象的外物来降低表述的难度，从而促成自己成段表达。

（三）联系单元主题，贴近学生生活

统编教材口语交际的话题内容，大多与本单元的主题有一定的联系。如四年级上册第一单元包括《观潮》《走月亮》《秋晚的江上》《花牛歌》《繁星》这几篇描写景色的文章，要求学生边读边想象画面，感受自然之美。本单元的口语交际话题就围绕着“我们与环境”展开，让孩子们结合自己对大自然的体验，交流与环境保护有关的思考与感悟。选择的话题不仅与本单元的文章内容相关，而且非常贴近学生们的现实生活。插图与对话所呈现的都是大家熟悉或

是亲身经历过的情境。口语交际的话题与本单元的主题相互照应，融为一体。所以学生们结合着本单元的文章内容，以“我”为中心组织语言，既可以深入理解课文内容，又可以积累丰富的语言表达。

三、口语交际中的核心素养培养

（一）语言建构与运用

口语交际训练教会学生运用倾听的方式根据语境对语言信息进行提炼与整合，分析、理解他人的表述；教会学生以口语方式自主表达，力求生动，条理清晰、有逻辑感地建构语言并运用语言。

如四年级下册第二单元，口语交际话题为“说新闻”。当他们在听新闻广播或同学讲述新闻的时候，要对新闻的来源，发生的时间、地点，对象及事件过程等关键信息充分记忆、理解、提炼、整合。教师要提示学生在听新闻时要注意接收、储存信息，而非死记硬背。学生应边听边思考，利用多种方式建构语言：把头次听说的新闻与之前听过的类似的新闻进行联系，抓住关键词想象画面，划分发言人讲述新闻的层次，判断新闻的类型，理解发言人的观点等等。在向同学们讲述新闻的时候，学生要学会将获取到的信息传递与输出，表述的过程中既要保证新闻要点的准确性，又要讲得清楚、连贯，还应深度思考，能够说出对该则新闻的看法。在大家对这则新闻的交流、讨论的过程中，具体、生动且有条理性的表达非常重要，达到运用语言的目的。

（二）思维发展与提升

口语交际训练，绝不仅仅是让学生练练嘴皮子，而是通过语言运用，获得直觉思维、形象思维、逻辑思维、辩证思维和创造思维能力的发展，以及灵活性、深刻性等思维品质的提升。思维方式小到对一个人处理事件的方式，大到对人生的影响都非常大。所以，口语交际要让学生懂得如何考虑问题，如何考虑得更加全面细致，如何考虑得更加有远见。

如四年级下册第六单元，口语交际话题为“朋友相处的秘诀”。在这一话题下，编者让学生们以讨论的方式整理三条以上关于怎样和朋友相处的秘诀。组长要将组员的想法进行整理，将相近的观点整合在一起汇报。其实这个话题本身就具有培养孩子尊重他人、相互理解与包容等健康人格的作用，是思维能力与思维品质的体现。在交际的过程中，学生们也切实地体会到各个组员作为自己的朋友，接纳意见时要相互包容，删改观点时要相互尊重，是思维能力和思维品质的运用。这种思维方式潜移默化的浸润性养成，可渗透到学生的生活中，当朋友与自己发生了矛盾之后，以理性思维控制自己的情绪，理智地解决所面临的问题。

（三）审美鉴赏与创造

口语交际还是一个人气质与品格的展现。音容笑貌、行为举止都是美的追求与实践。审视人们对事物的美丑做出评判的过程；美是能够令人产生愉悦的感受。我们在口语交际中对学生提出“态度大方自然”“注意使用文明用语”“对自己充满自信”“对同学的意见表示尊重”等要求时，学生既是在主观鉴赏，也是在个性化创造语言美、姿态美、气质美、道德美、人格美等多个方面的美。

如在三年级上册第四单元，口语交际话题为“名字里的故事”。小贴士中明确表述：“听别人讲话的时候，要礼貌地回应。”学生在交际中表现得很有礼貌，会给对方好的情感体验。在和睦融洽的氛围中完成交际，大家都会获得舒适、愉悦的感受。这些都是学生发现美、判断美、鉴赏美、创造美的能力培养。

（四）文化理解与传承

口语交际可以涵盖文化，文化也可以通过口语交际来体现。如我国传统美食、民族艺术、中华诗词等等文化的传承都可以成为我们口语交际的主题。学生也可在交际中体会我们团结凝聚的民族精神和博大精深的民族文化，理解我国文化和外国文化间的差异。

如四年级下册第八单元，口语交际话题为“讲历史人物故事”。首先历史故事本身就是我们中华民族的瑰宝；其次，学生们选择的历史人物大多数都是我国的，或是文采飞扬的李白，或是精忠报国的岳飞，或是睿智过人的诸葛亮……这些人物的身上必定有值得我们学习的精神品格，以及中华民族优秀文化。而且学生们还可讲述国外历史人物的故事，了解国外的历史背景和文化，了解与我国文化的差异对比，帮助学生认识世界，理解社会。

综上所述，统编教材中的口语交际教学会对儿童的意识、情感、思维、能力等各方面产生积极作用，对中华民族优秀传统文化的弘扬发挥着重要的作用。总结并解决教学中存在的一些问题，探究口语交际教学的科学有效的方法，是小学语文教学必须重视的课题。

参考文献：

[1] 中华人民共和国教育部 . 关于全面深化课程改革落实立德树人根本任务的意见 [J]. 教育科学论坛，2017（20）：3–5.

[2] 中华人民共和国教育部 . 义务教育语文课程标准（2011 年版）[S]. 北京：北京师范大学出版社，2012：9.

[3] 徐林祥 . 说“语文”[J]. 语文教学通讯，2009（32）：20–21.

[4] 李红娇 . 如何实施口语交际教学 [J]. 中学教学参考语英版，2014（6）：12–13.

[5] 石义堂 . 初中语文课堂的有效教学 [M]. 北京：北京师范大学出版社，2007：65.

精准落实语文要素，让语文学习真实发生
——小学语文五年级上册第六单元教学实践与思考

北京市通州区东方小学
张婷婷

摘要：
统编教材的使用给教师日常的教学工作带来新的挑战。“落实语文要素”成了教学研究永恒的话题。本文以五年级上册第六单元为例，以“精准落实语文要素，让语文学习真实发生”为研究主题，展开了积极的实践探索。

关键词：
语文要素；小学语文

统编教材的推广与使用，让一线教师们面临着全新的挑战。一方面我们要注重对语文要素的精准落实，另一方面我们也要关注学生真实的课堂获得。“精准”是一种有的放矢的把握，不能过分强调要素让语文课失去了语文味；也不能忽视要素，只关注学生理解与情感的提升，应让语文要素既得到重视，又能恰到好处地发挥其作用。“真实”是学生的实际获得。语文旨在发展学生的思维和语言。在语文课上如何设计出能够调动学生积极性的教学活动，如何让他们真正能思考起来，这是我们追求语文学习那份“真实”的意义。

一、落实语文要素，找准教师面临的普遍问题

“双线组元”是统编小学语文教材编写的主要特点之一，语文要素的编排，是统编教材最大的突破和创新。“落实语文要素”变成了热点的话题。这对于新老教师来说都是挑战。如何落实语文要素？如何把握好教与学的度？语文学

习到底怎样才能真实发生？这都是日常教师们的教学研究困惑点。

受传统教学观念束缚以及对统编教材认识不到位的影响，对于当前统编教材的教学，老师们存在着这样一些理解的偏差和实践的误区：

（一）落实语文要素标签化

教师没有准确理解语文要素的内涵以及落实路径和方法。语文要素被教师从教材中抽离出来，将其作为一种静态的知识反复提及并在教学中显性呈现，看起来语文要素得到落实，而事实并非真正提升了学生的语文素养。

（二）落实语文要素过度化

语文课变成了语文要素的知识课、训练课，语文课的情感味淡了，美感没了。统编教材其实纠正了过分的人文化倾向，但我们的教学却又面临走向过分语文要素化倾向的问题，导致语文要素和人文主题产生了割裂。

（三）落实语文要素孤立化

教师对某一语文要素的落实仅仅局限于本课、本单元。可当我们梳理统编语文教材所有的语文要素会发现，语文要素的培养和落实应是一脉相承，循序渐进，形成一种螺旋式上升的状态。

二、落实语文要素，正确把握教学内容与实际学情

（一）精准把握单元语文要素

五年级上册第六单元以“舐犊情深”为主题，编排了《慈母情深》《父爱之舟》《“精彩极了”和“糟糕透了”》三篇课文。本单元指向阅读的语文要素是“注意体会场景和细节描写中蕴含的感情”；指向表达的语文要素是“用恰当的语言表达自己的看法和感受”。课文篇幅长，两篇精读《慈母情深》和《父爱之舟》时代背景与学生生活实际相去甚远，而且作者文笔功底深厚，表达十分精妙。本单元的选文情思细腻、含蓄，学生需要细细品读文本描写的场景、细节，才能体会蕴含在字里行间的深厚感情。所以本单元的教学更应注重教学环节的设计，在环节中，渗透语文要素，让学生走入文本，走进作者内心世界，体会人物情感的方法。

（二）注重结合学生实际生活

教育的根本任务立德树人，语文课上更应以文化人、以文育人，五年级正是学生世界观、人生观、价值观正在构建的重要年龄阶段，在思想意识逐渐独立的过程中，他们开始拥有自己的个性，开始和家长出现摩擦。如果能借此机会，提升课堂的质量，相信对于学生而言也是提高思想认识，感悟父母之爱的好机会。《慈母情深》表达的是无私的母爱，《父爱之舟》表达的是深沉的父爱，《“精彩极了”和“糟糕透了”》强调的是父母对孩子不同的爱的方式。这些课文如果能让学生沉浸其中，定能引起学生的共鸣和思考。

三、落实语文要素，关注教与学的方式方法

（一）明确单元教学的层次

《慈母情深》中一系列场景、细节的铺垫和描述，把母爱的无私生动地刻画出来了。“我的母亲”的反复和倒装，连续四个“立刻”，以及噪音下独立成段地与母亲的对话，把母亲的这份爱和“我”由此受到的触动深深地刻进读者的内心。作为单元第一篇精读，它承载的任务是认识场景、细节，了解学法；初步通过品读场景、细节感悟慈母情深；合理表达观点。本节课应注重对于场景、细节的品读，引导学生从多角度思考、感受慈母形象，并且鼓励学生进行口语表达和片段习作。比如在课上，教师可以补充梁晓声的原文、加入缝纫机的噪声等，启发他们聚焦到某一场景之中，品读细节，感悟情深。

《父爱之舟》用朴实的语言描述了父亲摇橹、做饭、缝补等小事，体现了父亲对自己“俭”、对儿子“奢”，形成了鲜明对比，表达了独特的父爱。它是单元第二篇精读，承载的任务是运用抓场景、品细节的学法感悟深沉的父爱，能够联系生活、上下文、想象表达观点。在这节课上，教师应开始注重对于学生的帮扶，可以从学生难理解的“逛庙会”场景入手，带领学生运用学法深入解读；然后放手让学生自学，寻找自己印象深刻的场景，合理表达感受。

《“精彩极了”和“糟糕透了”》讲述了一个七八岁的小男孩第一次写了一首诗，母亲看后惊喜夸奖他“精彩极了”，可父亲看后却评价说“糟糕透了”。后来，作者终于明白了，不管是母亲的鼓励还是父亲的激励都是对自己的爱。这篇略读课文承载的任务是让学生在自学中运用抓场景、品细节的学法感悟父母不同的爱，能够有理有据表达自己的看法。本节课可以自学任务为主，放手

让学生静心读文，自主运用学法感受父母之爱。教师的主要任务是在学生交流之中遇到无法突破的难点时，适时点拨。

本单元的口语交际《父母之爱》旨在让学生对接生活，联系自己，交流评价父母表达爱的不同做法，学会正确看待“父母之爱”。

习作《我想对您说》则是学生有了充分的情感体验、习得了表达方法之后的自然抒发，从“我”的角度回应父母之爱。

语文园地中的“交流平台”对借助场景和细节感受父母之爱进行了总结，“词句段运用”中又设计了由扶到放的练习。

（二）增强课文的延展性

在课堂之中，教师应注重教学环节的设计，增强课文的延展性，让学生的认识更加丰富。

1.由课内向课外延伸。《慈母情深》可补充原文、时代背景，丰富学生对于慈母形象的认知。《父爱之舟》教师可引入作者画作，让学生产生认知上的冲突，“画作之中明明有小渔船，为什么还要说自己画不出呢？”以此鼓励学生感受父爱的深沉与伟大。

2.由文章向生活延伸。三节课之中，教师应注重引导学生联系生活实际来思考。《慈母情深》可启发学生回忆和父母相处的过程中令自己鼻子一酸的经历。《“精彩极了”和“糟糕透了”》可启发学生回忆自己成长过程中感受到的两种不同形式的爱。

3.由体悟情深向习作表达延伸。三节课之中，教师均可设计读写结合的内容，这样的方式既引导学生回忆自己的生活经历，去发现生活的细节之中父母的爱，又能提高学生的习作表达能力，为单元习作做铺垫。

（三）充分发挥想象的作用

课标指出，语文教学“要发展学生的思维能力，激发学生的想象力”。想象在阅读教学中可以求真、悟善、审美，并且能拓展学生的思维能力和创造力；可以激发学生学习的主动性，点燃学生心中求知的火把；可以培养学生的鉴赏能力。

教师在三节课的教学时，应时刻注重穿插补白练习，引导学生通过想象，贴近人物内心，体悟情深。《慈母情深》中引导学生对母亲年轻的样貌进行想象，让学生在想象之中感受母亲被这份繁重的工作摧残，从而体会慈母情深。《父爱之舟》引导学生想象凑钱交学费的场景以及父亲缝补衣服时的内心活动，帮助学生理解父亲辛劳，感悟深沉的父爱。《“精彩极了”和“糟糕透了”》可引导学生补白精心准备的巴迪的内心活动和安静读诗时父亲的内心活动，感受父亲严厉的爱。

（四）精心设计自学问题

苏霍姆林斯基说：“在人的心灵深处有一种根深蒂固的需要，这就是希望自己是一个发现者、研究者和探索者。而在儿童的精神世界中，这种需要特别强烈。”每节课的自学问题都是贯穿一堂课始终的主线索，合理的问题才能够真正启发学生的思考，激发学生的探究欲与表达欲。下面以某位教师自学提示设计转变的过程为例，进行详细说明。

《慈母情深》一课中，该教师最开始的自学提示为“学习文章20–34自然段，思考哪些地方让你感受到了‘慈母情深’，在书上做简单批注”。在课堂教学实践的过程中，她修改为默读“向母亲要钱”和“母亲塞钱给我”这两个场景，抓细节，思考“我”为什么会鼻子一酸，做适当放批注。

细细分析不难发现，第一个问题把学生放在了读者的角度，因此，在课堂教学之中，学生自学兴趣不高，感受不深。而《慈母情深》这篇课文作为本单元的第一篇精读，需要带领学生快速入情入境。教师在认识到这一问题后，将学生和文中的作者合二为一，改成第二个问题，让学生站在更加贴近人物的角度来品析课文。而且，文中对于母亲的刻画其实和“我”心情的变化是相辅相成的。有些课例在教学时，会将两条线单独处理，而第二个大问题设计，看似是在体会“我”心情的变化，其实是通过“我”来感受母亲的形象。

再如，《“精彩极了”和“糟糕透了”》一课，该教师最开始的自学提示为“默读课文，结合学习单自主阅读，完成表格，全班分享（见表1）”。在课堂教学实践的过程中，她修改自学提示为“思考：我为什么再也受不了了，失声痛哭起来。在书上做简单批注”。

表1　学习单

	母亲的爱和父亲的爱有什么不同	小时候巴迪对这份爱的看法	长大后巴迪对这份爱的看法
母亲的爱			
父亲的爱			

细细品读单元课文不难发现，《“精彩极了”和“糟糕透了”》是最贴近学生生活实际的一篇课文，文中七八岁的巴迪面对两种不同形式的爱，有不同的表现，而这正是学生和巴迪的相似之处。教师改完之后，让学生站在巴迪的角

度分析巴迪的心情，唤起他们的共情能力。他们站在巴迪的角度能看懂、辨明两种形式的爱时，也就能体会自己生活中父母的爱了。

参考文献：

[1] 王莉莉 . 基于统编教材的“语文要素”理解与实践——以统编教材五年级上册第六单元《慈母情深》为例 [J]. 小学教学研究，2020（23）：42-45.

[2] 施燕红，邱慧芬 . 基于核心素养的单元整体学习设计路径——以五年级上册第六单元为例 [J]. 教学月刊小学版（语文），2020（10）：6-11.

读写结合，小组合作，提升学生习作能力
——以人物描写为例

北京市平谷区大兴庄中心小学
张雯岳

摘要：

《义务教育语文课程标准（2011 年版）》提出："语文课程是一门学习语言文字运用的综合性、实践性课程。"它致力于培养学生的语言文字运用能力，提升学生的综合素养，为学好其他课程打下基础。统编教材已经在全国范围推广使用，语文教学改革在落实"双减"工作要求背景下不断走向深入，语文教师必须在教学策略上做深入研究。本文结合自身写作教学经验，尝试以任务为驱动，采用读写结合，小组合作探究学习的方式，减轻学生学习负担，培养学习兴趣，进而提升习作能力和语文核心素养。

关键词：

读写结合；小组合作；习作能力；人物描写

一、让阅读成为写作的助推器

统编教材围绕"人文主题"和"语文要素"双线组织单元，不仅加强了不同年段的纵向联系，还加强了单元内部的横向联系，为师生学习描写人物形象提供了极好的学习资源。"新课程改革从顺应时代发展、从关注人的发展以及遵循学生学习规律的角度提出变革现行的学习方式，其目的就是要构建培养创新精神和实践能力的、具有'主动参与、乐于探究、交流与合作'为特征的学习方式及其对应的教学方式。"因此，单元的习作教学采用小组合作探究的学习方式，有助于提升学生的习作能力。

（一）例文引导，优化分组

课本中习作例文具有典型性，是学生进行习作实践的重要参考资源。如何利用好这一部分的内容呢？教师可以采用问题驱动，小组合作交流的方式来引导学生。例如：在教学《我的朋友容容》这篇习作例文时，让学生带着“如果让你写一个人，要具体地表现他的特点，你准备怎么写”的问题去阅读，从小例文中寻找自己能用的方法，然后小组内分享。课本资源中的多处批注可以帮助学生体会到选择典型事例对表现人物特点的重要性。学生在小组合作时很快就能找到例文描写的事件，以及这些事件表现出了容容的哪些特点，再结合其他批注思考：描写这两件事的时候，例文运用了哪些描写人物的方法？教师梳理学生的回答，呈现出例文的大致思路。

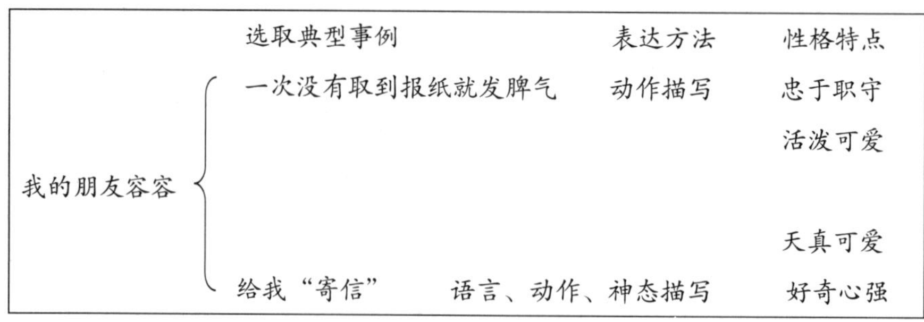

图1　习作例文思路

领悟了第一篇例文思路后，学生可以自主阅读《小守门员和他的观众们》。教师引导学生围绕“文中哪个人物给你留下了深刻印象，结合文中的语句说一说”“课文怎样通过小守门员和观众们的外貌、神态和动作，写出人物的什么特点”等问题进行交流。小组合作在此展开，教师明确任务，就某一问题四人交流，最后每组派一名代表进行汇报。注意回答问题要简单明确，如“我觉得×××给我留下深刻的印象，因为文中这样写的……”。此方法不仅考察了学生能否理解文意，找到人物描写的部分，还能规范学生的表达，引导他们简明扼要地说明自己的观点。同时，教师根据学生的回答，及时进行板书，适时点拨。

需要说明的是：小组的划分以四人左右为宜，而且要有明确的角色任务，避免学生走神溜号。不同层次的学生要搭配分组，以达到“兵教兵”共同进步的效果。

（二）作前指导，任务驱动

五年级下册第五单元是习作单元，主题为“结合具体事例写出人物的特点”。练笔前，教师引导学生回顾每一课内容，即典型事例。《人物描写一组》中，有三个片段，《小兵张嘎》片段“摔跤”，通过描写“围着他猴儿似的蹦来蹦去”“钩他的腿”的动作，表现了小嘎子的机灵；《骆驼祥子》片段“他像一棵挺脱的树”，通过描写“铁扇面似的胸”“直硬的背”“腮上没有多余的肉，脖子可是几乎与头一边儿粗”“脸上永远红扑扑的”的外貌，展现了祥子健壮十足的生命力；《儒林外史》片段“两茎灯草”，面对亲人们对他心意的猜想，通过描写“把手从被单里拿出来，伸着两个手指头——他把两眼睁得溜圆，把头又狠狠摇了几摇，越发指得紧了下——把眼闭着摇头，那手只是指着不动——点一点头，把手垂下，登时就没了气”这一系列反应和变化，表现了严监生极度吝啬的形象。《刷子李》中以曹小三的心理变化为线索，紧紧围绕寻找“师傅黑衣上的白点”展开，“最关心的还是刷子李身上到底有没有白点——真觉得这身黑色的衣服有种神圣不可侵犯的威严——往日传说中那如山般的形象轰然倒去——完了，师傅露馅儿了，他不是神仙”，直至不由得“发怔发傻”了。曹小三的内心随着寻找“师傅黑衣上的白点”的过程跌宕起伏，他的举动和内心的变化，被作者刻画得入木三分，侧面展现出刷子李技艺高超的特点。

通过精读课文，教师可以让孩子们了解到：人物形象不仅可以从人物自身的语言、动作、外貌、神态、心理描写来体现，还可以通过描写他人的反应来表现主要人物特点。

学习优秀文章后，就要为习作实践热身了。学生阅读单元习作的第二部分，思考几个事例与“叔叔记忆力超群”之间的关联。此时，进行小组讨论，派出一名代表进行回答，教师适时指点，记忆力超群是指“记忆力极强，远远超出正常人的水平”。事例2和事例3不能体现叔叔智力超群的特点，事例1和事例4则可以。接着，让学生选定一个最想介绍给大家的人物，思考他的特点是什么，选取哪些事例可以很好地表现，下发“学习单”，提示学生，既可以选择“初试身手”部分描写过的同学，也可以选择自己熟悉的人，比如自己的家人。

有了学习单的引导，学生的写作就可以寻找到创作方向。他们先独立思考，列出要描写的人和特点，选出需要使用的人物描写方法，并在后面画勾。然后小组合作，讨论每个人的学习单内容，同学之间互相倾听、进行补充。此时，教师在班级里巡视，及时收集学生中出现的典型例子，待小组成员们讨论结束，组织全班围绕“这位同学选定的事例是否能表现人物特点”进行辨析，教师根据情况适时点拨。这既能帮助学生选好习作素材，对思路不清晰的学生又是一次集体性指导。

学习单

题目：__________

人物特点	体现这种特点的事例	人物描写方法
	__________	外貌描写 □
__________		语言描写 □
		动作描写 □
	__________	神态描写 □
		心理描写 □

图2 习作学习单

二、让分享交流成为写作的催化剂

以往学生完成作文后，所有的任务都落在老师身上，精批细改，评语赋分，忙得不亦乐乎，但是学生拿到作文后最关心的却是分数。分数高自然高兴，分数低便把作文扔在一边，很少有学生真正认真地对待老师的评语，出现这种现象，问题不在学生，而是教师没有充分调动学生的积极性。

（一）组内评价，在评价中提高习作能力

课标在“教学建议”中提出：“重视引导学生在自我修改和相互修改的过程中提高写作能力。”

小学生好胜心强，喜欢评价他人。因此，教师可以在学生完成习作后，组织他们根据本次习作的要求，开展小组互评活动。同组的组员互相交换习作，以评价单为指导，围绕学习单中的重点方面做评价。同时，鼓励学生在原作的基础上互相修改、补充，形成单元习作的成果。

小组评价结束后，仅有组员之间的交流是不够的，集体评价可以再次领悟整体习作的心得。“合作学习过程中，学生在与多种不同个体经验、心理因素之间交融、碰撞、融合产生知识经验，这些又在独立的个体心灵之中被激活催化，并赋予新的意义，由此产生更强烈更深刻的活力。”

<table>
<tr><td colspan="2">评价单</td></tr>
<tr><td colspan="2">1. 是否能够做到书写规范、整洁，正确使用标点符号，语言流畅，表达清晰？
书写规范、整洁 □　　正确使用标点符号 □　　语言流畅，表达清晰 □
2. 所写的事情是否能够很好地表现出人物的特点？　　是□　否□
你的建议：________________
3. 是否表达的内容具体明确，感情真实可信？　　是□　否□
你的建议：________________</td></tr>
<tr><td colspan="2">优点：</td></tr>
<tr><td colspan="2">不足：</td></tr>
<tr><td colspan="2">建议：</td></tr>
<tr><td>小组检查人：
小组组长：</td><td>教师签字：</td></tr>
</table>

图3　习作评价单

小组成员选出代表提出看法，挑出组员中习作的某一焦点进行讨论，并能有针对性地发表自己的意见。同时强调，代表要积极表达观点，有理有据地进行表述，旁听同学要耐心专注，理解代表的观点和意图，再有目的地进行补充。

“对于每一名教师而言，要帮助学生在迁移所学、创造性地解决问题的思路和方法上有所进步，即在人们常说的‘学会’和‘会学’上有所进步，都会感到充满挑战。”小组合作学习的方式，可以充分调动每一名学生的积极性。

（二）师生共赏，保持持久学习动力

课标中教学实施建议有“学生是语文学习的主体，教师是学习活动的组织者和引导者。语文教学应在师生平等对话的过程中进行”的表述。教师开设习作赏评，是让学生通过小组推荐的方式，选取一篇组中最优秀的习作，并让作者在班级里大声朗读，其他学生倾听欣赏。结束后，对他的习作进行评价，如“说一说哪一方面写得具体生动；文章的哪些语句，让你十分赞赏，值得学习；夸一夸他的习作中，人物的什么特点让你难忘等”。在习作过程中，倾听与思考，评价他人的习作，对于学会欣赏与赞美同伴的作品，激发同伴的积极性，有着十分重要的意义。同时，教师也可以巧用评价，及时对学生的看法进行概括和总结，提炼出每篇文章的优点，引导孩子如何关注，发现别人的优点。在这一过程中，教师应充分发挥学生的主体作用，提升学生在习作课堂的参与

度，促进师生、生生之间的情感交流，塑造学会欣赏他人、谦虚好学的优秀品格。

习作教学是语文教学的重要内容，它体现了对学生综合能力的培养。在教学过程中，小组合作能充分发挥学习的主观能动性，进行探究性学习。教师先结合教材单元主题布置学习任务，让学生充分汲取课文中的营养，理解人物描写的写作方法；再采用任务驱动的方式，通过讨论、思考、建议，引导学生进行习作练习，此时让学生逐渐习得这一类文章的创作方法，培养学生灵活、灵敏的思维能力；最后，通过学生、师生之间互相评价，取长补短，让学生善于发现他人的优点，欣赏他人的文采，在道德品质上更是对学生的一种积极塑造。

参考文献：

[1] 沈之菲，杨彦平，鞠瑞利，葛庆华．赵军秋．激活内在的潜能学生创新素养的评价和培养 [M]. 上海：华东师范大学出版社，2013：138.

[2] 中华人民共和国教育部．义务教育语文课程标准（2011 年版）[S]. 北京：北京师范大学出版社，2012：23.

[3] 樊启金，付岩主编．教育教学新知识系列 体验教学能力的培养 [M]. 内蒙古：内蒙古大学出版社，2009：120.

[4] 田慧生，刘月霞．深度学习：走向核心素养 [M]. 北京：教育科学出版社，2018：97.

线上教学带来传统阅读教学模式的转变

北京市平谷区第二小学
张颖

摘要：

2020伊始，新型冠状病毒席卷而来，这使教育行业受到很大的冲击。在保证疫情防控的基础上，确保学生的高效学习，这给教育工作者带来了新的挑战。在此期间，线上教学这种新的模式也成为一种必然。在复学之后，线上教学模式从“权宜之计”走向“未来趋势”。小学语文阅读教学模式也应顺应变化，从传统的教学模式转变为线上线下混合教学模式、整合式教学模式和以学生为主体推动内驱力的教学模式。

关键词：

线上教学；小学语文；转变阅读教学模式

一、线上线下混合教学模式

线上线下混合教学是指同处一个时空的传统的教学与跨越时空限制的线上教育的混合。它是物理教室环境与网络虚拟环境的混合，是师生之间面对面交流与线上网络交流的混合。它打破了学生以往学习空间与时间的限定，使学生有机会对课堂及学习内容形成更丰富的理解，能够更加有效地帮助学生提高学习效果，将学习的成果最大化。

从语文学科本身的特点来说，学习语文必须注重读书，注重积累和语感培养，注重品味、感受和体验，注重语言文字的实践。为达到喜欢阅读、感受阅读兴趣的目的，笔者采取了以线下课文讲解带动线上整本书阅读的策略。

以四上第四单元为例，本单元是神话体裁，课堂上通过展开想象，创造性地复述神话故事内容，使学生感受到了神话中神奇的想象和神奇的人物，从而使学生对中国古代神话产生了浓厚的兴趣。接着，借助本单元“快乐读书吧”中提出的问题，启发学生思考，引导学生读更多的中国古代神话故事。再通过对比朗读《普罗米修斯》和《燧人钻木取火》的故事，引导学生读更多的神话故事。接下来，笔者把课堂搬到了家庭，把沟通放到了线上，把阅读还给了学生和家长。笔者借助腾讯文档微信小程序，为学生和家长制作亲子阅读评比表。家长和孩子同看一本书，看完后交流自己的想法。当然，也可以引导孩子提问家长。久而久之，孩子和家长的话题更多了，孩子的内心也随家长潜移默化地改变着。这才是教育最自然、最美的样子。线上亲子阅读游戏进行了一个月，教师鼓励家长把探讨过程中有意义的问题等分享到班级微信群进行展示，以此带动更多的人参与其中。

二、整合式教学模式

（一）资源整合，弘扬中国传统文化，提升语文素养

语文课程丰富的人文内涵对人们精神领域的影响是深广的，学生对语文材料的反应往往是多元的。因此，教师应该重视语文的熏陶感染作用，注意教学内容的价值取向。线上教学期间，学生接触网络事实材料的机会很多，获得的信息形形色色，更加需要教师引导其辨别与甄选。

在四上第七单元《为中华之崛起而读书》的教学中，通过学习周恩来体会到中华不振后立志要为中华之崛起而读书，学生们明白了“国家兴亡，匹夫有责”。此时，教师课上结合鸦片战争、中日甲午战争、八国联军侵华等历史事件，学生能更全面地了解一百多年前中国贫穷落后、多灾多难、饱受欺凌的社会状况，从而更加理解课文内容。继而，教师利用EV录屏，整合疫情期间体现家国情怀的官媒实事资源制作微课。线上播放微课，更加直观、真实地使学生感受到从古至今中国人亘古不变的爱国情怀，真正促使学生在疫情中成长。

（二）单元要素整合，优化知识结构，整体掌握学科知识

统编语文教材最大的特点是人文主题和语文要素双线并行。由于线上教学的时间紧迫，笔者将本册书的单元进行整合，以每个单元的语文要素为主线归纳梳理整本书八个单元，相关阅读要素整体复现、系统发展，这既是相同阅读

要素下不同人文主题的系统性发展，也是相关阅读能力和思维的综合提高。

以四上教材为例，第四单元和第八单元阅读要素都是指向概括课文主要内容，可以进行整合。学习第四单元时，笔者为学生提供了连环画作为支架，引导学生通过图文相结合来了解“故事的起因、经过和结果”。学生顺理成章说出课文主要内容。在学习第八单元时，笔者引导学生找出文章的“时间、地点、主要人物及其事件”这四要素，同样可以说出文章主要内容。经过这一环节，学生总结出概括主要内容的方法。这样就跳出了单元界限，将不同人文主题，不同体裁的文章进行了整合性的设计，拓展了学生掌握概括文本主要内容技能的深度。

另外，在关注学生技能纵向发展的同时，笔者也非常注重学生语言建构能力、思维品质等各项素养的横向发展，挖掘了学生对技能掌握的广度。例如，在本册书其他单元的不同体裁和人文主题的文章当中，以预学的形式再现概括文本主要内容的问题，学生自主解决。

（三）跨学科整合，打破知识边界，加深知识联系

《义务教育语文课程标准（2011年版）》指出：语文综合性学习的设计应开放多元，提倡语文与其他课程相结合，开展跨领域学习。语文学科丰富的人文内涵对人们精神领域的影响是深广的，与其他学科也有着密切的联系。线上指导时间的紧迫，使各科教师意识到所教知识无边界领域之分，互相要协调起来，共同作用，帮助学生形成知识网。因此，跨学科整合是最有效的途径。

如在学习《暮江吟》一诗时，教学前学生通过朗读、结合注释内容讲述看到的景象，感受“夕阳西沉、晚霞映红和弯月初升、露珠晶莹”的美景。教师再让学生拿起画笔运用美术课色彩知识，把“半江瑟瑟半江红”这一细微的景色变化绘制出来，学生通过动手操作体会色彩渐变的过程，充分感受到诗句准确的表达和作者细致的观察。最后结合书法课程，把诗句题写在空白处，形成一幅富有创造力的《暮江吟》诗画作品。这样多学科知识整合，打破了知识的边界，加深了知识间的联系，培养了学生创新精神和动手实践能力，也极大地提高了线上教学的学习效果。

三、以学生为主体推动内驱力的教学模式

（一）巧用预学单，推动独立自主学习

疫情线上教学期间，为提高学生注意力，教师需要抓住有限的时间把教学内容讲精讲实，以保障线上教学的高效性。于是，“先学后教”的教学模式应运而生。“教”和“学”是一个联合的整体，两者有着密切的联系。预学可以帮助教师更准确地了解学生学情，因此，教师可以设计有针对性的预学单，并据此调整教学内容和教学策略。从学生的角度看，预学单的设置是从学习内驱力切入，推动学生独立、自主学习的有效手段。根据埃里克森的人格发展理论，学龄期的学生如果能顺利地完成学习课程，他们就会获得勤奋感，这使他们在今后的任务中充满信心。因此，肯定学生独立解决新知的能力或赞赏学生提出问题的价值性，把他们的问题带入课堂进行集体研究解决，可以使学生觉得受到关注，进而提升他们的自我效能感，进一步推动学生自主学习、深入探索。

四上《爬天都峰》一课，笔者设置了以下预学单：

1．读文章，试着填一填下面的表格。

时间	假日里
地点	
人物	
起因	
经过	
结果	笔者们顺利爬到了峰顶，并和老爷爷互相道谢。

2．课文主要写了一件什么事？

____

____

3．作者按照____________________顺序写的。

预学单的内容是针对“明白写清楚结构还要做到按照一定顺序”这一要素设计的。在浏览学生们完成的学习单后，笔者发现学生们对地点、人物、经过把握得都很准确，但表格中的“起因”写对的寥寥无几。于是笔者调整了教学内容，把分清故事起因作为课堂重要内容的一部分。在线上教学过程中，笔者

把大家的答案分成了两类，请不同答案的学生说一说他们这么写的依据，然后引导学生回归课文深入思考，“到底哪个回答是最准确的？”师生共同讨论“为什么他这么答更准确？”通过互学方式，学生自己找到了答案。用预学单发现并提出问题，线上交流解决问题，正是激起学生学习兴趣的好方法。这堂课学生们兴趣盎然地讨论着，欲罢不能，最重要的是学生对于今后的预学单满怀期待。可以说，巧用预学单推动了学生独立自主学习，对线上教学的落实起到了很大的作用。

（二）巧设课外活动，促进自主实践

线上教学，给学生们留下了更多的自主实践的时间和空间。杨九诠、李铁安等人认为“语文实践能力是指具有适应实际生活需要的识字写字能力、阅读能力、写作能力、口语交际能力，正确运用祖国语言文字能力”。可见，语文实践能力高度集中了适应实际生活需要的能力，培养实践能力可培养出社会所需要的人才。因此，在语文教学中，应注重学生实践能力的培养，培养这种能力的主要途径应是有针对性地制订语文课外活动计划。

例如，四上第三单元把能力点定位在了“观察”上。通过线上的学习，学生知晓叶圣陶经过观察，了解了爬山虎脚的秘密；法布尔观察很久，看到蟋蟀筑巢的过程。教师激发学生对观察的欲望，学习观察的角度和方法，鼓励学生试着连续观察并记录自己的发现。笔者以绿豆芽生长秘密为例，提供学生需要观察记录的内容做抓手，如从细腻的颜色变化、最突出的形态变化、精确的大小变化等进行观察，鼓励学生即使足不出户也可以放开眼界关注身边事物观察。紧接着，学生进行了自主实践，观察了蒜苗的成长过程、蚕宝宝结茧的过程、小乌龟吃食的过程等等。然后，大家在线上相互分享自己的观察记录，评一评谁观察得细致，内容记得准确。最后，推荐学生读更多同类型名家名作，如法布尔的《昆虫记》，发现大自然的奇妙与美好。这样跳出课堂的活动，打破以往死板的教学模式，亲身实践体验对于提高学生的语文实践能力、丰富学生的精神生活，增加课外阅读兴趣，有着深远的意义。

四、总结

阅读教学模式在任何时期都不是一成不变的，要根据社会环境以及学生发展变化，不断推进阅读教学模式的转变和创新。任何转变都应以学生为中心，

真正推动其内驱力，力求从“我能学”过渡为“我想学”。疫情防控期间，线上教学模式这一“权宜之计”可以用来缓解居家隔离学习的难题。后疫情时代，学生和教师再次进入课堂，应从中汲取经验，将其纳入到课堂教学模式当中，以不断适应和满足社会的需要。下一步，老师们应多从未来思考，运用互联网技术建立持续的“云端课堂”，用来抵挡意外灾难的来临的同时，促进教育与学习的深度发生。

参考文献：

[1] 中华人民共和国教育部 . 义务教育语文课程标准（2011 年版）[S]. 北京：北京师范大学出版社，2012：25.

[2] 王竹立 . 后疫情时代，教育应如何转型？ [J]. 电化教育研究 .2020（4）：13–20.

[3] 西蒙诺兹，皮尔斯 . 人格的发展 [M]. 上海：上海社会科学院出版社，2006：268.

[4] 杨九诠，李铁安等 . 义务教育语文课程标准（2011 年版）案例式解读 [M]. 北京：教育科学出版社，2012（3）：13.

借助统编教材，培养表达能力
——不可小觑的小练笔

峪口中心小学
张亚丽

摘要：

课堂小练笔具有小、活、快、多等特点，成为作文教学的“轻骑兵”。本文从以下方面阐述了巧用课堂小练笔，有效提升学生表达能力的策略。首先，关注特色板块，循序渐进练表达；其次，留心课后练笔，用心指导学表达；再次，潜心挖掘课文，巧创形式促表达。

关键词：

表达能力；特色板块；课后练笔；挖掘课文

《义务教育语文课程标准（2011年版）》明确指出：“写作是运用语言文字进行表达和交流的重要方式，是认识世界、认识自我、创造性表述的过程。写作能力是语文素养的综合体现。写作教学应贴近学生实际，让学生易于动笔，乐于表达，应引导学生关注现实，热爱生活，积极向上，表达真情实感。”

叶圣陶先生指出：“写作的历练在乎多练，应用从阅读得到的写作知识，认真地作。……每星期作文一次算是最多了；就学生历练方面说，还嫌不够。为养成写作的习惯，非多作不可；同时为适应生产的需要，也非多作不可。”

可一节课只有四十分钟，如何在四十分钟内做到多练呢？课堂小练笔具有小、活、快、多等特点，可以成为作文教学的“轻骑兵”。由此可见，小练笔不可小觑！

小练笔好，还需多练！那练什么，怎么练，又有哪些招数呢？

一、重视特色板块，循序渐进练表达

统编教材“语文园地”中有“词句段运用”这一板块。纵观编排体系，可以发现这个板块安排了系列语言实践活动，旨在循序渐进地引导学生在生活中运用语言文字，学习表达，提升学生运用语言文字的能力。板块中设置了许多“小练笔”，这为我们教师提供了教学依据。

（一）句子还要造起来

造句不应只是低年级的事，中高年级也应坚持。因为这是语感培养的基础，只有基础打牢后，才能够慢慢地提升语言表达能力。

但是不同学段造句时的关注点应体现进阶性。比如，高年级的学生在学习词语时，可以在理解词语意思的基础上，引领学生感悟到词语意思虽相近，但感情色彩不同，可以给学生提供语境，让他们选择其中的词语造句，检验学生是否真正理解了词语的用法。再如，有些词语一词多义，可以安排学生根据词语的不同意思造句。比如教材中有一道题，让学生通过具体例句发现“开辟、姿态”这两个词在不同的语境中意思不一样，再根据“温和”的不同意思造句。

同样是造句，但训练点不同，不过最终目的一样，都是培养学生的语言表达能力。

（二）概括与情景描写皆训练

在统编五年级的教材中有这样的练习：给句子，概括句子的主要意思；或给一个词语或成语，让学生用具体的情景表现出来，如把“喋喋不休”“悠然自得”用具体的情景表现出来。概括、情景描写，一缩一扩，皆为训练，意在从小处着手培养学生的语言表达能力。

（三）多角度仿写也精彩

“词句段运用”中让学生仿写的例子比比皆是。有的是修辞手法的仿写，比如排比、比喻、夸张等；有的是表达方法的仿写，比如学习用序数词，使表达条理更清晰，再如，先概括再举例的表达方法等；有的是表达技巧的仿写，如学习如何描写人物复杂的内心活动，写人物对话不用“说”来表达，让表达变得更加丰富多彩、别具一格等。

总之，每一次仿写都目标明确，侧重某方面能力的训练，重视每一次专项仿写，才会让学生的能力与日俱增。

“词句段运用”，编者用心，教者也需用心领悟编者意图，不断总结经验，从中学会举一反三方行。

二、留心课后练笔，用心指导学表达

统编教材还在某些课后灵活地安排了小练笔，促进读写结合，由读学写。每个小练笔都有指向性，我们教师要结合本单元的语文要素，用心指导，一一落实，力求每次小练笔都让学生有所得。

（一）启发引导

以统编教材第九册第五单元为例，本单元是习作单元，主要学习写说明性文章。“初试身手”第二题的教学旨在让学生通过练笔，充分体会说明性文章和叙事抒情性文章在表达上的不同，进一步体会说明性文章的特点。为更好地发挥“初试身手”这一板块的功能，我安排了如下教学环节：

1.一读一交流一改写

上课伊始，我先让学生阅读题目要求，思考题目的指向。学生能够理解这道题是要求我们结合资料，把《白鹭》第2–5自然段改写成说明文。然后，引导学生交流如何改写成说明性文字。经过朗读与讨论，学生进一步明确了说明文的特点：一是要写出与白鹭外形相关的具体资料信息；二是要改变语言风格，把含蓄抒情的语言变成表达准确清晰的语言；三是要运用恰当的说明方法把白鹭的外形说清楚等。

因白鹭在我们这个地区不常见，对学生来说也比较陌生，所以我给学生提供了一些与白鹭相关的说明材料，供学生改写时选择使用，这样可以降低学生练笔的难度。材料有了，我并没有急于让学生去说、去写，而是组织学生讨论如何谋篇布局，并将讨论结果写在黑板上，也就是写作的提纲。有了提纲的引领，再让学生改写。先说再写，大大提高了写作的水平。

2.二读再交流再体会

我请学生再读题目要求，学生明白了写完后还要体会与改写前有什么不同。通过交流学生认识到《白鹭》改写前后的不同：前者重在抒发作者对事物的思想情感，后者主要介绍事物客观的特征；前者语言优美、抒情，后者语言准确、清晰；前者多运用修辞，文章充满诗情画意，后者一般会用一些基本的说明方法。

3.三思再回顾谈感受

最后，我还让学生思考回顾自己所学之路，畅谈感受。他们收获颇丰。如：题要多读，明确都要干什么；写文章要构思，列出提纲，依纲而写；资料要学会筛选地用……

扎扎实实开展改写训练，学生才会收获多多，能力才会不断提升。

（二）示范指导

于永正老师在《于永正：我怎样教语文》一书中指出：老师的作用是什么呢？一是引导、启发，二是讲解，三是示范。袁微子先生说："示范就是指导。"

我们统编教材五年级上册第一单元第二课课后安排了仿照课文，写出由某一种事物想到的人这样一个小练笔。我在进行简单指导后，让学生自己去写，结果文章语无伦次。

于是我进行了二次指导，先让学生去搜集这些事物的材料，即它们身上有哪些精神品质，代表哪些人物，办成手抄报。再引导学生交流，加深认识之后，还是没有急于让学生动笔，而是在谋篇布局上做了一点指导示范：先写事物的品质，再这样写：他们也许是……他们也许是……他们也许是……

二次指导后再落笔成文，颇令人满意。学生的作文不仅条理清晰，而且事物的特点概括准确，联想到的人物也与所写之物有相似之处，非常匹配。

因此，示范也是培养学生语言表达能力不可缺少的一个良方。

三、潜心挖掘课文，巧创形式促表达

统编教材选择了许多文质兼美的文章，教师只要用心挖掘，总会别出心裁，创造属于你和你的学生们的独一无二的小练笔，让他们的表达更进一步！

（一）串写

《搭石》这篇课文语言质朴，意境秀美，字里行间洋溢着浓郁的生活气息，是一篇优美的散文。为了让学生更好地与文本对话，使得学生的情感在对话中流动，我在教学时紧紧抓住“风景”这个词，深入学习课文。首先，寻找风景，感悟真情。学生通过读课文，找出课文中给自己留下印象深刻的风景，并畅谈自己的感悟，体会乡亲们的美好情感。其次，串读风景，想象欣赏。学生在老师的引导下将一幕幕风景进行串读，想象画面，欣赏风景。让风景在师生共读中渐入人心。最后，漫画风景，重组成文。学生概括课文中描写的风景，并写出自己的感受，概括与表达能力得以提升。教师为学生搭建了如下的学习支架：

开头：搭石，构成了家乡一道亮丽的风景。

中间：描写几处风景，抒发感受（风景 + 感受）

如：风景无处不在！我看到了急着赶路的老人，发现搭石不稳，及时调整，满意才肯离去；老人们一心为他人着想，多么善良！

风景无处不在，……

风景无处不在，……

风景无处不在，……

结尾：一排排搭石，任人走，任人踏，它们联结着故乡的小路，也联结着乡亲们美好的情感。

浓缩的都是精华！学生在阅读思考后再动笔写一写课文的主要内容以及自己的感悟，既是对课文精华的概括，又是对感悟的总结与梳理，同时还对篇章结构的认识更深刻，一举多得，何乐而不为！

走了这样的“风景”之路，学生一定会对这道“风景”记忆犹新。

与风景对话，启示我们：课文是个例子，我们教师要充分利用这个例子，让其发挥极致，为培养学生的语言表达能力下足功夫。

（二）作诗

语文不仅是学语言，还要会用语言，学以致用。

在教学《天窗》这篇课文时，我是这么做的：

第一，理思路，用小标题概括。（开天窗、想天窗、赞天窗）

第二，围绕“为什么天窗是唯一的慰藉”这个问题深入学习课文。

第三，用诗歌的形式展示课文成文思路，体会作者表达的情感。

天窗

啊，天窗！

你是房顶上采光的一块玻璃，
你是乡下一扇普普通通的窗，
你给黑洞洞的房屋带来光明，

我们需要你，我们感谢你！
啊，天窗！
雨天，你是孩子们（　　　　）！
你让孩子的想象（　　　　），
你让（　）的孩子们获得了（　　）！
啊，天窗！
夜晚，你是孩子们（　　　　）！
你让神奇的夜的世界在孩子的（　），
你让（　）的孩子们享受到了（　）！
啊，天窗！
你是一扇（　　　　），
你是一扇（　　　　），
你是一扇（　　　　）
我们需要你，我们感谢你！

思路、情感全部融在这小小的诗中，天窗就这样走进了学生的心里，留在了他们的记忆里！这样学生能更好地领悟作者的写作思路，体会作者想要表达的情感，也让我们的课堂充满诗情画意，表达能力得以提升。

课文无非就是个例子，这无数的例子中蕴藏着丰富的可造资源，如果我们教师能大胆挖掘，一定会收获颇丰，说不定别具一格的小练笔就会诞生，被创造出来。

学生的语言表达能力的提升非一朝一夕之功，小练笔不可小觑！小练笔中的奥秘一定还不止这些，路漫漫其修远兮，吾将上下而求索！

参考文献：

[1] 中华人民共和国教育部 . 义务教育语文课程标准（2011 年版）[S]. 北京：北京师范大学出版社，2012：23.

[2] 于永正 . 于永正：我怎样教语文 [M]. 北京：教育科学出版社，2014：102.

[3] 李龙文，武素华，冯勉 . 多读书 勤练笔 重写字 [M]. 北京：北京教育出版社，2001：83.

[4] 叶圣陶 . 叶圣陶语文教育论集 [M]. 北京：教育科学出版社，1980：4.

学习评价

小学语文教学中激励性评价的运用

北京市第一师范学校附属小学平谷分校
高洁

摘要：

在新教育理念的号召下，教师越来越关注学生评价，树立了对学生进行激励性评价的观念。课堂激励性评价不仅需要关注学生心理上的发展，还需体现学生的主体性，谋求学生的全面发展、展示学生的个性。本文将从四个方面展示课堂激励性评价研究的策略：第一，评价融入课堂，使学生积极参与；第二，评价融入活动，让学生体味成功的乐趣；第三，评价融入社会，让学生体会语言的实用性；第四，评价融入学生心理，促他们攀上顶峰。由此，评价不仅发挥其鉴别优劣、改进教学和选择教学方法的功能，更重要的是发挥其激励的功能，促使学生积极主动地学习语文，培养其喜爱语文的情感，为终身发展奠基。

关键词：

激励性评价；语文教学

在学校的教育中，最重要的教育是在课堂中的教学，教师只有牢牢坚守着课堂这个主阵地，将课堂落到实处，才能提高教学质量。当前教育强调学生成为教育教学过程中的主体，教师不再扮演统领课堂的角色，师生之间应平等交流，教学中应多鼓励学生，调动学生学习的积极性，让学生有更大的进步。

小学语文教学更应立足于促进学生的发展，为他们的终身学习、生活和工作奠定基础。为此，笔者尝试进行课堂教学的评价改革，让评价不仅发挥其鉴别优劣、预测方向、改进教学和选择教学方法的功能，更重要的是发挥其激励的功能，从而调动学生的内驱力，促使他们积极主动地学习语文，培养其喜爱语文的情感，为终身发展奠基。具体做法体现为“四个融入”。

一、评价融入课堂，使学生积极参与

在课堂教学中，老师的一个微笑、一个点头、一句表扬、一个恰当的等级评定，都将起到激励作用，促使学生积极参与课堂教学活动。课堂评价，需要语文教师对学生在语文课堂中的表现做出积极的反应。对于好学生在回答问题时的创造性闪光点予以及时赞许；对于平时学习语文兴趣不浓的学生，如果他能在课堂上较好地读书，认真地听讲，且思考同学和老师提出的问题，参与讨论就应予以鼓励性评价。其次，课堂评价中，并不是一味表扬，对于学生的语言文字训练仍应坚持，如发音用词的准确性、语言的流畅性、清晰阐明观点等予以恰当的、有针对性的评价，调动学生学习的积极性，指出其发展方向。

课堂教学中，对于学生的评价，可以分必然评价和偶然评价两种。必然评价是指教师在备课时，就已预定的评价。这种评价教师要做到心中有数，一节课评价的人数不宜过多，每学期每位学生课堂教学评价应不少于两次。偶然评价是指在课堂教学中，教师针对偶然发生的一些现象进行的随机评价，例如某个学生在以前的语文课堂教学中长期处于漫不经心的状态，而本节课他能积极参与，教师应把握时机，予以适当的评价。他们学习语文的积极性很可能因这一次偶然评价被唤醒，增强学习语文的兴趣，形成喜欢语文的情感。

二、评价融入活动，让学生体味成功的乐趣

近几年来，我们从学生全面发展的角度出发，坚持形成性评价和终结性评价相结合，从单一的终结性应试评价转向重视评价过程，这不仅使教师及时了解学生在学习过程中的进展情况，也同时为师生双方提供反馈信息，强化正确的反应，激励学生自我完善。《义务教育语文课程标准（2011年版）》指出："语文是最重要的交际工具，是人类文化的重要组成部分。"的确，在生活环境中，人际交往中，组织的活动中，无一不与语文相联系。因此，让评价融入活动，在活动中对学生进行语文能力评价，使他们及时体会到成功的乐趣，将收到极佳效果。

（一）学生自主参与活动，在活动中体验成功

班级组织的班队会等一系列活动也是语文展示的机会。学生在活动中的语言组织、吐字清晰度、音量的把握、感情的投入等，都可以作为语文评价的内容，让学生参与活动的同时得到语文能力的评价，感受语言文字的应用价值。

（二）学生自主参与活动，找出他人语言中的错误，提高自己的语文水平

学生参与班级活动、学校活动时，也要关注发言人语言中的错误，如语音、用词、句子等，及时记录并思考如何纠正。每周由小组长统计每个学生听出别人语言错误的情况。这样久而久之，学生听的意识与能力将会得到提高。教师在细心听取学生意见，看学生稿件的同时，也对学生的语文水平做出相应的评价。学生的语文学习由课堂教学融入活动中，他们的兴趣会更浓，对语文会产生更加喜爱的情感。

三、评价融入社会，让学生体会语言的实用性

目前很多学者及同行都强调语文教学应创设情境，如在一定场所布置模拟生活场景，对学生语文能力进行综合评价，也有许多人提到大语文教育观。的确，语文学科渗透于社会的各个角落。语言文字的学习，如能尽早地让学生能在社会这个大环境中得以实践，体会其中的奥妙所在，进一步灵活地掌握祖国的语言文字，岂不是一件乐事？

让学生走出学校，到真实世界中与社会各界人士进行语言交流，体味语言的应用价值，并对其做出恰当的评价，这种在真实场景中的学习与评价，对学生的语言表达能力有很大的激励作用。

（一）帮学生寻找评价的机会

教师可以带学生走进菜市场买菜，走进商店购物，走上街头问路，进行社会调查、宣传环保等等，让学生走向社会的各个角落，接触社会各类人群，充分发挥语言的交际功能，让学生实地得到听话、说话、思维等方面的训练，并从中体验社会上的人情世故，体验生活，感受语言的价值与魅力，激发他们热爱语言文字的情感。

（二）评价方法

将评价融入社会强调对语言实践能力的评价。为保证评价的科学性、有效性、准确性、可行性，教师应组织学生划分成三五人的小组相互评价。当被评价的学生与他人交流时，其他同学应认真观察、认真倾听、认真记录。观察发言人的仪态仪表，听语言的礼貌程度，是否有语病，是否流畅，用语是否准确，思维是否敏捷，而后评价出等级。

这种通过大社会这个真实背景下进行的评价，我们无须去创设情境，就能让学生感受到语言有很强的实用性。这种实践既提高了语文水平，又增长了社会知识，学生参与活动的积极性很高，且从中进一步体会到语文素养在社会实践中的重要作用，从而认识到学习语文是他们今后生存的必需，他们学习的内驱力也会随之得到激发。

四、评价融入学生心理，促他们攀上顶峰

从心理学角度看，激励是一个强化的过程。斯金纳的强化理论告诉我们，一个人的行为如果得到奖励，该行为就会趋向重复；反之，则减少重复。我们在教学中更多的只是将评价作为外力来推动学生学习语文，能否将学生的内动力全部激发出来，这关系到学生语文水平提高的速度及语文学习的质量高低。

如果我们的评价能顺应学生的心理，把主动权交给他们，就能让他们通过评价过程，得到更多的锻炼，使他们语文水平得到提高。

（一）形成性评价，学生自己可以补测

语文的朗读评价，学生朗读水平不同，评价的结果也不一样。教师可以在测评后，给一些成绩不好的学生成长的机会，让他们自己抽时间练习朗读指定的课文，直到自己觉得满意时，再找老师或小组长补测。人人都有上进心，教师要抓住这个契机，给学生成长的机会，让他们觉得有向上攀登的可能，他们会把握这样的时机，付出更大的努力，取得自己满意的成绩。他们在付出努力争取成功的过程中，自信心随之增强，学习语文的兴趣逐渐增加，喜爱语文的情感也会越来越浓厚。

（二）形成性评价，学生自己选择评价时间

评价时间可以安排在一学期或几周之内，让学生去选择自己参与活动的时

间，实现评价差异化。如说话训练及其评价，教师可在学期初提出要求，每个学生在本学期或几个星期之内，必须给同学们复述一个故事、朗读一篇美文或说一则新闻等等，谁准备好了，自己提出评价请求，这样可以让学生监控自己的学习进程，促进其元认知的形成，评价时也会收到较好的效果。

（三）形成性评价，学生自己主动展示学习成果

评价课外阅读情况的方法也可以多种多样，而不仅仅是纸笔测验。教师可以在平时给学生创造展示的机会，增加评价的空间，也会收到奇效。

教师经常激励学生看课外书，也会向学生提供阅读的必读书目。这时，教师可以在教室布置课外阅读评价栏，学生每读一本必读书目，就将书的题目、主要内容及读后的感受写下来再配上优美的图画，贴进评价栏中展示给同学们。学生选择的内容如果得到老师同学们的赏识，他们会非常高兴，且可带动相当一部分学生也去参与课外阅读。这样，学生相互促进、相互激励、相互传达信息，他们的阅读兴趣会越来越浓。

（四）定期自我评价，学生自己确定努力方向

正确认识自己，为自己定出努力方向，是未来竞争社会中人才的必备素质。定期让学生自我评价语文学习情况，即兴趣如何、态度怎样、读书多少、口语交际情况、参与实践活动等等，有助于学生发现自己存在的问题，进行自我校正，并以此为进步的起点，向另一个高峰攀登。因为人只有正确认识自己、评价自己、肯定成绩、找出差距，才能不断进步，永远立于不败之地。

总之，实践证明，激励评价能调动学生内驱力，提高实效性。学生在评价中可以把握自我，面对生活、面对社会、感受语文无处不在，体验到学习语文的重要性，促使他们努力学习语文的决心和信心，提高他们的语文素养。

参考文献：

[1] 陈晓彬 . 小学语文教学中激励性评价的运用 [J]. 语文学刊，2012（20）：175–176.

[2] 韩雪屏 . 语文教育的心理学原理 [M]. 上海：上海教育出版社，2001.

[3] 中华人民共和国教育部 . 义务教育语文课程标准（2011 年版）[S]. 北京：北京师范大学出版社，2020：8.

小学语文统编教材整本书阅读表现性评价探究
——以五年级下册“快乐读书吧”为例

北京市房山区良乡第四小学
黄文凭 任国兵

摘要：

统编教材重视学生课外阅读的培养，“快乐读书吧”就是其落实课外阅读课程化理念的重要体现。本文针对“快乐读书吧”中的整本书阅读，以表现性评价为导向，采用多种方式，增强学生的阅读实效性，培养学生的阅读兴趣和良好的阅读习惯，使学生的语文核心素养得到培养。

关键词：

小学语文；统编教材；“快乐读书吧”；表现性评价；整本书阅读

“快乐读书吧”是三至六年级统编教材的新增内容，其编排意图之一就是要解决学生“不爱阅读”，课外阅读边缘化的问题。“快乐读书吧”把学生课内外需要阅读的整本书以系统化结构编排出来，将课外阅读引进课内，打通课内阅读与课外阅读的衔接，实施课外阅读课程化，最终实现学生在小学阶段想阅读、会阅读、爱阅读的终极目标。

一、整本书阅读评价存在的问题

《义务教育语文课程标准（2011年版）》提出，关于整本书阅读的评价应当全方位考虑学生阅读整本书时的感受以及理解。因此，在整本书阅读过程中全面评价学生的阅读情况尤为重要。但是实践过程中，整本书阅读的评价存在以下问题：

（一）评价方式单一

评价具有导向、激励、诊断、调节等多重作用。但在实际教学中，教师的评价手段往往比较单一。如五下“快乐读书吧”中要求学生课后阅读中国古典四大名著，对于学生的阅读情况，教师一般采取考试或者写读书笔记的方式来评价，这种枯燥的评价方式完全不能发挥评价多效功能。

（二）评价缺乏持久性

整本书阅读所花的时间一般较长，有一定的时间周期，短则一周，长则一个月，甚至一学期。特别是课后阅读四大名著，所需阅读时间较长，因此对应的评价也须长期性跟进。但老师们疲于平日的教学，课后的阅读活动往往被忽视或者遗忘，整本书阅读的评价也就缺乏持久性评价。

（三）评价内容枯燥

对于学生是否读完了整本书、读得怎么样，教师们乐于通过一张试卷来检测书中的相关内容。比如，阅读完《水浒传》，教师出几道人物形象的选择题或填空题来实现，如“被称为‘智多星’的是谁？”类似这样的检测内容倾向于陈述性知识的考查，或者书中的基础性常识进行考查，而学生在阅读过程中呈现的态度、采用的阅读策略、产生的阅读感受却缺乏关注与评价。

二、表现性评价

表现性评价有助于对学生课外整本书阅读进行实效性、全方位的评价，既给予学生阅读策略上的指导，又能激发学生的阅读兴趣，驱动学生自主阅读。

（一）表现性评价的概念

表现性评价是“在尽量合乎真实的情境中，运用评分规则对学生完成复杂任务的过程表现或与结果做出判断”。顾名思义，是在特定的情境中，通过评价活动过程中的表现来达成教学目标。表现性评价强调“情境”，其特指在教学过程中的教师、学生、阅读任务等综合的学习磁场。因此，表现性评价是对学生在真实的情境中完成阅读任务的评价，强调学习与生活相关联，不能脱离生活实际。

（二）表现性评价作用

表现性评价不同于只侧重评价结果和对知识性内容的传统评价，它是镶嵌于学生的整本书阅读过程中，依托真实的情境，以阅读任务为载体，对学生在阅读过程中产生的显性行为进行测评，甚至对学生在阅读过程中具有隐性特点的非智力型因素（如兴趣、情感、态度、动机等）进行测评。因此，“快乐读书吧”的教学，可以通过设计和实施表现性评价，驱动学生阅读整本书，监控学生的阅读过程，引导学生的阅读方法、阅读策略，培养学生的阅读兴趣以及良好的阅读习惯。

三、整本书阅读嵌入表现性评价的实施样例

整本书阅读，按课型的特点分为“导读课——推进课——分享课”，那么对于学生整本书阅读的表现性评价也可按课型来进行。

（一）导读课

导读课通过组织阅读活动，激发学生的阅读兴趣，从而产生对整本书的阅读期待。因此，评价也应围绕此阶段的阅读目标进行（见表1）。教师在导读课上可以通过评价表对学生在课堂上的阅读兴趣、学习态度、阅读策略、阅读目标等进行评价，激发学生的阅读兴趣，掌握阅读方法。

表1 《西游记》导读课表现性评价表

评价要素	A	B	C
态度	对阅读《西游记》有浓厚的兴趣，积极参与阅读活动，小组合作中乐于分享自己的阅读感受。	产生阅读《西游记》的兴趣，比较积极参与阅读活动。	对阅读《西游记》的兴趣一般，不愿意参与阅读活动。
方法	了解《西游记》著作的故事内容；能对《西游记》中的人物进行评价；能总结、交流读《西游记》的基本方法。能对后续课外阅读《西游记》制订出阅读计划。	基本了解《西游记》的故事内容；能总结、交流读《西游记》的基本方法。能对后续课外阅读《西游记》制订出阅读计划。	能总结、交流读《西游记》的基本方法。能对后续课外阅读《西游记》制订出阅读计划。

续表

表达	发言流利、通畅，能对自己的观点、感受进行阐述和论证，对他人有启发。	发言比较通顺，能够完整地表达出自己的观点和阅读感受。	发言不流利，但能够表达出自己的观点或阅读感受。
评价要素	A	B	C
自评			
他评			
师评			

（二）推进课

学生读整本书尤其是阅读古典四大名著的注意力缺乏持久性，很容易因枯燥读不懂而放弃阅读。因此，需要把不易调控的课外阅读通过表现性评价来调动学生的阅读自主性和阅读积极性，让学生有新鲜感，驱动阅读任务的完成。

1.阅读规划表

五下“快乐读书吧”推荐了古典四大名著《西游记》《三国演义》《红楼梦》《水浒传》，通过本单元对古典名著的学习，将课内学法迁移到课外阅读中去，学生的阅读效果就需要设计阅读整本书的规划表来驱动学生的学习期待。

表 2 《三国演义》古典名著整本书阅读规划

《三国演义》古典名著整本书阅读规划			
日期	章节（第几章第几回）	阅读任务（阅读任务单）	备注
			平均每天阅读时间约 30 分钟。

通过阅读规划表，学生每天阅读的章节、阅读任务都不同，但是每天的阅读任务设计指向明确：阅读任务单或是关注某个章节中的某一人物形象，或是关注某一回中的故事情节，或是关注某一故事中的写法……形式新鲜新颖，其目的就是通过阅读规划评价学生的阅读效果，引导学生读好古典名著。

2.制作人物名片

高年级阅读的整本书内容较长，人物比较复杂，阅读所需的时间也较长，对学生的阅读毅力考验较大，很多学生坚持不下去，往往中途就放弃了。每个学生在课外的阅读行为也存在差异，教师也无法实时监控，因此保持学生的阅读兴趣，及时给予表现性评价就尤为重要了。此阶段的评价目的不仅是持续激发学生的阅读兴趣，监控阅读效果，还有驱动阅读行为，对学生的阅读应有导向作用。

人物传记类书籍，教师可以根据整本书的章节特点，设计“人物名片”的阅读任务来监测阅读效果，驱动学生的阅读行为。古典四大名著，每本著作人物众多，内容复杂，学生阅读起来有难度，让学生阅读后填写“人物名片”不仅有助于学生梳理人物特点，而且名片中的设计对学生阅读策略有一定的导向性，学生对于“人物名片”的新鲜感能激发学生的阅读兴趣，阅读实效性强。

表 3 《水浒传》人物名片

《水浒传》人物名片				
姓名		绰号		人物图像
人物二三事		性格特点		
介绍词				

3.思维导图

对于叙事类整本书，学生的阅读兴趣相比之下比较浓厚，学生热衷于故事情节。随着故事情节的发展，学生的阅读持久性也随之保持下去。教师还可以通过设计思维导图的方式检测学生对阅读任务的完成情况。思维导图操作起来简单易懂，而且更能清晰地评价学生对整本书内容的理解和把握情况，有利于学生的阅读思维培养和发展。和试卷考题相比，学生易接受并完成思维导图，测评效果较好。

（三）分享课

在分享课阶段，学生已经阅读完整本书，此阶段的评价应该针对阅读感受、阅读收获等进行评价，尤其是把阅读过程中产生的隐性的非智力因素通过表现性评价显性出来，教师更能清晰地了解到学生的阅读效果。此阶段的表现性评价可以通过以下评价方式来实现。

1.读书沙龙

学生的阅读过程应该是一个多重对话的过程，是“读者、作者、编者、文本、他者（同学、家长、老师）”的多重对话。教师可以搭建整本书阅读的交流平台，组织整本书阅读沙龙，学生通过阅读“输出”，把在阅读古典名著过程中显性的阅读收获、隐性的阅读感受、思考、观点“输出来”，教师也能够掌握到学生的阅读情况，了解到学生的阅读效果。

2.阅读档案袋

阅读档案袋呈现了学生整本书阅读的各阶段的物化成果。比如阅读过程中做的手抄报、读书笔记、积累卡、人物名片、测评试卷、课上交流的评价单、课后家长评价单、阅读奖状等，它记录了学生整个阅读过程，教师借助学生的阅读档案袋可以形成对学生整本书阅读的全方位评价，学生也可以通过阅读档案袋回顾自己在整本书阅读中的成绩，从而激发阅读反思和阅读自信。

3.课本剧

在《三国演义》的阅读评价中，可以通过课本剧的形式进行测评。对人物性格的理解、人物形象的把握，有时只可意会、不可言传的表达可以通过学生喜闻乐见的形式表现出来。如阅读《舌战群儒》《空城计》等章回，可以通过改编课本剧，小组合作撰写剧本，以表演的形式表达出来。学生加入自己对名著的见解，精准把握人物的形象，再现一幕幕精彩画面。

4.开展主题活动

开展主题活动不仅能评价学生的综合阅读能力，而且是学生整本书阅读的归整与提升。比如学生阅读完毕《水浒传》，制作《水浒传》的宣传海报，吸引不同班级、年级的师生前来观展；展览中展示同学们绘制的古典名著的连环画《景阳冈》；播放由学生参演的《智取生辰纲》影视作品，展示108位人物名片、十大好汉英雄豪杰墙等。通过主题展演活动，对学生阅读成果的评价不仅巩固其阅读认知，而且提升了学生对名著的好感，有助于学生语文素养的提升。

本文主要对实践整本书阅读的评价方式进行了探索，表现性评价方式结合整本书阅读的教学目标、具体阅读任务发挥其功效，更加有利于阅读目标的达成。

参考文献：

[1] 周文叶．中小学表现性评价的理论与技术 [M]. 上海：华东师范大学，2014：53.

[2] 李怀源．小学读整本书教学实施方略 [M]. 上海：华东师范大学出版社，2019.

[3] 杨佳．表现性评价在小学整本书阅读教学中的应用研究 [D]. 兰州：西北师范大学，2019.

[4] 中华人民共和国教育部．义务教育语文课程标准（2011 年版）[S]. 北京：北京师范大学出版社，2012.

小学四年级口语交际课中实施表现性评价初探

北京市朝阳区垂杨柳中心小学
孟春芳

摘要：

语言是人类社会独有的现象，运用语言进行交际既是人类最重要的生存方式，也是最基本的能力。科学地培养小学生的语言表达能力，不仅是日常生活的需要，也是小学生提升语言表达能力、建立良好的人际关系、发展思维、培养良好习惯的需要。《义务教育语文课程标准（2011 年版）》指出：通过语文课程的学习，学生应具有日常口语交际的基本能力，学会倾听、表达与交流，初步学会文明地进行人际沟通和社会交往。统编语文教材非常重视培养学生的口语交际能力，然而老师们没有详细准确测查和评价学生的参考标准，无法准确知道学生在口语交际学习中学会了什么，学到什么程度。为此，笔者在四年级的口语交际课上开展了表现性评价的研究。

关键词：

口语交际；四年级；表现性评价

一、口语交际课实施表现性评价的意义

语言是人类社会独有的现象，运用语言进行交际既是人类最重要的生存方式，也是最基本的能力。科学地培养小学生的语言表达能力，不仅是日常生活的需要，也是小学生提升语言表达能力、建立良好的人际关系、发展思维、培养良好习惯的需要。统编语文教材非常重视培养学生的口语交际能力，然而老师们没有详细准确测查和评价学生的参考标准，无法准确知道学生在口语交际学习中学会了什么，学到什么程度。

表现性评价是指教师让学生在真实或模拟的生活环境中，运用先前获得的

知识解决某个新问题或创造某种东西，以考查学生知识与技能的掌握程度，以及实践、问题解决、交流合作和批判性思考等多种复杂能力的发展状况。这种评价本质上就是一种实践活动，强调学生的参与，其根本点是力求在真实的活动情景中测量出学生的行为表现。因此，表现性评价可以帮助教师准确评价学生的言语表现。

二、评价量表的制定

纵观统编小学语文一年级至六年级的口语交际教材，可以发现其编排特点。口语交际课对“说”的要求是：大声、大胆、大方、自信地说话；有礼貌、文明地说话；要用合适的语音语调、表情、肢体动作等把话说清楚、说明白、说连贯，说得简单明了，说得有条理，说得严谨，吸引听众。对“听”的要求是：听清、听准、听全面、听得认真；尊重说话的人，不打断、不抢话。口语交际中对人和人相互“交际”“应对”的要求是：注视对方的眼睛，积极做出合适的回应；注意说话场合和对象，理解对方的感受，照顾对方的情绪；在小组内的口语交际要积极参与，边听边思考，随时主动发表意见；认真倾听，随时记录；能辨别别人的观点，照顾小组成员的感受，尊重每个成员。

表 1　统编教材四年级各单元口语交际内容和要求整理

册次	口语交际主题以及具体要求			
四上	我们与环境 1. 围绕话题发表看法，不跑题。 2. 判断别人的发言，是否与话题相关。	爱护眼睛，保护视力 1. 小组讨论时，注意说话的音量，避免干扰其他小组。 2. 不重复别人说过的话，如果想法接近，可以先表示认同，再继续补充。	安慰 1. 选择合适的方式进行安慰。 2. 借助语调、手势等恰当地表达自己的情感。	讲历史人物故事 1. 用卡片提示讲述内容。 2. 使用恰当的语气和肢体语言，可以让讲述更生动。
四下	转述 1. 弄清楚要点，转述时不要遗漏主要信息。 2. 注意人称的转换。	说新闻 1. 准确传达信息。 2. 清楚、连贯地讲述。	朋友相处的秘诀 1. 根据讨论的目的，记录重要信息。 2. 分类整理小组意见，有条理地汇报。	自我介绍 1. 对象和目的不同，介绍的内容有所不同。

通过上表的内容和课标可知，小学段年级口语交际的学习目的是：

1.能用普通话交谈。

2.学会认真倾听，能就不理解的地方向他人请教，就不同的意见与他人商讨。

3.听人说话能把握主要内容，并能简要转述。

4.能清楚明白地讲述见闻，说出自己的感受和想法。讲述故事力求具体生动。考查口语交际水平的基本项目可以有讲述、应对、复述、转述、即席讲话、主题演讲、问题讨论等。口语交际的评价，应按照不同学段的要求，综合考查学生的参与意识、情意态度和表达能力。

教材在“口语交际”板块的编排，是由生活中的真实性情境、口语交际活动、口语交际的要求三个部分组成。每一次口语交际都意在培养学生口语交际的核心素养。因此，关于口语交际的评价，需注重提高学生对口语交际的认识和表达沟通的水平。基于以上的整理和分析，我在实际教学中做了如下实验研究。

以四上第三单元的口语交际课《爱护眼睛，保护视力》为例，依据第二学段的要求，重点评价学生日常口语交际的基本能力，学会倾听、表达与交流的能力。结合表现性评价的特点，将评价放在具体的交际情境中进行，让学生承担有实际意义的交际任务，并结合学生在日常生活和学习活动中的表现，综合考查学生真实的口语交际水平。因此，我在上这节课之前，先进行搜集资料的作业布置，然后第二天上课时，出示这节课的评价明细表（见表2）。

表 2 《爱护眼睛，保护视力》口语交际评价表

一级指标	二级指标	单项分数	取得分数
表达能力 (40分)	1. 大声、大胆、大方地表达。	20分	
	2. 表达清楚、明白、准确。	10分	
	3. 表达时能吸引听众。	10分	
倾听能力 （30分）	1. 认真听别人发言。	20分	
	2. 有礼貌地提问、补充。	10分	
交际能力 （30分）	1. 小组讨论时，注意说话的音量，避免干扰其他小组。	10分	
	2. 不重复别人说过的话，如果想法接近，可以先表示认同，再继续补充。	20分	
总体评价	总分	100分	

三、表现性评价量表的使用

根据教师提供的评价表，学生有步骤地开展了“自学—互学—分享补充—总结评分”的学习。具体为：

（一）自学环节，学生依据评价表自查、自练

本课伊始，引出本次口语交际的情境后，学生以小组为单位进行讨论，整理出个人在小组交流内发言的内容，分为以下三个方面：了解本班同学视力情况；分析影响视力的原因；如何保护视力。为了在小组内有好的表现或者脱颖而出，每个人不仅要在课前做好充分准备，而且需要依据这份评价表进行排练，然后为小组交流做准备。

（二）互学环节，学生依据评价表小组内互查、互练

第二个环节是小组交流。组长组织组员讨论交流，每个人都要发言、认真倾听并做出回应，同时，依据评价表给每个组员进行评价。在讨论、补充、质疑、建议、思维碰撞中，学生提高口语表达和交际的能力。最后推选出综合分数最高的同学进行全班展示、交流，并且结合班级的评比栏给这些脱颖而出的同学奖励。

（三）分享交流，学生依据评价表班级内互相交流、补充

第三个环节是每个组推选出一名同学在全班进行展示交流，接受全班的补充、建议、质疑。然后，老师组织全班同学依据评价表对这些小组代表进行综合评价、打分。

（四）总结评价，师生学生依据评价表梳理得分

最终老师和同学们一起根据评价表的得分，综合他们在小组内以及在集体交流中的表现，从发言、倾听、交际几个方面进行综合评分，最终评出口语交际小能手，不仅结合评比栏进行加分奖励，而且以发奖章的方式进行表彰。每个同学都是口语交际的参与者、倾听者，也是评分人。

这个评价表在语文课堂上实现了三次利用：第一次供小组交流时个人参看；第二次是在小组讨论后，作为小组推选展示的同学的参考标准；第三次是

在全班展示后，全体同学要给这些展示比赛的同学评分，最后老师和同学们将评出本次课中最佳发言人3人、最受欢迎的听众3人、交际小能手3人。这样发言的人知道按照什么样的标准去发言、听的同学知道自己如何倾听，在互相交流分享的时候知道如何适时适度、文明有礼地与同伴互动了。

这个评价表同时还实现了记录学生的过程性学习的作用。在真实或模拟的生活环境中，运用先前获得的知识解决了生活中的交际问题，发展了学生的思维，考查了学生知识与技能的掌握程度。在生活实践、问题解决、交流合作和批判性思考等多种复杂能力的发展方面都起到了表现性记录的作用，达到了表现性评价的目的。

再以四下口语交际课《自我介绍》为例，课上出示这节课的评价标准。

表3 《自我介绍》口语交际评价表

一级指标	二级指标	单项分数	取得分数
表达能力(40分)	1. 大声、大胆、大方地表达	20分	
	2. 表达清楚、明白、准确。	10分	
	3. 介绍的内容符合对象和场合。	10分	
倾听能力（30分）	1. 认真听别人发言。	20分	
	2. 主动积极给同学提建议。	10分	
交际能力（30分）	1. 真诚、有礼貌地给同学提建议。	15分	
	2. 虚心听取别人的建议。	15分	
总体评价	总分	100分	

这次口语交际课学生可以自由选择口语交际的情境，如转学、应聘、接站等。本节课我仍然采用“自学—互学—分享补充—总结评价”的学习方式。学生根据多样化的自我介绍练习和与他人进行有效沟通的活动。在自学环节，每个学生选择一个情境，依据评价表的要求进行自我介绍的练习。然后小组内轮流介绍，互相提出补充建议，推选出一人在全班进行交流展示。听众依据评价表对讲述的同学进行评价，全员参与，优化表达。为了帮助学生更好地完成任务，我们约请了比较专业的科任老师参与活动，比如应聘校报记者，现场选拔小记者，请学校的德育主任，针对学生表现点评；参加电视台“我是小歌手节目”选拔，约请了音乐老师现场点评；到车站接一位不认识的客人，直接拨通“客人电话”，进行现场电话沟通，请家长点评。所有的老师或者家长既是评委，也是引导者，根据评价表和情境需要，老师有针对性地评价和引导，给学生切实有效的帮助。最后评出最佳发言人、最受欢迎的听众、交际小能手等

奖项。在总结评价中，我更重视学生自学自练时的认真努力程度，小组互学互练时的文明交际和思维培养，在全班展示时，注重学生在相应的场合下介绍自己，做到能吸引听众。语文老师要善于发现典型，相机点拨，指导学生根据不同的对象和目的，调整自我介绍的内容。同时提醒其余同学注意听，记住主要信息，提出建议，帮助别人完善。此外，还要引导学生学会质疑，如果有感兴趣的、不理解的内容，可以向自我介绍的同学提出来，进一步了解情况，同时也要积极为他人的介绍适当的评价与补充。

好的教育，不是要给孩子创造一个无菌的环境，而是让他们学会在复杂的环境里自我成长。在表现性评价中，学生是在相互合作中受到评价的。学生在小组中互相合作、互相批评、互相激励和成长，通过交际话题，从不同角度推动倾听、表达和应对能力的提升。利用清晰的表现性准则和评分规则对学生的表现进行公证的判断，从而改善了学生的表现。当然，口语交际课能训练孩子们口语交际的一般能力，如能像著名主持人董卿那样出口成章、侃侃而谈、文雅卓越，我想，孩子们从小还要读万卷诗书，毕竟“腹有诗书气自华”。作为小学教师的我，更要不断学习、潜心锤炼，在讲台上能熠熠生辉，在课堂上给学生垂范，起到耳濡目染的作用，使学生们能说会道。

参考文献：

[1] 伦兹，威尔士，金斯敦 .《变革学校—项目式学习 – 表现性评价和共同核心标准》，周文叶，盛慧晓译 . 湖南：湖南教育出版社 WILEY.2020：51.

[2] 中华人民共和国教育部 . 义务教育语文课程标准（2011 年版）[S]. 北京：北京师范大学出版社，2012：9.

[3] 教育部审定 . 义务教育教科书语文一年级上册、下册——六年级上册、下册 . 人民教育出版社，2007.

低年级口语交际评价的策略研究

首都师范大学横琴伯牙小学
唐非

摘要：

作为语文教育的重要组成部分，口语交际可以促进学生语言的快速发展，促进学生之间的互动和情感交流，提高学生的口语表达能力，低年级阶段尤其如此。随着对口语交际的日益重视，口语交际的评价也越来越受到关注。本研究主要从低年级语文口语交际的评价标准、口语交际评价目前存在的问题这几个方面展开论述，提出了以下评价策略：多维评价策略、以听促说策略、及时反馈策略、主体多元评价策略。

关键词：

低年级；口语交际；口语交际评价

《义务教育语文课程标准（2011年版）》提出“口语交际是现代公民必备的技能。学生应该培养倾听、表达和反应的能力，以实现文明和谐的人际关系。”由此可知，在语文教育中，应重视培养学生的口语交际能力。心理学表明，语言发展的关键期就是学前和小学教育阶段，低年级是语言发展的基础阶段。因此，必须大力加强低年级学生的口语交际能力的培养。

在口语交际教学中，评价作为其中一个重要内容，教师应及时组织各种形式的有效评价，充分发挥评价的作用。笔者以口语交际评价中的存在的问题为出发点，提出了一些切实可行的对策，有助于教育者有效地评价口语交际能力，更能促进学生口语交际能力的提高。

一、低年级语文口语交际的评价标准的确定

《义务教育语文课程标准（2011年版）》明确了在进行口语交际评价的过程中，我们必须注意大力培养学生理解、表达和交际的水平。作为口语交际的一项重要内容，口语交际水平的评价通常包括叙述、回应、转述、讨论、主题演讲、即席讲话等内容。除此之外，我们还应充分重视对学生参与能力、情感态度和表达能力的评价。课标在低年级学生口语交际的评价建议中指出“主要是对学生口语交际态度和习惯的评价，特别要注意激发学生的自我表达”。

在教学设计之前，教师首先应加强对口语及交际评价内容的了解，加强对口语交际评价价值的认知，充分明确口语交际评价的目的，即口语交际评价重在对学生学习活动的评价，着眼于激励和完善，旨在促进学习。当前学生的学习状况是一种教育性的、面向发展的评价过程，需要教师准确理解学习和评价的意义所在，学习评价才能真正实现。只有强化评价意识，才可以有效规避“形式主义”的评价陷阱。

二、口语交际评价存在的问题

口语交际虽然早已被纳入教学内容，但因为没有设立正规的考试，所以学校并没有相关课时安排、教学效果等方面的规定，教师对口语交际的评价也没引起足够的重视。因此，口语交际评价目前仍处于模糊地带，针对性不强、修复力较弱，普遍存在“偏评”现象。

（一）唯语料评价

语料是指语言现象的资料。唯语料评价是指教师在评价中只关注学生的说话内容，却忽略学生的心理因素、外在表现等非语言要素。教师在评价中只注重学生的语言表达是否恰当、回答是否准确，忽略了学生的情感关系，这样的评价并不全面，难以有效地激发学生的积极性、提高学生的参与度。

（二）唯标准评价

唯标准评价是指教师只根据口语交际评价表的内容评价孩子的口语表达能

力，用条条框框的量化标准束缚住孩子鲜活的口语，长此以往，孩子们的口语表达将形成模式化，失去温度和灵性。

（三）唯激励评价

在口语交际的评价中，“真棒”“你真会表达”“说得真好”等泛泛的激励性的评价语极为常见，在交际中，学生的倾听习惯、参与意愿、思维水平等长期被忽视，甚至处于“零评价”状态。如果只使用这样的评价方式，不仅缺乏针对性，还无法真正提升学生的口语表达能力。

（四）唯教师评价

口语交际评价应注重主体性，评价对象应作为主体参与评价过程。在传统的教学模式中，口语交际的评价形式相对单一，评价对象地位较为被动，大多数课堂教学中主要以教师评价为主。这忽视了评价主体的多样性，尤其是学生自我评价和相互评价的价值。长此以往，学生评价缺乏民主，学生的主观能动性也得不到充分发挥。

三、低年级口语交际评价的策略

《义务教育语文课程标准（2011年版）》提出，应该在特定的交流环境中进行口语交际评价，使学生承担有意义的交际任务，将口语交际评价与学习和日常生活相结合，对学生口语交际能力进行综合评价，反映出学生的真实水平。因此，以低年级学生的学习活动为核心进行口语交际评价，才是最实际、最有价值的。

（一）多维评价策略

统编教材口语交际“小贴士”既有对表达内容的要求，又有语气、表情、动作等非语言要素的提示。在教学中，师生往往更多关注“说了什么”，忽视学生的心理与表情、状态。课堂中，评价要素与教学目标要一致，从口语表达的整体面貌给予综合性评价，避免模糊的经验式评价。

如一上语文第四单元口语交际“我们做朋友”，对主动交友方的评价可以从这三方面进行：一是评价语言表达是否正确、流利；二是评价是否表述清楚想和谁交朋友的原因；三是评价交际时是否看着对方的眼睛。而对被交友方，则要关注是否认真倾听，是否礼貌回应，并把自己的想法表达清楚。

（二）以听促说策略

从整体上看，一、二年级口语交际大都以独白类话题为主要内容，学生独自进行较长而连贯的言语活动，听众和说话者一般没有直接的沟通和交流。而在传统的口语交际课中，教师也更加注重训练学生的说的能力，从而非常容易忽视对学生“听”的评价，导致课堂上出现一人唱“独角戏”，其他学生“无所事事”的状况。因此，教师应加强互动环节的设计，积极鼓励学生认真倾听，并及时评价倾听状态，使学生养成良好的倾听习惯。

如在教学二上第六单元口语交际《看图讲故事》时，可以举办一场“讲故事擂台赛”，先让学生讨论如何做好评委，形成“听”的规范。接着请同学上台看图讲故事，小评委们不仅要认真听还要仔细思考，分析故事的内容。同时教师也要给予充分的尊重以及正确的引导，让小评委们在认真倾听的前提下自由地表达，实现从“听”到“说”的实践。同时要求学生先提出两个优点，再提出一个小小的建议，这样既可以增加学生表达的自信心，还可以让他们在评价他人的过程中对照自己，收获讲故事的秘诀，逐步养成认真倾听的好习惯。此外，要特别注意及时改进评价，让评价的改进功能落到实处。

（三）及时反馈策略

及时评价有利于学生的口语交际能力的提升。教师应该抓住口语交际评价的良好时机，及时评价反馈学生的点滴进步。例如，当学生的相互评价偏离重点或评价不完善时，教师应及时提醒补充，充分发挥教师评价的导向作用。反之，如果学生通过相互评价的方式达到了最终学习的目的，教师应给学生足够的展示空间。同时，教师的评价也不宜过多。在学习评价应用之初，当学生相互评价的能力还不足时，教师可相应地增加评价的频率。随着学生评价能力的逐渐提高，教师的评价则相应减少。

（四）主体多元评价策略

口语交际课堂评价应强调多主体参与，将教师评价、学生的自我评价、相互评价和家长评价相结合，建立多元化评价机制。

1.发挥教师的指导作用

作为所有评价中最具权威的部分，教师主要从以下两个方面对学生的口语能力进行评价：一是学生的参与态度和积极性；二是学生的口语表现力。教师应认真倾听和观察生生互动，在评价的过程中，引导学生在口头表达和交流中及时发现问题，帮助学生纠正和改进。

2.发挥学生的主体作用

在口语交际教学的过程中，教师必须让学生成为评价的主体，积极参与评价。学生评价主要由以下两部分组成。首先是自我评价。教师要引导学生以自我反思评价为主，充分调动学生的评价动机和兴趣，不断提高和超越自我，增强口头沟通能力。其次是相互评价。采用同桌互评、小组互评、全班共评等形式在课堂上相互评价。在评价中让学生学会倾听，充分发挥合作与互补的作用。在实践教学中，根据不同的学习内容，将自我评价和相互评价相结合，让学生对自己或同学的表现进行评价。

3.发挥家长的强化作用

家庭生活是提升学生口语交际能力的重要环境因素。在口语交际实践中，教师应调动家长参与孩子交际实践的积极性，利用下面的口语交际评价表引导家长关注孩子在日常生活中的倾听、沟通、表达的态度和技巧，进行评价后将情况反馈给教师，携手并进，促进孩子口语交际能力的可持续发展。

4.发挥量规的导向作用

有评价，就有标准。然而，准确的评价不仅仅是唯量化评价，而是要将定量评价与定性评价相结合，尊重学生的主体性和创造性，突破知识评价模式，让学生敢说、爱说，做到能说、善说。在教学中，我们制定了低年级口语评价表（见表1）。

表1 低年级口语评价表

评价维度	评价内容	教师评价	同伴评价	自我评价	家长评价
口语表达	能用普通话与人交流	☆☆☆	☆☆☆	☆☆☆	☆☆☆
	表达比较连贯、流畅	☆☆☆	☆☆☆	☆☆☆	☆☆☆
	能按要求说话	☆☆☆	☆☆☆	☆☆☆	☆☆☆
交际礼仪	与人交谈，有礼貌	☆☆☆	☆☆☆	☆☆☆	☆☆☆
	认真倾听，适时回应	☆☆☆	☆☆☆	☆☆☆	☆☆☆
交际态度	态度大方，自信表达	☆☆☆	☆☆☆	☆☆☆	☆☆☆
	乐于参与，主动交流	☆☆☆	☆☆☆	☆☆☆	☆☆☆
评价时间： 月 日					

四、结语

口语交际能力的评价不仅是为了了解口语交际教学的情况，更是为了通过评价指导教学，促进学习，提高学生的口语交际水平。这意味着在口语交际教学中不仅要重视教师的教学评价，还要重视学生的学习评价。学生要学习口语交际过程中的评价方法，逐渐学会评价，同时，教师也要将评价与学习过程紧密结合，使评价真正促进学生的发展。

参考文献：

[1] 中华人民共和国教育部 . 义务教育语文课程标准（2011 年版）[S]. 北京：北京师范大学出版社，2012.

[2] 张丽萍 . 指向语文核心素养的口语交际评价策略 [J]. 华夏教师，2019（1）：83–84.

[3] 梁荣，易进 . 立足学习评价 促进交际发展——以统编语文教科书二年级上册口语交际教学为例 [J]. 小学语文，2019（12）：58–64.

小学语文课堂教学评价多元化探究

北京朝阳师范附属小学本部校区
杨威

摘要：

素质教育的核心就是以“人”为本。教学是以促进人的身心发展为指向，以教与学为发生机制和存在方式的师生之间特殊的交往活动。我们在承认学生之间存在的个性化差异的基础上，应因材施教，使学生根据自身实际情况来主动发展，主动学习。应以学生为主体，采用多元化教学让学生获得更好的学习体验。同时，我国的教育也面临着评价系统更发展多元化、学习知识目的性更强、分析自身问题更加精准的挑战，如何在现有情况下利用多元的评价方式使学生能够获得学习内驱力，从而更加主动地去学习，这是我们不断研究和发展的方向。

关键词：

小学语文课堂教学；多元评价；小组合作

从价值取向来说，多元化教学评价首先是一种促进学生发展的评价。只有从多元的视角出发，对学生进行评价，才能使评价发挥其诊断、鼓励、促进的作用，评价真正的价值也才能得以体现。教师对学生学习成果的评价不仅要多方面、多角度地关注学生学习的结果，同时也要关注学生学习过程中的实际获得；不仅要关注学生的认知水平是否提高，更要关注他们在课堂教学中所展现出来的情感与态度。

所以，在小学语文课堂中，教师的评价必须注重评价目标、内容、方式的多元化。为了评价的有效性，教师应该明确了解多元化评价方法的特殊性，从而遵守多元化评价的原则。

一、多元评价目的和意义

（一）多元评价的目的

多元评价方式是基于生理医学对人智商呈现多元化发展显现的一种贴合人身体发育规律的、科学高效的评价方式和手段。传统的语文学习评价中，老师是评价的中心，学生处于被动的被评价状态，学生和家长只是评价结果的聆听者。这样的评价模式没有发挥学生的主体地位，不利于他们实现自我反思和自我激励。课堂教学的多元化评价体系是对学生在教学过程中知识、能力、素质综合评价的一种方法。在语文课堂教学中，建立多元化评价的课堂是现代语文教学核心素养发展的需要，也是现代课堂教学使学生多类型、多层次发展的需要。所以，多元化学习评价体系对培养新时代小学生的创新精神和创新能力能发挥巨大的作用。教师研究、构建合理且科学的语文课堂环境和学生学习评价体系，对于现代化的语文课堂教学提升和研究具有重大的意义。

（二）多元化评价的意义

多元评价是教师在课堂教学中提高和促进学生自我反思意识和自我提升的有效方式。在传统的语文课堂评价过程中，教师们作为课堂评价的垄断者，教师评价的过程和结果对学生来说具有绝对的权威，学生只能通过教师的反馈来揣摩自己的学习情况。现代课程理念则要求教师打破以往传统课堂上评价方式单一，对课堂教学过程不够放手，垄断评价过程的现状，提倡自我评价、学生互评、师生互评相结合的多元性评价。多元评价的方式可以进一步增加教师与学生、评价者与被评价者之间的沟通、了解、提升、总结，更好地促进课堂上学生作为被评价者的思考、学习。

二、多元化评价的基本原则

语文课堂教学的多元评价首先要明确发展学生能力这一重点目标，同时着重评价学生在解决课堂教学问题中分析和解决实际问题的能力。课堂教学中的评价要结合平时学生的作业和发言的表现，同时聚焦学生学习的全过程。在教学中，不仅要对学生学习的知识体系进行评价，关注学生在课堂知识技能的实际获得，也要关注学生情感、态度、价值观的形成和发展。教师既要关注学生阶段性学习的结果，也要注意学生在学习过程中的知识性变化和延展性的发展。多元化评价需遵守以下原则：

（1）坚持学业能力目标可衡量原则：教师应关注学生的知识系统是否完整。从教学问题设计入手就要明确学生对于问题的回答是否能够衡量，例如在语文课堂上针对人物形象的评价这一问题，教师要对学生的回答到什么程度做到心中有数。

（2）坚持评价可发展性原则：在课堂学习过程和课堂评价过程中，教师应该发现学生潜能，更好地提高学生的学习内驱力是多元评价的重要原则，可以通过设置悬念来激发学生课下自己研究探索的兴趣。

（3）坚持教学评价适用性原则：学科评价方法必须与学生的学业水平相适应。教师在教学评价时，要根据学生的特点和水平进行动态性的调整。例如：对于水平高的学生可以鼓励他回答的角度更多，内容更全面；对于水平较低的学生评价时要更加肯定他的态度，关注他对于问题答案的方法和思考。

（4）坚持评价动态浮动原则：课堂教学的多元评价方法应该符合学业动态发展，根据学生能力、水平、态度等情况，按照一定频次对教学中的评价方法进行充分的修改和完善。

（5）坚持学习过程评价与学习结果评价融合的原则：评价多元化关注学生学习动态的过程，培养学生学会反思的习惯。因此，不能轻视教学中的过程性评价，要兼顾传统课程中评价方式，做到过程与结果可预测可量化处理。

首先，建立班级合作小组，确定组内成员按照同质化学业水平分布。其次，建立个人评价体系，提前明确评价内容和发言标准。最后，建立小组评价体系，依照语文课堂教学具体课程和问题制定评价标准，主要分为组内研讨、解决问题阶段和组内互补充、互评阶段。

三、语文课堂教学落实多元评价

（一）自我评价

自我评价，作为课堂教学评价的重要部分和实施过程性评价的主要手段，近年来受到越来越多教师的重视。课堂上教师要积极引导学生乐于开展自我评价，培养学生的自我意识和自主学习能力，实现“教是为了不教”。比如在学生回答完问题后，可以有针对性地提问：请你从自己刚才回答问题的声音、内容等部分来自我评价，学生会有意识地反思、完善自己的回答。自评是一个自我要求提高、自我促进的过程，是学生自己对照标准提升的好机会。

（二）小组评价

在学生讨论中可以增加小组评价，对每个学生的答案进行讨论和调整。在五年级学习《鸟的天堂》时，教师可以先抛出主问题让学生进行学习并讨论：作者两次去游览了鸟的天堂，看到的景象有什么区别？请你品读自己喜欢的部分，找一找突出了景物的哪些特点。学生会按照第一课时所学内容去找大榕树枝繁叶茂的特点和群鸟纷飞鸟儿自由欢快生活的特点。学生在进行组内讨论汇报的时候，就会互相补充提醒，完善学习结果，这就是学生互评的过程。然后教师根据学生汇报的内容，引导其他学生对整个小组的回答进行评价，可以说这是小组评价和学生互相评价的综合。

（三）同伴互评

教师要明确学生是学习的主体，在评价中教师应该充分提高和发挥学生中团队的力量，每一个团队中的学生都要参与到评价中，利用评价互相促进。学生要学会正确地评价别人，首先要学会认真倾听他人发言，寻找对方语言表达上的优缺点，同时学生在倾听时还锻炼信息处理、组织语言的思维逻辑。学生间或团队间的互相评价有益于学生互相学、互相提高、互相监督，改正不足，促进学生在评价中去揣摩、分析、理解，同时能培养学生大胆发言、大声评价的表达习惯，这样的方法不仅能够提高学生内驱力，还促进他们在不断发展、充实、完善自己答案的过程中提升解决问题的能力。

例如在教学《草船借箭》时，教师根据教学要求让学生用情景剧的方式来体悟课文内容和人物形象。学生在表演前做了充分的准备，熟悉台词并且完整地完成了表演。部分学生初次上台表演，心理有负担，神态上不太贴合人物形象，还有的学生忍不住笑场，或者扭扭捏捏地放不开，不能完全进入角色。表演完后，如果教师利用多元评价就可以要求上台的同学首先进行自我评价，说说表演时的内心真实的想法或感受，对所演人物形象上的理解，然后再引导学生在团队、小组内进行互相评价，从而较全面地总结表演中的成功的地方和不足的地方，将自我评价、生生互评相结合。再如，在课堂教学中经常有朗诵、背诵、回答问题的要求，对这样相对容易的问题，也可以开展学生互评和学生自评相结合。比如，“请你从声音、感情、停顿来评价你的朗诵”“你认为他刚才的诵读好在哪里，不足之处在哪里”“如果是你，你可能怎么读？请你读一读”“还有哪些答案的表达要修改？请你补充”。利用这些引导性的问题鼓励学生进行自我评价和互相评价，提高学生评价能力，进而全面提高学生的学习能力和素质。学生通过互评不仅获得了新知识，同时进一步明确了解决问题的标准，对知识的获得过程更容易接受，学生在这个过程中有收获，长见识，明白了如何深刻地思考。

总之，多元评价会促使教师实现从课堂教学到班级秩序管理的改革。教师在探究新的评价方式的过程中，不断接受最新的教育理念，学习研究最新的评价技术和方法，重新审视自己的教育目标，反思课堂教学中的评价行为，落实新时代对教师终身学习的要求。教师在课堂教学中转变了自己的课堂角色和身份：从知识的传授者变成知识学习的促进者，从管理者转变为学生反思的引导者。多元化评价关注学生综合能力的培养，引导他们积极运用策略完成任务，提高学习兴趣，增强学习信心，全面提升素养。

参考文献：

[1] 胡朝阳 . 教师教学语言的教育性之研究 [D]. 长沙：湖南师范大学，2019.

[2] 王淑慧 . 多元化教学评价的研究 [D]. 武汉：华中师范大学，2011.

[3] 蒋浙萌 . 自我评价 自我发展——提高学生课堂自我评价能力的实践探索 [J]. 中小学信息技术教育，2012（3）：27–28，31.

[5] 孙玖莉，张林伟 . 教师探究教学能力的培养与训练 [M]. 东北师范大学出版社，2004.

[6] 李建东 . 提倡“三联单”式的作文评价方式 [J]. 考试周刊，2013（13）：45.

[7] 刘红梅 . 思想政治课校本课程的开发与实践 [D]. 长春：东北师范大学，2005.

[8] 童天博 . 借阅读东风，打写作基石 ——写景课文教学策略研究 [J]. 课外语文（下），2020（5）：118–119.

思维导图与 SOLO 分类理论在习作指导课中的应用

北京市顺义区天竺第二小学
赵蕊

摘要:

思维导图以其趣味性、结构性、发散性，在习作教学中应用广泛。SOLO 分类理论是以质性评价为主的评价方式，它将思维操作模式分为四种形式，每一种思维操作模式下的学习结果可以分为五种水平。思维导图和 SOLO 分类理论中的高阶思维，其本质都是关联思维。笔者通过对当前“思维导图”“习作”“SOLO 分类理论”这三个领域的学术研究分析，结合自身实践研究，发现利用 SOLO 分类理论分析习作教学中学生生成的思维导图，根据思维导图所处的不同层次，采取不同的教学策略，可以将习作教学中思维导图的应用价值最大化，可以帮助教师在习作过程中给予学生针对性、过程性的指导，实现习作个性化，发展学生创新思维。

关键词:

思维导图；SOLO 分类理论；习作指导

思维导图，是一种可以被观察的“思维成果”。将思维导图应用于习作教学中，可以帮助学生整体构思习作内容，从不同角度启发习作思路。SOLO分类理论，是对可以被观察的“学习成果”进行分析评价。思维导图与SOLO分类理论有着相似的特征，在实际应用中相辅相成。将思维导图与SOLO分类理论相互结合，通过深入研究思维导图在习作教学中的应用可以帮助学生更好地提高语言表达能力，提高习作水平，促进学生思维的提升。

一、研究现状及问题

（一）“思维导图”的研究现状及问题

以“思维导图”为关键词，通过中国知网的计量可视化分析可以得知，从1960年开始，国外就已经对思维导图的应用开始了研究。自1999年开始传入我国后，其研究热度逐年递增，但大部分研究集中于中、高等教育和医学教育，初等教育研究相比而言较少；而且结合教学的研究多，但将思维导图与SOLO分类理论结合起来共同研究的少，只有4篇期刊文献。

（二）“习作”的研究现状及问题

以“习作”为关键词，通过中国知网搜索相关文献学科分布图可以得知，初等教育的习作研究热度最高，且其中的经典文献（被引、下载次数较高的前10篇）90%是对小学语文习作教学的研究，经典文献中30%都提到了思维导图在习作教学中的应用（2篇语文、1篇英语）。但对这3篇经典文献进行分析可以发现，思维导图在习作教学中作为一种写作工具被广泛应用，看似提高了习作教学的效率，实则忽略了思维导图对不同思维水平学生的适用性。大部分教师还是在用传统思维“教”学生用思维导图写作，而不是学生自主运用思维导图进行思考，学习成果往往缺乏思维含量。

（三）应用“SOLO 分类理论”研究“习作教学”的研究现状及问题

以“SOLO分类理论”和“习作”为关键词，在中国知网搜索，共有15篇相关文献。其中有9篇是硕士学位论文（其中2篇与小学语文习作有关），有6篇是学术期刊文献（其中5篇与小学语文习作有关）。综合这些文献资料可以看出，绝大部分学者应用“SOLO分类理论”研究“习作教学”，大多将“SOLO分类理论”应用于“习作评价”，但是忽视了“SOLO分类理论”在“习作教学”过程中的作用。

基于以上分析，笔者认为将思维导图和SOLO分类理论共同应用于习作教学中目前研究较少，思维导图在习作教学中的应用还需继续全面深入的研究。

二、思维导图和 SOLO 分类理论在习作教学中的应用价值

（一）思维导图、SOLO 分类理论、习作教学的联系

思维导图以主题为中心点，以主干为主要线索，以各个分支体现全方位、多层次的联想，其本质是一种“关联思维”；SOLO理论的思维分类结构是由一个简单到复杂的层次模型，是点、线、面、体、系统的发展过程，五个思维层次体现由“点状思维”逐步提升为“关联思维”。思维导图和SOLO分类理论中“高阶思维”的本质都是“关联思维”。

思维导图是一种可观察的“思维成果”，是习作教学中的阶段性学习成果，适合运用SOLO分类理论分析评价。

但在日常习作教学中，笔者发现，很多学生在对绘制的思维导图进行解释说明时，体现出仅仅是借助思维导图的形式对构思习作的“相关素材”进行整理，各个素材之间仍是孤立的。基于SOLO分类理论评价分析学生绘制的思维导图，更关注的是“思维成果”的“质”，关注学生是否运用“关联”的思维方式绘制出对提升习作思维有帮助的思维导图，避免思维导图在习作教学中仅仅是一种形式的存在，在学生“构思习作——完成习作之前”这一阶段给予学生在思维上针对性地指导，实现习作能力的提高和思维的提升。

（二）思维导图和 SOLO 分类理论在习作教学中的作用

杨雪莲老师在《SOLO分类理论视角下的语文课堂教学模式新探》中提到：“要想反向运用SOLO分类理论构建培养学生高阶思维的课堂教学必须满足三个条件：让学生完成具有一定挑战性的任务；提供足够的多元的信息支撑；在完成任务中使用关联的思维方式。”

从这三个条件进行分析，可以更好地说明思维导图和SOLO分类理论在习作教学中的作用：首先，完成关联性的思维导图对于小学中高年级学生来说，是具有一定挑战性的任务；其次，习作教学中思维导图的绘制需要足够多的习作要素支撑，实际上层次最低的思维导图也需要学生的思维水平达到“多点结构”；最后，思维导图的本质决定了绘制思维导图必须使用关联的思维方式，只有运用关联的思维方式绘制的思维导图，才能将习作中的各个要素构建关联，使构思的习作成为一个整体。

但是，对于有挑战性的任务，需要教师有目的地搭设不同难度的学习支

架，帮助不同思维水平的学生尽可能地输出高质量的学习成果。同时，思维导图的关联性也必须结合学生的言语解说或者是学生利用思维导图进行思考时才能得以充分地体现。

比如统编小学语文三年级上册第一单元习作《猜猜他是谁》中，利用的就是思维导图式的习作支架，从人物的外貌、爱好、性格以及品质多个方面给予学生习作启发（表面上看是多点思维）。学生在猜的过程中需要综合思考多个要素，这个过程正是学生思维方式由“多点思维”发展为“关联思维”的过程，体现了思维导图对提升学生思维的作用。

绘制思维导图的过程就是培养学生使用关联的思维方式去分析、解决问题的过程。因为每个学生的思维方式和生活经历都不同，所以在进行思维导图绘制时，构建的思维导图也不同，从而形成个性化习作。

综上所述，思维导图有利于SOLO分类理论应用于习作教学的过程性评价中，帮助教师在学生写作之前就可以对学生的写作思维做出及时性、针对性、总领性的指导。

三、思维导图和 SOLO 分类理论在习作教学中的应用

教学设计中对于学生对问题或活动的预设反馈影响着教学设计的实施效果。预设得越全面、越准确，实际教学中目标的达成度就会越高，学生的收获就会越大。SOLO分类理论可以帮助教师从不同思维层次对学生的回答进行预设，便于教师能及时准确地判断学生的思维水平。而思维导图不光是学生可以使用的一种思维工具，借助思维导图，教师也可以实现从整体、从不同角度、不同层次设计教学。

笔者在对《我和___过一天》这一课进行教学设计时，结合SOLO分类理论设计了三个难度渐升的学习活动，逐步提升学生的思维水平。活动一：回想人物，补充题目；活动二：借助插图，启发思路；活动三：绘制导图，构建关联。对于学习活动三中的学生表现分别从五个思维层次进行预设，针对不同思维层次的学生采用不同的问题进行追问。

在实际教学中我尚未遇到前结构水平的回答。单一水平结构的回答如，能做到补充题目的人物是神话或童话故事中的人物；构想的故事内容符合人物特点，故事较为完整；能从一个角度丰富故事内容（比如对于故事“人物”设计有主角、配角，就是从人物角度丰富了故事内容）。教师可采取小组讨论的

辅导策略，相互启发补充。同时，教师利用板书总结记录，帮助学生从多个角度丰富内容。有些学生处于多元水平结构，即在单一水平的基础上，构想的故事内容符合人物特点，故事完整，内容丰富；但在借助导图叙述故事时，只是“就图说图”。此时，教师可利用学生对汇报故事中“好奇但作者没有说清楚的部分”进行深入思考。有些学生已经达到关联水平结构，他们在叙述故事时能够综合运用各个习作要素。这时，教师可以以“说说故事中最吸引你的部分”为提升思维水平的支架，利用对故事情节的评价，总结经验。一部分学生回答能够达到拓展抽象水平，可以围绕本次习作内容有对事件的评价或有新的观点提出。学生能够体会到故事中人物的语言、动作、神态使故事更加生动；一波三折的情节使故事更加有趣；最吸引人的故事情节往往体现了人物最鲜明的特点。

把思维导图作为学生思维可视化的工具，应用SOLO分类理论在习作过程中对学生进行个性化评估和指导，在真正意义上实现了因材施教和学生的个性化发展。

四、思维导图和 SOLO 分类理论在习作教学中的应用效果

思维导图和SOLO分类理论的完美相遇，促使学生在习作过程中的思维得以打开；思维导图的绘制使学生反复整理自己写作的内容和先后顺序，写作思路变得清晰、流畅，主题明确，中心突出，写起作文来不再毫无头绪，不再凑字数。长久地坚持绘制习作思维导图，不仅写作水平得以提高，思维水平也得到有效提升。同时，教师在利用思维导图进行教学时，自身的教学思维也有所发展。

需要注意的是，在习作教学中使用思维导图不仅仅是教会学生写作文的技巧，更重要的是以思维导图作为思维训练的工具，领会科学的思维方法，帮助学生提高思维水平。但习作中最基本的语句通顺、连贯，内容具体同样不容忽视，这就需要学生在运用思维导图构思习作时，要先打下扎实的习作基本功。

参考文献：

[1] 邓敏杰 . 运用思维导图优化小学作文教学的实践 [J]. 中国电化教育，2012（3）：90–94.

[2] 彼格斯，科利斯 . 学习质量评价：SOLO 分类理论 （ 可观察的学习成果结构 ）[M].

高凌飚，张洪岩，译 . 北京：人民教育出版社，2010.

[3] 杨雪莲，赵连顺 . 基于 SOLO 分类理论，建构语文课堂教学模式 [J]. 教育家，2021(1):36.

[4] 朱柯珂 . 思维导图在小学语文中段习作教学中的应用探析 [J]. 西部素质教育，2017，3，(14)：243.

作业设计

设计有效作业，提升学生的语文能力

北京市顺义区光明小学
康维

摘要：

2021 年 7 月，中共中央办公厅、国务院办公厅印发《关于进一步减轻义务教育阶段学生作业负担和校外培训负担的意见》，从中可以认识到，构建符合素质教育要求的作业体系，充分发挥学生学习的主动性，提高作业的实效性，让作业成为促进学生发展生长点，使作业真正成为学生课堂所学知识转化为自我能力的有效手段。笔者结合语文教学实际，从“关注教学目标设计语文作业、围绕重难点设计语文作业、结合文本特点设计语文作业”三方面，探讨以文本为载体，在关键处着眼设计作业。

关键词：

学生；作业设计；语文能力

2018年教育部等九部门印发了《中小学生减负措施》（减负三十条），文件中提到“科学合理布置作业。”2021年7月，中共中央办公厅、国务院办公厅印发《关于进一步减轻义务教育阶段学生作业负担和校外培训负担的意见》，此文件中明确提出：全面压减作业总量和时长，减轻学生过重作业负担，并提出了具体意见，要提高作业设计质量，系统设计符合年龄特点和学习规律，体现素质教育导向的基础性作业；鼓励布置分层、弹性和个性化作业等。可见，“作业”是做好减负增效文章的切入口，是提升学生核心素养的有效途径。那么，设计作业就要以学生为中心，使作业伴随学生学习的全部历程。通过多种类型的作业，如夯实基础型作业、理解运用型作业、迁移拓展型作业、品质养成型作业等，每一种类型又可以通过多种形式呈现，最终实现作业的选择性、梯度性和个性化，达成学生的分层成长，人人提高。为此，结合教学实际，我探索以文本为载体，在关键处着眼设计语文作业。

一、关注教学目标设计语文作业

作业是指向教学目标达成的、学生自主学习的过程。它是学生是否达到教学结果的试金石，这就需要语文作业针对目标合理设计。那么设计一份目标明确的语文作业该如何考虑呢？其一，要结合学习目标确定单元作业目标。任何游离于学习目标之外的作业，都不能达成作业“检测、巩固、反馈、激励”等功能。单元是设计作业的最小单位。因此，要结合单元的学习目标，锚定作业的目标方向。作业就必须紧扣本单元的作业目标而设计。其二，立足单元作业目标找准课时目标。在确定好单元作业目标的基础上，关注语文要素的横纵联系，拆分课时目标，实现目标达成的逐步推进。其三，结合作业目标明确每一项作业设计的目标。这就要清晰每一项作业的设计最终指向的是哪一个目标的达成，同时还要让学生通过作业的完成，清楚自己所要达成的目标。

例如教学《富饶的西沙群岛》一课时，我发现课后有这样一项作业：“从下面的图中选择一幅，写几句话。”基于本单元的语文要素，这道小练笔意在考查学生能否围绕一个意思写几句话。但是本题没有明确提出学生要达成的目标或要求，学生就不清楚怎样的一段话就是达标的，教师也不清楚围绕怎样的标准评判学生的这几句话，为此，在本课教学中，我将其设计为：从下面的图中选择一幅，从“颜色、样子、神态、动作”等方面中，选择一个方面写几句话，写清楚图中的事物是什么样的。

二、围绕重难点设计语文作业

一篇文本的重难点是一堂课的教学关键，也是学生学习的关键。同样，它也是语文作业设计的重中之重。这就需要教师精心设计语文作业，不要贪多求全，而要根据单元训练重难点和所学课文的重难点设计作业，实现“伤其十指不如断其一指”的效果。

如《珍珠鸟》一课的教学重点是：了解原本怕人的小鸟竟然在“我”肩头睡着了的原因，想象人与小鸟友好相处的情景，体会作者是怎样写的。结合这一重点，教师可设计这样的课堂作业：珍珠鸟对“我”的信赖是怎样一步步建立起来的？填写表格，说一说信赖建立的过程。

表 1 珍珠鸟对“我”的信赖是一步步建立起来的过程

“我”是怎样照料、呵护珍珠鸟的	珍珠鸟的表现
用吊兰的垂蔓蒙盖鸟笼	轻松自在
很少扒开叶蔓瞧它们	瞅瞅我，熟悉了
不管它	由屋里飞来飞去到落在书桌上
不去伤害它	蹦到杯子上，喝茶
依旧写东西	绕着笔尖蹦来蹦去
不动声色地写	啄颤动的笔尖
抚一抚绒毛	啄两下手指
伏案写作时停笔 、抬肩	趴在肩头睡得好熟

学生表格填写的可能不完整、不准确，这都无关紧要，关键在于这项作业设计体现了学生经历解读文本的过程，让学习的历程可视化。同时，学生还感悟到人与鸟是逐步亲近的，突出了文本教学的重点。

三、结合文本特点设计语文作业

一篇文章存在着各自体裁的特点，也蕴含着语言表达及布局谋篇的特点。这些特点在全国特级教师王崧舟的眼中被称为“文本秘妙”。在进行语文作业设计时，如能够抓住这些文本的妙处，必定会使语文作业从内容上看是多彩的，从形式上看是多样的，更能体现语文味，更适合学生的发展。在具体的实践中，我结合文本特点设计了多种形式的语文作业。

（一）补白形式的作业

在教学中，不难发现，有些文章在表达的过程中是欲言又止，不直接说明，有一种“犹抱琵琶半遮面”的韵味，需要读者揭开神秘面纱。教师如果能抓住文本的空白点，设计补白形式作业，定会受到意想不到的效果。

例如，在学习《称象》一课时，文中写到曹操听了官员们称象的办法直摇头，显然曹操外在的动作表现是他内心的真实写照，但文章在此并没有写此时曹操的内心想法，于是设计作业为：曹操听了直摇头，他在想：__________。

这一文本空白处作业的巧妙设计，使学生感悟到曹操对官员们的称象办法不满，以及不满的原因。

（二）对话形式的作业

教材中，很多文章是用人物对话的形式表现人物的特点，突出人物品质的，如：《穷人》《“钢琴之王”的微笑》等课文。设计“对话形式”的作业更贴近学生的生活，使学生在完成的过程中更好地学会与他人交流。

如学习《“钢琴之王”的微笑》一课后，设计了这样的课后作业：第二天晚上，小城的歌剧院里座无虚席。在姑娘和李斯特同台演出之前，他们会说些什么？请你联系上下文写一段对话。

（三）想象形式的作业

想象是创造的翅膀，教师设计的语文作业要激发学生展开想象和幻想，因为学生都是极富个性的生命体，他们对教材的理解和诠释也极富独特性和创造性。教师可以发挥创造性，对课文进行再创造。

如在学习《李时珍》一课时，学生对于文中重点句“他不怕山高路远，不怕严寒酷暑，走遍了产药材的名山”的理解总停留于字面。为了让学生潜入文字，用心体会，就需要创设情境，拓宽学生的想象空间。因此，在教学过程中，我设计了这样的语文作业：请你在老师的描述中展开想象，“李时珍独自一人，踏上了采药之路。在烈日炎炎的山顶；在大雪纷飞的野外；在狂风怒吼的丛林；在千丈陡峭的悬崖；在长满荆棘的小路……哪里有药材，哪里就有他的身影”。李时珍在你的脑海里留下什么印象？他在什么地方，正在干什么？请用生动的语言写下来。

这样的作业为学生发散思维搭设了支架，又有比较规范生动的语言作为学生表达的范本，促进了学生自主建构语言提升语文能力。

（四）积累形式的作业

语文学习的本质，就是要学习语言文字的运用。而这种语言文字的运用能力是在每一节课、每一篇课文的日积月累中培养起来的。这里提到的积累形式的作业就是侧重于培养学生的此种能力，它包括“课内基础性积累”和“课外拓展性积累”。

如学习《语言的魅力》一课时，文本中描写春天的四字词语较多，我便在课后顺势引导学生积累此类词语，学生可以根据自身能力自选作业（见下），达到语言的积累与运用的目的。

自选 1：请你结合课文内容，填写适当的四字词语。 是的，春天是美好的。那___，那___，那___，那___，怎么不叫人陶醉呢？
自选 2：请你展开想象，填写恰当的四字词语。 是的，春天是美好的。那___，那___，那___，那___，怎么不叫人___呢？

（五）提升形式的作业

这里的“提升”指的是学生对文本解读的提升，学生语文能力的提升等，基于此设计的语文作业。

在学习《给星星正名》一课后，我设计了如下的作业：结合查找的资料，仿照课文写一节小诗。（可以自己写，也可选择补充小诗）

我写的诗：　　　　　　　　　　　补充：

至于神秘的火星，

空气都冷得结冰，

企鹅也没法生活。

综上可知，作业与课堂是融为一体的（包括课前、课中和课后），是与学生的学习历程同步而行的，是和着教学的节拍不断延伸的，是与学习的目标达成和学生的能力形成紧密相连的，“教者有心，学者才能得益”！充分发挥作业的科学性、选择性、综合性、持续性价值，依托作业精心设计才能实现学生素养的全面提升。

参考文献：

[1] 中华人民共和国教育部 .《关于在小学减轻学生过重负担的紧急通知》 教基（[2000]1 号）.[2000-1-3].

http：//www.moe.gov.cn/srcsite/A11/s7057/200001/t20000113_81788.html.

[2] 中华人民共和国教育部等九部门 .《关于印发中小学生减负措施的通知》（教基〔2018〕26 号）.2018-12-28.

http：//www.moe.gov.cn/srcsite/A06/s3321/201812/t20181229_365360.html.

[3] 中共中央办公厅国务院办公厅 .《关于进一步减轻义务教育阶段学生作业负担和校外培训负担的意见》.2021.

http：//www.moe.gov.cn/jyb_xxgk/moe_1777/moe_1778/202107/t20210724_546576.html.

[4] 引自王崧舟由德育报社于 2012 年 3 月举办的第八届全国教育名家论坛上的讲座，阅读教学：指向文本秘妙 .

跨学科整合

信息技术与字源识字整合策略的研究

北京市顺义区天竺第一小学
李国辉

摘要：

在字源识字校本研究的背景下，学校语文团队积极探索线上线下融合式教学的新模式，深入开展信息技术与字源识字整合策略的研究。研究遵循趣味性、主体性、互动性三大原则，通过多元培训、案例引领、同伴合作的方法推进研究，总结出信息技术与字源识字整合的策略：设计追本溯源，掌握字源识字规律；微课化解难点，教给字源识字方法；平台助学识字，实现自主探究识字。尤其识字平台建设针对教学关键内容精心设计整合点，并将技术运用与多种教学方式相结合，彻底改变了传统讲授式、机械训练式的单一模式，将自主、合作、探究的开放性学习模式与字源识字有机融合，从而发展学生潜能，使之逐步获得现代社会所需要的语文实践能力。

关键词：

信息技术；字源识字；整合原则；实施策略；平台建设

字源识字作为小学阶段语文识字教学的一种方法与手段，近年来在我校被普遍应用于语文教学中，特别是在开发字源识字资源，多学科整合促进识字教学的过程中进行了深入的实践研究。新冠疫情时代的来临，更对一线教育工作者提出了适应线上教学、线上线下融合新模式的更高要求。《义务教育小学语文课程标准（2011年版）》提出：语文课程应拓宽语文学习和运用的领域，注重跨学科的学习和现代科技手段的运用，使学生在不同内容和方法的相互交叉、渗透和整合中开阔视野，提高学习效率，初步获得现代社会所需要的语文实践能力。因此，学校深入开展了运用信息技术助推字源识字教学的实践研究。

一、信息技术与字源识字教学整合的价值

（一）极大激发学生学习的兴趣

传统识字教学较为枯燥，教师大多通过汉语拼音进行汉字的教学与训练，阅读和写作与汉字脱节，更别提与实际生活相结合。长此以往，虽然也能按部就班地完成学习任务，但学生不免对识字学习缺乏兴趣，特别是字源识字教学。如果尝试信息技术与字源识字教学整合，借助信息技术手段，通过图片、视频的形式更加直观、生动、形象地展示识字教学的内容，必然会激发学生的学习兴趣，改变现有的课堂教学情境。

（二）有效解决学习的重难点

识字教学不仅枯燥，还是学生学习中的重难点，然而小学生受年龄及生活经验的限制，理解能力普遍较弱，因此在字源识字的教学过程中，学生们都会或多或少地遇到一些问题。信息技术的直观性，可以帮助学生更加形象地理解汉字的含义，识记汉字字形的演变过程，加深关键笔画的记忆，掌握汉字的构成规律。信息技术可以以音频、视频、动画等多种形式丰富教学内容，调动学生多种感官参与识记，提高识字学习的效率和质量。实践证明，借助信息技术可以有效突破易错字解析、形近字辨析等重难点问题。

（三）极大拓展学生知识面与信息量

以往教学方式与手段的单一，导致教师教什么，学生就学什么。信息技术与字源识字整合有效地解决了这一问题。现代信息技术体现了很强的网络优势，能将教师、学生、图书馆及自建的资料库的信息有机结合起来，增大教学的信息量，拓展学生的知识面。教师将汉字的演变过程、音形义的联系、与汉字相关的小故事、识字闯关小游戏等制作成微课，为学生提供更广阔的学习空间。字源识字平台丰富的识字资源，可以供学生课前、课上、课后持续学习，从而提升学生的识字能力和阅读能力。

（四）能够有效提高学生的自主性

课标的理念之一就是积极倡导自主、合作、探究的学习方式。信息技术与字源识字教学整合，资源丰富的字源识字平台为学生自主学习提供有力支撑。通过

字源识字平台资源的开发与利用，在扩大学生知识面的同时，教给学生科学的识字方法，激发学生探究汉字规律的浓厚兴趣，培养想象能力和思维能力。学生可以借助平台资源发现、探索和分析识字中遇到的各种问题，还可以将自己的识字作品上传到平台，逐步形成自主识字的能力。

二、信息技术与字源识字教学整合的原则

（一）趣味性原则

信息技术资源的优势是形象直观、动态呈现、内容丰富且信息量大，如何让这些资源更有趣味性是教师应用信息技术资源于小学生识字教学时应该认真思考的问题。教师在教学中充分利用信息技术手段，通过寓教于乐的识字游戏激发孩子的学习兴趣。多样化、趣味化的识字学习使学生在轻松愉悦的氛围中习得、巩固知识，有效提高效率。

（二）主体性原则

课标中提到“倡导自主、合作、探究的学习方式”，这也是我们实施信息技术与字源识字整合的原则。它不仅强调了学生学习方式的转变，也强调了学习和发展的主体必须是学生。教师要彻底打破传统的教学模式中教师“一言堂”的形式，从教学内容、教学方法、教学手段上彻底放开，让学生作为学习主体进行自主学习。

（三）互动性原则

除以上提到的要坚持趣味性、主体性原则外，我们更要关注教师与学生之间的互动、学生与学生之间的互动，这也是我们将信息技术与字源识字教学进行整合的初衷之一。教师可以在字源识字平台上呈现识字教学重点内容，引导学生在充分思考的基础上通过手持终端点击、拖划、拍照独立完成任务，实现识字互动学习过程中真实、可分享的信息交流。

三、信息技术与字源识字整合的实施策略

课标指出：现代社会要求公民具有良好人文素养和科学素养，具有创新精神

和开放视野，具备包括阅读理解、表达交流在内的多方面基本能力及运用现代技术搜集和处理信息的能力。在小学语文教学中，特别是识字教学中，要注意拓宽学生学习的领域，注重跨学科的学习和信息技术运用，加强信息技术与语文学科的融合应用，使学生在不同内容和方法的相互渗透和整合中开阔视野，提高学习效率，培养综合素养。因此，我们通过多元培训、案例引领与同伴合作的推进方式总结提炼信息技术与字源识字教学整合点的实施策略。教师们在教学观念、教学方法、字源识字理论，及软件使用、平台设置等内容的培训中，在信息技术与字源识字教学整合方式、方法与策略的案例研究中，发挥各自专长，密切协作，广泛开展理论与实践研究。

（一）设计追本溯源，掌握字源识字规律

训诂学家王宁教授说："科学识字就是按规律办事。科学的汉字教学是两种规律的综合体现：一种是汉字本体构造和使用的规律，另一种是学习者接受汉字教学的心理认知规律。"在字源识字教学中，教师要尝试"追溯字源辅以拆分部件"，即先追溯字源，帮助学生从汉字本源出发理解汉字的构造和意义，科学、合理、准确、快捷地解决识字效率低的问题，注重充分挖掘汉字文化的丰富内涵，帮助理解汉字的意思，然后根据汉字在古代造字之初的意思，将汉字科学地拆分为几个部件，分开识记。为此，我们适度地借助信息技术手段，追溯汉字文化的起源，从设计上追本溯源，掌握资源规律，从而达到耗时少、效益高的目的。

例如："虎"字的教学，教师出示甲骨文 ，让学生观察，猜一猜是什么字，再与老虎的图片进行比较，接着再展示金文、篆文、隶书、楷书的"虎"字，将老虎形象到字形演变的过程逐步展开，使学生的识字学习经历"观察—思考—比较—发现—提取"的过程。教师还利用微课将汉字与老虎的图片相比较，再结合象形字，让学生挖掘自身已经掌握的信息与汉字间的联系，使之印象深刻，最终达到识字的教学目标。

（二）微课化解难点，教给字源识字方法

小学生（特别是低年级学生）的思维以形象思维为主，感知能力、理解能力相对较弱，因此，我们将课文中重难点生字以图片、视频、动画与音频等配合的形式进行展示，将难点内容视觉化。教师将学习内容制作成微课，这在提高学生学习兴趣的同时，也解决了学生在学习难点的把握上存在的问题。当然，微课要基于课标的要求及教材特点，突出其浓缩重要知识点的特点，引导学生发现并掌

握识字的规律和特点，教会学生识字的方法。

例如：在学习“雾”“霜”“雪”“雹”等汉字时，理解其字义是学习难点。因为除“雪”外，学生在日常生活中对于“雾”“霜”“雹”等自然现象并没有太多观察及认识。为此，制作微课时主要是从学生对字义的理解方面去进行开发，从“雨”的发生讲起，利用图片从“雾”“霜”“雹”的形态和出现的时间上帮助理解它们的字义，分散了识字的难点，保证了学生的识字效果。

（三）平台助学识字，实现自主探究识字

信息技术的应用一方面让学生对识字充满兴趣，识字的积极性普遍提高；另一方面也为学生提供了自主学习的机会，引导和促进了学生的自主学习意识。我们充分利用信息技术搭建识字平台，让平台成为教师资源共享、学生自主探究识字的工具。教师通过平台上传字源识字的教学材料，学生自主进行学习，并在平台上与教师、同学进行互动。平台也可以设计丰富多样的活动与闯关小游戏等，利用多媒体手段展示各种资料，让学生参与抢答与猜谜活动，或者通过人机互动的形式指导学生在计算机上进行自主学习。

例如：一年级上册《日月水火》一课中，所有生字均为象形字，教师引导学生观看平台提供的象形字资源，了解象形字的构字方法，再给出“牛”和“羊”两个生字并提问：“假如你是古人，你会怎么写这两个字？”让同学们在平板电脑上画一画。通过后台信息的汇总，可以看到孩子运用自己的生活经验画出来的各式各样的答案非常有意思。这样的环节不仅能够让学生开动脑筋体会汉字演变的乐趣，还可以感受到我国传统文化的博大精深与无穷魅力。在课堂上运用平板电脑进行绘画操作，既提高了课堂效率，又让孩子提升了学习兴趣，借助平台更好地促进了学生的自主学习。平台为各种新教学手段的使用奠定了基础，彻底改变了传统讲授式、机械式训练的单一学习模式，为自主、合作、探究的开放学习模式与字源识字课堂有机融合提供了充分条件，助推了教学质量的提升和学生潜能的发展。

信息技术与字源识字教学的整合过程中，我们也要避免将信息技术作为简单的替代板书的唯一手段，同时技术的运用过程中要针对教学内容中的关键点，切勿广而泛、多而杂。除此之外，也不能忽视传统教学方式的基础作用，要将信息技术的运用与多种教学方式相结合，博采众家之长。信息技术与多学科的整合、融合已经成为一种新的趋势，教师只有与时俱进才能适应新的时代发展的要求。诚然，信息科技可以是一个工具、一位助手，信息技术可以是教学质量提升的助

推器，但却不能取代教师在教学中的主导地位，这是在信息技术与字源识字教学融合中需要注意的问题。

参考文献：

[1] 陈香开 . 信息技术在小学语文识字教学中的应用 [J]. 当代教研论丛，2017（7）：97.

[2] 江振珍 . 微课在小学语文识字教学中的应用 [J]. 福建基础教育研究，2016（9）：63-64.

在语文综合性学习中提升学生的语文素养

北京市东城区府学胡同小学
李之彤

摘要：

语文教师在教学过程中，存在着只重视传授书本知识，忽略语文实践活动的开展，使得语文的整体性与协调性受挫，课程资源难以有效挖掘，与社会生活的联系减少，学生失去自主实践与探索的机会，语文素养的发展提升缓慢等问题。语文教学必须把语文知识和学生的生活实际联系起来，为学生学习创设更广阔的学习情境，突出学生的主体地位，重视语文综合性学习，设计有益于提升学生语文素养的小学语文综合性学习活动；对接课堂，培养学生探究意识；促进多学科融合，加强实践体验；整合场馆资源，延展学习的边界；突出表现性评价的功能，从而促进学生语文素养的提升。

关键词：

语文综合性学习；语文素养

语文教师在教学过程中常常重视传授书本知识，而忽略了语文实践活动的开展。这种情况下，语文的整体性与协调性无法展现，课程资源难以有效挖掘，与社会生活的联系不够紧密，学生失去自主实践与探索的机会，语文素养的提升比较缓慢。

随着统编教材的推出，《义务教育语文课程标准（2011年版）》在实施建议部分明确提出“语文综合性学习有利于学生在感兴趣的自主活动中全面提高语文素养，是培养学生主动探究、团结合作、勇于创新精神的重要途径”“教学中努力体现语文课程的实践性和综合性，充分利用学校、家庭和社区等资源，开展综合性学习活动，拓宽学生的学习空间”。只有加强语文课程与其他课程以及与生活的联系，才能促进学生语文素养的整体推进和协调发展。

语文综合性学习是立足于学生的语文潜能，顺应或激发学生的欲望和需要形成问题，并关联其他学科和生活的有关内容来解决问题，以自主学习、合作学习、探究学习为主要学习方式，在语文实践中实现学生语文素养整体提高的语文教育活动。

一、开展语文综合性学习，对接课堂教学，培养探究意识

（一）提供工具支架，推动探究活动开展

开展语文实践活动，以任务驱动，为学生提供了大量听说读写的语文实际运用的机会，在问题情境中开展探究性学习，关注过程体验，促进语文能力的协调发展。

以统编版教材五年级“遨游汉字王国”单元为例，在活动指导课上，教师首先指导学生划分小组，明确组员分工，制订活动计划，制定具体活动措施，确定最后成果展示形式，强调活动注意事项，让学生们明白自己要干什么、怎么干。然后，学生围绕“汉字之源”“汉字之趣”“汉字之美”“汉字之法”等不同主题，查找资料，调查走访，整理走访记录，撰写调查报告，在实践中了解汉字悠久历史和祖国灿烂文化，欣赏汉字的美妙，悟出汉字造字规律，提高识记汉字的正确率。最后，在活动展示课上，教师展示学生们各具特色的成果，如照片、视频、调查报告、手抄报，还有的通过上台表演、讲故事等形式展示成果，显示出了丰富的研究成果。

学生在充分自由的实践探索过程中，综合能力也有了很大提高，如活动策划的能力、学习方法的选择优化能力、当众展示成果的能力、人际交往能力等均得到有效提升。

（二）注重对接课堂，强化问题解决能力

在开展语文综合性学习过程中，建立小组学习的活动平台，培养合作意识，学生在多种活动中，不断夯实语言基础，促进思维发展，培养学生的问题意识。

四年级下册《飞向蓝天的恐龙》一课，内容繁多，信息量大，重点段层次清晰，环环相扣，体现了严谨的科学性。学生需要认真、反复阅读才能理解文意。

课堂上，教师在学生自主学习的基础上开展小组合作探究学习。为了帮助学生更好地学习，教师提供了两种学习的方法：用列提纲概括演化过程；画草

图来展示演化过程。然后，学生进行小组汇报。针对汇报交流中发现的疑问，学生再次细读相关段落，再结合查阅的资料，鼓励学生围绕猎食性恐龙进行大胆猜想，充分激发学生的学习兴趣，从而解决学习中的问题。

学生在学习中，充分运用自主探究、合作交流的学习方式，充分利用图片、文字类的阅读资源，再联系自己的生活实际来感受科学的魅力。同时，教师鼓励学生从科学的角度大胆猜想并勇于交流。在读、画、写、说、思中，学生不但逐步加深了对文本的理解，同时体会到了阅读的快乐，从而达到提升语文素养的目的。

二、开展语文综合性学习，促进多学科融合，加强实践体验

在综合性学习中，多学科整合可以帮助学生比较完整、全面地理解学习内容，有利于学生多角度、全方位地思考和处理问题。

统编教材二年级下册第一单元的主题是春天来了。学生从生活实际出发，对于古诗中“忙趁东风放纸鸢”一句印象深刻。基于学生的兴趣点，教师设计了以下的综合性学习活动：

教师依托课文插图和多媒体课件来丰富学生的感性认识，引导学生感受到春天的勃勃生机。春天也是孩子们放风筝、去野外踏青的时节，它代表着学生对春天、对大自然的热爱，同时，也表达出对传统文化中放风筝这一生活习俗的喜爱。

学校为学生们请来了传统手工艺传承人，他给孩子们讲解了风筝的种类和与风筝有关的文化习俗。

劳技老师带领学生扎制风筝，激发他们亲手制作、亲自放飞风筝的兴趣，为后续的多学科活动做好铺垫。

美术老师带领学生在扎制好的风筝上绘画，从色彩运用、图案含义等角度，为学生介绍了构图的原理、色彩的搭配等，引导学生一步步地掌握了风筝的绘制过程。

科学老师通过一个个小实验，帮助学生了解风筝飞上天的必要条件。

体育课上，老师通过示范分解动作，帮助学生理解放飞风筝时的手、腕、肘、臂、腰、腿等各个部位协调配合，从而使全身都得到充分锻炼的原理。最后，在老师的带领下，学生们亲身实践，成功地将自己亲手制作的风筝放飞到了天空中。

这个活动的设计将多学科（语文、劳技、美术、科学、体育）进行融合，学科间相互衔接、相互配合，为学生创设了一个良好的综合性学习的体验环境。学生们既感受到放飞风筝这一活动蕴含的传统文化因子，尤其是古诗中传递出的“忙趁东风放纸鸢”的生活趣味，又在多学科的知识融合中提升了历史、科学、文化等多方面素养，加深了对传统文化及科学技术的理解和感悟。

三、开展语文综合性学习，整合场馆资源，延展学习边界

语文综合性学习是将语文学科教学与综合实践活动进行整合的一种新形式，它让学生们走出课堂，步入社会，拓宽视野，在广阔的天地里实践、探索、体验和创造。

以四年级下册《飞向蓝天的恐龙》一课的内容为例，学生仅学习书本中的知识是不够的。如果能够走出课堂，利用北京古动物博物馆中的资源，那么既可以帮助学生更加直观、全面地了解关于恐龙的知识，也为学习课文的第3自然段做好准备。学生们在科学老师的带领下，仔细阅读场馆中的科考资料，认真观察、研究那些骨骼化石，除了认真完成学习单上的问题，还带着自己在书中查不到的问题去博物馆寻找答案。当学生再回到语文课堂上时，他们就会将自己在博物馆中了解到的、发现的知识与课文中内容进行对接，积极表达自己的想法。在分享交流的过程中，学生们的自主学习的能力、表达能力、思维能力都得到了提升。

四、开展语文综合性学习，搭设展示平台，提升综合能力

在综合性学习的过程中，学生学习语言、积累语言、运用语言的能力以及思考能力、合作意识都得到了提高。学生们也在最后的收获体会中，将自己的感受和想法进行分享。

例如，二年级同学在“忙趁东风放纸鸢”的活动中，学生们通过读诗句、知习俗、扎风筝、绘风筝、放风筝等一系列活动，把学习的收获、感悟以绘本、习作的方式展现出来。有的同学这样写道：

……我们拿起风筝，迫不及待地跑到操场上放。王方好将风筝高高举起，

我拉着风筝线向前飞速奔跑，大喊一声："放！"她一松手，风筝就慢慢飞了起来，越飞越高，越飞越远，像一只展翅高飞的大鹏鸟，在蔚蓝的天空中自由自在地翱翔，真美啊！我和王方好欣赏着我们亲手制作的风筝，高兴得手舞足蹈，心花怒放！

由此可见，古人诗句中描写的放纸鸢的快乐，学生通过真实的活动体验到了。不仅如此，学生的语言表达能力、动手能力、与同伴合作沟通的能力等综合能力都得到了进一步的提升。

在四年级"探秘神奇的恐龙世界"这一实践活动中，学生将自己收集的恐龙资料、绘制的图画、完成的学习单、拍的照片、科学家的签名等汇集成册，作为自己的研究成果。最为难得的是，学生们在学习交流的过程中还产生了一些疑问，这样的问题推动着学生们开展下一阶段的研究。在这个过程中，学生不仅获得了知识，还经历了从发现问题到解决问题的科学研究的全过程。学生获得了成就感，学生的问题意识和探究精神也得到了培养。

在五年级"走进经典名著"实践活动中，学生们阅读名著，制作"英雄卡"，还自发选择其中精彩的情节排演课本剧。学生们编写剧本、分配角色、制作道具、熟悉台词、设计动作，还绘制了宣传海报等，在这样的沉浸式体验当中，听说读写、角色意识、社会认知、道德情感等等全都得到了培养和锻炼。

综上所述，语文综合性学习以语文学科教学为依托，注重语文学科与其他学科以及学生的学习生活、社会生活之间的整体联系，有利于学生进行自主学习、合作学习、探究性学习。在开展语文综合性学习中，拓宽语文学习的内容、形式和渠道，也可以使学生在广阔的空间里加深体验，进行深度探究让学生们在学习中不断受益，在实践中不断成长，从而达到语文素养的全面提升。

参考文献：

[1] 中华人民共和国教育部 . 义务教育语文课程标准（2011 版）[S]. 北京：北京师范大学出版社，2012.

[2] 曹洪顺，冯守仲 . 语文教育学 [M]. 烟台：山东大学出版社，1993：193–221.

[3] 王宪廷 . 语文新课程活动性学习探索 [D]. 济南：山东师范大学，2002.

[4] 吴莉霞 . 活动理论框架下的基于项目学习（PBL）的研究与设计 [D]. 武汉：华中师范大学，2006.

[5] 尹玲玲 . 初中语文综合性学习的现状实施策略研究 [D]. 南京：南京师范大学，2010.

[6] 李惠瑨 . 小学语文综合性学习现状及对策研究 [D]. 扬州：扬州大学，2015.

[7] 沈奕辰，崔嵘 . 培养竞争力，从培养跨学科写作能力开始——美国跨学科写作案例的启示 [J]. 语文教学通讯，2017（15）：10–12.

[8] 薛亚莉 . 小学语文综合性学习现状调查与研究 [D]. 赣州：赣南师范学院，2014.

[9] 梅荣 . 小学语文综合性学习的现状和对策 [J]. 科教文汇旬刊，2010（26）：95–95.

[10] 温儒敏，巢宗祺 . 义务教育语文课程标准（2011 年版）解读 [M]. 北京：高等教育出版社，2011.

[11] 王文彦，蔡明 . 语文课程与教学论 [M]. 北京：高等教育出版社，2002（7）：185.

高年级语文综合性学习单元教学策略研究

北京市延庆区第二小学
吴小伶

摘要：

“综合性学习”是随着课程改革应运而生的一种学习样态，是语文课程的重要组成部分，具有综合性、实践性的特点。在高段教材中，综合性学习单元是重要的组成部分。高年级综合性学习单元的教学策略包括：整合多元资源，创造性地开展学习活动；整体统筹单元、开展主题活动，提高学生学习自主性；搭建平台，寓学于乐，提高学生综合素养。以上教学策略不仅实现了语文综合性学习对学生综合核心素养的培养，也促进了语文综合性学习的更高指向。

关键词：

主题任务；综合性学习；教学策略

关注学生的语文实践能力，提升语文综合素养已经成为当今语文老师研究和实践的一种追求和自觉行为。而语文综合性学习则充分体现学科的实践性和综合性。在高段的学习中，从五年级上册开始，每册教材中都安排了一个“综合性学习”单元和一个小综合性学习。这种大综合性学习完全改变了中低年级以课文为主体的小综合性学习的编排方式，它不再是以阅读教学为中心组织教材，而是围绕综合性学习主题，在单元导语中提出了明确的学习主题和学习要求。

一、整合多元资源，创造性地开展学习活动

学校、家庭、社会都是语文学习的最好资源。面对新课程改革的新形势，

语文教师更应该重视身边资源的开发和利用，这样不仅可以满足学生的好奇心、求知欲及探究的需要，最重要的是，还能激发学生的学习兴趣，促进学生核心素养的形成。所以，语文教师在综合性学习活动中要善于开发资源、整合资源、优化资源，同时对各种资源进行有效指导，开展丰富多彩的综合实践活动，提高学生的语文实践应用能力。

（一）阅读材料与课外资料相结合

在综合性学习单元的板块中都有相关的阅读材料内容，因此，教师首先要明确阅读材料所承担的任务和功能，然后再有针对性地利用阅读材料。如五年级下册第三单元综合性学习的主题是“遨游汉字王国”，分为两大板块，第一个板块是“汉字真有趣”，通过阅读这个板块中的五项阅读材料，让我们从中体会到汉字的趣味性。第二个板块是“我爱你，汉字”，主要增进对汉字悠久历史和丰富文化内涵的了解，为汉字的规范使用做出力所能及的事，在教学中就可以优化材料，把第一板块的《字谜七则》和《门内舔“活”字》放在同一课时教学，根据学生搜集到的字谜开展猜字谜活动，让学生感受汉字的趣味性；《有趣的谐音》《“枇杷”和“琵琶 ”》《有趣的形声字》三个阅读材料在同一课时教学，了解汉字的文化，同时，为第二板块的“我爱你，汉字”做铺垫。

教材中的阅读材料是完成综合性学习的重要组成部分，但并不是全部。所以，教师还要创造性地利用课外资料开展综合性学习，利用身边更多的教学资源进行补充。教师要指导学生从中掌握资料收集的方法，并鼓励他们去搜集更多的关于汉字的资料，将课内与课外有效整合、有机融合，拓宽语文学习的空间，增强实践机会，提升语文能力。

（二）课堂教学与课外生活相结合

传统的语文课堂重在课堂上学生的实际获得，而综合性学习则更注重学以致用，将课堂教学与课外生活有效衔接，无缝对接，有机融合。

在《遨游汉字王国》这一综合性学习中，课上引导学生进行讨论并制订学习计划，搜集有关汉字字体特点及变化的资料，去了解更多的汉字起源，发现更多值得探究的问题，指导学生掌握更多的实践探索方法，将在课堂学到的方法延伸到课外生活中，实现更多样、更深入的学习。所以，教师还要以课堂教学为引子，引导学生去调查作业本、图书、报刊以及街头招牌等实际生活中的用字不规范的现象，完成简单的调查报告。把课堂指导和课外活动相结合，通过开展“书画展”“汉字故事我来讲”等活动，让学生更深切地感受汉字文化的魅力。

（三）主动探究与合作交流相结合

课标倡导自主合作探究的学习方式，而安排综合性学习单元的目的就是为了培养学生的这种能力，所以，在语文综合性学习中，学生的自主学习要贯穿始终。这不仅体现在启动课上，在活动过程中也要体现学生自主学习、自我调节主动交流的能力。如在统编教材五年级下册《遨游汉字王国》的启动课后，可以组织学生利用课外时间，依据自己选择的主题，对汉字进行相关研究，通过尝试不同的方法、途径去搜集并累积活动的素材，从而感受中国汉字的文化。

在学生自主独立地完成调查、搜集信息任务的基础上，必须对自主学习成果进行综合与分析。这一综合过程，就要以小组合作的形式来进行。在每个大的综合单元中，我们都要充分利用上课时间，以小组为单位，先在组内进行交流，形成共识，然后再全班进行展讲，生生互动、师生互动，在师生之间的交流与碰撞中，整理分析自主学习的成果。最后通过各个小组代表的汇报，大家互相启发，相互补充，并提出下一阶段活动措施。这样的活动使“自主—合作—探究”与学生“自学—互学—展学”相得益彰。

二、整体统筹单元，开展主题活动，提高学生学习自主性

单元主题教学是以一个单元为整体，引导学生从整体入手，整体把握，紧扣单元训练项目，把相关知识连为一条教学线索，以单元整体运转。主题任务活动设计是单元学习的关键环节，教师要充分利用教材，提供丰富的生活情境激发学生学习的内驱力。在综合性学习单元中，教材提供了比较多的活动内容和活动形式，给予学生更多的自主选择空间。

（一）自主选择学习主题

高年级学生已经具备了一定的综合性学习能力，所以要充分相信学生，给予学生足够的自主权去选题。如《遨游汉字王国》这一单元，五年级学生对于汉字的识记量是充分的，因此，在此基础上安排一次有关汉字的综合性学习活动，让学生对汉字的音、形、义进行整体的归类辨析，通过自主选择活动主

题，增强对汉字构造的感性认识，悟出汉字的构字规律，对提高识记汉字的效率，增强对汉字的情感有着十分重要的意义。本单元的活动板块分成三部分：一是了解汉字的历史和使用情况，激发学生识记汉字的自觉性；二是根据汉字的字形、构造的相关特点，围绕汉字的音形义诸方面展示和发现汉字之美；三是通过参加相关的实践活动，唤起学生对汉字的热爱之情，使学生们更为规范地使用汉字，维护汉字的纯洁、神圣。

（二）自主选择学习伙伴

心理学研究表明，只有学生自己乐于探究，愿意与小伙伴共同学习，分享，他们才会用足够的热情和精力去完成学习内容。这就要求教师在组织语文综合性学习过程中，将学生的需要、动机和兴趣置于核心地位，为其个性发展创造空间。所以，当学生确定自己的活动主题后，教师就要让学生依据活动主题、兴趣爱好、条件能力等自主选择合作伙伴，培养合作意识。如在进行《有趣的汉字王国》的学习活动时，可以根据教材提供的“汉字的演变”“汉字的作用”“汉字的文化”“汉字的来历”等研究主题，打乱班级常规小组，让学生根据自己感兴趣的主题组成活动小组。这样自愿组合的学习小组，在学习探究过程中会更顺畅、更有效。

（三）自主制定学习方案

探究的主题一旦确定了下来，学生就要着手制定活动方案。高年级学生已具备一定的组织策划能力，教师可以放手让学生根据自己确定的主题自主策划活动方案。如统编教材六年级下册第六单元“毕业献礼”项目化学习设计方案这一内容，就是一个很好的机会。学生围绕“策划‘献礼’、成长回忆、师恩难忘、毕业赠言、激情诗咏、真诚建议”六个项目，就活动时间、地点、内容、活动步骤、活动中将会遇到的困难和解决方法、活动交流汇报的形式等进行讨论，然后形成比较完备且周详的活动方案。

这样的以单元整体的形式设计综合性学习，既调动了学生学习的内驱力，又发挥了学生学习的主动性和积极性，也为后续活动的规划提供了保障。

三、搭建平台，寓学于乐，提高学生综合素养

语文综合性学习的意义在于调动学生学习的兴趣与求知欲，在活动中培养

学生团结合作、积极探究、学习语文及运用语文的能力，最终提高学生的语文综合素养。所以，教师要积极提供机会，搭建语文实践平台，开展丰富多彩的实践活动和交流。

《难忘小学生活》是六年级下册第六单元“综合性学习”的最后一个活动。学生在五六年级已经开展过这种贯穿始终的综合性学习的活动，也具备了一定的综合性学习的基础。为了让他们在此次活动中真情流露，激发对小学生活的留恋之情，教师以“难忘的小学生活”为主题，围绕“成长的足迹”和“依依惜别”两个板块的内容，鼓励学生自主设计活动策划书、小组合作制作班级纪念册、全班同学交流小学阶段难忘的事情、导演策划毕业联欢会等一系列综合性实践活动。在活动中，以学生自主探究、合作学习为主，引导学生展开更深入的学习和探究活动，通过调查、研究、搜集材料、写作、表达等多种学习策略提高语文素养，既用多种形式表达对老师、同学、母校依依不舍的感情，又彰显语文综合学习的语文性、综合性、实践性和开放性。

语文综合性学习的教学研究仍是摆在我们面前的值得挑战的课题，综合性学习单元更是值得我们去研究的内容。叶圣陶先生说过：“倾筐倒箧容易，画龙点睛艰难，确是事实，可是为了学生的长远利益，似乎不应该怕艰难而去走容易的途径。”我们愿踏着荆棘继续走好这一艰难之路。

参考文献：

[1] 赵水英．王林发．语文综合性学习教学设计方案 40 例 [M]. 北京：中国轻工业出版社，2013.

[2] 王庆华肖晓燕．人教社高年级下册大综合性学习备课手记 [J]. 江西教育・教学版，2009(1)：63-65.

[3] 中华人民共和国教育部．义务教育语文课程标准（2011 年版）[S]. 北京：北京师范大学出版社，2012.

让文化在跨学科的学习中绽放美的光彩
——主题课程《走进中国文化之书法文化》的设计与思考

北京市朝阳区白家庄小学迎曦分校
张继红

摘要：

当前，“双减”工作明确提出提升校内、严管校外、缓解焦虑、良性发展，强化学校的主体教育地位，进一步提升教育教学质量和服务水平，落实立德树人根本任务，可见，这是一所义务教育阶段公办学校的必要担当。以语文学科为例，高中课标对语文学科核心素养中的“文化传承与理解”进行了明确的解释。那么，在“双减”背景下，语文教师如何坚守语文教学的主阵地？让学习过程成为对文化理解的过程，成为传承文化的主要方式，就要推动课堂教学改革，真正落实以人为本的教育理念，不断创新教学方法，从而最终实现有效教学。

关键词：

双减；文化传承与理解；实践

《普通高中语文课程标准（2017年版2020年修订）》中明确提出“语文学科核心素养”包括“语言建构与运用”“思维发展与提升”“审美鉴赏与创造”“文化传承与理解”。其中，“文化传承与理解”是指学生在语文学习中，能继承中华优秀传统文化，具备理解、借鉴不同民族和地区文化的能力，以及在语文学习过程中表现出来的文化视野、文化自觉的意识和文化自信的态度。这也明确了语文要教什么，目的是什么，语文课程是什么，最终要达到什么目标。因此，教师要从关注“如何教”转化为关注“如何学”，将人本理念贯彻于教学活动中，让学生在学习过程中真正思考起来、实践起来、参与起来，从而达到减负提质的目标。

一、准确认识内涵，找准文化传承与理解的核心

文化是一个国家、一个民族的灵魂。文化具有导向作用，文化是民族的，各民族都有自己的文化个性和特征；文化又是世界的，各民族文化都是世界文化中不可缺少的色彩，尊重文化多样性是实现世界文化繁荣的必然要求。只有保持世界文化的多样性，世界才会更加丰富多彩，人们的生活才能充满生机和活力。在吸收和借鉴其他民族的优秀文化传统时，我们还应注意取其精华，去其糟粕，这才是正确对待文化的态度。

小学生理解多样文化需要在对本民族文化认同的基础上，接触外来的多样文化，了解、认识文化的多样性，从而理解、尊重、包容多元文化，这样才能为其成长奠定基础。因而理解多样文化首先是对我们自己的传统文化的认可和热爱，既要认同本民族文化，在触摸传统文化时能感受到它的力量，同时又需要尊重其他民族文化，理解、包容、尊重文化的多样性，体会到正是不同民族、不同地区各具特色的文化造就了百花争奇斗艳、五彩缤纷的景象。

二、深入把握特点，挖掘文化传承与理解的落点

理解多样文化，是当今语文教学人文性赋予的特有使命。这就需要让学生在“文化自觉”中融入世界，培养文化意识和文化视野，深切感受到世界文化的多姿多彩，学会尊重，理性批判，能够自我创建。

统编教材非常注重学生语文学科素养的培养，注重学生对文化的传承与理解。以六年级语文上册教材为例，全册教材共有8个单元27课。每个单元还包含有习作、语文园地或口语交际、快乐读书吧等，在选文上从古到今、从中到外，特别加大了传统文化作品的选入。基于社会主义核心价值观、立德树人的根本任务，教材“整体规划，有机渗透”，尤其注重将语文由课内向课外的延伸，向学生实际生活的延伸。课文多样的体裁与题材体现了既重视民族传统文化的浸润，又尊重多样文化的特点。这启示我们，教学过程中，在注重语文知识双基达成的同时，要通过生活经验、课外阅读、课外实践等多种渠道增强学生对文化的了解与认识，促进学生核心素养的形成，培养积极的人生态度和正确的世界观、价值观，通过教材传递文化精髓，促进学生全面发展。

如《北京的春节》一课是“民俗风情”主题中唯一一篇重点阅读课文。六年级的学生对于文中描写的春节并不陌生，但是对于春节的习俗并不是每一个学生都了解。授课教师借文本学习之机，首先请学生在课前调研了解父辈或祖辈对于春节的记忆，从中了解老北京节日习俗。其次让学生回忆以往我们是怎样度过春节的。学生还收集了与春节有关的诗词、童谣、春联。这样，带着对节日习俗中的民族文化和传统文化系统的了解之后，走进文本，感受老舍的语言风格，感受名家笔下的春节习俗，体会名家的语言魅力。

理解多样文化首先是对传统文化的认可与热爱，学生在触摸传统文化时既能感受到它的力量，又能尊重文化的多样性。教师应善于抓住这样的文章培养学生的文化意识，扩大文化视野，使学生在继承我国优秀的传统文化的同时，深切感受到现代文化的丰富与发展。

三、整合资源突破壁垒，实践对比中减负提质

语文学科的价值不仅仅是知识的传递，更为学生的文化价值取向奠定基础。教材起到的是培根铸魂的作用。统编语文教材以双线组织单元结构，以人文主题来组织单元，将语文训练的基本要素分解成知识能力训练点。主题要素和语文要素的双凸显使课标要求的人文性与工具性的统一的目标得以有效落实。这就需要我们在注重语文双基达成的同时，通过生活经验、课外阅读、课外实践等多种渠道的融合，增强学生对文化的了解与认识，促进学生语文核心素养的形成。为此，我们打破了学科的壁垒，通过课程的融合使学生走出校园，在调研、走访中认识、了解文化的多样性。

仍以六年级《北京的春节》一课为例，春节是我国传统的节日，而圣诞节是西方传播范围最广的重要节日，和我国的春节有着同样的含义。了解其内容和含义，将中国传统节日与西方节日文化进行辩证对比，有助于学生深入理解节日文化。横看各学科教材，高年级《品德与社会》的教材中就有丰富多彩的民族节日，还可以将语文学科中《北京的春节》和品德与社会学科的《丰富多彩的民族节日》两课内容加以整合，以《中西节日文化对比——中国春节和西方圣诞节》为题，开展综合性实践探究学习，通过多学科的融合带领学生走出校园，在调研、走访中，通过中西文化的对比来了解文化的多样性。同时再读《北京的春节》，老舍先生那“俗白”的京味语言，那一幅幅老北京春节的民风民俗画卷，春节的隆重与热闹，中华民族节日的温馨与美好，跃

然纸上。学生在实践探究中感悟文化、传承文化，诠释多样文化。具体做法如下：

（一）实践准备

课前，学生围绕“北京的春节”这一主题上网查阅资料，调研了解祖辈与父辈对于春节的记忆，了解老北京节日习俗，搜集与春节有关的诗词、童谣、春联等。学生对主题有了初步的认识之后提出自己感兴趣的问题，并通过组内讨论、梳理提炼和全班筛选，聚焦主题，形成鲜明的小组主题，根据小组主题制订研究计划。

（二）实践探究

学生们按照计划中的分工再次翻阅教材，采用联系生活实际、搜集资料的方法，真切地感受老舍笔下北京的春节不一样的民风民俗，进而理解本课所展示的民俗的内涵——春节代表的亲情、乡情、祝愿、期盼，在感受中华民族的节日文化传统中达到对民族文化的传承与理解。而对于一些更开放性的问题，特别是涉及多学科的问题，可指导学生通过查阅资料、发放调查问卷，街头采访，向社会群体寻求答案等多种方式进行深度探究。

（三）整理归纳

不同的研究方法让学生获得了大量的资料。他们可以回顾研究过程及感受，将不同类型的资料分类汇总，用关键词梳理形成思维图，将图文资料有机结合，以展板的形式呈现出来。多种形式的分享尊重了学生的需求，充分激发了学生的学习兴趣，在学用结合中达到了语文学习的效果。

（四）总结提升

学生通过追根溯源对比分析，探寻产生差异的根本原因。从现状与热点问题引发思考，从多个角度对文化多元现象进行阐释与探讨，学生们进一步感受到了文化的多样性和差异性，此时，教师引导他们回归学校教育理念，形成文化认同，为后续的文化践行奠定基础。

四、实践效果分析

在“双减”背景下如何切实减轻学生的学习负担，让学生在兴趣的指引下学有所得，这对我们教师来说是一个挑战。我们需要在新课程理念的指导下大胆整合设计课程，真正把学生当作学习的主人，让学生乐学、爱学。

（一）真主体促真减负

教师深入把握教材是课堂提质永恒的主题，教师只有真正理解教材、把握教材，才能站在一个全新的视角，放下心中的“我”怎么教，换位到学生如何学，给学生自主思考、自主合作探究的机会，提出真问题，借助真情境，在实践探究中开展跨学科学习，从而达到激发学生内驱力，学会自我解决问题的目的，真正做到提质减负。

（二）真参与促真认知

文化的认知对于小学生建立正确的情感、态度、价值观具有十分重要的意义。课程的开展在传承文化、尊重文化多样性的同时，也在帮助学生形成跨文化理解的意识。学生在体会不同文化内涵，感受文化的多样性与差异性的同时，从国际视角审视中国传统文化，从而产生传承文化、热爱文化的情怀。

（三）真实践促真提升

教学中，教师采用游戏、采访、辩论、汇报等学生喜爱的方式展开教学，提升了学生课堂的实际获得。通过围绕关于文化的现状与热点进行多角度讨论，梳理论点论据，从而进行有效表达，学生从最初的文化认知上升到文化传承，进而认识文化、理解文化，最终形成文化认同。在实践中，学生的思维得以深化，情感得以提升，对文化多样性的理解也在亲身实践中逐渐形成。

教学方式的改变让我们的教学更具科学性、针对性、开放性、有效性和创新性，也让学生在学习过程中真正思考起来、实践起来、参与起来，达到学习有主题、学习有方向、学习有动力、学习有效果的目标。

参考文献：

[1] 张治中 . 基于核心素养的高中语文审美教育初探 [J]. 现代语文（学术综合版），2017（3）：83–84.

[2] 中华人民共和国教育部 . 义务教育语文课程标准 [S]. 北京：北京师范大学出版社，2012.

[3] 中华人民共和国教育部 . 普通高中语文课程标准（2017 年版 2020 年修订）[S]. 北京：人民教育出版社，2020.

试论小学生辩论与口语交际能力提升之关系

北京市东城区黑芝麻胡同小学

綦凯伦

摘要：

6 到 12 岁正是儿童语言习得和发展的关键阶段，因此，培养小学阶段的儿童对语言文字的正确运用能力、言语表达规范性以及在特定环境与场合下运用恰当的语言来表明个人观点、进行言语沟通的能力等显得尤为重要。《义务教育语文课程标准（2011 年版）》强调了口语交际教学的总目标，即具有日常口语交际的基本能力，学会倾听、表达与交流，初步学会运用口头语言文明地进行人际沟通和社会交往。可见，提高学生的口语交际能力已经成为语文教学的一个明确目标。笔者重点结合课堂教学实际案例、指导小学生开展辩论赛的经验分析等探讨辩论形式对小学生口语交际的助推作用。

关键词：

小学生口语交际；辩论

一、口语交际定义

什么是口语交际？现代语言学认为，口语交际就是交际双方（交际对象）为了特定的目的（交际目的），运用口头语言和适当的表达方式（交际手段）进行信息传递和思想感情交流的一种言语活动。口语交际核心的意思是“交际”二字，即必须重视口语交际的人际交往功能。口语交际能力是人与人之间交流和沟通的重要体现，它是听说双方互动的过程，而不是听和说简单相加。它包含一定的分析、综合、判断、推理、概括、归纳等思维能力，分析问题和解决问题的能力，实际操作能力，创造能力等。

正如吴立岗先生所说，“口语交际即口头言语交际”。“口语交际”以语言为依托，具体语言环境为背景，重在其交际功能，通过实施口语交际教学，锻炼学生的语言表达能力、思维水平、逻辑水平等。

二、辩论定义

“据说自人类有语言之始便有了辩论。确实，人是社会的动物，走东或是向西，吃茄子还是啃辣椒，都得辩论一番才有结论。”辩论的历史的确是很长了。提到辩论，人们似乎总是不约而同地想到“打嘴架”“吵架”等，但其实这是一种错误的想法。蒋昌建先生说：“辩论的目的恐怕是以辩论形式充分展开对立双方的观点、相互比照、以利接通趋近真理的线路罢了。”这个观点还是很让人信服的，或者说，对于辩手来说感同身受。清代段玉裁作注说：“辩，治也。治者，理也。俗多与辨不别。辨者，判也。从言在辩之间。”有理、有据、有节地说出让人信服的话，才是辩论立足之根本。巧舌如簧之人是否就是一个辩手呢？答案是否定的。说起来“辩论”似乎也很奇妙，它不单单讲求一个“辩”字，更重要的在“论”。好多事似乎看起来很简单，但表达起来并不是那么容易。所以，以什么为论、怎么论就是十分讲求技巧与知识积累的事了。总结来看，辩论就是：辩者，口舌交错之艰辛，言礼言利言社会。论者，汇集百家之博思，证史证事证古今。就像张霭珠先生所言，“辩论是场综合素质的较量”，所以，辩手的日常积累是十分重要的；这样看来，辩论赛就不仅仅是一场“说话”的较量了，更是一场礼仪风度、知识涵养、团队配合与战术的比赛。

因此，本文所指的辩论与辩论赛有一定的区别。课堂所使用的辩论，不在于比赛的输赢，而在于使用“辩论”的形式，提升小学生的口语交际能力。

三、辩论形式对小学生口语交际能力的提升作用

（一）锻炼小学生在真实情境下的应变能力

在选择口语交际教学内容时，教师们往往会根据教材内容模拟生活情境，组织学生在短暂的小组讨论后进行真实情境下的模拟表演。无论是考试形式还是情景模拟，都无法体现口语交际教学中教师是否教会了学生，因此当前教学最缺乏的就是训练学生在真实情景下的应变能力。现实生活中的口语交际是即

时性的，我们所不能忽视的是，情景教学可能有一种缺陷：教学中教师给出的情景是经过抽象化以及细节取舍后的情境，并非真实现场。在真实的交际过程中，交际者的口气、声调、表情、肢体动作、交际场合的氛围、人数甚至是天气，都会对交际语言的使用产生影响。换句话说，真实现场所包含的方方面面因素被情景模拟教学所营造的理想环境所掩盖，类似于理科教学中的“在真空条件下”“在理想状态下”“在零摩擦力的状态下”。

从课前资料的查询到对本方观点的梳理，再到对对方观点进行预测，最后进行表达，在这个过程中，学生课前的预测相当于教师课堂上设计的情景问答，而课堂上对方辩手超出己方预测说出的观点或对己方观点的质疑，才能体现出生活中需要个人应变的部分。经过教师的辅导之后，学生们即便在无法完全预测对方会说什么的前提下也可以自己做出反应，有话可说。笔者认为，这样的训练对于日后小学生将口语交际能力运用到实际生活中起到了助推作用，有效地锻炼了小学生面对真实情境下的应变能力。

（二）帮助小学生养成倾听的习惯

对于小学生来说，他们会有这样一种行为：当你说出一个观点后，他们马上会说“那可不一定！万一……呢？”笔者认为这类似于无意识反驳，也许他们根本没有听清楚你表达了什么，只是为了反驳而反驳，并没有什么道理和逻辑可言。而课上开展的辩论活动就可以很好地改善这个问题。一次次的实战经历的确让学生摸清了什么是赛场上的观点，什么是赛场上的废话，无意识反驳也渐渐地减少了，还会帮助小学生养成倾听的习惯。

笔者曾在班级内开展了一场以“生活中，需要/不需要善意的谎言”为辩题的辩论，全班21名同学都能够很好地参与到课堂的辩论中。在开展辩论前，教师针对“什么是辩论”进行了专题培训。本次的辩论活动主要由“开篇立论—自由辩论—总结陈词”三部分构成。通过三个环节的充分辩论，同学们认识到：谎言的本质是知道事实的前提下以欺骗别人为目的说出不同于事实的话，即便是善意的，也不能逃脱其“骗人的目的”；但是，有时候为了让我们的生活变得更美好，在不损害他人利益的前提下，可能会说一些“善意的谎言”。

辩论具有多变性，也许在场下猜测的对方观点，对方并不会提及，反而对方会独辟蹊径地提出一些事先完全没有想到的观点，打得自己措手不及。因此，重新梳理对方逻辑与观点全要在场上快速完成，对方说得越多，己方越能抓到对方观点的漏洞所在，所以“听”的重要性是不言而喻的。认真倾听才可以准确了解对方的观点，及时抓住对方论述中在逻辑上存在的问题，才能从根本上对对方的观点进行批驳。

在学习《伯牙鼓琴》一课时，笔者组织班内同学就“伯牙应该/不应该绝弦”一题展开了激烈的辩论。在辩论前，学生已经对文本内容有了大致了解，并能够初步感知伯牙与钟子期难舍难分的情谊，因此，通过辩论，同学们更加深入地理解了二人的情感，感受到了艺术的魅力。

在学习统编教材四年级下册第六单元第十九课《我们家的男子汉》一文时，学生读懂文章内容后提出了这样一个问题：“文中的‘我’是不是男子汉呢？”于是，笔者组织班内同学首先交流了对小男孩的印象——“你认为这是一个怎样的小男孩？”进而分析人物形象。起初，学生只是结合自己的个人感受进行评价，如：“我觉得这个小男孩很贪吃，他不愿意吃青菜，只愿意吃很多自己喜欢的食物。”

随后，笔者组织本班学生就“什么是男子汉”进行了讨论。在学生的讨论中，“男子汉”的定义逐渐明确：学生可以从多个角度评价小男孩。“男子汉”也可以是多方面的，不以结果论英雄。随后，班内以“文中的‘我’是男子汉/文中的‘我’不是男子汉”为题展开了精彩的辩论。笔者引导学生，同学们能够结合小男孩对食物的兴趣、对独立的要求、怎样面对生活中的挑战等内容阐述自己的认识。学生选择自己的观点后，积极与对方辩友展开辩论。为了能够更好地辩驳对方的发言，每一名学生都积极参与到课堂中来，并认真倾听其他学生的发言，在把握了对方观点后再进行反驳。

学生在课堂上能够以学习的心态用心聆听对方辩手的发言，梳理清楚对方的逻辑后再做出应答和战术的调整。每一次现场的快速反应都更加印证了学会倾听的重要性，知晓对方的观点与逻辑后调整本方观点，快速反击，这也实现了课标上所要求的“听人说话认真、耐心，能抓住要点，并能简要‘转述’这一内容”。

（三）加深对课文内容的理解

语文课主要是通过教材上选取的课文进行教学。一本书，一段文字，未免略显枯燥。每一名语文老师都希望能将语文课上得鲜活生动、不枯燥，辩论赛恰好可以实现让“文字”活起来的目的。

首先，通过课堂上开展辩论的形式，可以很好地促进学生理解课文内容，检验学生的学习成果。凡是辩手不能理解的、别人强行灌输的知识或观点，就算是再适合辩题的内容，辩手也是无法灵活运用、内化成能为自己所用的知识和观点的。所以，除了在口语交际课上可以应用辩论形式作为教学手段外，在学习其他课文时，教师也可以尝试对文章中需要深度思考的地方设计一些简单的辩题，让同学们一起参与课堂讨论，帮助学生在反复的语言碰撞中体会课文内容，加深对课文内容的理解，真正将课文内容“为自己所用”，实现内化的过程。

其次，在开展简单的辩论的过程中，实现了语文的“翻转课堂”，改变了一堂课“只是学生听老师讲”的传统教学模式，形成了“老师听学生讲”“学生听学生讲”的双向课堂模式，鼓励学生主动探索，重点品读课文内容，再用自己的语言讲给大家听，实现了学生自主理解课文而不是教师强硬塞给学生的目标。在倾听学生辩论的观点时，教师也可以很好地掌握学生对课文内容的了解程度，有针对性地发现对于本班学生理解课文的难点所在，通过老师重点讲解、分析，再一次帮助学生加深对课文内容的理解。

综上所述，笔者认为，在语文教学中，适当引入辩论形式可以锻炼学生在真实情景下的应变能力并帮助小学生养成认真倾听他人说话的好习惯，以此切实有效地提升小学生口语交际的能力。

参考文献：

[1] 赵宸琛．小学高年级语文口语交际教学现状及改进策略 [D]. 扬州：扬州大学，2015（5）：1–58.

[2] 师雪薇．小学语文口语交际教学中存在的问题及对策研究 [D]. 重庆：重庆师范大学，2016（9）：1–90.

[3] 谭春秀．关于口语交际能力的培养与锻炼在小学语文教学中的重要性分析 [J]. 赤子（上中旬），2014（23）：166.

[4] 刘海滨．浅谈小学生语文口语交际能力的培养 [J]. 科技资讯，2007（18）：123.

[5] 白振云．浅谈新课程标准下小学生的口语交际能力培养 [J]. 内蒙古教育（职教版），2013（11）：38.

[6] 魏小兵．用辩论点燃学生思维的火花 [J]. 教育实践与研究（A），2015（8）：63–66.

[7] 黄静敏．让辩论助力高效语文课堂 [J]. 新作文（语文教学研究），2017（7）：36–37.

[8] 杨文华．打好语文基础 鼓励自由表达——上海师范大学吴立岗教授访谈录 [J]. 小学语文教师，2005（9）：5–10.

[9] 王沪宁．俞吾金．狮城舌战十年珍藏本 .[M]. 上海：复旦大学出版社，2003：103–145.

小学语文统编教材跨学科融合的探索研究
——以《黄山奇石》教学为例

北京市平谷区第八小学
赵悦阳

摘要：

《义务教育语文课程标准（2011年版）》指出："要努力建设开放而有活力的课程。"在今天这个信息技术时代，各个学科之间的相互联系、相互融合日渐增加。本文以《黄山奇石》为例，结合自身的教学实践，重点分析语文作为一门综合性学科和信息技术、科学、音乐、书法、美术、道德与法治学科的融合，意在通过自己的教学经验提出自己浅层的看法，将不同学科的知识整合成一个相互联系的整体，从而在语文教学中更加有效地调动起学生学习的积极性和求知欲，帮助学生提升语文核心素养。

关键词：

语文教学；跨学科融合；语文核心素养

一、跨学科融合研究缘起

目前多数学校的教学模式仍为传统的单科教学，不同科目的老师分别给学生讲授自己学科的知识，这样的课程模式使得学生们虽然对各科的专业知识掌握得比较牢固，但在综合运用知识方面存在一定的不足。语文作为一门综合性的课程，在各种知识大融合的背景下，在单学科的课堂教学中是无法既落实德育教育又进行语文核心素养的培养的。因此，为了帮助学生们更加系统地学习知识与掌握知识，教师尝试在语文教学中进行多学科的融合，开拓语文学习的深度与广度。这一融合不仅是语文教学改革研究的新热点，也改变了以往传统、单一的语文教学模式。课程的综合化能让学生们更有创造性地去学习和运用所学的知识，学生们的综合素养也会在跨学科融合中不断得到提升。

二、跨学科融合研究的理论依据

在加德纳提出的多元智能理论中，排在第一位的是言语语言智能。言语是人们沟通的主要方式，而小学阶段的语文教学正是关注学生们的语言能力发展，提升其语言表达能力的关键时期。

《义务教育语文课程标准（2011年版）》中明确指出，语文课程应该是开放而富有活力的。教师应"拓宽语文学习和运用的领域，注重跨学科的学习和现代科技手段的运用，使学生在不同内容和方法的相互交叉、渗透和整合中开阔视野，提高学习效率，初步获得现代社会所需要的语文素养"。可见，加强各个学科与语文学科的融合，开展更加具有综合性特点的学习是非常必要的。

语文教师在学习中不仅要关注学生们的成绩，还要关注学生们的创新思维能力、实践能力等的发展。要想达到这样的成效，就必须把小学语文的教学与其他学科进行有效的整合，这样才能使学生们的综合素质全面提高。

三、跨学科融合研究的实践探索

统编小学语文教材中的每单元都以主题为基础，通过不同的单元主题落实语文要素，且教材注重学生知识、经验的积累与整合。单元整体教学的思路贯穿知识体系，为知识之间的联系架起了一座桥梁。例如二年级上册第四单元的《黄山奇石》一课，根据教材主题以及单元语文要素确定跨学科融合的主题为"大自然中的石文化"。笔者利用集体备课的时间，分别联系各个学科的老师，根据学生们的年段特点一起交流、讨论，最后确定相关的课程内容，最终将这节跨学科融合的课堂教学分为课前融合、课中融合、课后融合三部分。下面具体谈谈《黄山奇石》一课的跨学科融合的实践过程。

（一）课前融合

1.与信息技术学科进行融合

随着时代的进步，现在已经进入了信息技术的高速、多元的发展时代。突如其来的疫情，已经使学生们对互联网上的学习这一新的学习形式并不陌生了。信息技术对于语文课程的教学更加有益。《黄山奇石》一课中介绍了安徽省黄山风景区中有名的奇石。为了让学生们能更好地感受到奇石的形态与特点，笔者与信息老师联系，利用课后服务的拓展活动时间，让孩子们利用电脑搜索信息，到互联网上去搜集有关黄山风景区的相关信息，尤其是黄山奇石的图片。这样，学生不仅对黄山奇石有了直观的、感性的认知，看到了黄山奇石之奇、之美，也在潜移默化中培养、提升了他们的审美能力。

2.与科学学科进行融合

学习《黄山奇石》一课时，学生们通过搜集资料，看到了黄山多姿多彩、形状各异的奇石。联想到学生们在一年级时曾学习过《探索大自然》一课，三年级时还将学习《岩石与矿物》，因此，教学时笔者与科学老师将这些内容进行整合，引导学生们不只惊叹于这些奇石的外形特点，还引导他们进一步思考：大自然是如何造就这些奇石的？它们是经过了多长的时间才形成的呢？

科学课注重学生认识自然，观察自然，从而掌握大自然中的科学知识。我们巧妙利用《黄山奇石》一课的教学，让学生们与科学老师一起上网了解什么是岩石、不同岩石形成的原因等内容，科学老师又深入浅出地讲解了与岩石相关的内容。整堂课上，学生学习的内容都充满了趣味性，他们始终保持高涨的探究知识的热情，语言表达能力和思维能力也得到了充分锻炼与提升。

（二）课中融合

1.与信息技术学科进行融合

在语文课上，信息技术在教学中的融合还体现在多媒体的使用上。课堂上，教师可以利用希沃白板或者PPT的方式播放课件，这样能让学生们在课堂上更加直观地获取关键信息，而且课件中丰富的内容也能引起学生们学习课文的兴趣，提高学生们的注意力和课堂参与的积极性。教学中，教师还可以让学生们观看奇石的图片，发挥想象，说说图中的奇石像什么并写下来，这样不仅能让学生们更好地发展思维，还能培养他们的语言建构与运用的能力；同时通过想象感受祖国山河的壮观与壮美，提高鉴赏美的能力。这样的语文课堂才是真正的课堂。

2.与音乐学科进行融合

翻开语文教材，基本都会有让学生朗读课文的要求，如果在课堂中只是让学生们干巴巴地去读，就会显得有些枯燥无味，学生进行朗读的欲望也会大打折扣。而音乐学科的加入，则让语文课堂变得更加生动和活泼。在《黄山奇石》一课中，为了便于学生们更好地理解奇石的美，感受作者对大自然景色的赞美之情，教师在课堂上播放《我们美丽的祖国》这一歌曲，让学生们在音乐渲染的情境中朗读课文，透过音乐感受文字的魅力。学生产生身临其境之感，大大提高了对朗读的兴趣，也逐渐提升了鉴赏美与创造美的能力。

3.与书法学科进行融合

中国的书法艺术源远流长，一横一竖一撇一捺具显中国风骨，而低年级语文教学最重要的内容就是识字和写字。在低年级的语文课堂上，教师每天强调最多的就是按照字的笔顺，工整、美观、规范地写好每一个汉字。于是，识字教学与书法学科相结合，通过了解汉字的起源，尤其是一些象形字的演变，使学生们对汉字的结构、笔画以及笔顺有了更全面的了解和认知，对汉字的深层含义也有了较多了解和把握，学生们的文化素养也会逐渐得到提高。例如《黄山奇石》一课中的“南”字，利用书法课中提到的写字歌诀“上让下，留空间”去书写，学生在规范地书写汉字的同时，也进一步理解了中华优秀传统文化。

（三）课后融合

1.与美术学科进行融合

学习完《黄山奇石》后，教师在课后服务的拓展活动中，融合美术学科《好看的器物》一课的内容，鼓励学生用彩泥捏出不同形状的奇石，并说说自己所捏的奇石。这样有趣的课堂不仅能发挥学生的创造性思维，还能锻炼学生们的语言表达能力；教师还可以让学生用手抄报的形式，发挥自己的想象，绘画出各种各样的奇石，以便提高学生们的创造能力和实践能力。

2.与道德与法治学科进行融合

《黄山奇石》中奇石的形成离不开大自然的鬼斧神工。教师可以结合一年级学过的《大自然，谢谢你》一课，让学生们充分感受到大自然带给人类的礼物多么美妙。看到这样有趣、神奇的景象，人们的心情是多么愉悦、快乐。对于这样的美景，人类应该感谢大自然，更应该萌发保护大自然的意愿。教师在课堂中可以顺势对学生进行德育教育，培养学生从自我做起，爱护大自然、保护大自然的思想意识。

由此可见，通过有主题的融合课程的学习，学生们不仅充分理解了课文的内容，还拓宽了视野；在语文教学中落实了科学、信息技术、美术、音乐、道法等多学科内容的学习，在对学生创造性思维、想象力、语言表达能力等的培养中落实了语文核心素养。

四、跨学科融合研究的反思及收获

跨学科融合不仅是把许多学科放在一节课中去进行教学，还需要把知识、技术、方法等进行融合，这是多学科相互联系、相互促进的学习方式。但是，在跨学科融合的课堂教学中还需要注意以下几方面的问题：

（一）加强教师各学科整合的意识与能力

教师既是课程的开发者，也是课程的实施者，又是教学的引导者。在多学科的整合过程中，一定要注重科学性，课堂上要做到以学生为中心，让学生们进行自主探究，提升学生们的语文核心素养。

（二）提高学生学习兴趣，培养语文核心素养

统编语文教材在每单元对应的人文主题下，都会有单元语文要素，我们需要通过落实单元语文要素来培养学生们的语文核心素养。然而想要提升他们的学习兴趣，离不开学科的融合。这样的学科融合会加强学生对于课文内容的理解，能让学生们更好地发挥主观能动性。

（三）锻炼灵活思维，提升创新能力

语文教学中存在着一些对于学生来说难度较大的文章，为了让学生更好地理解课文内容，利用其他学科的知识辅助语文教学是非常必要的。利用多学科知识的融合，教师在开放性问题的设置上，让学生思维的灵活性得以锻炼，学生的创造性思维、创新能力也都能得到锻炼和提高。

（四）注重评价的多样性

在教学过程中，评价是课堂中必不可少的一个环节。在评价的过程中要能激发起学生们的积极性，激发他们想要继续学习、探索的欲望，同时，结合各个学科的资源，明确语文学科的重要地位，让学生们的表达能力真正得到提升。

统编语文教材与多学科的融合，需要教师在理解统编语文教材的基础上，结合其他学科的知识、资源，以它们为媒介，让学生在学习语文的过程中能更加积极与投入，从而提升学生们的语文核心素养，让学生们有更好的发展。

参考文献:

[1] 中华人民共和国教育部 . 义务教育语文课程标准（2011 年版）[S]. 北京：北京师范大学出版社，2012.

[2] 加德纳 . 多元智能新视野 [M]. 杭州：浙江人民出版社，2010.

[3] 徐娜 . 小学语文教学跨学科整合策略研究 [D]. 苏州：苏州大学，2018.

整本书阅读

谈童话体裁在统编教材中的价值研究

北京市东城区前门小学
陈连霞

摘要：

统编小学语文教材中编排了很多童话体的篇目。童话体文本适合小学阶段学生的学习认知，深受喜爱，是孩子们成长过程中必不可少的读物。童话富有趣味性，符合儿童的心理发展特点和思维方式，在小学语文的教学中发挥着巨大的作用。通过一篇篇生动有趣的童话故事，学生可以有效地掌握所学知识，提高阅读兴趣，培养语言能力及丰富的想象力，为今后的语言运用服务。为此，教师要结合统编教材中童话体的课文，根据学生年龄特点，采用灵活多样的童话教学方式，激发学生的阅读兴趣，培养学生的思想，全面提升学生的语文素养。

关键词：

童话编排；价值研究；实施策略

一、童话在统编教材中的编排

童话因其丰富的想象，神奇曲折的故事情节，浅显的故事内容，深受广大儿童的喜爱。在语文教材中，尤其是低年级的语文课文中，童话篇目居多。

表 1　统编教材中低年级童话课文目录

年级、册数	所选童话课文名称
一年级上册	《雨点儿》《小蜗牛》《青蛙写诗》《雪地里的小画家》
一年级下册	《小公鸡和小鸭子》《树和喜鹊》《荷叶圆圆》《要下雨了》《动物王国开大会》《小猴子下山》《棉花姑娘》《咕咚》《小壁虎借尾巴》

续表

年级、册数	所选童话课文名称
二年级上册	《小蝌蚪找妈妈》《我是什么》《寒号鸟》《雾在哪里》《雪孩子》《狐假虎威》《狐狸分奶酪》《纸船和风筝》《风娃娃》
二年级下册	《开满鲜花的小路》《我是一只小虫子》《小马过河》《大象的耳朵》《蜘蛛开店》《青蛙卖泥塘》《小毛虫》
三年级上册	《卖火柴的小女孩》《那一定会更好》《在牛肚子里旅行》《一块奶酪》

从选编的童话故事来看，统编教材保留了许多经典的童话故事，在1–4册教材中，有11篇是从旧教材中选用的，例如《小猴子下山》《小蝌蚪找妈妈》等。同时一些经典的童话故事又入选到课文中，比如《小公鸡和小鸭子》《寒号鸟》等，除此以外，还编排了国外的经典童话，如《雾在哪里》《狐狸分奶酪》。统编教材选用的童话故事，大部分为拟人体童话，涉及的范围很广。通过童话的学习，孩子们认识了助人为乐的萤火虫，会写诗的青蛙；发现了四季变化的小蜗牛和做事情三心二意的小猴子……这些童话故事内容生动，语言有趣，非常适合低段的儿童阅读。到了三年级，孩子的阅读水平有了一定的提高，阅读的内容不仅局限于童话故事，随着诗歌及相关的文学类、叙事类的作品增加，童话故事呈递减趋势，阅读童话故事的要求也较以前提高了，例如三年级上册选编了不同作家、不同风格的四篇中外童话。这些童话充满了丰富而奇特的想象，引人入胜。

二、童话在统编教材中的价值研究

童话故事虽然很浅显，但是浅显的文字背后蕴含着深刻的道理，有耐人寻味的精神内核，因此要教好童话，教师就要深入了解童话的价值。

（一）童话内容贴近孩子生活，有助于阅读力的提升

孩子的生活经验相对来说比较少，而生活经验的获得大多来自他们生活的环境，童话作品不仅能让孩子将童话内容已有的生活经验相互联系，还能在此基础上进行延伸。孩子们能够从童话中找到他们熟悉的内容，熟悉的人和物，从而不断提升阅读能力。

（二）童话是培养孩子健康人格的催化剂

作为教师，我们在传授知识的同时，更要注意“德”的培养。“德”的培养不是靠说教来完成的。在教学时，教师可以借助一篇篇课文，把课文作为例子，通过一件件事例促进学生健康人格的培养。在阅读和理解童话作品时，不能将童话故事当成记叙文来教学，给学生灌输思想，应该在自主朗读、体验中引导学生感受童话世界与众不同的魅力，从而更加深入地体会童话故事中所隐藏的思想和真理，将人文思想根植于学生心中，从而促进语文教学人文性与工具性的和谐统一。

（三）以童话教学，激发孩子阅读兴趣

叶圣陶先生说过：“兴趣是最好的老师。”童话故事是低年级学生喜欢的一种文体。它以生动的故事情节、优美的词句吸引着小学生，使学生阅读起来不但没有任何负担，而且还能跟随着童话故事中的主人公一起成长、一起欢笑。同时，童话也是激发学生阅读兴趣，打开学生阅读大门的重要载体。在我们的教学中，可以逐步提高学生的阅读兴趣，并在此基础上，教师进行课外阅读的推荐。选择的书籍先以培养阅读兴趣为出发点，选择故事性强、语言生动、情节有趣的童话作品，再逐步扩大阅读范围，由童话到文学类作品，再到叙事类文章，逐步激发学生的阅读兴趣，使学生爱上读书，为终身学习打基础。

三、童话教学的实施

童话故事编排在不同的教材中，因此，在童话教学中就要把握不同年段的特点进行有效的童话教学。

（一）低年级段重在读童话，演童话

第一学段是阅读的起步阶段。在《义务教育语文课程标准（2011年版）》中，第一学段的阅读目标是让学生阅读浅近的童话、寓言故事，向往美好的情境，关心自然和生命，对感兴趣的人物和事件有自己的感受和想法，并乐于与人交流。

童话内容浅显，朗朗上口，很容易吸引孩子，同时，童话具有丰富的想象和夸张的特点，还能刺激儿童的想象力，有益于开发孩子们的心智。童话故事中美好的心灵又在潜移默化中影响着儿童的思想品质，使他们从故事里的人物

身上学习到优良品质，陶冶情操，受到心灵的启迪。对于低年级的童话教学，可以从以下三方面展开：

第一，引导学生展开想象的翅膀，在想象中读童话。想象读，就是一边读一边想，想象故事发生的情景，想象人物的语言、动作、神情，想象随着故事的发展而展现出的一幅幅生动的画面。在想象画面中将文本、读者、作者有机地联系在一起，更易于帮助孩子走进故事。在了解故事内容的同时，学语言、学表达。低年级教材图文并茂，有时一个情节就是一幅画面，图文对照会有助于学生阅读理解，还能激发学生的阅读兴趣。例如，在《小猴子下山》的教学中，让学生一边读一边结合画面想象：小猴子走到哪儿，看见了什么，会怎么做？读完之后将刚才的问题串联起来说说故事的主要情节，把小猴子的动作说清楚。在边读边想象中，学生对小猴子的表现有了更清楚的了解，同时借助画面准确地理解了动词的含义。

第二，在探索中读。童话故事情节曲折，所蕴含的道理学生也能读明白，但是这并不意味着童话没有可以激发学生探索的点。只要我们深钻教材，细细品味，就会挖掘出文字背后的"劲道"。《咕咚》是一年级下册的一篇童话故事，故事的结尾这样写道："大伙你看看我，我看看你，都笑了。""笑"不难理解，但是大伙为什么笑，笑字背后有哪些"道"可言呢？教师在教学中，可以抓住这个"笑"引导学生在探索中读，想一想大伙笑的时候会对谁说什么。看似简单的一个问题，实际上学生在对话中理解了"笑"字背后的含义，"道"也在对话中被传递。

第三，角色扮演。选入低年级课本的童话内容浅显，故事性强，将表演植入课堂不仅能够调动学生学习童话的兴趣，还能帮助学生内化和积累语言，感受人物形象。《小蝌蚪找妈妈》中，"小蝌蚪怎样长成青蛙的"是教学重点。可以结合课后题并借助插图，用"先……接着……然后……最后"等表示先后顺序的词，讲一讲这个故事，并加入鲤鱼妈妈和乌龟妈妈等角色，借助故事中的情节，引导学生把故事讲出来、演出来。通过让学生扮演故事中的角色，感受"迎上去""追上去"等词语的意思，然后让学生四人一组进行表演，在合作探究中，发挥学生的想象力把故事演活。角色表演的形式符合低年级学生特点，孩子们在大胆表现中感受到了童话的魅力，童话的语言、形象深深地扎根在学生心中。

（二）中年级引领学生大胆想象，编写童话

三年级上册第三单元的主题是"童话世界"。"感受童话丰富的想象"和

“试着自己编童话，写童话”是本单元的两个语文要素。精读课文、略读课文和“快乐读书吧”环环相扣。精读课文学习方法，略读课文运用方法，“快乐读书吧”将课内阅读与课外阅读有机整合，引导学生进行阅读实践，共同促进学生阅读能力的提升。下面以统编教材三年级上册《卖火柴的小女孩》为例，谈一谈如何引导学生大胆想象，感受童话特点。

首先，抓关键词，在情境中发挥想象。学习第一段时，引发思考：漂亮的小姑娘在下着大雪的大年夜里走在街上，她的命运会怎样？抛出问题后，教师引导学生用关键词进行概括，有的学生说悲惨，还有的说可怜……出示关键词后，让学生结合文中的语句谈谈感受，在互动中展开合理想象，从而拉近学生与小女孩的距离，为更好地理解童话故事、感受人物形象做铺垫。

其次，创设情境，对比中升华想象。出示小女孩第一次划火柴的画面，引导学生想象：透着这微弱的光，小女孩为什么会看到火炉？学生畅所欲言，感受到小女孩的快乐，随后启发思考：欢快的时光无比短暂，即使是这样短暂的快乐，小女孩也想要留住，你能体会到什么？引领学生在读、想象中体会小女孩对温暖、食物及家的渴望。

最后，问题中找关联，让想象回归情感。本课的课后练习题是“小女孩几次擦燃了火柴？每次擦燃火柴都看到了什么？表达了她怎样的愿望？”将问题以表格的形式呈现，通过小组合作学习，完成表格。纵观整个教学环节，教师引导学生展开想象，寻找问题中的情感关联，在丰富的情境与多样的学习形式中建立与文本的对话，激发兴趣的同时提升了语文学习能力。

（三）在拓展阅读中点燃阅读兴趣，提升自主阅读能力

语文教学有很大的灵活性，学习能力的提高有多种方式，其中，扩大阅读量是提高语文能力的重要手段。教师应该以培养学生的阅读兴趣为出发点，为学生选择故事性强、语言生动、情节有趣的童话作品，丰富语言积累，提高学生的学习能力。

（四）以有效评价促进童话学习

课标明确指出：评价的目的是有效地促进学生的发展。融入人文性和工具性的小学语文教学应体现“以人为本”的思想，关注学生的终生发展。低年级童话教学评价重在“读”和“演”上，从学生年龄特点出发，能够调动学生学习童话的兴趣。中年级评价形式多样，根据童话的不同内容，可以通过画童话、讲童话故事、编写童话等进行多样评价。无论是哪种评价形式，都是以促

进学生发展、激发阅读兴趣为出发点的。

作为小学语文的一种重要的教学方式，在童话教学中，教师要采用合理的童话教学策略，借助一篇篇生动的童话故事，发挥童话教学的作用，培养学生语言表达能力、丰富想象力的同时，引领学生在童话世界中感悟、想象、扮演，促进学生语文综合素养的提升。

参考文献：

[1] 中华人民共和国教育部 . 义务教育语文课程标准（2011 年版）[S]. 北京：北京师范大学出版社，2012.

[2] 罗志金 . 浅析小学语文童话教学 [J]. 中华少年，2019（13）：84.

[3] 朱佳 . 借助“发现型”阅读提升学生思维能力 [J]. 教学月刊·小学版（语文），2019（4）：46–48.

[4] 黄妙婕 . 小学语文童话教学策略分析 [J]. 亚太教育，2019（11）：77.

[5] 韦海华 . 让小学生在童话教学中感受美 [J]. 广西教育，2020（13）：97–98.

以《神笔马良》为例，浅谈小学低年级整本书阅读策略

中国人民大学附属中学丰台学校
陈平

摘要：

关于小学低年级的整本书阅读目前已经有了一些理论研究，但在系统性和指导性上依然有很长的路要走，在具体指导学生阅读时还需要一线教师不断进行教研、实践、反思、再实践。本文以童话故事《神笔马良》一书为例，结合一线教学实际，浅谈小学低年级整本书的阅读策略，希望能对低年级开展整本书的阅读教学提供一些参考和借鉴。

关键字：

整本书阅读；《神笔马良》；教学策略

《义务教育语文课程标准（2011年版）》明确提出了学生要具有独立阅读的能力，并能掌握多种阅读方法。笔者从一线教学出发，对整本书阅读策略进行了梳理和总结，希望能对低年级开展整本书阅读教学提供一些思考。

一、链接课内，掌握一般阅读方法

统编教材的一大特点就是打破了先学拼音再学汉字的传统，引导学生在一定的语文基础上，由熟悉的语言带出拼音的学习，从而使拼音与识字能够相辅相成、相互促进，从而助力阅读习惯的养成。统编教材的编排体例有利于帮助学生循序渐进地掌握各种阅读方法，从而帮助学生建立课内外的有效链接，拓展阅读，扩大阅读量。

对于统编教材的课文，要做到范读与精读相结合。教师课堂上的范读为学

生提供了朗读的模板，可以加深学生的理解。“亲其师，信其道。”教师就是学生的榜样。教师抑扬顿挫、声情并茂地范读，对学生对课文的认识和情感倾向有很大的影响。范读之于整本书阅读，同样适用。

精读就是仔细认真地阅读，它要求学生在掌握一定阅读技巧、有一定阅读能力的基础上，去理解文本内容，从而实现积累知识的目的。课堂上常见的精读策略有圈画注释、圈画关键信息、对比分析、归纳总结等，这些都是整本书深入研读必不可少的阅读策略。

另外，教师在进行整本书指导时还可以设计导读记录单，开展对比阅读。教材中很多课文以及口语交际板块，都为整本书阅读设置情景、互动问答提供了参考和借鉴。

二、读书有方法，变“薄”为“厚”

（一）巧借导读单，探寻阅读路径

低年级学生借助清晰的导读单，能够有的放矢，进行有针对性的阅读。在进行文本的分析和研究时，导读单作为学习支架，可以充分整合那些看似杂乱无章的信息，帮助学生层层深入进行交流和探讨。

以《神笔马良》的导读单为例，教师在设计时既要注重趣味性，又要注重指导性。所以，第一个小任务就是“用彩笔给书做个大花脸”，把你喜欢的情节、你不理解的地方通过圈圈画画做标注。第二个任务是“走近马良”，从哪里看出马良特别希望有一支画笔，马良是怎样画画的，马良怎样跟恶势力做斗争，马良是个什么样的孩子。通过一系列阅读任务的设置，力争引导学生加强对文本内容的梳理，为后面进行文本的分析和探究奠定基础。

又如，学生分析故事里印象最深刻的人物时，就需要学生回顾关于马良的所有故事情节。在情节中，根据人物形象的言谈举止来全面深入地分析人物的性格特点。在人物形象的自我对比、相互对比中，收获作者想要传达的思想内涵。

（二）深入研读悟感受

研读是一种深入性的阅读，它要求读者对零碎、复杂的文本进行更细致、更深刻的分析，是以获得较深入、较全面的知识为目的的。深入研读，不断进行问题的研究和探讨，才会将一本“薄薄的书”内化为“丰厚的知识”。

1.情境法

情境教学的过程也是学生思维发展的过程。教师根据文本内容，创设鲜活的、生动的、有趣的教学情境，能够迅速吸引学生的注意力，调动学生的阅读热情和阅读欲望，从而达到获取新知、增强记忆的效果。

在引导学生阅读《神笔马良》时，为了让学生了解封建社会百姓的苦难，进一步体会马良的正直、勇敢和善良，可以借助电影《神笔马良》让学生通过直观的影像来体会马良的勤奋、勇敢、机智和善良。视频资料对马良相关境况的介绍，很容易将学生带入到当时的情境中，会帮助学生形成更深层次的理解。

2.情感教学法

学生在阅读中生发的情感不是自然而然产生的，更不是先天就有的，需要教师在平时的课堂教学实践中一点点启发引导，在耳濡目染、潜移默化中产生对文本的情感。著名特级教师于漪老师在《兴趣·感情·求知欲》中说："教语文，要紧的是把学生的心抓住，使学生对语文有兴趣、有感情，产生强烈的求知欲。"谢池珍老师在此基础上，进一步提出要将情感作为教师进行语文教学的内驱力，充分肯定了情感教学法在语文教学中的重要作用。

文本研读，教师一定要将学生情感与文本蕴含的情感进行有效链接，引起学生共鸣，从而产生心灵的震撼。比如故事开端，马良出身十分悲苦，从他的生活境遇就能一目了然。故事的发展源自于天赐神笔，马良命运陡然出现光明。马良受到黑恶势力压迫的时候，他背井离乡、颠沛流离、辗转腾挪，不断同邪恶势力做斗争。故事结局当然是非常圆满的，善良的马良赢得了最终的胜利……在情节的跌宕起伏中，学生情感不断起伏变化。情感教育有利于增强学生的情感体验，激发学生的求知欲，这是一种屡试不爽的教学策略。

3.读写结合法

读写结合法就是以读促写，以写来促进阅读。通过阅读，吸收思想文化的精髓和写作营养。研读完《神笔马良》，教师带学生进行了读后感和续写的交流分享活动，在相互启发中进一步加深学生对文本的理解和感悟。

在研读过程中，教师引导学生利用多种方式阅读，可以培养学生分析问题和解决问题的能力。在探究过程中，主体不再是单纯讲授知识的教师，而是学生变被动为主动，自己设立阅读目标，积极进行文本的分析和学习。学生在阅读中不断发现问题，并能结合课堂上教师讲授的阅读方法、学习方法，经过思考和探究解决问题。

三、多元内化输出，深化阅读认知

低年级的学生正处于自我意识显著发展时期，具有强烈的求知欲。他们想象力丰富，教师应充分抓住他们的心理特点，引导他们多读、多写、多画、多表达，变“输入”为“输出”，一方面可以帮助老师了解学生的阅读情况，更重要的是，以“输出”的形式培养和提高学生的思维能力和理解能力。

（一）情节曲线图

一个故事的情节通常由起因、发展（上升）、高潮、发展（下降）和结尾五部分组成。起因交代故事的人物、场景的背景信息和基本的情节；发展（上升）是指推动故事到达高潮之前所发生的事；高潮是这个故事最激动人心的和感动人的一部分；发展（下降）是在故事的高潮结束之后发生的事情；结尾指的是故事的结局或影响。

整本书阅读最起码要做到了解故事情节。只有了解故事情节，才能在情节变化中了解人物形象，洞悉文本主题思想。

学生阅读《神笔马良》后可以借助情节曲线图——“山形图”，清晰把握故事的“生命线”，为理解整个故事情节梳理出清晰的脉络，更为后面进行深入研读奠定基础。

（二）思维导图

美国学者哈拉里在《图论》里说：“千言万语不及一张图。”思维导图是一种有效的思维模式，在学习和工作中起着重要的作用。无论是新知识的学习，还是旧知识的复习，思维导图都能帮助学习者形成系统的学习和思维习惯，不断提高学习能力，完善清晰的思维方式。

在分析马良的人物性格特征时，学生就可以借助思维导图这一简单图形，将书中零散的信息进行有效的串联，以更加直观的形式呈现出来，帮助学生形成一个清晰的知识网。这样，既可以帮助学生整合《神笔马良》一书的文本信息，培养和提高他们的语言表达能力，增强对文本的理解和记忆，又能激活学生思维，充分发挥想象。

（三）文本插图

书中呈现的插图往往反映的是故事情节的精彩片段：比如《木兰诗》里，身着女儿装的女子与驰骋沙场英勇战斗的勇士形成鲜明对比，更能激发学生的阅读兴趣。插图作为课文的第二语言伴随着情节的发展及时补充在书中，具有很强的针对性和指导性。童话故事充满了丰富的想象，形象直观、色彩鲜艳的插图能够给予学生强烈的视觉冲击，增强他们的浸入式体验，从而帮助他们更好地理解童话故事情节，把握人物形象。

如何将一行行的方块字变成一幅幅生动有趣的插图，考查的是学生对特定文段的分析和解读能力。低年级学生个性鲜明，想象力丰富，在阅读过程中通过不断挖掘自身潜能，在相互交流和分享中可以促进自己不断思考，创作出富有个性的情节插图。

有位学生在课后绘制了马良得到神笔时的情节插图。他将慈祥的白胡子老爷爷和拿到神笔后兴奋无比的马良画得栩栩如生。这样一幅精彩的插图，没有细致入微的阅读和深刻的感受，是无法完成的。

（四）创编诗歌

低年级学生天真烂漫、想象力丰富，教师应该充分抓住低年级这一关键期，引导学生感受语言文字魅力、丰富审美经验，激发他们的创造潜能，不断去体验自由表达、自由创造的快乐。读完一本书，学生可以结合个人生活经历将所见所闻所感融入创编中，这就对学生更好地理解作品中的思想内涵、深入理解文本起到良好的推进作用。

比如，在进行《神笔马良》整本书阅读时，孩子们就以《假如我有一支神奇的笔》为题进行了诗歌创编：

假如我有一支神奇的笔

假如我有一支神奇的笔，
我要画很多植物；
让大自然更美丽。
假如我有一支神奇的笔，
我要画好多的水；
让穷人有甘甜的水。
假如我有一支神奇的笔，
我要画一条活龙；

让全世界的人民有它安静地守护。

总之，学生整本书阅读的最终目的就是培养阅读兴趣，提升阅读能力，助力学生的深入阅读，最终提高自己的语文核心素养。教师借助导读单，结合教材中总结的阅读方法和阅读技巧，无疑能够给予学生整本书阅读很多帮助。本文仅从一线的教学实践中对《神笔马良》这本书的教学策略进行了归纳总结。更多的整本书的阅读策略，还需要教师在具体的教学实践中，根据学生需求和阅读现状不断调整和完善。

参考文献：

[1] 中华人民共和国教育部 . 义务教育语文课程标准（2011 年版）[S]. 北京：北京师范大学出版社，2012.

[2] 谢池珍 . 情感是语文教学的内驱力——于漪情感教学法分析 [J]. 湖南教育（B）版，2018（8）：38.

[3] 郭世永，景明，高妍 . 哲学与人文科学核心素养背景下的整本书深度阅读指导策略 [J]. 语文教学通讯 · D 刊（学术刊），2021（40）：55-56.

[4] 汪国英 . 整本书阅读教学探微 [J]. 语文天地，2021（10）：55-56.

[5] 段爱华 . 整本书阅读教学的有效策略 [J]. 语文教学通讯 · D 刊（学术刊），2021（24）：26-28.

[6] 于漪 . 上海市杨浦高级中学（原杨浦中学）：兴趣，感情，求知欲 [J]. 上海教育，2017（1）：32.

国家课程视野下的任务驱动式主题阅读教学策略

北京小学通州分校
李海岳

摘要：

统编教材增加了新的版块“快乐读书吧”，从教材上来看，是一种打破课内外的教学导向。“快乐读书吧”的整本书阅读不能是散漫的、随意的，但是也不能像课内教学那样分析、教学。“快乐读书吧”的整本书阅读要用来迁移运用课内习得的方法。同时，“快乐读书吧”的推荐书目是一组书，书本之间有其内在的联系。在教学设计中，要注重一套书的整体主题设计，而且为了避免教师过多干涉学生自主阅读，所以教师的整本书阅读课程要基于国家课程的能力目标，设计任务驱动单，帮助学生深入阅读并思考，提高语文素养。

关键词：

任务驱动式学习；主题阅读设计；整本书阅读

一、阅读教学指导思想

统编教材的“快乐读书吧”是第一次把整本书阅读纳入教学课程。在此基础上，我们的整本书阅读课程应该告别以往的随意性与散漫性，应结合教材的学习内容进行有计划、有规律的系统化阅读指导。

《义务教育语文课程标准（2011年版）》中提出，第三学段不仅对学生的阅读速度有所要求，而且在阅读能力目标上应重点培养学生联系上下文理解词句；能结合自己的生活经验对叙事类作品进行评价，评价侧重于阅读的情感体验。

因此，整本书阅读任务的设计展开首先要基于课程标准要求，基于学生学段发展的特点。同时，教学任务的设计要与教材教学内容紧密结合，真正让学生在大量的文本阅读积累中学好语言，用好语言。最后，任务的设计也紧紧围绕年级专题研究重点——任务驱动式学习模式助推学生的阅读动力，来推进学生的整本书阅读。

二、书单的选择

统编教材六年级上册的“快乐读书吧”主题是“笑与泪，经历与成长”，这个标题的重点是成长中经历的事情，在成长的事件中孩子的感受。基于这一主题的阅读书目，我们根据“快乐读书吧”以及学生发展特点、学段需求，为了落实学生的课外阅读数量，提高学生的阅读素养，制定了如下书单：

表1 我校六年级上册“快乐读书吧”推荐书单

必读书目	选读书目
《童年》高尔基	《城南旧事》林海音
《爱的教育》亚米契斯	《草房子》曹文轩
《小英雄雨来》管桦	《小兵张嘎》徐光耀

三、主题阅读任务单设计与阅读指导策略

（一）梳理人物关系，重构文本内容

高尔基的《童年》虽然不是鸿篇巨制，但是书中人物众多，而且是外国文学，年代久远，学生阅读起来有一定的困难。对于这样人物众多、人物关系复杂的文本，我们在阅读指导中首先让学生用思维导图的方式来梳理人物关系，帮助学生找到故事叙述的第一视角。《童年》这本书是以主人公阿廖沙的视角来写的，主语是第一人称“我”，所以后续小说人物的出场、命运的变化都与主人公息息相关。所以在做人物关系梳理时，先帮助学生找到人物关系展开的中心——阿廖沙，这样学生既能梳理清楚人物间错综复杂的关系，也能在梳理的过程中清晰故事的发展。

《童年》虽然不长，但是很多学生在阅读过程中因感到情节的枯燥而放弃阅读。究其原因，首先是故事本身离学生的生活太远，学生理解起来有困难，很难与故事本身产生共鸣；其次，故事是以第一人称叙述的，读者很难共情主人公的喜怒哀乐；最后，这本书的主人公是站在旁观者的角度去看别人的故

事，故事本身就区别于其他冒险类文本，学生作为旁观者的旁观者更无法进入文本。所以在阅读《童年》时，学生出现读不进去，读完后记不住文本情节的情况是很正常的。为了解决这一问题，我们在任务单的制定中用了文本重构的阅读策略。我们以人物梳理为主线，让学生以此为抓手，每一章都以人物为主题，重新编排目录，再次梳理文章主要内容，对文本内容进行重构。

这样学生不仅对整本书的内容有了清晰的把握，也对人物形象有了独特的认识，而且找到了切入文本的角度。这不仅是为了再次理解《童年》的主题，也是为了帮助学生在阅读《童年》后反思自己的成长过程，去看成长中起到重要影响的人。

（二）关联生活经验，书写成长手册

《爱的教育》对孩子们来说是一本很容易产生共鸣的书。它是小学生安利柯四年级的生活日记，记录了这一年他的学习生活。因为文本内容都在记叙孩子与父母、孩子与师长、孩子与孩子、孩子与社会环境之间发生的事，所以学生在阅读时会产生“这就是我的生活，我也可以写一本这样的小说”的想法。所以，在阅读轻松愉快的基础上，我们可以结合学校的毕业季课程中制作成长手册这一版块，让学生在阅读中多关联自己的生活，鼓励学生书写自己的成长故事。

在开始的阅读中，学生会发现本书是由一篇篇小故事组成。因为故事又短又多，总有几个故事会与孩子的生活产生共鸣。所以在阅读之初，可以让学生记录最触动自己的故事，提取出触动自己的内容，再结合自己的生活经验谈谈触动自己的理由。由于是刚开始阅读不宜留太多的书面作业，以免破坏学生的阅读兴趣，只要学生建立起读故事关联自己生活的意识即可；随着阅读的推进，孩子会发现这些故事都发生在孩子与身边的人之间，所以这一段时间的阅读任务在之前的基础上要引导学生关注人物关系；随着整本书阅读完成，孩子会发现，书中有些人会在主人公的记叙中反复出现。这时可以引导学生通过几件事来看一个人，学生会发现虽然事件是不同的，但是可能最后从不同的侧面来认识到一个人共同的品质；等整本书阅读完成后，让学生选择其中印象深刻的几件事来看文章的主题——爱的教育。通过阅读这本书，孩子可以自己回答《爱的教育》在其诞生地意大利引起的争议——在文化多元的今天，我们是否还需要全面推广《爱的教育》这本书。孩子们通过阅读理解到，虽然时代变化了，教育方式在转变，知识内容在更新，但爱是教育中永恒的主题。

学生在这本书的阅读过程中，因为要完成任务单，所以首先得选择自己感

兴趣的内容，然后关联自己的生活、关联上下文或者关联别的文本来谈为什么有所感触，在完成任务单的过程中，有意识地大量运用了课内学习的关联策略，提高了关联思维能力。

（三）关联时代生活，图画叙事文本

《小英雄雨来》讲述了抗战时期少年儿童雨来与日寇斗智斗勇的系列故事。由于学生在道法课上学过中国近代史，大致了解了写作背景。文中因为年代久远而不好理解的词语，学生也都可以通过联系上下文的策略去体会到。所以，这本书对六年级的学生来说，阅读起来是比较轻松的。但是这本书的独特之处在于它独特的社会背景，以及特定社会环境背景下对儿童成长的影响，这是一个时代的缩影。

对于六年级的学生来说，因为在六年级上册第四单元学习过小说情节与环境对人物形象的塑造的作用，在五年级还学习过人物描写对人物刻画的作用，所以为了让学生在阅读中积极主动使用自己的学习收获，我们设计了把《小英雄雨来》改编成漫画的阅读实践活动任务。学生在文本图像化的过程中必然经历场景的选择、环境的关注、图画人物以及抉择情节四个板块。即学生首先要在众多故事中选择出最适合改编成漫画的故事，这就要求学生对场景描写的知识有一定的了解与把握。其次，把故事内容图像化，需要关注文章中的环境描写，这也是学生在阅读时最容易忽略的部分，可以引导学生在再次阅读时关注之前容易忽略的部分，让他们感受到环境的变化对故事情节推动的作用；再次，把故事图像化，需要学生刻画人物，这样就能用图画这个任务让学生细致地关注人物描写，并再现出来；最后，因为漫画有篇幅限制，学生就要面对一些故事情节的取舍问题，所以在这里可以引导学生再次关注文本的详略问题。

通过一个把文本内容漫画化的任务，学生多次走进文本，关注之前忽略的地方，复习巩固课内习得的方法并运用。这既是对学习成果的一种综合应用，也调动了学生的兴趣，给学生创造了积极语言实践活动的机会，让阅读动起来。

（四）创建积极的语言实践活动，拓展系列主题阅读

我们的拓展阅读选择了《城南旧事》《小兵张嘎》《草房子》。这三本书都具备独特的时代背景，也都是孩子的成长故事，对学生来说可读性都比较强。

因为是拓展阅读，所以重点在于读得有趣，在大量阅读中培养语感，有语言的积累即可。在拓展阅读部分，围绕关联策略，我们给学生设计了系列实践

活动。例如《城南旧事》写的是北京的生活，对孩子来说是熟悉的事物与景物，所以在设计这本书的阅读活动时，从学生的生活入手，让学生去文中找一找所有自己熟悉的地点、看过的景物，对比今天的生活有什么不同。在这样的系列阅读活动中，学生要反复阅读文本，带着目的去阅读，综合运用多种阅读方法，感受阅读的乐趣，体验别人成长的喜怒哀乐，反观自己的成长，以迎接更好的未来。

通过成长主题系列阅读活动，学生在阅读中运用了课上学习的关联策略，并进行了写话练习。同时，在主题阅读的过程中，学生认识到在成长中应该向身边的人学习，在成长中经历的事情中汲取经验，对比不同社会背景下的儿童成长发现当下的生活来之不易，珍惜当下的生活。成长主题阅读帮助青春期的孩子们在他人的经验中发现自己成长的办法，更好地去生活，这是系列主题阅读最大的价值。

整本书阅读是我们课堂教学的归途，我们带着学生学习单篇阅读，无非是想要学生掌握阅读方法，养成阅读习惯。在整本书的教学指导中，要限制过度的教学指导，给予学生必要的阅读支持又不替代学生的自主学习，采用阅读指导策略，终归还是为了让学生爱阅读，会阅读，多读整本的书。通过阅读，我们希望孩子们能提高对假恶丑的抵抗力和对真善美的欣赏力，从而能离庸俗远一点，和高雅近一点，离浮躁远一点，和宁静近一点，离邪恶远一点，和善良近一点，离浅薄和愚昧远一点，和古今中外的智者、贤者近一点，进而培养高雅的情趣、健朗的精神、书卷气质和家国情怀。

参考文献：

[1] 中华人民共和国教育部 . 义务教育语文课程标准（2011 年版）[S]. 北京：北京师范大学出版社，2012：9.

[2] 斯珀波，威尔逊 . 关联：交际与认知 [M]. 蒋严，译 . 北京：中国社会科学出版社，2008：111.

小学高年级“层进式”阅读任务设计与实施
——以《永远讲不完的故事》为例

北京市海淀区西苑小学
马青翠

摘要：

“层进式”阅读是针对小学高年级学生阅读经典名著等大部头书籍的一种有效路径。教师遵循小学生阅读的一般规律，针对文本内容，结合学生特点，在带领学生进行整本书阅读的不同阶段，设计不同的阅读任务和活动，帮助学生把整本书读完、读懂，获得阅读乐趣，提升阅读能力。笔者以《永远讲不完的故事》教学实践为例，按照“初读全书，设计贯通性任务；章节通读，制作章节任务卡；统整回读，进行内容重构；拓展研读，关注精神成长”四个阶段进行层进式的阅读任务设计，带领学生多次走进文本，在不同阶段的阅读中帮助学生解决真实的问题，促进学生对整本书的深度阅读。

关键词：

整本书阅读；小学高年级；层进式阅读

《义务教育语文课程标准（2011年版）》规定：语文课程应注重引导学生多读书、多积累，重视语言文字运用的实践，在实践中领悟文化内涵和语文应用规律。课标在第三学段明确提出要扩展学生的阅读面，课外阅读总量不少于100万字。统编小学语文高年级的教材中也要求学生阅读大部头的经典名著，培养良好的阅读习惯。

如何引导小学高年级学生将整本书读完、读懂，获得阅读乐趣，提升阅读能力，是一个具有挑战的研究问题。笔者针对小学高年级学生阅读经典名著等大部头书籍的情况进行过调查，发现只有30%的学生可以进行自主阅读，有50%的学生能够在老师的指导下读完整本书，还有20%的学生即使在老师的指导下也不能完成整本书的阅读。通过访谈发现，学生不能自主完成整本书阅读的原因主要是觉得很多经典名著字数太多，书籍太厚，自己没有那么多的时间进行阅读，且对书中的内容不感兴趣。

针对小学高年级学生在阅读经典名著等大部头作品中遇到的问题，我采用层进式阅读的方式带领学生进行整本书阅读。层进式阅读大致分为四个层次：初读全书，设计贯通性任务；章节通读，制作章节任务卡；统整回读，进行内容重构；拓展研读，关注精神成长。这四个层次的阅读设计遵循了小学高年级学生阅读的一般规律，符合学生的心理特点，在不同层次的阅读中帮助学生解决真实的问题，促进了学生对整本书的深度阅读。当然，教师在带领学生进行整本书的层进式阅读前要通读整本书，从推荐版本、内容梗概、作者简介、文本价值和教学价值等方面做细致的文本解读。这样，教师在指导学生阅读时，才能以“资深读者”的身份与学生交流。

一、初读全书，设计贯通性任务

小学生受年龄的影响，注意力持续的时间有限。他们初读整本书时，不一定能一字一句从头读到尾。有的学生翻看完目录，就直奔自己感兴趣的章节进行阅读；有的学生先看开头，然后就去结尾找自己想知道的内容。了解小学生的阅读心理，教师就可以设计好完整的贯通性任务。所谓贯通性任务，就是需要大致浏览全书才能完成的阅读任务。这样的任务设计有助于帮助学生尽快了解全书的大致内容、人物关系、叙事结构和叙述方式等。

《永远讲不完的故事》是德国幻想文学作家米切尔·恩德的杰作，全书31万字。由于这本书比较厚，有些学生在阅读时可能会因耐心不足半途而废。教师可以设计“制作幻想国居民身份证”“绘制情节脉络图或人物关系图”“借助思维导图绘制阿特莱尤的行踪路线和主要事件”“设计人物卡通图案，用关键词呈现不同阶段的巴斯蒂安呈现出的不同状态及变化”等活动。这样的贯通性任务，形式活泼，生动有趣，让学生们一边阅读一边梳理幻想国里发生的故事发展脉络，感受人物形象，避免学生一拿到比较厚的大部头书籍就产生畏难情绪放弃阅读，或只凭兴趣阅读自己喜欢的章节，而不对全书进行整体阅读。这样的贯通性任务能够保证学生从头到尾把书读一遍，有效促进了学生的整本书阅读。

二、章节通读，制作章节任务卡

《义务教育语文课程标准（2011年版）》规定：小学第三学段要扩大阅读面，课外阅读总量不少于100万字。小学高年级学生也开始阅读一些大部头的经典名著，为了让学生能够持续读完整本书，教师可以根据章节内容设计形式活泼的章节任务，引导学生完成相应的章节任务卡，保持读书的热情，最终把整本书读完。

针对《永远讲不完的故事》这本书，我们就按照故事情节的双线发展、内容上的前后呼应、人物功能上的对称、不同声音之间的平等对话，将全书26章内容按照幻想王国和真实世界的转换合并成15个版块，结合版块内容进行了章节任务卡的制作。

表1　章节任务通览表

章节	任务内容	完成形式
KKK 旧书店	介绍巴斯蒂安的背景信息	人物介绍卡
A	梳理幻想王国发生的变化	表格梳理
B-C	梳理阿特莱尤来到幻想王国，找到毛拉的过程	流程图
D	画一画于格拉木尔的形象	绘画
E-F	梳理两个拓荒者帮助阿特莱尤穿越三座魔法门的过程	流程图
G	将阿特莱尤与乌于拉拉的对话试着唱一唱	歌曲
H-I	连线阿特莱尤在幽灵王国和鬼城的经历和情感变化	连线
J	阿特莱尤在飞往象牙塔途中遇到的关键事件	思维导图
K	分析巴斯蒂安迟迟没有进入幻想王国的原因	树状图
L	画出巴斯蒂安进入幻想王国心理发生的变化	情节曲线
M-P	梳理巴斯蒂安见到月亮仙子后经历的主要事件	表格梳理
Q	给巴斯蒂安讲的两个故事从发生作用的角度起名字	列小标题
R	画出阿哈来变化前和变化后的样子	绘画
S-V	梳理萨义德一步步让巴斯蒂安迷失自我的阴谋	表格梳理
W-Z	撰写巴斯蒂安回到现实世界的研究报告	研究报告

通读章节以任务为驱动，让学生通过任务的完成，促进对整本书的深度理解。任务的设计既要考虑到学生的兴趣，又兼顾阅读活动的整体目标的达成，

并为后面即将开展的统整回读和研读提升做好准备。

三、统整回读，进行内容重构

在章节通读的基础上，需要立足全书进行梳理统整，使得学生对整本书形成完整清晰的认识。这种回读，不是简单地重读，而是需要借助内容重构的阅读策略对整本书从情节、人物、主题、表现手法等方面进行梳理整合，对书的内容形成新的思考和认识。

教师在带领学生通读《永远讲不完的故事》后，设计了绘制情节脉络图和绘制人物关系图的统整任务，旨在引导学生对这本书形成完整清晰的认识。

（一）绘制情节脉络图

《永远讲不完的故事》这本书情节曲折复杂，引人入胜。因此，学生可以借助思维导图或表格的形式，绘制情节脉络图，把整个故事串联起来，用精练的语言概括整本书的主要情节和梗概，尝试把书读薄。这样的阅读活动可以激活学生的思维，提升概括能力。

（二）绘制人物关系图

《永远讲不完的故事》人物形象丰富，以天真女皇为核心人物讲述了一个引人入胜的故事。教师引导学生在阅读全书后梳理书中的角色，借助思维导图或表格的形式绘制主要角色“巴斯蒂安”和“天真女皇”的人物关系图，把小说中的人物关联起来形成人物关系脉络，从整体上把握人物关系。这样，学生就能很轻松地理清复杂的人物关系以及情节的发展变化，读懂一个个小故事之间的联系，也就能深入理解整本书的主题了。

四、拓展研读，关注精神成长

小学高年级学生在完成整本书的章节通读后，可能会提出一些自己在阅读过程中无法解决的问题，也有可能仅关注了故事的情节不能提出问题。教师要有意识地在带领学生进行章节通读时发现、诊断学生的问题及阅读的盲点，设计并组织研读活动，推进学生对于整本书的深度阅读，促进精神成长。

（一）话题交流

话题交流是突破整本书阅读教学难点的一个重要路径，教师在此环节的设计中，可以从学生通读后产生的问题中选择指向文本价值的核心问题，也可以结合前期学生阅读整本书的盲点来设计话题。小学高年级学生的思维往往表现为直线型，具有简单、片面的特征，教师在组织学生进行话题交流的过程中要及时归纳总结，在关键时刻起到指导和点拨的关键作用。

在学生读完《永远讲不完的故事》后，教师组织学生结合巴斯蒂安的经历，讨论如何在塑造理想的超我、本我的膨胀与释放中建构完整的自我。在这一活动中，教师带领学生用思维导图的形式梳理13–26章巴斯蒂安塑造理想的超我、本我的膨胀与释放的表现，以及建构自我的过程。学生通过交流，结合书中的内容，联系生活实际对“如何在塑造理想的超我、本我的膨胀与释放中建构完整的自我”的问题有了深刻的思考。他们认识到，无论在成长的过程中遇到顺境或逆境，都应泰然处之，抓住机会历练自己，让自己成为更加优秀的人。

（二）制作腰封

著名的整本书阅读发起人吴欣歆教授曾说过：当教师带领学生读完一本书，可做的事情很多，教师要鼓励学生尽情展示自己的创造力，将自己的阅读成果做成实在的“文化产品”。因此，教师要关注学生在通读和研读过程中产生的个性化的阅读感悟，要对学生阶段性和终结性的阅读成果进行展示，促进学生阅读能力的发展和提升。当学生对整本书经历初读感知、章节通读、统整回读几个层级的反复阅读后，一定获得了独特的阅读体验。此时，我们就可以请学生为《永远讲不完的故事》设计一个腰封或一张读书海报，向其他学校的同学们推荐这本书，让这本书真正与学生建立联系，促进思维发展和审美表达。

综上所述，层进式阅读是教师引导小学高年级学生进行整本书阅读的一种有效路径。教师在带领学生初读全书时，设计贯通性任务，能够帮助学生了解全书的大致内容，激发阅读兴趣。在学生大致了解全书内容后，教师引导学生完成相应的章节任务卡，调动学生参与阅读的热情，持续读完整本书。在章节通读的基础上，教师设计统整任务，带领学生立足整本对全书内容进行重构。在最后的拓展研读环节，教师有意识地诊断学生的问题，设计并组织指向文本教学价值的阅读活动，推进学生对于整本书的深度阅读，促进精神成长。

教学实践证明，层进式阅读遵循了小学高年级学生阅读的一般规律，符合学生的心理特点，在不同层次的阅读中帮助学生解决真实的问题，促进了学生对整本书的深度阅读。在今后的教学中，我们将进一步探索整本书阅读教学的有效路径，促进学生阅读素养的提升。

参考文献：

[1] 吴欣歆 . 培养真正的阅读中——整本书阅读之理论基础 [M]. 上海：上海教育出版社，2019：121.

[2] 中华人民共和国教育部 . 义务教育语文课程标准（2011 年版）[S]. 北京：北京师范大学出版社，2012：9.

[3] 林伟佳 . “整本书阅读”有效路径探寻——我这样教《永远讲不完的故事》[J]. 课外语文，2020（13）：73–74.

[4] 幻想王国与现实世界的故事——《永远讲不完的故事》荐读 [J]. 读写月报：初中版，2019（10）：22–26.

[5] 黄贵珍 . 论《永远讲不完的故事》的叙事特征 [J]. 名作欣赏，2019（6）：19–21.

[6] 陈志国 . 小学语文整本书阅读三段式教学的思考 [J]. 教育界，2021（34）：14–15.

拓展阅读空间，助推学生语文素养的发展

北京市东城区史家小学分校
屈平

摘要：

随着社会的快速发展，学生从不同渠道获取的信息量逐渐增大，在不断的学习过程中，阅读成为不可缺少的组成部分。本文从基于教材拓展阅读资源和构建经典阅读课程两个方面阐述了拓展阅读空间与助推学生语文素养的发展之间的关系，通过拓展课文原文阅读、借助作家作品感悟、激发整本书阅读兴趣等方法，提升学生的阅读能力、思维能力、涵养文化。构建经典阅读课程，传承优秀传统文化，丰厚学生的文化积淀，最终提升语文素养。

关键词：

拓展阅读；助推；语文素养

苏联教育学家苏霍姆林斯基在《给教师的建议》一书中提出："凡是道德修养好的、有自觉精神的劳动者，都是在对书籍抱有深刻尊重态度的家里长大的。"他提醒从事学校教育的人们，"千万不要让上课、评分成为人的精神生活的唯一的、吞没一切的活动领域"，还应当让学生"有一种丰富的多方面的智力生活，这就是课外阅读"。

英国著名社会学家弗兰克·富里迪在《阅读的力量——从苏格拉底到推特》一书中也写道，"阅读改变了人类的意识并且改变了世界"，阅读打开了人们通向世界的大门，"我们要做的是把孩子培养成阅读者"。

《北京市中小学语文学科改进意见》（2015）中也有类似表述："北京市中小学语文教育应积极拓展阅读视野，提升阅读能力，培养学生阅读兴趣与习惯，能够理解重点内容与内涵，不断丰富阅读资源，加强方法指导。"从中可以看出，《改进意见》对小学语文教师引导学生进行课外阅读提出了指导意见，

小学语文教师不仅要指导学生完成好课内阅读的学习，引导学生完成高质量的课外阅读同样应作为教师的教学与研究重点。换言之，阅读质量的提升是提高学生语文素养不可或缺的因素。

崔峦先生曾说过："我始终认为，成绩可稍差一点，如果书读得更多，就会更有潜质，爱读书的孩子一定会有一个更幸福的人生。'阅读是教育的核心'，几乎每一科知识都是通过阅读来学习的，阅读能够使我们学会学习。"在知识日新月异的形势下，死记硬背将无法适应新时代的学习需求，取而代之的将是资料的搜集、整合、应用与创新的能力。而这种能力的形成，首先应该是从小培养阅读习惯，在大量的阅读中获取知识。只有善于学习并终身学习的人，才不会被淘汰。在不断的学习过程中，阅读是不可缺少的组成部分。

在课堂教学中，老师们已经开始重视引导学生开展课外阅读，但是还经常会看到这样的现象：学习了《草船借箭》推荐阅读《三国演义》，学习了《蟋蟀的住宅》就去读一读《昆虫记》，学习了《少年闰土》就去读一读《故乡》，等等。这样的推荐阅读貌似将学生从课内的学习引向课外阅读，但是却存在着流于形式、盲目推荐、没有实效等问题。因此，如何有效地开展课外阅读，构建阅读课程，真正让阅读课程助推学生语文素养的发展，成了摆在语文老师面前的问题。

一、基于教材拓展阅读，助推学生语文素养的发展

统编版语文教材在整体课文数量有所减少的情况下，大量增加衍生阅读数量，引导语文教学向课外阅读延伸。温儒敏教授提出："这套教材要在引导大量读书方面形成特色。我希望无论小学还是初中，都努力加强两个'延伸'：往多读书延伸，往课外阅读及学生的语文生活延伸。"温儒敏表示，在阅读方法方面，掌握科学的阅读方法十分重要。

（一）拓展原文阅读，加深文本理解与感悟

统编版三年级上册"预测单元"中，《总也倒不了的老屋》是一篇童话，讲述了老屋帮助小猫、老母鸡和小蜘蛛的故事，课文中用反复的手法推进情节的发展。本单元的阅读训练是"预测"，所以在教材中将原文的结尾进行了删除。学生在进行结尾的预测时无一例外的是老屋继续帮助小动物，只是把文中的小动物换成了小熊、小兔子……预测内容雷同、故事结尾相似，缺少了"预

测”的乐趣，缺乏创新。基于以上情况，在语文教学中整合了文章结尾。老屋隐喻着一位孤独的老人，重新思考老屋与小动物们之间的关系，小动物们需要老屋，老屋也需要小动物们，打开了学生的思路。这样的阅读引发了学生深层的思考，发展了学生的思维。

（二）借助作品感悟，形成语言建构与运用

六年级“走近鲁迅”单元，通过不同的视角、运用不用的表现手法，从多角度展现了鲁迅的形象，让孩子们初步了解鲁迅，感知其性格特点，体会其精神境界。《有的人》是这单元的最后一篇课文，全诗运用了对比、照应、反复等多种写作方法将作者的爱憎淋漓尽致地表达了出来，给读者带来了深深的震撼。在理解诗歌内容、感悟情感的环节中，教师引导学生从诗句想开去，结合课文《我的伯父鲁迅先生》中的片段，借助鲁迅先生自己的语言，联系其作品中的典型人物去感受他的精神世界，使鲁迅的形象更加完整和饱满。这样联系的阅读，既拓展了学生的阅读空间与视野，又增强了学生的语言建构与运用能力。

（三）基于教材猜测，培养阅读兴趣与习惯

《义务教育语文课程标准（2011 年版）》中明确提出：“培养学生广泛的阅读兴趣，扩大阅读面，增加阅读量，提倡少做题，多读书，好读书，读好书，读整本的书。”因此，激发学生的阅读兴趣，培养阅读习惯是语文老师的职责所在。

统编版教材六年级下册第二单元以“外国文学名著”为主题，选编的三篇课文都是从长篇小说中节选的。在讲授《骑鹅旅行记》一课时，当学生学习完课文后，教师出示《骑鹅旅行记》这本书的目录，“我们一起来看看这本书的目录，从中选择一个你最感兴趣的，试着猜一猜。想一想作者会写些什么内容，想象着里面的情节，小组四个人互相讲一讲”。学生借助已有的阅读经验和方法进行猜测。在学生互相交流后，教师进一步引导：“我们是这么想的，那作家笔下的尼尔斯都经历了什么，这些章节中会写些什么呢？有人说，作品是由作者和读者共同完成的，在读书时，读者其实是在和作者进行着无声的交流。我们在课外可以读一读这本书，感受一下这部童话的神奇之处。”这样的学习活动的设计，将学生阅读的视角引向课外，激发学生阅读整本书的愿望，帮助学生在书籍的海洋中汲取文化的营养。

二、构建阅读特色课程，助推学生语文素养的发展

经典阅读课程，是语文老师在课堂上指导学生进行课外阅读。它引导学生选择适合自己阅读的文学作品，帮助学生形成良好的阅读习惯，激发学生的阅读兴趣，拓宽学生阅读的视野，培养学生热爱祖国语言文字的情感，成为学生文化积淀的基石。

经典阅读课程的开设对于语文课程起到了一定的延伸与辅助作用，培养学生广泛的阅读兴趣，扩大阅读面，增加阅读量，让阅读成为学生生活的一部分。

结合学生的年龄特点，名著阅读课程重点指导学生阅读中国四大名著中的《西游记》《水浒传》《红楼梦》，以及《论语》。

（一）“品经典名著 享读书之乐”之《西游记》

学生通过阅读《西游记》，熟知西游故事，能用讲故事、绘画、表演等多种形式进行表达。对西游人物进行评析，充分感受人物形象，感受不一样的人生境遇及处世方法，激发学生阅读古典名著的兴趣。此外，进行西游知识竞赛，进一步了解名著的内容，高度概括自己的所读、所感、所悟，可以感悟经典名著的魅力所在；还可以学习名著中刻画人物的手法，将其迁移到平时的习作中，使人物更加活灵活现，性格更加鲜明，形象更加丰满。

（二）“品经典名著 享读书之乐”之《水浒传》

学生阅读《水浒传》，对书中主要故事进行概述。尝试对故事中人物形象进行分析，了解并学习塑造人物性格的方法。学生通过水浒知识竞赛，进一步了解名著的内容。理解小说中对“义”的阐述，探索小说的现实意义，以辩论赛的形式来表达自己的阅读感悟与体会。

（三）“品经典名著 享读书之乐”之《红楼梦》

通过阅读原著和开展“红楼讲堂”的活动，了解《红楼梦》中的节庆文化、礼仪、服饰、书法、饮食、诗词、音乐与戏曲等传统文化。以剪纸、吟诵等优秀传统文化艺术来展现“我眼中的红楼梦”。开展综合实践活动——走进大观园学做小导游，进行“红楼文化”巡讲。

（四）走近圣贤之《论语》

阅读《论语》，初步理解其丰富的文化内涵，熟读成诵。以研究小组为单位，了解《论语》的撰写过程、文化价值和历史价值，通过展示、辩论、参观展览、讲解等活动形式，运用准确的语言清楚地表达自己的观点，汇报学习成果。参观孔庙，认识孔子，进一步走近圣贤。

学生通过经典阅读课程的学习，丰富了文化积淀，提高了文学欣赏能力。学生单一的阅读模式得以转变，能够自然地、更加开放地阅读，用自己各种感官，在无限的时间、空间里感受周围的事物，从而获得阅读体验。在阅读的过程中提升审美鉴赏与创造，实现文化传承与理解，从而成为具有民族风尚的中国人，具有公民素养的社会人，具有时代气息的现代人。

总之，基于教材挖掘阅读资源，构建课程丰富阅读体验，不仅可以积淀知识，开阔视野，而且可以开启智慧，陶冶情操，净化心灵，培养审美品质。《阅读改变人生》一书中说：“阅读不能改变人生的长度，但可以改变人生的宽度。阅读不能改变人生的起点，但可以改变人生的终点。”让阅读成为孩子所爱，那么我们就会欣喜地看到，孩子沉浸在阅读中的喜悦，目光炯炯，神采飞扬；我们就会感受到，阅读对孩子心灵的呵护，精神的滋养，已如春雨点点入土。

参考文献：

[1] 苏霍姆林斯基．给教师的建议 [M]. 杜殿坤，译．北京：教育科学出版社，2001.

[2] 中华人民共和国教育部．义务教育语文课程标准（2011 年版）[S]. 北京：北京师范大学出版社，2012:9.

[3] 富里迪．阅读的力量——从苏格拉底到推特 [M]. 徐弢，李思凡，译．北京：北京大学出版社，2020:11.

[4] 引自崔峦在第七次阅读教学研讨会上“和‘内容分析’式的阅读教学说再见”的讲话。

[5] 温儒敏．温儒敏论语文教育四集 [M]. 北京：北京大学出版社，2021.

浅谈小学高年级整本书阅读策略

北京市顺义区牛栏山第三小学
王丹

摘要:

今天，阅读已经成了我们生活中不可或缺的一部分。在小学阶段，整本书阅读已经走进了语文课堂，成了语文教学中重要的内容。随着年级的增长，学生阅读整本书的字数和篇幅也会相应地增多，学生很难在短时间内读完一本书，同时对学生的理解能力也是一个挑战。这些因素都会让学生的阅读兴趣大大降低。小学高年级阶段如何能够有效开展整本书阅读是摆在所有语文老师面前的一道难题，本文将从如何培养学生阅读整本书的兴趣、如何引导学生掌握整本书的阅读策略、如何培养学生自主阅读习惯、如何定期检验阅读效果、如何通过读写迁移来促进表达等五个方面进行深入的思考和探究。

关键词:

小学语文；高年级；整本书阅读策略

小学统编版语文教材总主编温儒敏教授说：“教材仅仅能够提供小部分课本，教师如果只教课文，则很难达到既定的教学效果。”因此在新教材中，编者为孩子们建立了一套更完备的阅读体系，在每册书中都编排了“快乐读书吧”板块，为学生推荐适合该年龄特点的课外读物。从中我们可以意识到课外阅读在语文教学中发挥着非常重要的作用。因此，教师除了讲授课本知识外，还要重视学生课外阅读的积累，培养学生养成良好的阅读习惯。通过课外阅读增长知识、开阔视野。同时，作为小学语文教师还要关注学生课外阅读的质量，帮助学生爱上整本书阅读。

一、培养学生阅读整本书的兴趣

兴趣是最好的老师，为了让学生有效阅读整本书，教师首先要激发学生阅读整本书的兴趣。整本书的阅读对于高年级的小学生们来说确实有难度，因为书籍字数增多，篇幅变长，一本书往往需要花费大量的时间阅读。如果学生对内容不感兴趣，则很难将作品完整读下来，更别提有效阅读了。所以，教师要想办法通过多种方式点燃学生的阅读热情，让学生对整本书阅读产生兴趣。

（一）影视结合，画面重现

五年级下册第二单元是有关古典名著的学习单元。由于名著中的文言色彩比较浓厚，因此学生理解故事内容会有一定难度。为此，教师可以与影视作品结合，通过画面重现的方式激发学生阅读原著的兴趣。例如，在读完《猴王出世》这篇课文后，很多词语学生不是很理解，如“瞑目蹲身”“拱伏无违”“序齿排班”等，此时教师可以为学生播放影视作品《西游记》的第一集《猴王初问世》中的片段。当学生看到与文中情节相同的影视画面时，他们会非常激动和兴奋，同时这些不理解的词语在影视剧中也找到了答案。此时教师就可以趁热打铁，顺势向学生推荐《西游记》这部经典名著，让同学们在阅读原著中感受经典的艺术魅力。

（二）追根溯源，了解原委

《草船借箭》是《三国演义》中经典片段之一，但在《草船借箭》这篇课文中并没有把三国时期的历史背景、人物关系等做详细的说明。在学生预习本篇课文前，教师可以抛给学生一些问题，“你了解这段历史吗？你对课文中的人物有哪些了解？你还知道《三国演义》中的哪些故事？”通过这些问题引发学生对这段历史追根溯源的愿望，激发学生阅读原著的兴趣。“学习完本课后，你对哪些人物有了进一步了解？”很多学生在没有读过《三国演义》之前都听说过诸葛亮足智多谋，在学习完本课后，可能会对诸葛亮洞察人心和知晓天文地理的本领有更加深刻的体会，此时教师可以向学生介绍书中的其他精彩情节，激发学生的好奇心，这对学生进一步阅读《三国演义》起到了极大的推动作用。

二、引导学生掌握整本书的阅读策略

在阅读过程中，教师应引导学生掌握整本书的阅读策略和方法，帮助学生进行有效阅读。在阅读整本书的指导过程中，不能只是让学生机械地圈圈画画、摘抄好词佳句等，而是要引导学生找到确实可行的有效方法。

（一）关注整本书信息

拿到一本书后，不要让学生急着阅读正文。教师可以引导学生关注整本书的信息。首先，需注意封面：封面上的信息往往能反映书中的一些内容，学生可以根据封面上的内容或插图进行想象，猜测整本书的内容，激发学生的阅读兴趣。其次，要关注目录：可以快速了解整本书的章节，与同学交流讨论哪个章节更加吸引自己，还可以选择最感兴趣的部分先睹为快。再次，了解作者的生平经历：作者能够创作出一部经典著作和他的经历是分不开的。高尔基的童年生活是不幸的，只有外祖母疼爱她、关心他，外祖母的善良深深地影响着他，对他的文学创作产生了极大的影响。在阅读《童年》时，我们可以感受到虽然高尔基在生活上承受着巨大的痛苦，但他并没有对生活失去信心，小说的字里行间涌动着一股生生不息的热望与坚强。

（二）问题引领，感受人物形象

一本书的故事情节大都围绕关键人物而展开。为了让学生进行有效阅读，提高阅读质量，在阅读的过程中，教师可以通过问题引领法让学生带着问题有目的地进行阅读。“这本书出现了哪些人物，他们之间有着怎样的关系？”高年级的学生可以通过绘制人物关系图的方式快速建立起人物关系网，还可以为书中的人物设计人物专栏，对理清人物关系有很好的促进作用。“书中哪个人物给你留下了深刻的印象？请结合事例说说你的理由。”《童年》这本小说人物较多，人物性格十分鲜明，但都是围绕主人公“阿廖沙”塑造的，学生在发表对人物的见解时一定会结合与人物有关的情节说出自己的理由，这样人物的形象在学生的心中就会更加立体、更加丰满。同时教师还可以了解学生阅读整本书的情况，检验学生是否实现了有效阅读。

三、制订阅读计划，培养学生自主阅读习惯

小学生在阅读时，很容易受到外界因素的影响，今天看两眼这本书，明天又被另外一本书吸引了，没有任何计划。想要培养学生自主阅读的习惯，教师可以和学生一起制订合理的阅读计划。可以全班共读一本书，集体商讨共读计划，制作阅读进度表，记录页数或是读完的章节，每天坚持“打卡”阅读。利用一周一次的阅读课和每天早午自习时间进行阅读，这样在阅读时间上就有了保障，全班同学就可以在一定的时间内读完一本书。

五年级上册第三单元的课文中只包含了《猎人海力布》和《牛郎织女》这两篇民间故事，为了让学生了解更多的民间故事，“快乐读书吧”向学生推荐了《中国民间故事》这本书，拿到书后教师可以让学生看看目录，看看有多少篇小故事，然后和学生一起制订阅读计划：阅读能力强的同学每天阅读 2–3 篇，能力相对较弱的同学每天阅读 1–2 篇，这样一个学期肯定可以读完整本书。读《童年》这本书时，全书 13 章，约 260 页，学生可以根据阅读速度选择每天阅读一章，也可以选择每天阅读固定页数。阅读后在进度表中记录当天的阅读成果，督促自己坚持“打卡”阅读。

在阅读“打卡”的过程中，教师要发挥监督的作用，实时跟进学生的阅读进度，提出合理建议。通过实践反馈，只要有了兴趣和方法，再加上合理的阅读计划和适当的监督，学生就会养成自主阅读的习惯。

四、定期检验阅读效果

在学生进行到整本书阅读的中段和后段时，教师可以利用一至两节语文课的时间组织学生进行整本书的阅读分享，检验学生的阅读效果。阅读分享课以交流互动的形式开展，让学生在活动中感受到阅读的乐趣。

教师可以鼓励学生制作思维导图，可以将书中的人物关系作为主线，可以将故事的情节作为主线，还可以将时间点作为主线，等等。定期开展思维导图展示交流活动，让学生上台展示并做解说。思维导图制作的过程，就是对整本书进行再思考的过程。在学生间的交流分享中，学生的思维水平也会得到提升。

教师还可以组织学生开展知识竞赛、情景问答等活动。题目由同学们提

供，可以对整本书里的重要情节进行提问，也可以对人物性格特点、关系进行提问。在这样的活动中，出题的同学不仅对书中的情节、人物关系更加熟悉，回答的同学也同样会对提出的问题留下深刻印象。

通过这些阅读分享活动，学生的阅读兴趣和阅读热情就会始终保持在较高水平，整本书阅读也会取得更好的效果。

五、读写迁移，促进表达

阅读是写作的基础。学生在阅读整本书时，教师可以鼓励学生写一写读书笔记。读书笔记可以从简单的批注入手，在自己有感触的地方做批注、在写得好的地方做批注，还可以对接下来的情节进行大胆猜想和预测。将这些进行整理、润色、总结在一起，再添加上自己的真实感受，就可以成为一篇很好的读书笔记。久而久之，学生写作能力就会得到提高。

例如，在学习完六年级上册教材中的小说单元和阅读完《童年》这本小说后，教师可以创设不同的环境和人物，让学生展开想象，创编生活故事。学生根据不同的环境和人物展开合理想象并将故事情节补充完整，通过环境描写，抓住人物的语言、动作、心理活动等创编故事。学生的想象力丰富，往往会有意想不到的收获。

有效阅读不仅能提升学生的写作能力，还能培养学生的语言表达能力。在阅读一本小说时，教师可以鼓励学生对小说的主要内容进行概括和复述，让学生说说小说的主要内容，还可以围绕小说中的精彩片段展开，复述其中最精彩的情节。学生复述时其他同学认真倾听，也可以提出建议，“能否复述得更加详细一些？”“哪些最关键的情节没有介绍到？”在复述的过程中，学生不仅加深了对小说的记忆，还将大量的信息在脑海中加工、梳理、组织，最后转化成语言表达出来。通过这样的经历，学生的思维得到了训练，语言表达能力也得到了提升。

在整本书的阅读教学过程中，教师要遵循“授人以鱼，不如授人以渔”的思路。从培养学生阅读整本书的兴趣、引导学生掌握整本书的阅读方法入手，培养学生自主阅读的习惯，并结合学生的阅读进度，给予正确的指导，定期检验阅读效果。鼓励学生多读书、读好书，在阅读的过程中经常开展有意义的讨论、交流活动，让学生在阅读活动中体会语言文字的魅力，感受语文的多样性，激发学生阅读整本书的热情。最后将感受落到笔头，提升学生写作能力的同时让思维得到锻炼，最终让学生爱上整本书阅读。

参考文献：

[1] 黄静 . 整本书阅读的教学价值及实施策略 [J]. 现代中小学教育，2017（12）：38-40.

[2] 顾岚岚 . “整本书阅读与研讨”任务群教学之我见 [J]. 语文建设，2018（2）：21-23.

[3] 李婉潇 . 小学高年级整本书阅读现状调查及指导策略研究 [D]. 西安：陕西师范大学，2019.

[4] 陈霞 . 基于整本书阅读的小学语文阅读指导策略探究 [J]. 读与写（下旬刊），2019（7）.

整合视角下的整本书阅读策略建构

北京第二实验小学通州分校
许栩

摘要：
在整本书阅读的策略建构方面，整合教学是重要的教学实践方式。在明确学习内容之后，充分发挥导读作用，为学生建构充分的交流平台，从多个角度设计延伸活动，建立文本之间的关联，有效整合，从而实现对整部作品内容的深入思考。

关键词：
整合视角；整本书；阅读策略

一、概念解读，了解整本书阅读

曹文轩教授曾经说过："作品在结构方式上有着很大差别，篇幅较短的作品更加注重培养学生精巧和单纯的思维方式，而长篇作品则更加倾向于培养学生复杂和宏阔的思维方式。"

"整合"就是把一些零散的东西通过某种方式衔接，从而实现信息系统的资源共享和协同工作。阅读中的"整合视角"是指关注各个阅读教学模块之间的联系，确定明确的整体教学目标，从教学内容、教学方法、教学程序、教学训练等多个方面建立关联、组合学习，促使教学目标的达成。

"课内外整合阅读"是指将课内与课外具有共同学习意义的材料集中起来，突出这些材料的共同的学习意义（学习目标），使学生围绕学习目标，阅读这一类（不是单篇）的文字材料，以强化学习目标的达成。

和一般的整本书课外阅读相比，"整本书阅读的课内外整合"有着明显的优势。首先，它是分享式阅读，全班共读一本书，同学都是阅读的参与者，同时是阅读过程的分享者。其次，它是引领式阅读，老师更像是一个有一定高度的领读者，是阅读方法的指导者。最后，它是一种深度阅读，跟儿童自主阅读相比，“整本书阅读的课内外整合”通过分享和交流，可以实现深度的阅读。

“整本书阅读的课内外整合”包括“确定书目—导读引领—精研阅读—分享交流—延伸阅读”五个步骤，由此形成一个完整的阅读链。课堂教学中，字、词、句的单独教学一般不会与文本语境割裂开来。以文意划分阅读模块，我们既可以对某一段、某一章进行深入研读，也可以就整本书中的人物形象、作者观点进行讨论评价。所以，“整本书阅读的课内外整合”所践行的学习理念，是重点突出落实了语文课程标准中倡导的自主、合作、探究的学习方式。

二、巧用课内外整合，落实整本书阅读

（一）站在孩子的视角选取书目

叶圣陶先生曾经提出：“学校里课程的设置，通常根据三种价值：一种是实用价值，一种是训练价值，一种是文化价值。”选书时，我们主要选择经典的和优秀的儿童文学作品，这类作品的阅读是对学生课内阅读学习内容的进一步补充，也可以促进学生阅读能力的提升。一般来说，我们优先选择以下作品：

1.和儿童的心灵亲密接触

曹文轩教授曾这样形容优秀的儿童文学作品带给学生的感受：“它飘荡在文字的字里行间，很纯美，很恬静，很有情调，也很有哲理，像烟，像晨雾，像月光，像一缕来自草木深处的清风……”阅读可以陶冶人的情操，人性和人类的心情是蕴含在语言文字中的宝贵财富，将这些弥足珍贵的感情以润物无声的姿态吹进儿童的心灵，和儿童的心灵来一次亲密接触，这样的书目具有丰富的阅读价值。比如，低年级段的学生对世界充满好奇，脑海中充满奇幻的想象，《格林童话》《安徒生童话》是真善美在其心灵中萌芽的重要读物；中年级段的学生思想更加成熟，在阅读中可以促使学生增强心灵的体验感，可以阅读如《草房子》《皮皮鲁传》《鲁西西传》等书目；高年级学生已经具备一定的独立思考能力，有自己独到的观点和见解，四大名著和《稻草人》等书目的阅读会有进一步加深儿童心灵的感悟，初步建立自己的观点。

2.与经典的语言交流碰撞

整本书阅读可以让学生有充分的时间和空间透过语言文字本身了解作家的思想，学习表达方法。学生在某个阶段读某位作家的作品，他们的习作内容就会有模仿的痕迹，平时的谈吐也会有那位作家惯用的表达方式，而这种模仿恰恰是无意的，是学生在潜移默化过程中自主学习并模仿的。例如，学生在学习《少年闰土》一文时，鲁迅的文风质朴、凝练、引人深思，字里行间都能将自己对闰土的情感表达得淋漓尽致。学完之后，这种表达方式会对学生产生潜移默化的影响，进而推荐学生阅读鲁迅作品《故乡》，鲁迅独特的表达方式便已在学生的心中萌芽、生发，在仿写中可促使学生进一步运用。

3.建立顺承的阅读梯度

不同年龄阶段的孩子有不同的适合阅读的书目，阅读梯度的建立，是为了让孩子在阅读的过程中能够跳一跳脚够到较高层次的阅读。虽然孩子读起来相对吃力，有一定的挑战性，但这类文学作品对于学生来说，取得的阅读收获反而更大。将这样的阅读书目巧妙地融合进课堂教学，则可以让学生在一次次突破疑难点的过程中体会到顿悟与收获的快乐，阅读的乐趣由此而生。

（二）导读，打开与书本相遇的大门

1. 课外阅读策略：浏览式阅读

封面、前言、目录是对整本书内容的概括，学生着眼于书本整体，对整本书有一个大致的了解。这种粗浅阅读，可以培养学生的快速阅读能力。这种能力对他们以后查阅、搜集资料十分有用，也可以激发学生初步的阅读兴趣。

2. 课内外整合阅读：方法指导

对于整本书阅读的指导往往在学生读书之前就已经开始了。教师在这个环节需要先行一步，对整本书进行认真阅读，进而设计出导读课的教学方案。读前指导常用的教学策略就是“预测”，即以封面或书中的精彩语段等为切入口，调动学生头脑中已有的相关知识和经验，对书中的内容进行预测，从而激发他们的阅读兴趣。比如在导读《夏洛的网》这本书时，学生根据标题对内容有了多种预测。有的学生说“谁是夏洛？”有的学生说：“夏洛的网从何而来？”又有学生说：“夏洛的网有什么特别之处吗？”学生的预测具有丰富想象力，能从多个角度进行预测，这也激发了他们阅读整本书的兴趣。

还可以利用同伴资源，这里主要指在班级进行阅读交流分享。比如我在执教《猜猜我有多爱你》的导读课时，我请学生首先谈一谈故事“之最”，比如：“故事中最让你感动的是什么？最让你觉得有趣的地方是什么？”同时，我还

向其他同学提出问题："听了他们的介绍，你觉得这部绘本故事怎么样？有没有什么内容是你特别想知道的？你还有什么问题？"同学间的互动交流，有效且极大地激发了学生的阅读兴趣。

（三）阅读，发现内容之美

1. 课外阅读策略：自主式阅读

在教师读前指导的基础上，学生制订读书计划，设计阅读卡，进行全书的通读。这个阶段是学生自行消化书本内容、进行阅读体悟的重要过程。这一阅读措施使得学生充分发挥自主性，将所读内容在阅读记录单上留痕，是学生阅读思维的具体体现。

2. 课上教学策略：推进式

第一，建立平台。为了使整本书的阅读持之以恒，更见成效，教师必须在学生自主阅读持续了一段时间之后为学生构建一个平台，例如班级交流会，使他们可以及时分享阅读心得，吸收新观点，激发新思考。时间可灵活掌握，例如晨会时间建立"阅读十分钟"。

第二，体现引领。在课前，学生通过反馈读书单的形式将自己的初读经验和体会传达给教师。课堂上，话题式的阅读引领十分必要，老师需要将阅读书目中的重点话题抛给学生，让学生以多维度、多视角谈阅读感受。

（四）交流，"向汤中投盐"

1. 课外阅读策略：回顾式阅读

学生完成整本书的阅读后进行回顾，并将各自的阅读卡交给老师。老师则在整理阅读卡信息的基础上，设计读书交流会的流程。

2. 课上教学策略：读书交流

班级读书交流会的质量，是衡量"整本书阅读"活动成效的重要标尺。自由阅读层次的"读完"并不等同于"读好"。班级读书交流对学生而言，是一次利用集体阅读中他人的理解、解读来促进自身阅读能力发展的机会。交流的话题应该围绕阅读书目的主题构建，创设有意义的阅读话题，这用干国祥老师的话来说就是"向汤中投盐"。有思维模式下的独特思考和独特感受，才能让阅读有血有肉。

笔者在《草房子》一书的读书交流会上就设计了这样一个话题："《草房子》的魅力究竟何在呢？故事中那些个性鲜明的人物有谁给你留下了深刻的印象？"学生们从人物形象、主人公的传奇经历、作品风格、思想内涵、感情表达等多个角度交流了各自的感受，可谓“一石激起千层浪”。本次阅读引领，教师打通了书本世界与学生的生活世界，巧妙勾连了两者之间的关系，让学生在阅读中体悟生活，在生活中找到阅读世界的共鸣点，使两者相得益彰。

（五）延伸，触碰真实的心灵

1.多角度设计活动

班级读书交流会的结束并不是“整本书阅读”的终点。此时，学生由于观点的碰撞、心得的交流而获得了崭新认识的生长可能，阅读的兴趣正处于新一轮的发展点。教师应该把握这一时机，打开新的阅读大门，开展“整本书阅读”的延伸活动。活动的设计角度从多方面考虑。如：名著中有鲜活的人物形象，在阅读《西游记》一书后，可引导学生绘制“西游漫画”，使鲜明的人物形象跃然纸上；阅读《草房子》一书后，可引导学生，写短篇随笔“童年的梦”，让学生与生活充分对接之后，将所感所得真实呈现，形成阅读到生活的完美转化与融合。

2.以儿童立场观照延伸活动

有别于话题讨论，延伸活动并不需要完全扣住作品主题，它的触发点有时可能仅是作品的一个细节、一个局部，甚至是一处闲笔。最重要的是延伸的阅读活动要充分与学生生活对接，触发学生的真实感悟，又保有对文学作品的期待与兴趣。

在“整本书阅读的课内外整合”教学中，教师要成为那个敏感的人，发现阅读中的情与趣，以润物无声的方式使学生建立阅读关联，课内外巧妙融合，形成一加一大于二的阅读效果。

作家史蒂文森写过一首诗，叫《点灯的人》。诗中有个点灯的人，叫李利。李利在每天太阳落下后就扛着梯子走来，把街灯点亮，于是，那些坐着喝茶的人就又看见了柔和的光。作为语文教师，我们就是这样的点灯人，竭尽全力为学生带来一丝光亮，让其得以看见阅读的浩瀚世界，来一场与书本的美妙相遇。

参考文献：

[1] 陈元芝 . 批注：把名著阅读引向深处 [J]. 语文建设，2018（4）：32-35.

[2] 佘永聪 . 整本书阅读的意义和实施策略 [J]. 教育科学论坛，2019（8）：43-46.

[3] 中华人民共和国教育部 . 义务教育语文课程标准（2011 年版）[S]. 北京：北京师范大学出版社，2012.

[4] 吴欣歆. 探索发展语文学科核心素养的可操作性表达 [J]. 中国教师，2016（5）：39–43.

[5] 沈琳 . 浅谈小学低年级语文教学中学生阅读能力的提升 [J]. 读与写（教育教学刊），2017（9）：157.

[6] 曹文轩 . 论儿童文学 [M]. 北京：海豚出版社，2014.

[7] 李怀源 . 由叶圣陶“读整本书”思想谈小学整本书阅读 [J]. 课程·教材·教法，2009(4)：31–34.

课外阅读课程化中有效汇报方式探究

北京市通州区中山街小学

郑云飞

摘要：

课外阅读课程化中有效汇报方式是学生在课外阅读过程中非常重要的交流分享环节。本文基于教学实践经验，从运用课外阅读口头汇报方式、书面汇报方式、多媒体汇报方式等三方面，论述了课外阅读课程化中有效汇报方式的实施。引导少数人带动多数人进行课外阅读的策略，是可以激发全体学生课外阅读兴趣的有效策略。

关键词：

课外阅读；有效汇报方式

新课标要求小学生课外阅读总量不少于 100 万字。在“双减”政策之下，指导学生开展课外阅读活动，并将其纳入课程中是有必要且具有深远意义的。那么，如何让全体学生在课余时间爱上阅读呢？教师如何利用有限的课堂时间去激发学生课外阅读的兴趣呢？笔者认为，将课外阅读课程化后组织学生开展课外阅读汇报的语文实践活动是很重要的环节。它旨在交流分享。为此，笔者对学生课外阅读汇报方式进行了探索。

通过调查笔者所教的班级中三分之一的学生非常喜欢课外阅读，大部分学生比较喜欢课外阅读，四分之一的学生不喜欢课外阅读。在这样的情况下，即使教师留给学生课外阅读任务，学生也不可能全部做到认真去完成。所以，笔者初步实施了少数人带动多数人进行课外阅读的探究。为了达成此目标，笔者组织学生开展课外阅读汇报课的实践活动，运用学生喜欢的有效汇报方式，达到激发全体学生课外阅读兴趣的目的。

一、运用口头汇报的方式，激发学生课外阅读兴趣

课标中提出学生表达要有条理，语气、语调适当。听人说话认真、耐心，能抓住要点，并能简要转述。教师推荐学生阅读童话、寓言、故事等类书籍进行汇报时，就可以采用口头汇报方式。这样既可以监控学生的课外阅读情况，又能锻炼学生的口语表达能力，还能培养学生倾听、交流的能力，从而达到激发学生课外阅读兴趣的目的。

例如，《安徒生童话》一书是世界上最有名的童话作品集之一。为了检查学生阅读情况，笔者在开展读书汇报实践活动课时，安排了一场“故事大王擂台赛”的评比活动。评比要求学生必须选择书中自己喜欢的故事讲给大家听。在比赛之前，笔者组织全班同学讨论出评分标准，并选出评委坐在班中第一排，成立评审组。因第一次开展汇报活动，为了激发全体同学参与的积极性，笔者暗中将参赛选手提前分成三个层次。其中挑选了3名爱看课外书且表达非常出色的学生、3名本班中等水平的学生和3名学困生。在比赛过程中，大家既欣赏到了优秀学生的精彩表演，又看到了中等生自我努力的突破表现，还感受到了学困生通过课外阅读获得的小步成长。与此同时，在评委打分过程中，大家知道了优秀的标准，看清楚了不足之处，更重要的是使参赛选手感受到了阅读带来的自信与快乐。特别是给学困生搭建的展示舞台尤为重要。正因为如此，听众也被他们出色的表现所感染，激发了全体学生参与的积极性。后来，班级又开展了第二场“故事大王擂台赛”，要求没有参加过比赛的学生，选择没有讲过的故事进行大比拼。这样一来，再次激发了学生二次阅读《安徒生童话》的积极性。

剖析整个过程，第一节课外阅读汇报课，因教师赛前巧妙的分层安排，激发了不同层次学生的参与兴趣，初步达到了“一石激起千层浪”的效果。而在开展第二节汇报课之前，学生势必要再次认真阅读课外书，并做精心准备。此时，教师必须给予他们充分的阅读时间。在此期间，笔者发现，就算是不喜欢阅读的学生，也会跟随着大家处于主动阅读的状态。在比赛活动中，既检查了学生的阅读情况，又培养了学生的口语表达能力，可谓一举两得。当然，根据课外书籍的不同，还可以安排形式多样的口头汇报方式。可见，运用口头汇报方式可以大大激发学生对课外阅读的兴趣。

二、运用书面汇报的方式，激发学生课外阅读兴趣

新课标中要求教师应注重引导学生多读书、多积累，重视语言文字运用的实践，在实践中领悟文化的内涵。学生在读完课外书籍后，要有相应的收获才能达到积累的目的。在教师推荐学生阅读文学经典名著、科普类书籍进行汇报时，可以采用书面汇报方式。这样既可以监控学生课外阅读情况，还能促进学生进行课外积累，达到激发学生课外阅读兴趣的目的。

（一）书面汇报方式之一——书面考核

教师推荐学生课外阅读的不乏科学、人文地理类的书籍。为了让学生能够深入阅读此类书籍，在学生阅读之后进行汇报时，可以采用书面考核的方式。

例如，《昆虫记》一书是法国昆虫学家、文学家法布尔所著的长篇科普文学作品。书中大量的科普知识非常值得学生去探索与积累。所以，笔者在设计《昆虫记》读书汇报实践活动课时采用了考核的方式，开展了“我是小小昆虫家”知识竞赛活动。笔者根据书中内容拟出了知识竞赛试卷，利用课上时间对学生进行全员笔试考核。第一次的考核成绩出来后，只有 3 名学生被评为“小小昆虫家”的称号。考核成绩不尽如人意，这也意味着学生读书积累的情况并不理想。所以笔者又设计了第二次“超级小小昆虫家”知识竞赛。这次笔者将比赛试题的出题权利按章节分配到各小组。试题征集回来后，笔者挑选了考题整理成试卷再次进行全员考核。同时评选的标准升级成 90 分才可获得称号。两周后的第二次笔试，竟有半数以上的学生获得了称号。其他一半的学生成绩也进步很多。

剖析整个过程：第一次教师拟考题笔试后，学生的成绩很不理想。这完全说明学生课外阅读不够深入、收获甚少。为了激发学生主动阅读兴趣，教师在设计第二次活动时，将出题权按章节分配到各小组。这样一来，全体学生必然要再次认真阅读相应章节。在第二次 90 分的升级考核标准下，全体学生势必会反复认真阅读全书。整个过程，教师是利用书面考核的方式在无形地引领学生进行主动课外阅读，达到了激发学生课外阅读兴趣的目的。

（二）书面汇报方式之二 ——书面累积

教师推荐学生课外阅读的种类一定会有文学经典名著类书籍。为了让学生能够达到很好的积累目的，此类书籍在学生阅读汇报时，可以采用书面累积的方式。

例如，《俗世奇人》一书是著名作家冯骥才创作的短篇小说集。全书 18 个短篇小说，文字极精短，故事生动有趣，每篇传奇人物描写得惟妙惟肖，特别适合高年级学生阅读。像这样的书籍学生阅读后特别值得积累好词妙句，并把自己所思所想用书面的形式记录下来。所以，班级在开展《俗世奇人》的汇报课时，采用了整理“阅读展示台”的书面方式进行汇报。其中，“阅读展示台”有好词、佳句的摘录及写感受的项目。阅读后，每位学生都要设计一份积累作品，同时张贴在班中文化墙进行展示。最后将大家评选出来的作品在全班交流读书心得，树立阅读榜样。

剖析整个过程：每个学生为了阅读后呈现独特的阅读成果，势必要边读边梳理精华内容，然后学生为展示阅读成果还需要再回顾文本把其阅读感受记录下来。如此阅读，教师是运用书面积累的方式，使其达到细读名著的目的，潜移默化地培养学生良好的阅读习惯；同时还能达到培养学生初步鉴赏文学作品的能力，以及丰富其精神世界的目的，最终激发学生对课外阅读的兴趣。

三、 运用多媒体汇报的方式，激发学生课外阅读兴趣

新课标中要求学生要具有独立阅读的能力，学会运用多种阅读方法进行阅读，并要求学生初步具备搜集和处理信息的能力，积极尝试运用新技术和多媒体的方式进行课外阅读。学生在阅读课外书籍时，还可以自己搜集相关资料加深对书籍内容的理解。所以，学生进行课外阅读后，还可以采用多媒体汇报的方式进行读后交流。如此做法，既能监控学生阅读情况，又能培养学生搜集资料处理信息的能力，还能进一步激发学生课外阅读的兴趣。

例如，《鲁滨孙漂流记》是一部不朽杰作。书中的故事引人入胜，鲁滨孙的毅力和百折不挠的精神无不令每一位读者震惊。像这样的书籍，学生在阅读后是可以用自己喜欢的多媒体汇报方式进行的。所以，笔者在阅读汇报实践活动课上进行了尝试。因考虑到学生水平不同，第一次的汇报具有实验性，笔者挑选了6名学生在班中进行了汇报交流，预想达到抛砖引玉的效果。这几名

学生都将其阅读成果制作成演示文稿，其中设计的内容有作者简介、内容介绍、图片展示、精彩文字回顾、读后感等，甚至还有精彩影片片段欣赏。这几名学生的展示，既打开了他们的视角，又拓宽了他们的思路，挖掘出了他们的创造潜能。新鲜的多媒体汇报方式，令所有学生跃跃欲试。之后，笔者又用此汇报方式开展了《狼王梦》《草房子》等书籍的汇报实践活动。他们的多媒体汇报作品呈现形式多样，给人以惊喜不断。在此整理阅读成果过程中，无形地培养了学生搜集资料、整理信息等能力，进而达到了激发学生课外阅读兴趣的目的。

总之，经过两年的尝试，学生的课外阅读兴趣大大提高。本班大部分学生都爱上了课外阅读，具备独立阅读的能力。基于本班情况笔者初步实施的少数人带动多数人阅读的策略，运用以上课外阅读汇报方式是切实可行、行之有效的。

叶圣陶说过："教师之为教，不在全盘授予，而在相机诱导。"语文教师要面向全体学生，使学生获得基本的语文素养。在语文课程的建设中，要注重引导学生读书、积累和感悟，培育学生热爱祖国语言文字的情感，真正让学生爱上课外阅读。

参考文献：

[1] 中华人民共和国教育部 . 义务教育语文课程标准（2011 年版）[S]. 北京：北京师范大学出版社，2012：9.

[2] 中国教育研究所 . 叶圣陶语文教育论集 [M]. 北京：教育科学出版社，1980：522.

[3] 周益民 . 童年爱上一本书——教师、父母如何伴读 [M]. 北京：中国轻工业出版社，2017.

[4] 倪文锦 . 新编语文课程与教学论 [M]. 上海：华东师范大学出版社，2006.

单元整体教学

着眼单元整体，提升口语交际教学品质

北京市海淀区教师进修学校
柏春庆

摘要：

培养与提升口语交际能力，既是语文学科自身的需要，也是课程标准的基本要求，更是现代社会发展中学生生存与发展的需要。在口语交际教学中，要注意在单元整体中系统设计教与学的过程。首先要系统架构，在单元整体中确定交际的发展目标。其次要形成教学评改的体系，以评促学，根据交际目标进行持续性评价。最后创设真实的交际情境，提出核心任务，设计紧密联系的交际活动，培养学生的交际素养，提升口语交际的教学品质。

关键词：

单元整体；口语交际；学习设计

口语交际存在于生活的方方面面，是一个人语言、思维、心理素质等方面的综合体现，是生存与发展的需要。在口语交际教学中，口语是手段，交际是目的，听与说是核心能力。教师需要整体考虑交际情境、交际话题、交际对象、交际技巧和策略，以及交际品质。

依托统编小学语文教科书（以下简称“统编教科书”）培养并提升学生的口语交际能力，必须对教科书中的口语交际内容进行系统梳理，厘清编写思路与特点。纵向梳理，统编教科书中的口语交际内容是按照口语交际的核心能力、学生的学习发展脉络进行系统编排的；从横向看，每一项交际任务大都和单元其他学习内容或要素相关。因此，立足单元整体，通盘规划学习内容，依托真实情境设计系列化的学习活动，将口语交际贯穿、渗透在整个学习过程中，能够有效提升口语交际教学的育人价值。

一、整体架构，立足单元整体确定交际的发展目标

教师立足单元展开口语交际教学，首先要认真分析单元内部口语交际内容与其他内容的联系，进而确定学习目标。

统编教科书中，每一次的口语交际与单元内容之间多是紧密联系的：有的在交际中分享单元里阅读的体验，有的借助交际解决现实生活中的焦点问题，还有的是学生未来生活中必备的言语实践。这三种类型基本契合王荣生教授对口语交际类型的划分，即日常情境下的口语交际、正式场合下的口语交际以及书面语言的有声表达。因此，教师在进行口语交际设计时，一方面要判断本单元口语交际的类型，并从其类型特点出发，在单元整体架构中确定口语交际在单元中的独特价值；另一方面，还要根据课程标准、教材编写意图和学生实际，形成单元学习主题，进而确定单元学习目标，在整体目标框架中明晰口语交际的发展目标。

以统编教科书五年级下册第八单元“我们都来讲笑话”为例。本单元的导语是“风趣和幽默是智慧的闪现”，语文要素是“感受课文风趣的语言”“看漫画，写出自己的想法”。从学生素养出发，可以将单元学习主题确定为“感受风趣语言 品悟人生智慧”。这一主题兼顾人文性和工具性，体现了对素养的价值追求。

在单元学习主题的引领下，围绕双要素确定单元学习目标，整体架构单元内容，确定每一课时的价值，最终形成单元整体教学结构图：

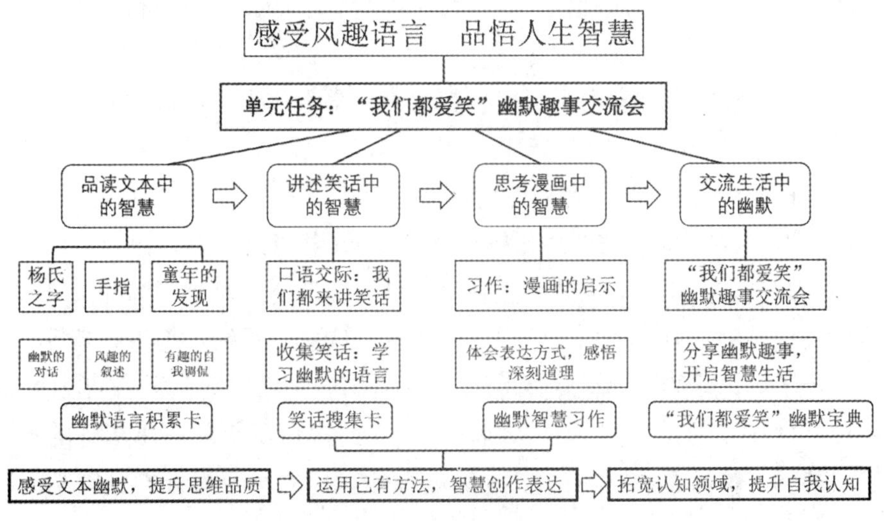

图 1 单元整体教学结构图

如上图所示，围绕“感受风趣语言 品悟人生智慧”这一主题展开学习，借助“我们都爱笑”的幽默趣事交流会这一学习情境，学生要制作完成一本“幽默宝典”，以小小书的形式呈现学习成果。第一阶段，通过阅读三篇课文，品味作者的幽默智慧，为宝典积累素材；第二阶段，通过讲故事和写漫画这些特殊的幽默表现形式，体会其中深意，从他人到自我，为完成任务积累经验；第三阶段，走出课堂，寻找生活中的幽默对答，学习其中闪现的智慧，开展“我们都爱笑”的幽默趣事交流会，完成宝典制作，有意识地在生活中用幽默的方式处理问题，提升生活智慧。

在单元整体教学中，口语交际起到了重要的桥梁作用。在第一阶段学习中，学生通过可感的文字，体会书中人物和作者的智慧，还原并述说思维过程。口语交际任务带着学生走出课本，通过讲笑话的形式再次走入和还原思维过程，体会幽默的力量。到了习作写漫画时，图片内容较为抽象，需要创造和生发，这些思路恰恰来源于前两个阶段的学习，口语交际起到了由感性到理性、由直观到抽象的桥梁作用。单元中的每一课都成为口语交际的场域，真正实现了系统贯通，展现了学生能力发展的不同阶段和不同角度。

二、以评促学，根据交际目标形成持续性评价方案

近年来，伴随着对教、学、评一致性的重视，学习、课程与教学、评价领域的协同交叉研究越来越深入，“促进学习”和“作为学习”的评价越来越受到重视。越来越多的老师认识到，评价作为基于证据的推理和判断，需要贯穿教与学的始终。

因此，在制定好学习目标后，就要确定学生达到学习目标的标准，也就是在学生整个学习的过程中，不断追问：目标在哪？达成了吗？怎么达成？利用持续的评价促进教与学，提高教学的科学性和实效性。

仍以“我们都来讲笑话”为例。儿童对事物的认识是以已有的经验为基础的，因此，首先我们要明确学生在讲笑话方面的前期基础，为此次交际发展的目标提供科学有力的依据，可以通过访谈、问卷、观察、理论判断等方式对学生进行了解，比如：你喜欢笑话吗？你有哪些讲笑话的经历？你有讲笑话的好方法吗？……通过这些问题，调研学生在此次口语交际前所具备的情感、态度、能力等方面的情况，并以此确定有针对性的学习目标，让教学真正以生为本。

其次，在确定交际情境和任务后，结合课程标准、教材要求和学生实际，要设计整体评价方案，伴随和引导学生交际的全过程。如本单元可以根据情境先形成整体单元的评价方案，然后聚焦本次交际，可以确定重点评价三个方面：一是熟记内容，讲述完整流畅；二是引人发笑，讲述生动形象（包括神态、语气、态势语等）；三是用心倾听，做好听众。这几点就可以作为评价本次口语交际的核心。

再次，和学生一起商讨水平层级，形成具体、可操作的评价标准，将“看不见”的思维过程显性化，便于教师和学生在交际的过程中利用标准引导交际过程。以“态势语”为例，它可以分为四个层级。优秀：和听众有充分的目光接触，自信大方，手势、移动、点头等肢体语言很自然。良好：有三四次目光游离了观众或肢体语言不合适，较为自信。合格：有五六次目光游离了观众，仅偶尔使用肢体语言。待努力：和听众几乎没有目光接触，不自信，没有使用肢体语言。

当然，除此之外，教师在课堂中及时适当的评价语、课堂观察等，都可以作为评价学生交际过程中的方式，以此调整教与学的进程。

最后，还要在学习结束后通过同学依据标准的互评、访谈、反思梳理卡等方式，评价学生目标的达成度，以便更科学地掌握所有学生交际的效果和规划下一阶段的学习。

总之，评价的目的是改进学习、促进发展。它应当是学习过程的组成部分，要伴随学习的全过程，并自然嵌入到学习过程中，让学生成为学习的主人，鼓励自我评价、生生和师生的相互评价，真正实现教学评改四位一体。

三、言语实践，依据交际目标设计口语交际活动

我们都知道，知识本质上就是一种工具，需要在对个人有意义的情境中派上用场。同时，学生经验的获得过程（即学习过程）是主动建构的过程，是不断“同化”和“顺应”的过程，是经验重新组织的过程。因此，要避免学生简单地学习知识或机械训练，而应引导他们在真实的任务情境中，在综合性、实践性的言语实践活动中认识事物、发展思维。

对于学习活动的设计，大致需要经历这样三个阶段：一是对核心任务或核心要求有明确理解；二是在活动中唤醒学习经验，并借助持续性评价实现高质量发展；三是对活动进行反思，在梳理与探究中固化学习方法、丰富学习体验。

仍以上面提到的“我们都来讲笑话”为例，单元大情境为召开“我们都爱笑”的幽默趣事交流会，可见的学习成果是要制作完成一本“幽默宝典”。首先，本单元的核心活动——召开幽默故事会是学生喜欢的学习方式，符合他们的能力水平，为学生主动、积极、深度的参与提供了良好的基础。其次，制作“幽默宝典”的单元任务，引导学生将单元所涉及的课内外内容都纳入宝典范围，做到主动学，充分发挥了学生的自主性和主观能动性。最后，“我们都来讲笑话”这一口语交际活动，是完成单元大任务“讲故事、写宝典”的一个非常重要的环节。这个活动既涉及如何讲，也涉及宝典中素材、方法、感受的撰写。具体而言，该活动可以分为家庭笑话实践和学校笑话分享两部分，让学生经历收集笑话、确定笑话、练讲笑话、评选笑话、反思笑话几个相互关联的活动，在体会幽默风趣带来快乐的同时，为完成单元任务积累素材和经验。

这样的情境教学，可以帮助学生更好地感受到“语文即生活”“语文为生活”。这样综合性的学习任务也为学生激活、关联、运用头脑中沉睡的知识、分散的知识提供了可能，帮助他们形成结构化的知识体系，提升解决问题的实际能力。

综上所述，要充分发挥每一次口语交际的重要功能，首先要理解口语交际的内涵及其对学生未来发展的重要意义，在理念上有支撑；其次要基于单元整体，依据课程标准、教材要求和学生特点，确定每一次口语交际的发展目标；最后，围绕目标系统地进行教学的设计与实施，并通过持续性的评价引导学生实现自主的学习与改进，形成基本的交际能力和交际素养，在实践上有所为。当然，在整个过程中，教师还要注意既要力求每一次口语交际都有发展，又要善于将每一次体验串成学生口语交际素养发展的“链”，并形成“网”，在交际能力发展的体系中整体提升学生交际素养，为他们能够更好地面对未来的学习与生活奠定基础，实现高品质育人。

参考文献：

[1] 王荣生 . 口语交际教例剖析与教案研制 [M]. 南宁：广西教育出版社，2004.

[2] 龙彩虹 . 口语交际理论与训练教程 [M]. 南京：东南大学出版社，2014：15–30.

[3] 曹爱卫 .“大概念”视角下的复述故事单元教学 [J]. 教学月刊小学版（语文），2021（6）：22–26.

[4] 魏南江 . 关于口语交际教学的对话 [J]. 语文建设，2002(11)：8–9.

[5] 李明洁 . 口语交际的特质与教学独立性 [J]. 语文学习，2003（4）：37–38.

小学语文高年级单元整体教学意义及实践
——以统编语文五年级上册第三单元为例

北京市朝阳区呼家楼中心小学
贾莹莹

摘要:

《义务教育语文课程标准(2011年版)》提出:“教师应努力改进课堂教学,加强教学内容的整合,统筹安排教学活动,促进学生语文素养的整体提高。”基于这一点,小学语文课堂中一课一教的模式亟须被打破。统编教材的编排方式,也要求老师们以单元整体为教学单位,在有明确目标的基础上盘活、优化单元学习内容。因此,课堂教学改革中,实施小学语文单元整合教学已经成为一个重要且必须努力的方向。它能够拓展学生自主学习、合作探究学习的空间,也能提高老师们的教学实效,因而意义是非常突出的。鉴于此,笔者结合自身教育实践,植根统编教材,对小学语文高年级单元整合教学进行了探索,以期推进小学语文单元整合教学的理论研究,同时也为教育教学实践提供一定的参考。

关键词:

小学语文;高年级;单元整体教学;实践

一、实施单元整体教学的意义

单元整体教学,是指教师以教材单元为基本单位,以学生获得的语文能力为依据,整体考虑并安排单元教学内容,把教学活动做整体设计,并找到整合点以连接该单元的知识和能力,整合课内外资源,对一组主题、体裁、题材及语言表达上有链接点的教学资源进行整合、再开发的一种教学活动形式。

提升学生语文核心素养,是以统编语文教材为实践载体的。我们要用好这个载体，关键就在于以核心素养为出发点，准确制定教学目标，引导学生在情境中经历真实的语文学习过程，这就要求教师要有整体意识，对教材进行有效利用，根据统编教材编写特点以及学科核心素养的相关要求，以单元为整体进行教学，推进学生语文核心素养的进阶。

（一）提升学科核心素养的关键途径

学科核心素养的概念自提出以来，促使了无数教育工作者重新审视和反思已有的教学理念、教学方法、教学内容以及教学评价等内容。学科核心素养的提出也对“单元式整体教学”的具体操作产生了一定的影响。怎样在课堂教学中落实学科核心素养是学科教学研究的重要任务。许多专家都一致认为“单元教学”是落实学科核心素养的抓手。钟启泉教授说“单元设计的作用——撬动课堂转型的一个支点”，崔允漷教授发表过一系列文章，强调教学设计也必须由课时转向单元。以落实学科核心素养为目标进行单元整体设计，能够更好地实现学科教育，落实立德树人，以及发展素质教育、深化课程改革的目标。它也是促进学科核心素养真正落地的关键途径。

（二）适应统编小学语文教科书组元方式的必然要求

统编新教材采取单元结构，以双线组元（即人文主题和语文要素）的方式编写教材，教材中的单元是指向语文知识能力的，是以语文素养的若干要素来组合的。统编新教材重新定义了“单元教学”模式，从教材的编写理念、布局、特色和功能上都强调了“单元整体”的重要性。统编新教材每个单元的目标和主题更加明确，这使单元式整体教学的实施有了更好的现实基础，也为单元式整体教学策略的研究提供了可能。单元式整体教学具有整体性、系统性和规划性，它可以减少单篇、单课时教学的弊端，提高语文课堂教学效率，有助于学生综合语文素养的培养。然而，现实中许多教师很难根据现行的国家统编小学语文新教材设计完整的单元整体教学计划并在课堂上实施。

二、小学语文高年级单元整体教学的实施策略

（一）有机整合教材，确定学习目标

教师要认真学习学生发展核心素养与语文学科核心素养、课程标准等文件的要求，从单元的角度思考其对应的语文核心素养，结合统编教材“双线组

元”的特点，梳理单元整体目标及单元内各个部分的目标之间的关系，从而确定单元整体的学习目标。例如，统编语文五年级上册第三单元，在“民间故事”这个人文主题之下，学生要达到的语文能力是“了解课文内容，创造性地复述故事”，“提取主要信息，缩写故事”。教师需要站在单元整体的角度进行思考：在这个单元总的要求下，单元各个部分（课文、园地、口语交际、习作等）承担的任务分别是什么？第一篇课文《猎人海力布》，是让学生在了解课文内容的基础上，试着以不同人物的口吻复述故事的重点部分；第二篇课文《牛郎织女（一）》，则提出了更高的要求，发挥想象，把简略的情节说具体，还要演一演。到了口语交际部分，需要在学生学习完本单元内容的基础上，讲一讲民间故事。如何讲好民间故事？可以丰富故事的情节，也可以配上相应的动作和表情。这些相应的训练在前两篇课文的教学中都有涉及，到了口语交际部分，学生已基本具备把故事讲好这一能力。当然，对于民间故事“口耳相传”的特点，如何把一则精彩的故事讲给其他人？这就需要把故事重点的部分保留，而舍弃掉非重点部分或将非重点部分略讲。因此，编者在习作的部分，安排了缩写故事的内容。缩写故事，既是对本单元人文主题的呼应，也是学生练习讲故事的重要手段。因此，不难看出，在单元整体教学的视角下，单元各个部分承担的作用各有不同，它们或并列，或递进，环环相扣，这就需要教师设计循序渐进的学生活动，使学生的能力一步步得到提升。

（二）创设真实的学习情境

《义务教育语文课程标准（2011年版）》指出，教师要“创设综合性学习情境，开展自主、合作、探究学习”。按照核心素养的要求，情境的创设要尽量真实。所谓真实，就不应是虚构出来的，而是在现实生活中真实存在的。因此，应根据教学内容为学生创设学习情境和环境，让学生在真实的语言情境中体验知识的获得过程，让学生的主观能动性得到充分发挥，培养学生的创新能力与创造能力，推动学生全面发展。

五年级上册第三单元选取的课文都是耳熟能详的民间故事。学生对这部分内容很感兴趣，故事的内容也比较浅显易懂。然而，教材不是简单的课外读物，它有自身承载的任务。因此，如何让学生通过本单元的学习，提升其语文学科素养和思维水平，达成本单元的语文能力的目标，这就需要老师发挥聪明智慧，巧妙地设计学习情境。《猎人海里布》是本单元的第一篇课文，教师可以在第二课时创设这样一个情境：“同学们，我们班最近要举办一次‘民间故事会’。如果让你讲一讲猎人海里布的故事，你会怎么讲？”如果学生以第三人称的方式讲，教师可以启发："如果你是海里布/村民，能给我们讲讲当时发生的事儿吗？"虽然教师心中明白，本节课有明确的需要达成的目标，但是，学生完成这个学习目标的过程不是单一的、机械的，而是整堂课都在讲故事的情境中。需要注意的是，如果教师创设的情境是单一的，与内容联系不大，只是起到了活跃气氛的作用，这并不是理想的学习情境。只有符合学生认知发展规律，能够贴近学生生活或认知范畴，才具有较高真实性，且能够在真实情境里面对问题，发现问题，分析问题，解决问题，这样的情境的价值才更大。如果学生以积极的心态投入到这样的情境活动中来，就能在真实的情境中积累言语经验，提升语文能力。

（三）设计以学习者为中心的驱动任务

单元式整体教学以学习者为中心设计学习任务，让学生既实现学科知识的内在延伸，又能够实现学科间的融通与综合，还能够在这个自主、合作、探究的过程中强化做事素养，懂得协调和评估，懂得选择和决策，获得知识的方法和面对复杂情境、解决未知问题的能力。

以统编语文教材五年级下册第三单元整体教学设计为例，教师在充分研读单元内容，对接单元在落实语文素养和课标要求的基础上，提炼单元任务的核心主题"讲好民间故事，学习创造性复述"，让学生经历以不同主人公的口吻讲好故事、发挥想象丰富故事情节讲好故事，举办民间故事会等学习过程。例如：如果你是海里布/村民，能给我们讲讲这个故事吗？如果让你给大家讲讲《牛郎织女》中的这几个情节，你会怎样讲，才能使得故事更生动有趣又吸引人呢？教师通过设置基于学习者为中心的不同类型的任务驱动教学，合理确定学习任务，在引领学生解决问题、完成任务的过程中，培养学生的自主探究能力，让学生养成独立思考、独立学习的良好习惯，着眼于学生获取知识的过程，提高学生在课堂教学中的参与性、自主性、创造性，提升语文学科的综合素养。

（四）打破单元内容之间的物理分割，巧妙重组教学内容

单元整体教学，不只是从教学目标上整体把握这个单元，在具体的实践上，也应该根据教学需要，打破单元内容之间的物理分割，巧妙地重组教学内容。这种重组不是随意的，而是为学习目标服务的。例如，在统编五年级上册第三单元的语文园地中，编者编入了《乞巧》这首诗。恰好诗的内容就和牛郎织女这个故事有关，那么教师可以以这首诗引入本节课要学习的内容。再如，

语文园地的“词句段运用”的部分给出了《狼吃小羊》的片段，教师在教授《牛郎织女（一）》这一课时，为了完成学生能够“创造性地复述”这一目标，在创设的学习活动中，可以引入《狼吃小羊》的片段，通过两个片段的对比，启发学生打开思路，找到方法，从而帮助学生发挥想象把故事情节讲具体。这样把单元中的部分打破重组，不仅服务于单元的学习目标，也能够提高课堂效率。

三、结语

总之，小学高年级的语文单元整体教学，需要对教材各个板块的共性与特性进行融合，加强单元内部的各个散点的联系，形成网络或知识树结构，为单元整体的学习目标服务。需要注意的是，在单元式整体教学设计和实施过程中，为了帮助学生顺利地完成学习任务，需要留给学生足够的学习材料和时间。当然，单元式整体教学的流程以及具体的课型也不是一成不变的，需要根据不同单元的不同要求，设计符合本单元的教学设计。

参考文献：

[1] 中华人民共和国教育部 . 义务教育语文课程标准（2011 年版）[S]. 北京：北京师范大学出版社，2012：9.

[2] 崔允漷 . 学科核心素养呼唤大单元教学设计 [J]. 上海教育科研，2019（4）：1.

[3] 邵朝友，崔允漷 . 指向核心素养的教学方案设计：大观念的视角 [J]. 全球教育展望，2017（6）：11–19.

[4] 温儒敏 . 义务教育教科书语文五年级上册 [M]. 北京：人民教育出版社，2021：32–40.

立体研读教材，优化单元整体教学

北京市海淀区中关村第二小学
梁创新

摘要：

小学语文单元整体教学是在遵循新课标理念的前提下，在教学活动中将语文知识学习、阅读方法掌握、思维能力训练及写作能力提高等进行有机整合。基于此，本文立足于单元视角，立体研读教材，通过明确单元主题、关注语文要素、重组单元板块几个方面优化单元整体教学活动设计，从而有助于学生在知识整体结构的框架下进行合作探究和自我建构，有助于学生完整理解学科结构及把握内在规律，有助于促进学生学科素养和学力提高。

关键词：

立体研读教材；单元整体教学；语文核心素养

钟启泉教授认为“核心素养与学科素养之间的关系是全局与局部、共性与特性、抽象与具象的关系”。由此可见，各个学科核心素养的全面共同实施才能有效帮助学生发展核心素养。语文作为各学科学习的基础学科，是学生发展核心素养的根本。统编小学语文教科书（以下简称“统编教材”）最显著的特点是“双线组元”，就是采用宽泛的人文主题和语文要素这两条线索来组合单元，这样的编排便于教师展开系统化、科学化的单元整体活动设计。教学实践中我们逐渐认识到，单元整体教学理念是解读和重新建构单元教材的有效路径之一，也是提升学生核心素养和培养学生自主学习能力的方式之一。

一、立体研读教材，明确单元主题的联系

教材是教师教学的参照和学生学习的依托。教师想要真正实现单元整体教学，就必须加强对教材的立体解读。立体解读教材要树立全局意识，从课程角度、学科素养、学段等方面出发，寻找单元主题之间的关系。教材以单元形式呈现，每个单元主题都会从不同角度引导学生认识、学习、体验、感受语文要素。教师要从单元提示、单元内容、单元结构等要素展开深度研究，围绕主题结合教材要求进行整合性思考。

（一）纵向梳理，关注不同年级主题内容

纵观小学整套统编教材，可以发现不同学段之间、同一年级不同册次之间，主题是前后勾连的。在研读课程目标的基础上，细化出具体可操作性的内容标准是进行单元教学的基本依据。如三年级上册第七单元，人文主题是“我与自然”，教材围绕这个主题编排了《大自然的声音》《读不完的大书》《父亲、树林和鸟》三篇课文，描绘了大自然赋予我们的一个个珍贵礼物。本单元的人文主题和以往与自然有关的人文主题有所不同，即“我”和大自然、“我”眼中的大自然、“我”身边的大自然。因此，本单元的人文主题可以诠释为让“我”用心去感受身边的自然。其他册次中关于“自然”主题的单元见表1：

表 1　统编教科书关于“自然”主题的梳理

年级	册数	单元	人文主题
一年级	上册	一单元	自然
	下册	六单元	夏天
二年级	上册	一单元	自然的秘密
	下册	一单元	春天
		六单元	神奇的大自然
三年级	上册	二单元	金秋时节
		七单元	我与自然
四年级	上册	一单元	江流天地外，山色有无中。
		二单元	自然的奥秘
五年级	上册	七单元	四季之美
六年级	上册	一单元	触摸自然

通过纵向梳理可以发现，低年级侧重引导学生通过写景的文章感受景物的美好；中年级侧重让学生感受大自然美丽风光的同时，学习作者抓住景物特点进行描写的方法；高年级则让学生在感受大自然美丽风光的同时，了解一些科学知识和不同地域的民族风情，还要学习作者把人、事、景三者交融一体的描写手法。此外，从单元主题构建角度思考可以发现，随着学生年龄的增长、心智的逐步健全，知识结构与认知水平也处在快速发展变化之中，教材也是根据学生认知水平的发展，按照由浅入深、循序渐进的原则对主题内容进行合理的安排。

（二）横向梳理，关注单元板块主题内容

一般来说，教材编排的原则是围绕专题整合教材内容，各内容板块相互联系、相互补充、相互渗透。一般情况下，每个单元都会安排阅读、口语交际、习作、综合性学习等内容。教师要通过研读教材，把握单元内每篇课文、每个学习板块的内在联系，了解单元各部分的内在逻辑以及关联性和差异性，为精准确定单元主题提供依据。

如二年级上册第七单元围绕“想象”这个主题编排了《古诗二首》《雾在哪里》《雪孩子》三篇课文。其中，《古诗二首》是以古诗体裁表现了奇丽、壮阔的自然风光；《雾在哪里》和《雪孩子》均为童话，前者用拟人的手法，将“雾”这种自然现象描述成小孩子和世界捉迷藏的故事，充满情趣；后者通过记叙雪孩子从大火中勇救小白兔的故事，讲述了友谊、奉献与分离，感人至深。就单元来看，三篇课文的共性是致力于引导学生由文字到想象画面，再由画面到文字表达的思维过程；不同之处在于对想象能力的要求逐渐提高——从想象画面到想象续编，对语言表达的要求也逐步提高，从自由表达到运用关联词语“无论是……还是……都”来表达，单元训练点呈现出环环相扣、螺旋上升的态势。

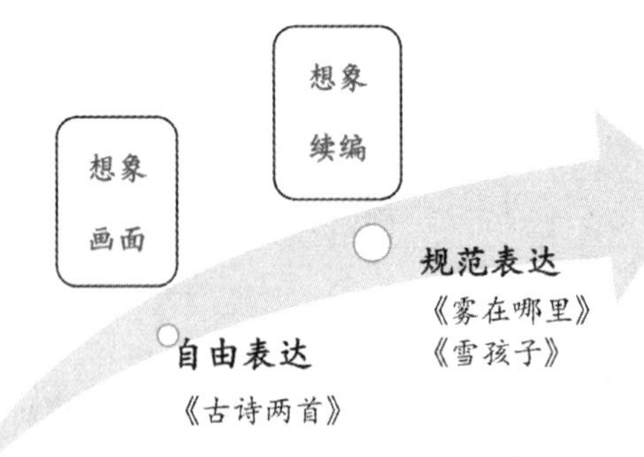

图1 统编教科书单元课文之间的联系

单元整体教学要统筹单元教材内容，对于单元教学过程进行整体设计，处理好课与课之间主题内容的衔接，使原本独立的课文前后勾连，构成层次分明、关联紧密的单元框架图，形成一个有共同目标的整体。教师基于对整个单元内容的全面把握和深入理解，将每一篇课文转化为学生主动探究的学习活动，引导学生逐步形成基于单元主题的大观念。

二、立体研读教材，重视语文要素的联系

语文要素是我们在使用统编教材时必须紧扣的关键所在，它将必需的语文知识、基本的语文能力、适当的学习策略和学习习惯分成若干个知识或能力训练点，由浅入深分布到各个单元及每一课，形成一条贯穿全册教材的显性线索。这样便于教师明确“教什么”，着力于研究语文要素的落实，便于学生“学什么”，着力于学生语文核心素养的形成。

（一）纵向梳理，关注语文能力进阶点

统编教材关注不同学段、不同年级、不同册次之间语文要素的进阶与发展。如三年级上册第七单元导语页中语文要素有两点：一是感受课文生动的语言，积累喜欢的语句；二是留心生活，把自己的想法记录下来。纵观教材三年级全册可以发现，与之相关的语文要素曾多次出现，如图2所示：

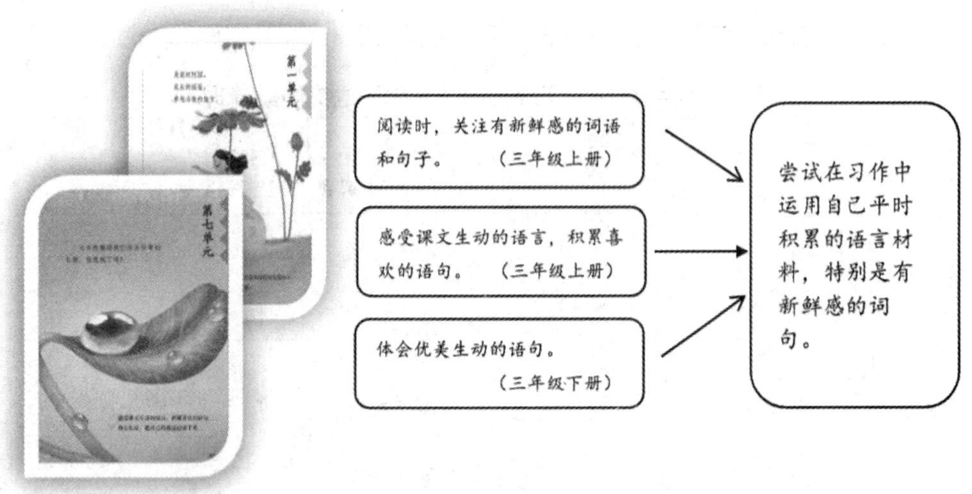

图2　三年级全册语文要素关于“生动语句”的纵向梳理

可以看出，能力训练点由关注语言到感受体会语言再到运用语言的内化和外显的转化过程，是一个由量变到质变的飞跃过程。统编教材注重语文要素分布的梯度性和系统性。教师要明确全套教材语文要素的前后联系，遵循循序渐进的原则，使每一个知识点的落实都有据可循，从而帮助学生建立系统化、结构化的学科知识体系，提升学生在具体情境中解决问题的能力，从而提高学生的语文核心素养。

（二）横向梳理，关注语文能力提升点

语文要素的编排不一定在单元中的每篇课文明显呈现，因此我们需要建立单元整组意识，进行多角度、多层次的训练并且逐步推进，可以结合课文与课文之间的关系、课后习题的要求、口语交际及语文园地的延伸等几个方面进行深度思考，唯有打通阅读、口语、习作的融合通道，才能赢得单元整体教学的主动权。

如二年级上册第一单元围绕“春天”主题编排了四篇课文。《古诗二首》《找春天》描绘了人们眼中的春天，《开满鲜花的小路》《邓小平爷爷植树》讲述了春天里发生的美好事情，口语交际编排了“注意说话的语气”这一交际策略。朗读课文，注意语气和重音是本单元的语文要素。《古诗二首》中的课后习题渗透了注意语气和重音的要求；《找春天》课后习题侧重重音的训练；《开满鲜花的小路》和《邓小平爷爷植树》都是朗读课文，注意语气和重音的具体表现。口语交际则是从交际的角度反映了单元重点。语文园地中“字词句运用”是对注意重音的小结和运用。由此可见，单元的每篇课文都承载着落实朗读课文，注意语气和重音这一训练重点，并呈现出从学习到运用的能力进阶。

表 2　统编教材二年级上册第一单元语文要素梳理

<table>
<tr><th>学习内容</th><th>文体</th><th colspan="2">语文要素</th></tr>
<tr><td></td><td></td><td colspan="2">朗读课文，注意语气和重音</td></tr>
<tr><td>《古诗二首》</td><td>古诗</td><td>朗读课文</td><td>“注意语气和重音”的要求</td></tr>
<tr><td>《找春天》</td><td>散文</td><td>读下面的句子</td><td>“注意重音”训练</td></tr>
<tr><td>《开满鲜花的小路》</td><td>童话</td><td>分角色朗读课文</td><td rowspan="2">朗读课文，注意语气和重音的具体体现</td></tr>
<tr><td>《邓小平爷爷植树》</td><td>记叙</td><td>朗读课文</td></tr>
<tr><td>《语文园地》</td><td colspan="2">根据不同的提问读读下面的句子</td><td>注意重音的小结和运用</td></tr>
<tr><td>口语交际</td><td colspan="2">注意说话的语气</td><td>从交际的角度反映了本单元的教学重点</td></tr>
</table>

语文要素的落实要建立在单元整体意识上，聚焦单元重点，实施分步训练。教师应将单元内的综合性学习、口语交际、习作等板块有机整合，找到每一课语文要素的提升点，在比较、发现、辨析中达到触类旁通，从而有序推进学生语文能力的整体提升。

三、立体研读教材，重组单元板块内容

重组单元板块内容是以教材单元为基础，站在单元统筹的高度，以主题为统领，整合学习内容，设计真实情境的学习活动。如一年级下册第四单元编排了四篇不同体裁的课文，从不同角度展现了亲人之间美好的情感。从语文要素看，本单元的学习重点和难点是读好长句子。《夜色》重点指导学生读好词组，强调词语连读。《端午粽》学习运用词语连读、正确停顿等读长句子的方法。学习《彩虹》，能试着读出问句的语气和情趣。《语文园地四》中“识字加油站”“书写提示”放在单元的识字写字教学中，“字词句运用”与《夜色》课后练习相结合。古诗《寻隐者不遇》与《静夜思》一起学习，“和大人一起读”与综合实践活动相结合。低年级的阅读教学就是要培养学生的朗读能力，本单元以“走进长句促朗读，聚焦想象悟真情”为主题，开展“小小朗读者”的活动，把单元内容分为四个板块，分别是读出节奏、读好词组、读好长句和读出语气。学生在朗读中感受体会浓浓亲情，了解中华传统节日所蕴含的文化精髓，增强民族自豪感。

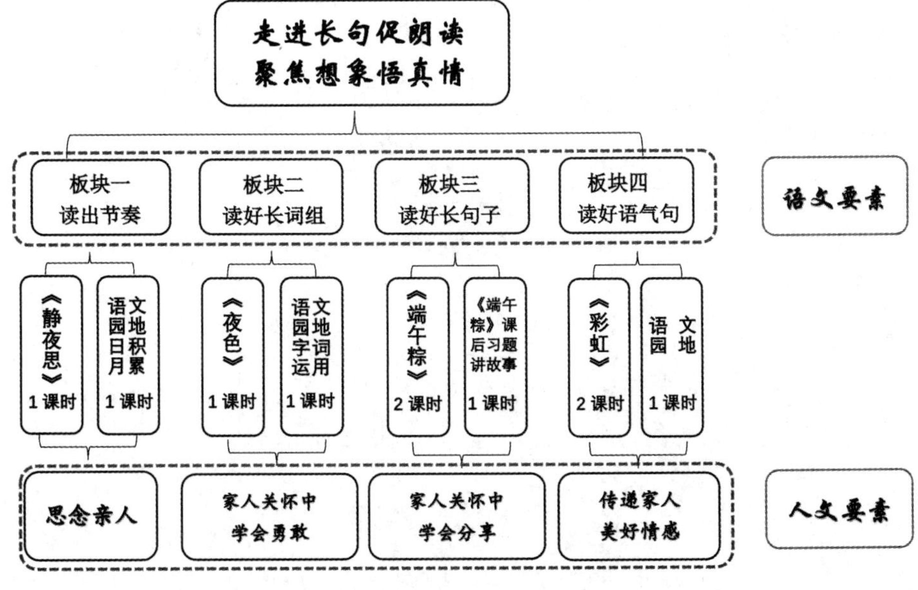

图3 单元整体教学结构图

重组单元板块的设计，将有意义的、真实的学习活动贯穿整个单元的学习过程。学生在完成核心活动的过程中获得语文知识和思维能力，并在具体的情境中应用这些知识去解决问题。只有亲历这样的语文学习活动，学生才能在真实任务中积极地梳理与探究，获得真实的言语经验，提升自己内在的语文素养。

总之，在统编教材背景下，教师要立体研读教材，建立全局意识、整体观念、关联意识等，优化单元整体教学，使学生所学的知识形成一个系统的网状型结构，增强综合运用能力，从而提升学生的语文核心素养。

参考文献：

[1] 钟启泉．基于核心素养的课程发展：挑战与课题［J］．全球教育展望，2016（1）：3–25.

[2] 曲青亚．单元视阈下的学习活动设计［J］．小学语文教学，2020（9）：15–17.

[3] 崔允漷．学科核心素养呼唤大单元教学设计［J］．上海教育科研，2019（4）：1.

[4] 吴燕梅．部编小学语文教科书单元整体化教学实践研究［J］．新教育（中旬），2021（1）：47–48.

[5] 王云峰．在语言运用中提升语文素养 [J]. 语文学习，2017（5）：86.

夯实阅读策略，提升阅读素养
——以统编教材五年级上册第二单元教学实践为例

北京市昌平区城北中心小学
李亢亢

摘要：

阅读策略单元作为独立单元，是统编小学语文教材的一大亮点。从三年级开始，每个年级的上册都有涉及，其中五年级上册提高阅读速度的策略符合新课程标准的要求，有助于提高学生的语文素养。本文以这个单元的教学实践为例，梳理“提高阅读速度”策略在统编教材中的分布情况，以更有效地实施本单元的教学活动。在梳理过程中，笔者也发现有的课文在人教版教材中已经学习过，如何进行查漏补缺，做好新旧衔接，其关键在于找准学生学习的重点。引导学生运用具体的方法提高阅读速度是本单元的教学重点，但策略的学习不能简单植入，教师要注意顺应学生的天性，激发学生的学习期待，才能事半功倍。

关键词：

阅读策略；阅读速度；语文素养

小学语文统编教材（以下简称“统编教材”）五年级上册第二单元正式将“提高阅读速度”这一阅读策略呈现在广大师生面前。

一、“提高阅读速度”策略在统编教材中的整体分布

统观“阅读策略”教学在统编教材中的编排，可以发现在三至六年级上册中各安排了一个专题单元，分别为“预测——提问——提高阅读速度——有目的阅读”。除了这个单元，其他单元就不教阅读策略了吗？各个阅读策略单元

之间又有什么联系呢？为了解决以上问题，笔者对“提高阅读速度”策略在四至六年级统编教材中的分布情况进行梳理（见表1），这样有利于本单元教学活动的开展。

表1 “提高阅读速度”策略在四至六年级统编教材中的分布

<table>
<tr><th>课本</th><th>内容</th><th>方法</th><th>次数</th><th>策略</th></tr>
<tr><td>四上</td><td>《牛和鹅》练习</td><td>边默读边画出相关词句</td><td>第一次</td><td>提高阅读速度</td></tr>
<tr><td rowspan="5">四下</td><td>第一单元导语</td><td>抓住关键语句</td><td>第一次</td><td>提高阅读速度</td></tr>
<tr><td>《天窗》练习</td><td>找相关语句读</td><td>第二次</td><td>提高阅读速度</td></tr>
<tr><td>《小英雄雨来》练习</td><td>带着问题读，尝试用较快速度默读课文</td><td>第一次</td><td>提问</td></tr>
<tr><td>《我们家的男子汉》导语</td><td>尝试用较快的速度默读课文</td><td>第一次</td><td>提高阅读速度</td></tr>
<tr><td>《海的女儿》导语</td><td>先介绍前面的内容，再用较快的速度读课文</td><td>第二次</td><td>提高阅读速度</td></tr>
<tr><td rowspan="9">五上</td><td>第二单元导语</td><td>阅读要有一定的速度，学习提高阅读速度的方法</td><td>第一次</td><td rowspan="8">提高阅读速度</td></tr>
<tr><td>《搭石》导语和练习</td><td rowspan="4">用较快的速度默读课文，记下所用时间</td><td rowspan="4">第三次</td></tr>
<tr><td>《将相和》导语和练习</td></tr>
<tr><td>《什么比猎豹的速度更快》导语和练习</td></tr>
<tr><td>《冀中的地道战》导语和练习</td></tr>
<tr><td>《搭石》导语及交流平台</td><td>集中注意力，不回读、跳读</td><td>第一次</td></tr>
<tr><td>《将相和》导语和练习</td><td>连词成句读</td><td>第一次</td></tr>
<tr><td>《什么比猎豹的速度更快》导语和练习</td><td>借助关键词读</td><td>第二次</td></tr>
<tr><td>《冀中的地道战》导语和练习</td><td>带着问题读</td><td>第二次</td><td>提高阅读速度，提问</td></tr>
<tr><td rowspan="2">五下</td><td>园地二</td><td>联系上下文猜测语句，反复琢磨，借助资料袋</td><td>第三次</td><td>预测，提高阅读速度</td></tr>
<tr><td>《童年的发现》导语</td><td>带着问题读</td><td>第三次</td><td>提问，提高阅读速度</td></tr>
<tr><td rowspan="3">六上</td><td>《灯光》导语</td><td>较快速度默读</td><td>第四次</td><td>提高阅读速度</td></tr>
<tr><td>《宇宙生命之谜》
《青山不老》
《三黑和土地》导语</td><td>带着问题读</td><td>第四次</td><td>提高阅读速度，有目的的阅读</td></tr>
<tr><td>《我的伯父鲁迅先生》练习</td><td>遇到难读的词语先跳过读</td><td>第二次</td><td>提高阅读速度</td></tr>
</table>

续表

六下	《骑鹅旅行记》 《汤姆索亚历险记（节选）》导语	带着问题读	第五次	提高阅读速度
	《金色的鱼钩》 《他们那时候多有趣》导语	用较快的速度默读	第五次	提高阅读速度

通过梳理我们可以看出，这一策略的编排有以下特点：一是同一策略会在不同年级反复出现，只是在五年级的这一单元中集中呈现了具体方法；二是不同策略之间是相互关联的，所以在教学中应该让学生先学会运用一种策略，然后才能对多种策略进行综合运用；三是四个阅读策略单元在统编教材的编排上是螺旋式上升的，可以更好地促进学生阅读能力提升。

通过对本单元各篇课文对于提高阅读速度的具体方法及教学内容的分析（如图1所示），从中可看出本单元在阅读策略教学中呈现的特点：一是本单元提出了具体的方法；二是这一单元的编排要依照循序渐进的原则，引导学生学会综合运用各种阅读策略，使学生阅读素养得到不断提升；三是保证一课一得，虽然学习时都是围绕本单元的语文要素展开，但具体到每篇课文的学习方法又各有侧重。

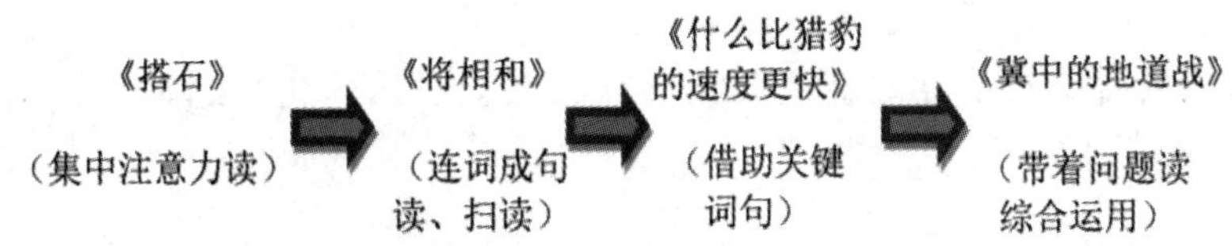

图1　提高阅读速度的具体方法及教学内容

二、新旧教材比较中把握好学习的重点

统编教材在2019年9月全面使用以后，出现的一种情况就是人教版四年级已经学过的课文又出现在五年级的教材中，因此，如何做好新旧教材的衔接，找准学生学习的重点，就成了关键。

以《搭石》教学为例，通过表2的分析，可以看出学生在四年级时已经完成了对这一课在“借助关键词概括画面，体会美好情感”方面的学习任务，并重新制定了本课在统编教材中的教学目标：提高阅读速度的方法是本课的教学重点，如“用较快速度默读”“集中注意力”“遇到不懂的词语不要停下来，不回读”等。

表 2 教学目标分析

所在教材	教学目标	相同点	不同点
人教版	借助关键词句概括画面，感悟乡亲们淳朴、美好的情感，引导学生从平凡的事物中发现美。	借助关键词概括画面，体会美好的情感。	统编教材增加了“用较快速度默读”“集中注意力”“遇到不懂的词语不要停下来，不回读”的要求。
统编版	“用较快的速度默读”“集中注意力”“遇到不懂得的词语不要停下来，不回读”；了解课文重要内容，借助对此剧的品读，体会乡亲们美好的情感。		

为了落实以上教学目标，可以这样进行教学：

师：有同学问我，《搭石》这篇课文我们四年级时已经学过，为什么现在又要学？那就请你们回忆一下，上次我们都学到了哪些内容？

生：了解了故事内容，知道了什么是搭石；围绕搭石起了小标题，感受到人们的美好品质……

师：那为什么还要学这篇课文？看看单元导语页，你能发现哪些不同？

生：阅读要有一定速度。

师：还有什么不同？

生：发现了具体方法有集中注意力，不回读……

师：有两位同学已经读了这篇课文，听听他们是怎么提高阅读速度的。（出示二人对话）

师：从他们的对话中，你学到了什么方法？

生：遇到不理解的词，我们可以先跳过去，继续往下读。

师：那就让我们一起试着这样，练习加快速度阅读吧！

《搭石》是这一单元的第一篇课文，这样的教学调整不仅检验了已学内容，还找到了本课的学习重点。这样更有利于激发学生的学习动力，让他们能够在自主学习的情境之中全身心地投入。

三、提高阅读速度要依法而学

就提高阅读速度策略而言，目的是让学生掌握阅读方法，能够更好地独立阅读。所以，引导学生运用集中注意力读、连词成句读、带着问题读等具体的方法提高阅读速度是本单元的教学重点。

《将相和》用三个相对独立的故事，把将相之间由失和到和好的过程写出来。由于五年级学生分析整合的能力还比较弱，所以每个故事的脉络易懂，而理清故事间的联系就相对困难，这也会影响学生阅读文本的速度。如何帮助学生提高阅读和理解的速度呢？请见下面这个教学过程。

师：同学们，这篇课文很长，尤其是语言描写较多，这么长的课文该怎么读呢？分别来看这两位同学是怎么读的，谁会更快呢？（生1：一字一句读；生2：借助关键词连词成句读）

生：我觉得第二位同学先画出几个关键词，这样连起来读速度会更快。

师：这就是连词成句的阅读方法。出示“速读小贴士”，如图2所示。

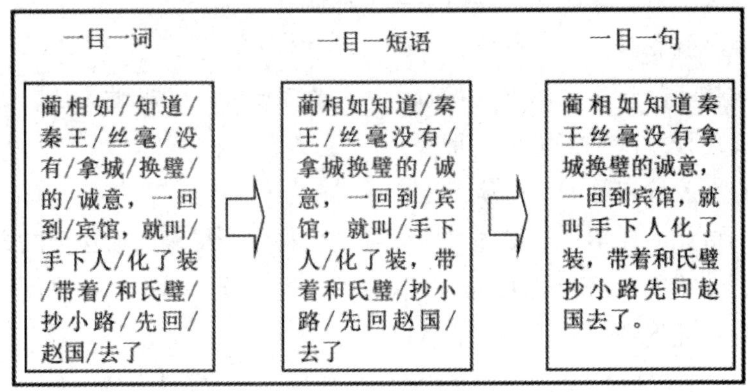

图2　速读小贴士

师：这个“速读小贴士”告诉我们，在阅读中尽量连词成句地读，不仅看到的内容更多，还能提高阅读的速度。我们把长句子读成完璧归赵，你是怎么概括出来的呢？

生：我是从课文中找到这个词语的。

师：对的，我们可以从文章中直接提取关键词（没诚意、带着璧、回国），不能直接提取的还可以试着概括。

经研究表明，人在阅读时，眼跳运动的时间占整个阅读时间的10%，而眼睛停留在各个注视点上的时间则占90%。所以在教学时引导学生逐步拉长停留在一个注视点上的时间，可以有效扩大学生的视觉幅度，增加学生在注视点上获得的信息量。这样的方法能让学生快速、正确地掌握提高阅读速度的方法，达成学习目标。

通过图1的梳理，我们清晰地了解到本单元的课文前后安排以及所涉及的方法也都是递进式的。根据这样的特点，教师对《什么比猎豹的速度更快》进行了如下教学。

师：今天我们学习的课文是《什么比猎豹的速度更快》。根据课题，同学们可以猜测一下，文章中会写些什么呢？

生：猎豹的速度是多少？

生：会写飞机的速度肯定比猎豹快。

生：都有什么比猎豹的速度更快呢？

师：课文中跟你们的猜测一样吗？这节课我们继续用较快的速度读课文。你还记得提高阅读速度有哪些方法吗？

生：在《搭石》这课中，我们学会了跳读。

生：在《将相和》一课中学会了连词成句读。

师：跳读、扫读这些都是浏览的方法。除了继续运用这些方法，这节课还会用到什么阅读方法呢？（出示导语）

生：借助关键词句加快阅读的速度。

在这一单元的教学中，教师可以引导学生将多个提高阅读速度的方法融合起来运用，策略的学习和运用绝不是孤立的，这才能让学生在提高阅读速度的同时，更好地捕捉到自己想要的信息。

四、顺应学生的天性而教

阅读策略的学习比较枯燥乏味，容易形成灌输加机械训练的现象，因此在教学过程中，教师要注意顺应学生的天性，不能简单植入，激发学生的学习期待才能事半功倍。如教学《将相和》一课时，在上课伊始便设计了一个游戏环节，希望通过抓住学生的注意力来激发学生的兴趣。

师：上课前，我们先来玩一个“眼力大比拼”的游戏。让我们来试试，眼睛跟着箭头走。

师：接下来，加大难度，这里有一组词语，谁能够一眼就看清它们？

师：谁能分享一下自己的秘诀吗？

生：不要总盯着一个词语看，看的时候多看一些内容。

师：你的方法真不错！难度升级，挑战第三关。看看谁能试着一眼看清楚句子。

这个小游戏不仅符合这一阶段学生的心理，又强化了集中注意力的训练，还为学习扫读、跳读等做好了铺垫，可谓一举多得。

除了游戏，还可运用微课的方式展开教学。微课能根据学生心理需求把所要学习的策略生动、形象地传递给学生。如学习“带着问题读”的方法时就可利用《冀中的地道战》这一课。讲解第4自然段时，通过先提出问题“任丘的地道是什么式样的？”接着让学生边读边理解，圈画关键词，然后画出思维导图，最后再连起来说一说。

教师用微课的形式讲授，方法策略更形象，示范性更强，更容易让学生接受，也更符合学生心理。学生能够在最短时间内掌握相关的阅读策略，并运用到自己的阅读实践中。

教材已然改版，教师不应单纯讲解课文内容，而应该让学生学会利用各种快速阅读的方法在阅读材料中筛选有用信息，这会对学生成为独立的阅读者提供有效帮助。

参考文献：

[1] 张志公．漫谈语文教学 [M]. 福建：福建人民教育出版社，1963：10.

[2] 程汉杰．高效阅读（小学卷）[M]. 北京：北京燕山出版社，2009：6.

[3] 耿明富．如何培养小学生快速阅读能力 [N]. 黔西南日报，2019-11-22（7）.

小学语文单元知识能力体系构建策略

北京市东城区和平里第一小学
林 琳

摘要:

单元整体备课是当前小学语文教学使用的备课模式，因其处于探索初期，因此存在一些问题，如：形式上的整体备课，没有实现单元内课与课之间的关联，对于是否可以调整课文的教学顺序存在困惑。解决这些问题，要明确教学目标，抓语文要素线索，确定每课定位，找准课与课之间的关系——并列式关系、阶梯式关系，构建知识能力体系，提升学生语文素养和语用能力。

关键词:

单元整体备课；语文要素；知识能力体系

语文单元整体备课要求教师要树立语文教学的系统观，以语文教科书的单元语文要素和人文主题为依托，对课文、习作内容、实践活动进行有效运用，建构立体的语文学习体系，变“教教材”为“用教材教”。单元整体备课作为一种优化的备课方法，它还要求教师从宏观的角度关注单元内语文学习的普遍联系和内在规律，让学生的语文素养和语用能力得到有效提高。

现在，语文单元整体备课的理念已被大多数教师认可，但落实起来效果不显著，根源上是缺乏单元内知识能力体系建构的问题。

统编教材为突显语文素养，明晰教学目标，采用“双线组织单元内容”，即以宽泛的人文主题将单元课文组织在一起，同时将语文训练的基本要素（后文简称“语文要素”），包括必需的语文知识、基本的语文能力、适当的学习策略和学习习惯等，分成若干个知识或能力训练的“点”，由浅入深，分布并体现在各个单元，形成一条贯穿全套教材的显性线索。

在单元教学中，教师需要进行单元整体备课，建构以语文要素为线索，人文主题渗透贯穿，明确课与课之间的定位和关系，形成合力的知识能力体系，才能优化单元整体备课效果。

一、并列式关系——根据语文要素建构横向多元的知识能力体系

（一）多种角度的并列式关系

这种编排方式是一个单元以一个语文要素为中心来选择课文进行学习和训练。单元内的几篇课文分别是从不同的角度引领学生去感知、学习某个知识点，一篇课文从一个角度达成语文要素中的一个能力点或知识点，教师可以根据学情，灵活安排课文教学顺序，备课时以一个单元为整体建构知识体系，帮助学生更好地掌握这方面知识。

比如，六年级上册第八单元是以人物为主题的单元，单元主题是“走近鲁迅”。围绕着这一单元主题，教材编选了《少年闰土》《好的故事》《我的伯父鲁迅先生》《有的人》四篇课文。前两篇是鲁迅本人的作品，旨在让学生从中初步感受鲁迅作品的魅力。后两篇是别人写鲁迅的作品，更侧重于感受鲁迅的形象。这四篇文章让学生从不同角度了解鲁迅。单元的语文要素是“借助相关资料，理解课文主要内容”，“借助相关资料”只是“理解课文主要内容”的一个途径，而“理解课文的主要内容”是为了让学生从不同角度走近鲁迅，帮助学生理解鲁迅的文字，感受鲁迅的形象，从而明确课文间的并列式关系。借助语文要素，可以从不同角度入手，建构从文学作品中感受作者形象和从他人评价中了解人物形象之间的关联，形成立体的知识体系。因此，教师进行单元教学设计时可以依据以下两种思路：

1.由作品走向人物

文章体现作者的性格、思想，学生可以从课内节选的鲁迅作品《少年闰土》、《好的故事》和课外收集的文章中，初步感知鲁迅的形象并产生好奇心：鲁迅到底是个怎样的人呢？再读一读、看一看不同人眼中的鲁迅的形象，丰富头脑中对鲁迅的认识，落实本单元语文要素和人文主题的学习。

2.由人物走向作品

了解一个人的另一种有效的方法就是看看别人对他的评价。拿到教材，翻到这个单元，最开始吸引学生们的可能是《我的伯父鲁迅先生》《有的人》。学生们会产生疑问：为什么人们这样评价鲁迅先生？这时再去阅读鲁迅先生的文章，去思考和感受作者的思想，就会对作者有更深刻的理解和认知。

教师有了单元整体备课建构的知识能力体系，不论课文顺序如何调整，都可以胸有成竹、有效地对学生展开指导。

（二）多种方法的并列式关系

教材的另一种编排方式为一个单元的语文要素是某个能力或策略点，几篇课文分别用不同方法让学生掌握这项能力或策略，一篇课文一种方法，每篇课文都是围绕语文要素训练的并列关系。同样，教师可以根据学情灵活安排课文教学顺序建构知识体系，帮助学生更好地掌握这项能力或策略。

比如，五年级上册的“提高阅读速度”的策略单元，语文要素就是提高阅读速度，编者为此安排了四篇文章。

教师要了解《搭石》是通过动作的自我监控做到“不回读”，从而提高阅读速度；《将相和》是从视觉信息的积极获取方面，有意识训练扩大视域促进连词成句地读，从而提高阅读速度。这两种方法都与专注力的培养提高有关系。《什么比猎豹的速度更快》从文章题目开始的期待与对文章思路的快速发现相结合，借助文章结构特点，抓关键词句快速提取文章信息，从而提高阅读速度；《冀中的地道战》也是从题目开始带着问题和期待来阅读，边读边想并快速捕捉自己需要的信息，同时发现其他信息。这两篇都是说明文，运用问题和期待来驱动阅读速度，从而提取关键信息。

这时，教师可以明确教材主要引导学生运用四种不同的方法促进阅读速度的提高。前两种方法侧重“动作”，是并列式关系，教师在教学时可以调整课文的教学顺序；后两种侧重“思维”，是并列式关系，不可以调整课文的教学顺序。而前两种方法与后两种方法是阶梯式关系，它们是不可以调整顺序的。了解了这样的课文组合特点，教师就可以在备课时建构起由“动作”到“思维”的阅读能力、策略体系，做每一课教学设计时都有前后课文方法的积累、运用，在不断的训练中，辅助学生将方法转化为自身的阅读策略和习惯。

再比如，五年级上册第四单元以“爱国”为主题，安排了《古诗三首》《少年中国说（节选）》《圆明园的毁灭》《小岛》四篇文章。语文要素是“结合资料，体会课文表达的思想感情”“学习列提纲，分段叙述”。教师细化每课承担的语文要素任务，就会看到：《古诗三首》侧重根据学习需要收集资料，体会使用资料的时机在于理解有困难时、简略处需要补充时和情感体验需要加深时；《少年中国说（节选）》《圆明园的毁灭》《小岛》都是有针对性地使用资料，即筛选资料，紧扣文本，根据资料谈体会。那么，第一篇课文与后三篇课文的语文要素训练是阶梯式关系，不能调换顺序；后三篇课文的语文要素训练相同，可以根据需要调整顺序。

怎样使用课文才更有利于学生理解、对其产生兴趣呢？教师对四篇课文描写的时间和时代背景进行研究后发现，《古诗三首》与《圆明园的毁灭》内容涉及的时间是由宋朝到清朝，而且第三首《己亥杂诗》可以成为《圆明园的毁灭》一课的背景资料，将《圆明园的毁灭》调整到《少年中国说（节选）》之前教学，可以进一步体会梁启超到底看到了怎样的“老大帝国”而发出“少年强则中国强”的呐喊；再安排《小岛》一课来了解在幸福生活来之不易的今天，当代军人是如何默默奉献的。这样将各个时期的爱国情感贯穿下来，荡气回肠，同时也围绕语文要素进行了扎实的训练。

那么，本单元整体备课后，教师要建构起的知识能力体系更加丰富，对课与课之间的联系也研究得越来越深入，每一课的教学任务也越来越明确，实施起来就会更加有的放矢，教学从有效向高效迈进。

可以说，根据语文要素建构并列式关系知识能力体系，教师在单元整体备课时，课文的安排使用更加灵活，对课文之间关系的影响不太大，重点是要落实语文要素多方面、多角度达成，建构横向多元知识能力体系。

二、阶梯式关系——根据语文要素建构纵向链式的知识能力体系

根据语文要素建构阶梯式关系的知识能力体系，教师更要重视课与课之间的关系。能力或知识台阶随教材安排，由浅到深，由感知到掌握，需要一课一个脚印，最终完成语文要素的学习。教师在单元整体备课时，要构建的是以语文要素为线索串起来的课文链，前一篇课文的知识能力习得是后一篇课文知识能力学习的基础，前后不能调整顺序，要按部就班地上好每一课，完成学习任务。

比如，三年级下册第三单元围绕“中国优秀传统文化”为主题，安排了《古诗三首》《纸的发明》《赵州桥》《一幅名扬中外的画》四篇课文。语文要素是“理解课文是怎么围绕一个意思把一段话写清楚的”。教师研读教材可以了解到语文要素在课文学习中的梯度安排如下：

《古诗三首》是整体感知古诗大意；《纸的发明》是想一想每个自然段的意思，能结合课文相关内容解释蔡伦改进的造纸术传承下来的原因（概括段意，初步感知第四自然段围绕“介绍蔡伦改进的造纸术”这个意思把一段话写清楚的方法）；《赵州桥》体会第三自然段是怎样把赵州桥的“美观”写清楚的（明

确学习课文是怎么围绕一个意思把一段话写清楚的）；《一幅名扬中外的画》说一说为什么这幅画会名扬中外（运用上一课学习的方法，在三个自然段运用、巩固）。

四篇课文形成了“复习旧知—感知新知—学习新知—联系巩固”这一完整的语文要素的学习过程，环环相扣，步步提升。因此，教师在单元整体备课时就要尊重教材单元的课文安排，有意识、有侧重地去学习每一篇文章，为下一篇课文的学习奠定基础，建构语文要素为一条主线贯穿的纵向链式知识能力体系，更好地开展教学活动。

综上所述，语文单元整体备课中，课文对语文要素和人文主题的承载任务是确定的、重要的内容。根据语文要素，关注课与课之间的关系，建构以语文要素为线索、人文主题渗透贯穿、明确课与课的定位和关系、构建知识能力体系，确实能优化单元整体备课效果，让学生的语文素养和语用能力得到有效提高。

参考文献：

[1] 陈先云 . 课程观引领下统编小学语文教科书能力体系的构建 [J]. 课程·教材·教法，2019（3）：78–87.

[2] 尚伟 . 浅谈小学语文单元主题教学策略 . 华南教育信息化研究经验交流会 2021 论文汇编（二）[C]. 2021（1）.

[3] 曹媛 . 统编小学语文低年级教科书单元训练主题教学与实施 [J]. 小学语文，2019（11）：34–38.

[4] 王婷婷 . 例谈小学语文单元整体教学 [J]. 广西教育，2018（41）：93–94.

抓住统编教材编排特点，灵活运用识字方法教学

首都师范大学附属房山小学
刘娜

摘要：

小学语文低段教学中，识字教学是尤为重要的。《义务教育语文课程标准（2011年版）》中明确指出："识字教学要将儿童熟识的语言因素作为主要材料，同时充分利用儿童的生活经验，注重教给识字方法，力求识用结合。运用多种形象直观的手段，创设丰富多彩的教学情境。"

统编教材中注重引导学生从字理入手激发学生识字兴趣，从而达到识记汉字的目的。同时注重汉字与生活的联系，以及在语境中识字并运用的能力。本文通过教学案例，具体阐述了在课堂上如何运用多种方法引导学生识字，并逐步形成自主识字的能力这一过程。

关键词：

字理识字；生活识字；语境识字与运用

学生学习语文，首先接触的就是汉字。识字是阅读与习作教学的基础。因此，小学语文低段教学中，识字教学是尤为重要的。《义务教育语文课程标准（2011年版）》明确指出："识字教学要将儿童熟识的语言因素作为主要材料，同时充分利用儿童的生活经验，注重教给识字方法，力求识用结合。运用多种形象直观的手段，创设丰富多彩的教学情境。"识字教学就是要把汉字的工具性、文化性和艺术性全方位地传递给孩子们。面对统编教材中识字量的剧增，如何引导学生喜欢学习汉字、有主动识字的愿望，这是每一位低段的语文老师常常思考的问题。"授人以鱼，不如授人以渔"，在教学中，我们应该从培养学生的识字兴趣入手，引导学生用多种方法识记汉字，充分发挥学生的主动性，逐步提高学生的识字能力。

统编教材在识字内容的安排上，遵循儿童学习汉字由易到难、由简到繁的规律，同时依据构字法规律，选取了包含象形字、指事字、会意字、形声字等在内的汉字进行教学。

一、明字理，趣识字

统编教材由于重视对字理识字规律的渗透，因而教材中常常通过图画等方式将抽象的汉字形象化。这样的编排方式，符合低年级学生的思维发展特点，易于激发学生的识字兴趣。教师在进行识字教学时，学生能够“知其然也知其所以然”，学生在了解了汉字的音、形、义的基础上更加容易识记汉字。

（一）象形字——图形对比，提高识字兴趣

象形字是我们学习汉字的基础，也是学生最先接触到的汉字类别。教材中编排了直观形象的图画，激发学生的识字兴趣，帮助学生识记汉字。例如，统编一年级语文上册《日月水火》一课中，给出了“日月水火山石田禾”的实物图画，同时还标注了相应的甲骨文。在教学时，教师可以引导学生观察书中的图画，同时对比汉字，学生发现原来古代的字就像画画一样，在图形对比中感受象形字的特点，因此产生了极大的识字兴趣。接着运用课后题“猜一猜，连一连”加以巩固。

教材中多数的象形字没有直接配以图画，在教学时教师可以通过借助多媒体，演示实物图、古文字以及今天我们要认识的象形字，帮助学生识记汉字。例如，统编二年级语文上册《古诗二首》一课中的“川”字，课上通过图片，以及动画呈现字体的演变过程，引导学生进一步了解字义，识记字形。

无论是教材中的图画还是字体演变的动画等形式，都将抽象的汉字形象化，有效地提高了学生的识字兴趣以及识字效率。

（二）会意字——部件组合，感知汉字意义

统编教材中有大量的会意字。所谓会意字，是指用两个及两个以上的独体汉字根据各自的含义所组合成的一个新汉字。教学时引导学生根据构字规律，感知汉字意义。例如，统编一年级上册《日月明》一课，采用了儿歌的形式展现出会意字的特点，“日月明，田力男。小大尖，小土尘。二人从、三人众。双木林，三木森”。在教学时通过组合图片，将太阳和月亮的实物图放在一起，

感受带来的明亮，进而理解字义；借助铅笔的实物图，体会“尖”的构字以及字义，再引导学生联想还有哪些事物是尖尖的，巩固理解；开展游戏——看图猜字，首先出示一个人的图片，学生猜测出是“人”字，接着出示两个人的图片，学生猜出是“从”字后，说出一个人跟着一个人，进而引导学生感知“从”字是跟随之意。最后出示三个人的图片，学生异口同声说“众”字，因为人很多，所以是“众”。通过部件组合，图片组合等形式，学生感受到会意字的规律性，感知汉字的意义。

《日月明》一课是最具代表性的一节学习会意字的识字课。在其他的课文中也分布着许多的会意字。例如，统编一年级上册《江南》中的“采”，一年级下册《要下雨了》中的“闷、息”，二年级上册《风娃娃》中“苗”、《一封信》中的“信”，二年级下册《邓小平爷爷植树》中的“休”等。教师教授这些字时，可以通过借助古时候物品的图片理解部件中形旁的含义，感知字义，通过展示字形的演变、引导学生做一做动作等方式，进一步感受部件组合后汉字的意义。

（三）形声字——声形结合，明确字音字义

会意字表意的形旁，便于我们识记汉字字义。而形声字“形旁表义，声旁表音”的规律已被大家熟知，所谓“中国字认半边，不会错上天”，就是依据这一特点来降低了识字难度。现代汉字中形声字占80%以上，学生若能掌握形声字的规律，也能帮助其识字。

统编一年级下册的多篇课文中都有形声字的教学内容。例如在教学《小青蛙》一课时，首先学生朗读儿歌，发现许多读音相似，进而引导学生圈画拼音，发现它们都有相同的韵母ing，接着引发思考“为什么会有相同的韵母呢？”从字中寻找到答案，原来“清、晴、睛、请”都有相同的“青”字，于是我们给“青”字一个新的名字，叫作“声旁”，总结出形声字的一个规律——声旁用来标读音。接着再读儿歌，“河水清清天气晴”，学生在朗读与观察字形中，发现偏旁与字义有关，三点水和水有关，日字旁和太阳有关，得到另一个规律——形旁用来表字义。在练习时运用形声字的规律认识新的汉字，能培养学生触类旁通的自主识字能力。

依托教材，教学中可以通过追根溯源、了解字理来激发学生的识字兴趣，同时又根据汉字的构字规律来提升学生的识字效率。

二、系生活，巧识字

统编教材重视识字与生活的联系。教材中编排了许多与生活相关的课文内容，以及生活中常见的汉字。在学生还没有学习拼音前，首先编排了一个识字单元，在教学《天地人》《金木水火土》《口耳目》《日月水火》《对韵歌》时可以引导学生联系生活经验来学习汉字。一年级上册《青蛙写诗》中“串”字，出示一串葡萄、一串糖葫芦等实物的图片，引导学生直观形象地感受“串”字的音、形、义。一年级下册《端午粽》中的“米、豆、肉”等字更是生活中常常见到的。二年级上册《场景歌》一课中的“园、桥、旗、领”，都是生活中常见的生字，教学时通过组词、出示图片等形式引导学生识记；诸如此类的常见汉字，在教学时要注重引导学生联系生活巩固识记。

不仅课文中包含生活中常见的事物、汉字，教材还在识字加油站、展示台以及课后练习中倡导联系生活识字。例如，一年级下册《姓氏歌》的课后练习，说说班里同学都有哪些姓。教学时进行拓展，可以结合家人、朋友的姓氏来进行识字。识字加油站中的词语，按照生活中常见的不同类别进行识记，例如生活用品、夏天的词语、天气有关的词语、身体部位等等，教学时引导学生进行拓展积累。在低年级识字教学中，需要联系学生的生活实际，在教材的基础上为学生创造更多的识字机会。例如，结合展示台认识站牌、商铺名称等，周末跟着家长到超市“找汉字”，将找到的汉字裁剪下来，制成一张汉字小报等形式。以上多种形式，使学生感受到生活中其实处处都可以巧妙地识记汉字。

三、借语境，牢巩固

字不离词，词不离句，句不离文。识字要放在具体的语言环境中不断复现才能帮助学生巩固和记忆。例如，一年级上册《雨点儿》一课中的“问”字，可以在教学时联系之前学习课文《比尾巴》的问答形式，体会“问”的意义；《明天要远足》运用语境复现的方式，将“那”字放在“那是什么”句中巩固。多音字的掌握更需要借助具体的语境加以巩固，如统编二年级上册《难忘的泼水节》中“盛”字的教学。教学时出示“大树长得可真茂盛”和“我给妈妈盛了满满一碗饭”两个句子，学生需要根据语境选择正确的读音。还有一些字在字词中会发生变音，例如，“一”字的变调在《秋天》以及《小公鸡和小鸭子》中都多次出现。教师需要指导学生在具体的语境中找到“一”的变调规律，引导学生加以总结和记忆。

借助语境不仅能帮助学生巩固生字词语，还能有效帮助学生减少错别字的出现。例如，二年级上册《语文园地六》——“我的发现”中包含的生字在实际运用中容易出现错误，因此进行选字填空练习时，如“天气（　　）朗，看着（　　）清澈的河水，我的心（　　）很好”，可以借助具体语境，巩固对字词的学习。

四、会运用，提能力

能够运用所学的识字方法自主识字才是真正将知识内化的表现。低年级教材的每一册书中均编排运用所学方法进行猜读的练习。如：一年级上册《小蜗牛》一课中的“芽、孩、爬”；一年级下册《咕咚》中的“咕、咚、吓、拦、领”;《小壁虎借尾巴》、二年级上册中的《纸船和风筝》《风娃娃》。这些课文均体现学生综合运用多种方法自主识字、自主阅读的要求。借助图画大胆猜读，联系生活经验猜字、认字，借助形声字的特点猜字、认字，联系上下文，了解字义。在一次次运用方法猜读过程中，学生将课堂上学习到的知识、方法逐渐变为了自己的能力。

统编教材编排特点的识字方法不是孤立的，而是融会贯通的。除此之外还有很多识字方法，例如儿歌识字、猜字谜识字等等。无论采用何种方法，识字教学都是为了引导学生从“我要学”到“我想学”逐渐变为“我会学”，从而提高识字能力。

参考文献：

[1] 沈玉凤．汉字字形与字义的完美融合——小学中年级课文理解中应用字理析词的研究[J]. 语文课内外，2019（25）.

[2] 陈活水．浅谈如何提高学生的识字效率 [J]. 读写算：素质教育论坛，2012（21）：105–106.

[3] 郭秀娟，郭记梅．识字教学要将儿童熟识的语言材料作为主要材料，同时充分利用儿

童的生活经验，注重教给识字方法，力求识用结合 [J]. 小学语文教师，2003（7）：66–69.

[4] 胥雅民 . 小学语文识字教学的有效方法 [J]. 吉林省教育学院学报：中旬，2003（3）：43.

[5] 黎艳群 . 浅谈运用字理识字，激发学生识字兴趣 [J]. 中学课程辅导（教学研究），2013.7（27）：32.

[6] 崔增亮 . 汉字学与小学识字教学 [M]. 北京：人民教育出版社，2021：3.

浅谈语文单元整合教学在小学中年级的设计与实施

北京市西城区复兴门外第一小学
刘昕竹

摘要：

“单元整合教学”是以单元教学内容为依托，在整合教材内容、教学活动、课程资源的基础上进行全盘设计、精心安排的教学，是以新课程标准的要求为前提进行整合的教学，是现代教师需要了解和学习的一种新的教学方式。本文以统编小学语文三年级下册第三单元为例，浅谈老师在进行单元整体教学过程中的前期设计、中期实施过程以及后期的教学反思。希望能在思考和实践中将以往的“基于教材自然单元的内容建构”的教学形态，渐渐转变成“立足学习主题的教材单元统整”。

关键词：

单元整体教学；中年级；中华传统文化；合作探究

一、研究背景

单元整体教学法是适用现代语文教学课堂的有效教学模式。单元整体教学能够有效地将分散的文章串联，建立文章之间内在的有机联系，帮助学生整体、比较性地深入分析文章。然而，在传统的语文教学过程中，多数教师由于过分重视将知识划分成块、进行模块式教学而使得单元整体教学难以真正融入小学语文课堂。对此，教师应该积极研究有效措施，合理转变教学模式，探究新型课堂教学，运用现代教学理念促使单元整体教学发挥出最大优势，提高语文教学质量。本文将以统编小学语文三年级下册第三单元的单元整体设计及实施为例，进行简要说明。

本次活动主要围绕生活中的中华传统文化展开，这个活动既和单元主题密切相关，又和学生的生活紧密结合，适合在不同地域开展。在课堂上，学生阅读有关中华优秀传统文化的文章；在课余时间，和小伙伴们一起通过各种途径、采用多种方式了解、感受身边的优秀传统文化。活动要求学生通过不同渠道，收集相关资料，完成介绍任务，展示学习成果，使学生在活动中进一步了解身边的中华优秀传统文化，感受中华优秀传统文化的魅力。

二、单元整体教学初步设想

（一）设计单元整体教学目标

通过前期问卷和课后与学生谈话，笔者大致了解了学生对于本单元学习的兴趣点和存在的一些问题，从而设计了以下三个问题：

1.打算了解哪些中华传统文化？

2.打算用什么方式了解中华传统文化？

3.打算用什么方式记录你了解到的中华传统文化知识？

通过对以上三个问题的思考以及对单元语文要素的把握，可以制定如下单元教学目标：

1.了解课文是怎么围绕一个意思把一段话写清楚的。

2.小组分工合作，用不同方式收集介绍我国中华传统文化的资料，并记录这些节日的相关风俗。

3.收集中华传统文化的资料，交流风俗习惯。

4.以适当的方式展示学习的成果。

5.能对其他小组的展示活动做出评价，提出改进建议。

（二）设计学生个体与团队作品及其要求

1.通过绘本、手抄报、作文等形式写一写中华传统文化。

2.展示活动成果，向别人介绍中华传统文化。

3.展示成果时，本组同学可以补充，其他小组的同学可以提问，最后评一评哪个小组的活动开展得好。

三、单元整体教学实践探索

（一）通过课文，初步了解中华传统文化

语文老师以“中华优秀传统文化”为主题核心，开展单元教学，在教学中不断渗透中华传统文化，让学生对中华传统文化有初步的认识和了解，并产生研究兴趣。

本单元以中华优秀传统文化为主题，编排了《古诗三首》《纸的发明》《赵州桥》《一幅名扬中外的画》四篇课文。这些课文从不同侧面展现了中华优秀传统文化的魅力。四篇文章分别从传统节日、科技、建筑、艺术四方面向学生介绍了中华传统文化的四个领域，让学生对其有了初步的了解，从而对于下面的活动产生更为浓厚的兴趣。

（二）学生通过学习，绘制思维导图

通过一个单元的学习，学生对于中华传统文化有了一定的了解和认识，并且对了解传统文化产生了一定的兴趣。通过教材学习、查阅资料、询问长辈等方式，学生绘制了中华传统文化思维导图，概括了自己想要了解的中华传统文化类别，有些学生还进行了更加细致的分类。学生通过活动对中华传统文化有了更加深刻的理解，也为之后的分组合作奠定了基础。

（三）根据兴趣，自愿结合研究小组

在每位同学都绘制了思维导图后，笔者组织了语文活动课，让学生交流了自己的思维导图成果。通过交流，学生开阔了眼界，知道了许多之前自己不知道的中华传统文化类别。之后选出了自己最想研究的一个类别，根据趣味相投的原则，每班组成了六七个研究小组，小组内选出一名组长，每个小组各选择一个最喜欢的中华传统文化类别进行研究。

在组内研究过程中，老师还组织学生绘制了分工表，依据人人参与的原则，让每个学生都参与进来，各自找到擅长或感兴趣的那部分。

（四）收集资料，评价汇报

在小组研究学习的两周时间里，老师指导学生通过查资料、看纪录片、看课外书、询问长辈等方式收集中华传统文化资料，并指导学生删减、提炼资料

内容，不断精简资料形式，形成每组一份的小报合集，最终全班形成一本中华传统文化百科全书。

之后，小组进行汇报展示，每个成员负责演讲自己负责的部分。通过排练，有的小组还推选出“小主持人”进行串词讲解，内容形式丰富多彩。

在小组合作和展示期间，教师还可以设计关于具体内容的评价表，将学生需要达到的标准量化成表，让学生通过自评和互评知道自己的优点和不足。

表1　查找、整理资料评价量规

内容	评价	
查找资料	能根据小组选定的节日查找资料。 能自己从书上、网上或其他途径查找资料。	☆☆☆
整理资料	能记录有关传统文化方面的资料。 能根据记录的要点练习介绍中华传统文化。	☆☆☆
小组交流	能积极参与小组讨论。 能认真听同伴发言，诚恳地提出改进建议。	☆☆☆

最后，通过小组互评，选出演讲最出色的一组，代表全班进行演讲录制，全年级制作1小时左右的中华传统文化演讲视频，留存资料。

（五）拓展延伸

在教学后期，笔者通过教研和学生的调研，在中华传统文化演讲后又产生了新的问题，即如何将传统文化与现代事物相结合。

这样的问题，需要学生将实际生活和传统文化联系起来，大大提升了难度，也给了学生更多发挥空间。笔者在简单举例并提出要求后，学生们发挥想象，设计出了一件件创意十足的作品：有的将齿轮和时钟相结合，发明了水时钟；有的将古代寺庙和现代办公楼相结合，设计出了寺庙办公楼；还有的以古代的“爵”为基座，融入现代的滑梯理念和电梯装置设计出了“青蛙公寓”……每一种设计都充分体现了学生们在细致观察基础之上丰富的想象力和大胆的创造力。

四、教学反思

在单元整体推进过程中，学生也出现了一些具体的问题。针对这些问题，笔者也进行了深入反思，具体内容如下：

（一）分组合作

对于三年级的学生来讲，他们刚刚开始接触分组合作学习，起初通过趣味相投原则分组后，孩子们一头雾水，不知后面该怎么研究，陷入了迷茫。教师发现问题后，立刻有针对性地对各个小组进行了指导，包括：

1.根据喜欢的类别进行分工

学生根据自己画的思维导图，在每大项传统文化类别中选择具体小项。比如在中华传统节日这一大类型的中，还可分为清明节、端午节、春节等节日。教师指导学生可以每人选择自己感兴趣的一小项进行详细研究，每人做出1–2页图文并茂的小报。

2. 根据擅长的领域进行分工

每个孩子身上都有自己的优点，有的擅长书写，有的擅长绘画，有的擅长整理，有的擅长查找资料，还有的擅长演讲。教师不断发掘学生的闪光点，提出学生在自己擅长的领域进行分工，让每个学生都领到自己擅长、喜欢的那一部分工作。

通过教师的指导，学生很快便分好工，开始进行后续的研究。有些组长的领导能力非常强，还在课后组建了微信群，通过课后网络的方式开小组会等等，大大锻炼了学生分工和团结合作的能力，同时也受到了家长的好评。

（二）查找资料

在做小报和百科全书合集时，学生查找资料很全面，小报设计很美观。有些小组还用心地设计了每组的目录，进行分类整理。但是，学生在汇报学习情况时还存在一些具体问题，例如：有的学生上台只能照本宣科，一字不漏地念稿子；有的学生念稿子的时候还存在不认识字和表述不畅的现象。这些都说明学生只是在机械地查找资料，并没有将资料内化为自己的知识，这距最初制定的教学目标还有一定的差距。

针对以上问题，教研组内全体教师及时开展教研活动，讨论方法，制定了以下要求和方案：

1.限制小组演讲时间，每组演讲时间不能超过10分钟。

2.要求同学脱稿演讲，不能照本宣科，要用自己的话讲一讲。

3.开展小组间的交流，给学生充足的时间练习，多讲几遍，争取一遍比一遍好。

通过四个星期的活动，每班最终选出一组同学进行演讲，每组演讲十分精彩，全部脱稿，并且时间全部控制在了8分钟之内。

（三）教学反思

在探究“如何将传统文化与现代事物相结合”的拓展部分，很多学生没有思路，不知从何下手。笔者尝试先让学生找一找生活中哪些事物是将传统文化与现代事物相结合的，又是如何结合的，在这个基础上再让有能力的学生进行创新。

其实中华传统文化贯穿于统编小学阶段十二册语文教材中，或许可以将中华传统文化研究性学习贯穿于小学六个年级中，每个年级定不同的学习目标。比如：一年级初步了解传统文化；二年级找一找有哪些传统文化；三年级细致学习，掌握分组和查资料的能力……这样贯穿式的研究既可以见证学生的成长，也能够帮助教师形成整体教学体系，在今后的教学中可以再进行实践研究。

参考文献：

[1] 李常辉 . 单元整体教学的小学语文教学应用 [J]. 当代人，2018（10）：98.

[2] 王艳娇 . 巧用绘本提升综合性学习质量 [J]. 教育（周刊），2019（44）：52.

[3] 秦鹤文 . 如何在小学语文教学中挖掘学生的潜力 [J]. 小学生作文辅导（三四年级版），2018（12）：68.

[4] 王志清 . 浅析群文阅读如何实现从“1”到“X”篇的嬗变成绩 [J]. 考试周刊，2021（34）.

统编小学语文低年级教材中插图的应用策略研究

北京市东城区景泰小学
李宇腾

摘要:

插图是教材中的有机组成部分，在语文课堂应用中起到重要作用。插图具有直观性、形象性、画面性的特点。小学低年级学段学生的形象思维占主导地位，运用插图进行教学更具吸引力。本文以统编低年级小学语文教材中的插图为研究对象，将插图按其作用分为装饰类插图、启发类插图、暗示类插图三种。装饰类插图可用来辅助教师进行中国传统文化的教育；启发类插图可用来辅助教师进行识字教学、记忆训练和培养学生的创造力；暗示类插图可用来辅助教师进行拼音教学，培养学生的观察能力和独立思考能力。

关键词:

统编教材；插图；应用策略

一、统编小学语文低年级教材中的插图概况

统编小学语文低年级教材中的插图不但数量众多，而且插图的类型也是多种多样。在相关研究中，有根据插图的组织形式进行分类的，将插图分为独立图、发散图、序列图、多层图。还有根据插图的抽象水平分类的，将插图分为实物图、描绘图和漫画图。将多种文献资料进行分析比对可知，最能将插图的类型与教学应用相关联的分类方法是按照插图的应用功能分类。因此，本文将统编小学语文低年级教材中的插图根据其应用功能进行分类，按其功能由低到高，依次分为装饰类插图、启发类插图和暗示类插图。

装饰类插图的主要功能是对课文内容进行装饰、点缀，增添教材的艺术美感。此类型插图在教学应用上所能发挥的作用更加偏向于培养学生的艺术美感。

启发类插图的主要功能有两种。一种功能是对学生的基础技能学习进行启

发，从而能够辅助学生更好地对教材进行理解、背诵和学习，提升学生的基本能力。另一种功能是可以将学生带入到一个生动具体的情境中，激发学生的学习兴趣和想象力。

暗示类插图具有提高学生运用知识能力的功能，使学生受到启发的同时培养能力素养。暗示类插图使学生能够举一反三，将所学知识做到真正运用，培养了学生的观察能力和独立思考的能力。

二、装饰类插图的应用策略

装饰类插图的主要功能是对课文内容进行装饰，增添教材的艺术美感。一部分装饰类插图起到装饰的作用，还有一部分插图不仅突出了艺术美感，还渗透着中国传统文化元素。经过课堂实践，我总结出以下装饰类插图的应用策略：1.应用于古诗文教学，营造中国传统文化氛围。2.激发学生学习兴趣，培养学生对中国传统文化的热爱。运用此策略后，学生在学习与中国传统文化有关的课文时产生了更加浓厚的兴趣。

下面将以《传统节日》一课为例具体说明：

《传统节日》在统编小学语文教材的第四册第三单元。这篇课文不论是从文本还是从课文的插图中都让人感受到浓重的中国传统文化色彩。课文中的插图一共有两幅，带有浓厚的节日气息，如图1所示：

图1 《传统节日》一课的插图

在课堂开始时，教师将第一幅贴窗花的图片展示在大屏幕上，同时让学生说一说图片上的小朋友们在做什么，猜一猜是哪个节日的习俗。学生可以根据图片说出小朋友们在一起贴窗花。贴窗花是春节的习俗，教师进而引出题目，同时营造出中国传统文化的氛围。学生在熟读完课文、理解文章内容后，教师可出示文中第二幅人们正在赛龙舟的插图，让同学们根据所学课文的内容来找一找插图中所描绘的场景是哪个传统节日的习俗。由此让学生们试着想一想文中其他传统节日习俗的画面，挑一个自己最喜欢的传统节日，在课后仿照文中的插图来画一画。有的学生画了春节大家一起放鞭炮的简笔画，有的同学画了中秋节大家一起赏月的简笔画。如此一来，不仅激发了学生的学习兴趣，还培养了学生对中国传统文化的热爱。

三、启发类插图的应用策略

启发类插图针对学生的基本技能进行学习、启发。教师由此可以总结出以下启发类插图的应用策略：运用启发类插图进行识字的教学、记忆能力的训练和创新能力的培养，并将教材中的启发类插图以简笔画的形式展现在课堂中，使教材中的插图实物化。文中的插图不仅能够激发学生的想象力，还培养了学生的表达能力。

下面将以《大小多少》一课为例具体说明。

《大小多少》在统编小学语文教材的第一册第五单元。这篇课文中共配有四幅插图，如图2所示。教师可以将教材中插图上的八种动物和水果分别以简笔画的形式画出，做成教学用具。

图2 课文《大小多少》插图

在教学中，教师先创设一个农场的情境，初读课文，找一找文中都有哪些“好朋友”。接着，教师出示教材中的简笔画，让学生看图说名字。学生边说，教师边将这些动物、水果的名称板书在简笔画下，使学生对照着图画来认识生字。比如“鸭”字的偏旁是鸟字旁，学生可以借助图画理解带有鸟字旁的字一般都与鸟类、家禽有关。在图画的启发下，学生更容易理解、记住生字，从而使识字教学更加生动有趣。

教师在课堂中第二次应用简笔画来辅助学生理解对比关系。教师将简笔画粘贴在黑板上并进一步引导：“观察这四组图片，你发现了什么？”学生借助图画，很直观地看到黄牛大，猫咪小；杏子多，桃子少；等等，从而独立得出“大”与“小”、“多”与“少”是两组对比关系的结论，培养了学生观察、思考的能力。

第三次借助简笔画来辅助学生理解并背诵课文。从最开始的学生借助简笔画背诵课文，再到最后的逐渐脱离简笔画背诵课文，从而达到辅助学生背诵的目的。

教师在课堂中第四次应用简笔画是借助图画激发学生的想象力。教师借助图画问“除了这些，你们还能想到什么？”从而启发学生想象出更多关于“大和小”“多和少”的画面。接着，让学生依据课文内容进行想象，写一段文字。学生能写出“一个大，一个小，一棵大树，一株草；一个多，一个少，一群大雁，一只鸟”等等，从而培养了学生思考、创新的能力。

四、暗示类插图的应用策略

暗示类插图有着将知识暗藏在教材情境图中的特点，需要学生仔细观察和认真思考才能找出，因此暗示类插图能够培养学生观察能力和独立思考能力，可以有效地用来进行拼音教学。在拼音教学中可以两次运用暗示类插图。第一次应用插图的目的是启发学生找到所学知识与插图之间的联系。第二次应用插图是为了加强学生运用拼音的能力，在巩固知识的同时培养学生的观察能力和思考能力。

下面将以《ai ei ui》一课为例具体说明。

《ai ei ui》在统编小学语文教材的第一册第三单元，这一单元为汉语拼音教学单元。在《ai ei ui》中配有一幅情境图（见图3）。在这幅情境图中隐藏着许多带有复韵母ai、ei、ui读音的事物，学生从直观上是无法看出的，需要仔细观察才能发现。

āi ái ǎi ài	ēi éi ěi èi	uī uí uǐ uì
g-āi→gāi	l-èi→lèi	t-uǐ→tuǐ
g-u-āi→guāi	bēi péi fēi	huì duī chuī
tái kāi cāi	gěi wéi hēi	zuǐ ruì shuǐ
huài kuài		

图3 拼音插图

上课伊始，教师需要带领学生初读复韵母ai、ei、ui，读完后首次出示情境图，引导学生："看，一群小朋友围着奶奶，在听奶奶讲故事，桌子上还放着一个水杯。这句话出现了哪些我们今天要学习的复韵母？"这个问题对于学生来说比较困难，这时教师提示"奶"字的读音中隐藏复韵母ai的读音，引导学生发现复韵母与情境图之间的联系。学生可以找到"围"和"杯"字隐藏复韵母ei的读音、"水"字隐藏复韵母ui的读音，在夯实基础知识的同时也提高了对拼音学习的兴趣。

在课堂的最后一个环节，教师再次展示情境图，让学生找一找还有哪些事物中带有复韵母ai、ei、ui，并用一句完整的话来表述。在这个过程中，学生需要先仔细观察情境图，将所学的拼音知识运用到情境图中，并需要检验自己所表述的话语中是否带有今日所学的复韵母的读音。这一过程是学生仔细观察、认真思考、反复验证的过程，培养了学生的观察能力和独立思考的能力。学生可以说出以下结论：一位白头发的老奶奶，围着一条红色的围巾，在给小朋友们讲故事。其中“白”藏有复韵母ai的读音，“围”藏有复韵母ei的读音；小朋友们都戴着红领巾，其中“带”藏有复韵母ai的读音；等等。这样一来，不仅训练了学生的语言表达能力，而且培养了观察能力和独立思考能力，有效地促进了拼音教学。

参考文献：

[1] 吴忠豪 . 小学语文课程标准与教材研究 [M]. 北京：教育科学出版社，2016.

[2] 温儒敏 . “部编本”语文教材的编写理念、特色与使用建议 [J]. 北京：课程・教材・教法，2016（11）：3–11.

[3] 颜亚男，武常 . 语文教学与课文插图 [J]. 无锡教育学院学报，1998（1）：3–5.

[4] 康树林，陈瑶 . 对小学低年级语文教学中插图运用现状的调查 [J]. 中国科技信息，2005（8）：40–49.

[5] 刘淼，罗方，彭涛 . 语文教材插图效应及其在语文教学中的应用 [J]. 新教材，2005(11):3–5.

[6] 陈月茹 . 关于教科书插图问题的思考 [J]. 天津市教科院学报，2008（3）：1–3.

[7] 胡春霞 . 藏在插图里的教学密码——语文低段教学中插图的有效运用 [J]. 华夏教师，2018（5）：1.

聚焦语文要素，实施单元整体教学

顺义区教育研究和教师研修中心　孔凡艳
北京市牛栏山一中实验学校小学部　臧霜

摘要：

统编教材提出了“语文要素”这一概念，明确了每个单元所侧重的语文知识、语文能力、语文学习策略等。在统编教材的使用背景下，需要聚焦语文要素，实施单元整体教学。对此，我们要立足整体，解读语文要素，还要整体设计，落实语文要素，从而凸显出单元整体教学的特点与优势，最终切实有效地提升学生的语文素养。

关键词：

统编教材；语文要素；单元整体教学

统编教材提出了“语文要素”这一概念，为我们明确了每个单元所侧重的语文知识、语文能力、语文学习策略等，同时也凸显了教材单元编排的整体性。结合这一特点，在统编教材的使用背景下，我们需要聚焦语文要素，实施单元整体教学。

一、立足整体，解读语文要素

我们利用统编教材实施单元整体教学，首先要立足整体，解读语文要素，找准单元整体教学的着力点。

（一）明晰语文要素的纵向进阶

统编教材对语文要素进行了由易到难、螺旋式发展的编排，我们需要明晰语文要素的纵向进阶，从而更准确地了解目标与学情，把握教学的重难点。

例如，六年级下册第三单元是习作单元，主题是“让真情在笔尖流露”，指向习作表达的语文要素是“选择合适的内容写出真情实感”。针对这一语文要素，我们梳理统编教材从四年级到六年级所安排的梯度训练：

表1 相关语文要素梳理

年级	单元	习作内容	落实的语文要素
四上	八	我的心儿怦怦跳	写一件事，能写出自己的感受
四下	一	我的乐园	写喜爱的某个地方，表达出自己的感受
五上	一	我的心爱之物	写一种事物，表达自己的感情
五上	六	我想对您说	用恰当的语言表达自己的看法和感受
六上	三	让生活更美好	试着在写事物时，融入感情，表达看法
六上	八	有你，真好	通过事情写一个人，表达出自己的情感
六下	三	让真情自然流露	选择合适的内容写真情实感

“表达真情实感”是小学阶段习作一以贯之的要求。在以往的习作训练中已经从简单写出自己的感受，到用恰当的语言、通过具体的事情来表达自己的情感。本次习作要求把情感真实自然地表达出来，既是对小学阶段这方面习作要求的总结和强化，又是对学生认识的提升；既可以将情感融入具体的人、事或者景物之中，也可以把心里想说的话直接写出来，同时要求在事情发展过程中，情感有所变化，要把情感的变化写清楚。

（二）挖掘阅读要素与习作要素的关联

统编教材在编排语文要素时，每个单元都设计了指向阅读和指向表达的语文要素，我们要立足整体，挖掘阅读要素与表达要素的关联，注重引导学生由读到写，从阅读中学习表达。

例如三年级上册第三单元，人文主题是“乘着想象的翅膀，游历奇妙的童话王国，看花儿跳舞，听星星歌唱”。本单元指向阅读的语文要素是“感受童话丰富的想象”，指向表达的语文要素是“试着自己编童话，写童话”，这两者就是层级递进的关联。因此，在设计学习活动时，我们不仅要引导学生在阅读中感受到童话丰富的想象，还要引导学生发挥自己的想象，将丰富的想象融入自己编童话、写童话中，从而实现由读到写的层级递进。

（三）统整语文要素与人文主题的双线融合

工具性与人文性的统一，是语文课程的基本特点。在单元整体教学中，我们要统整语文要素与人文主题的双线融合，通过语文要素的落实促使人文主题的内化。

例如，六年级下第一单元的人文主题是“民风民俗”，指向阅读的语文要素是“分清内容的主次，体会作者是如何详写主要部分的”；指向习作表达的语文要素是“习作时注意抓住重点，写出特点”。品读课文时，要在最具代表性的风俗活动的详写中感受民风民俗的博大精深，在多种民俗活动的略写中感受民风民俗的丰富多彩；学生习作时，无论是介绍一种风俗还是写参加一次风俗活动的经历，教师要引导学生有重点地写清楚自己感受最深刻的风俗（或者是风俗活动），展现出其特点，从而激发出学生对中华民俗的热爱之情，增强文化自信心，树立传承优秀民风民俗文化的意识。

二、整体设计，落实语文要素

语文要素是从教材整体到单元整体编排的，落实语文要素，就一定要立足整体进行设计。

（一）遵循教材，发挥好单篇示例的作用

叶圣陶先生说：“语文教材无非是个例子，凭这个例子要使学生能够举一反三，练成阅读和作文的熟练技能。”在单元整体教学中，我们要从整体上解读教材，把握每一篇课文、每一项训练在单元整体中的功能，遵循教学的一般规律，发挥好教材的示例作用。

如五上第六单元的整体教学，就充分地体现了每一篇课文、每一项训练在单元整体教学中的地位。（见表2）

表 2　部编教材五上第六单元整体分析

口语交际和习作	先让学生梳理场景，初步体会到其中蕴含的情感；然后回到课题“慈母情深”深入解读，引导学生关联场景，发现细节。	清晰地落实语文要素，体现了学习语文的一般规律，体现了精读课型。
《父爱之舟》	在“我”的梦中出现了一些难忘的场景，学生先通读梳理；再聚焦感受深刻的场景细读品味，在不同场景中可以通过联系背景、角色体验、质疑解疑等多种方式体悟深沉的父爱。	体现了对文本特质的遵循，巩固成果。

续表

《"精彩极了"和"糟糕透了"》	从题目入手，立足篇章直接画出父母极端的断言带给巴迪心情变化的轨迹图，自然串联了场景、关注到细节。	体现了略读课文的味道，也学习了作者表达自己看法和感受的策略。
口语交际和习作	落实"用恰当的语言"表达看法和感受，向父母倾诉心声时要"言之有物"，可以通过"具体的场景和细节"来陈述事例。	体现两个语文要素的整合性落实。

按照教材双线组元的编排，体现出循序渐进地落实语文要素的特点：先是指向阅读的要素落实——体会场景和细节中蕴含的感情，再是指向表达的要素落实——用恰当的语言表达自己的看法和感受；整体体现了三位一体的课型；也体现读与写的紧密结合——不仅是习作时遇到的困难，联系阅读得到解决，在阅读教学时还有意安排习作表达的预作。学完《慈母情深》就布置了练习："假如你是梁晓声，这件事后你有什么话对妈妈说呢？"这是课文的延伸，也是习作的铺垫。

在落实每一篇的基础上，关注到篇与篇、领域与领域的联系，单元的整体性体现得就更好。

（二）适当组合，建构单元内部的合力

我们提倡在遵循教材基础上的适当组合，更好地立足单元整体来落实语文要素。

1.板块推进，进行"学法—练法—用法"的一体化设计

例如，六年级下册第二单元的语文要素围绕着"梗概"而展开。在教学中利用精读课文《鲁滨孙漂流记（节选）》进行"学法"设计：引导学生初步理解什么是梗概；借助课文的梗概部分，通过梳理小标题的方式，了解整本书的主要内容；再联系梗概与节选，就人物、情节等内容交流感受；联系梗概与情节也能帮助学生悟出梗概如何撰写。接着，利用略读课文《骑鹅旅行记（节选）》和《汤姆·索亚历险记（节选）》进行"练法"设计，引导学生自主梳理情节，迁移运用在《鲁滨孙漂流记（节选）》一课中学到的方法，尝试练笔，写一写这两篇课文的梗概，以及自主交流阅读的感受。最后，在"口语交际·同读一本书"的活动中，学生结合自身的阅读经验，运用所学到的方法，就书中的人物、情节等交流读书心得。此外，还要根据本单元习作的要求，运用所学到的写梗概的方法进行写作实践。如此一来，学生在经历了"学法—练法—用法"层层递进的学习过程，真正地将本单元的语文要素内化于心，提升了语文素养。

2.创造性组合，加强单元内部的横向合力

单元的横向重组更有利于增强内部合力。六年级上册第五单元的整体教学中，把《两小儿辩日》和“口语交际·辩论”组合在一起，教读《两小儿辩日》时，通过品读两小儿是如何辩论的，学习“明确提出观点”“用具体事例说明观点”的辩论方法，联系生活实际中容易产生分歧的问题，产生实际辩论的需求，拓展教材中“口语交际·辩论”板块，进一步学习如何辩论，最后运用所学到的辩论方法，进行辩论实践。学生在阅读与口语表达的合力中，由“体会文章是怎样用具体事例说明观点的”就走向了在口语交际实践中“运用具体事例说明观点”。

（三）巧妙整合，开展“一带N”教学

“一带N”教学，是在语文教学中，根据一定的阅读需求，由教材中的一篇课文（也包括一次口语交际、习作、综合实践活动或一整个单元），带出与之相关的一个或多个片段，一篇或多篇，整本书的阅读文本，从而将教材与课外阅读材料有机衔接起来，在课内外教学资源的互文建构中达到扩大视野、丰富积累、发展能力、活化思维等目的，从而落实语文要素，提升学生的语文核心素养。

例如，三年级《父亲、树林和鸟》课后有这样的判断题：“父亲曾经是个猎人”你同意这样的判断吗？说说理由。学生在小组讨论中产生了分歧。这时查阅资料的同学阅读这样一段有关“牛汉父亲”的资料作为佐证：他的父亲是一位在北京大学旁听，当过老师、写过诗歌的乡村知识分子。最喜欢在夜晚放风筝，当地流行一个谚语：“史桂林的风筝头一分儿。”卖豆腐的老汉夸自己的豆腐说：“我的豆腐是史桂林的风筝。”

通过这样的资料佐证，学生明白了其实父亲以前是不是猎人并不重要，他可能从小就爱树林、爱鸟；也可能曾是个打猎迷，后来认识到自己的不对就不再打猎了。其实最重要的是学生感受到了父亲对于树林、对于鸟的那份爱。

学生容易理解父亲爱树林和歌唱的鸟，但不容易理解父亲对鸟对大自然美的热爱，传递给了他的孩子，对“我”产生的影响。这时拓展阅读牛汉的《我的第一本书》片段，延伸到文外，知道父亲对“我”的影响，理解父亲热爱自然、爱孩子的思想意识。

总之，在使用统编教材的背景下，进行单元整体教学的关键就是聚焦语文要素，体现单元整体——立足整体，解读语文要素；整体设计，落实语文要

素。从而凸显出单元整体教学的特点与优势，最终切实有效地提升学生的语文素养。

参考文献：

[1] 温儒敏 . 如何用好“统编本”小学语文教材 [J]. 课程・教材・教法，2018（2）：4-9，17.

[2] 张逸灵 . 浅谈统编语文教材单元要素递进式学习策略 [J]. 基础教育论坛，2020（20）：39-40.

[3] 刘仁增 . 以语文要素为核心的单元整体备课策略——以统编教材四年级下册第六单元为例 [J]. 小学教学参考，2020（10）：1-4.

[4] 孔凡艳 . 聚焦核心要素 感悟舐犊之情——五上第六单元整体教学设计构想 [J]. 小学教学设计，2019（28）：46-47.

基于单元整体的语文自读实践课的研究

北京市顺义区东风小学
穆丽平

摘要：

基于单元整体的语文自读实践课，是以一个单元作为语文教学的基本单位，以精读课文为切入点，创设新的运用情境，引导学生在新情境中灵活提取与迁移运用所学知识自读略读课或相关文章，在阅读实践中提高学生语文综合能力。自读实践课凭借“三环节”，即明确内容以梳理要点、迁移学法以自读文章、总结提炼以提升认知，共同推进教学过程。其“四课型”，即课本单元自读课、单元主题拓展课、单元拓展整本书和单元实践活动课，均指向学生语文核心素养，同时“四课型”分别体现“三环节”特征。基于单元整体的自读实践课能够促进教师专业发展，诠释教师主导、学生主体、活动主线的“三主”课堂，从而养成学生阅读意识，最终指向语文核心素养的提升。

关键词：

单元整体；自读实践；语文核心素养

“单元”是课程的基本单位。李怀源提出“小学语文单元整体教学”，现代著名教育学家叶圣陶先生说“教材无非是个例子，凭这个例子要能够举一反三，练成阅读和作文的熟练技能”。基于单元整体的语文自读实践课，是以一个单元作为语文教学的基本单位，从整体出发，以精读课文为切入点，创设新的运用情境，引导学生在新情境中灵活提取与迁移运用所学知识、自读略读课文或相关作品，在阅读实践中提高学生语文综合能力的一种课型。

一、“三环节”推进教学过程

基于单元整体的语文自读实践课，遵循“三环节”，即明确单元以梳理要点、迁移学法以自读文章、总结提炼以提升认知。明确单元以梳理要点是指教材中的单元都是按照相同主题或相同语文要素等安排教学篇目，包括精读课文和略读课文；迁移学法以自读文章是指学生在建构单元知识后，运用单元习得阅读方法，或自读略读课文，或进行“主题拓展阅读”，或拓展阅读整本书，或进行单元实践活动；总结提炼以提升认知是指在经历不同形式的自读文章过程中，学生认知经历“同化”“顺应”之后达到新的“平衡”，补充或提升对知识点的认知，实现举一反三，提高学生的语文综合素养。

二、“四课型”指向学生核心素养

基于单元整体的语文自读实践课，由基础到提高可以分为四种课型：课本单元自读课、单元主题拓展课、单元拓展整本书、单元实践活动课。课本单元自读课是基于语文教材中一个单元中的略读课文进行的自读课教学，自读课关注课文承载的单元任务，提升学生的知识技能。单元主题拓展课，从整个单元的人文和语文要素入手，拓展同一主题的文章，提高学生阅读能力。单元拓展整本书，根据单元文体特点或“快乐读书吧”的内容，开展整本书阅读教学，拓展阅读空间。单元实践活动课，是从单元教学内容或学生阅读能力出发，开展语文实践活动。四种课型从语言建构与运用，到思维发展与提升，到审美鉴赏与创造，到文化传承与理解，指向学生语文核心素养的发展。

三、“四课型”体现“三环节”的特征

（一）课本单元自读课

第一环节：读什么。叶圣陶先生说：“就教学而言，精读是主体，自读只是补充；但就作用而言，精读是准备，自读才是应用。”例如统编教材六年级上册第四单元，精读课文《桥》《穷人》，略读课文《在柏林》，这一单元要了

解小说的特点，语文要素是“读小说，关注情节、环境，感受人物形象”“发挥想象，创编生活故事”。所以，读出小说的特点，读出小说人物形象，读懂故事情节和环境描写，是这一单元要读的内容。

第二环节：怎么读。精读课文《桥》塑造了一位党支部书记在山洪暴发时舍己为人、不徇私情的光辉形象。《穷人》赞美了穷苦渔民桑娜夫妇善良、美好的心灵。课前学生根据精读课文习得的，抓住小说中人物描写、情节发展、环境描写感受人物形象特点的方法，略读《在柏林》。课上学生圈画情节发展过程中人物对话和神态的句子以及环境描写内容，批注这篇小说是怎样表现灾难这一主题的。抓住文中人物描写和车厢里的环境以及出人意料的结尾，感受到战争给人民带来的肉体痛苦和对人民心灵的沉重打击，以及作者对战争的厌恶和对和平的渴望。

第三环节：读出什么。结合语文园地中交流平台，发现这三篇小说的共同特点是：都具有鲜明的人物形象、曲折的情节、典型的环境，而且都善于设置悬念，因而引人入胜。三篇文章在情节的推进和环境的展现上又有区别，分别以洪水、事情发展、车厢环境的变化为线索推动情节等等，前两篇到第三篇实现由学到用的阅读迁移。整个单元从课文学习到口语交际、词句段运用、习作练习，实现由学到用到写的能力迁移。

（二）单元主题拓展课

第一环节：拓展源头。统编五年级下册第七单元，精读课文《威尼斯的小艇》《牧场之国》，略读课文《金字塔》，拓展源头单元知识要点：写了什么，有什么特点，怎样写具体的；语文要素“体会静态描写和动态描写的表达效果”。

第二环节：怎样拓展。按照求同存异的原则，以《秦兵马俑》《三亚落日》《烟台的海》为例，补充不同文化背景下的对不同美景的描写。首先，学生课前完成预习表格。在“我是这样学的”一栏，学生总结：从时间的变化，地点的转换，观察角度的变化，以及动静结合等把握景物的特点。在“我发现”一栏，学生发现拓展文章与单元课文的关系，比如《三亚落日》，描写不同时间点的景物动静结合之美，《烟台的海》描写不同季节景物变化之美。接着，学生课上交流之后制订自学方案。比如学习《烟台的海》，学生纵向围绕冬、春、夏、秋的时间变化，横向从景物、写法、特点三个方面制作表格，归纳总结各季节的主要特点，迁移了单元抓动态描写的阅读方法。

第三环节：拓展意义。学生分享学习之后，将课本四篇文章和拓展篇目放到一起再发现相同点或者不同点。比如：秦兵马俑的美是创造出来的精致的美，不同于金字塔的磅礴美，这也反映了国家文化的差异。主题拓展阅读巩固课本阅读方法，同中求异，异中求补，实现学生思维的发展与提升。

（三）单元拓展整本书

单元拓展整本书第一环节：拓展依据。统编四年级上册第六单元。依据本单元语文要素，“学习用批注的方法阅读；通过人物的动作、语言、神态，体会人物的心情”，认识《稻草人》这本书中的新朋友，引入整本书的阅读。第二环节：如何阅读。让学生抓住人物描写方法，自主默读《稻草人》这个故事，认真圈画批注，体会童话人物的性格特点，发现整本书阅读与单篇阅读的区别。第三环节：拓展提高。学生发现关注作者、了解背景是读懂童话的重要方法，进而发现童话都是理想与现实的融合，这就是童话和整本书的魅力。课上按照学生认知习惯，构建单元与整本书阅读的联系，逐步感悟阅读整本书的方法和好处，提高学生阅读整本书的兴趣和能力，拓展课本阅读教学空间，提高学生审美鉴赏与创造力。

（四）单元实践活动课

单元实践活动课，基于不同单元的出发点，我们探索出不同的活动课形式，包括基于课本本身的课本综合实践活动课，基于时间节点的节日主题实践活动课，基于与名人互动的名家见面实践活动课，基于经典名著阅读的“我读我演”实践活动课。基本环节为确定主题阅读准备—交流主题阅读分享—收获主题实践展示。比如基于经典名著阅读的“我读我演”实践活动课，具体为“读—编—排—演”四个步骤。统编五年级下第二单元有《草船借箭》《景阳冈》《猴王出世》《红楼春趣》四篇文章，选自四大经典名著。结合课本的“我读我演”实践活动课历时三个月，学生前期自行阅读名著，在读的过程中挑选出自己最喜欢的章节，根据交流内容的相似性，自主组成剧组，给剧组起名字，合理分工，进行排练。最后学校举办“我读我演”的经典名著展演活动，邀请家长参加。“三打白骨精”“武松打虎”等等，孩子们变身名著中的人物，表演一板一眼。这样的语文实践活动是单元教学内容的延伸，提高了学生们的语文综合能力，实现了文化传承与理解。

四、自读实践课构建师生发展平台

（一）自读实践课发展学生语文能力

有学者指出："学生的学习经验是一种缄默知识，更多的是在活动中，通过教师的外显，学生的意会、感悟而获得，是在'做'中学和'做'中积累。"例如《忆江南》课堂教学，学生们在集体学习《忆江南》，把握词的特点和追忆之情后，选择自读《忆江南》其二和其三，学生的学习主动性被充分调动起来。在"争做小词人环节"，王金同学创作了《忆长城》，"长城好，风景旧曾谙。日出长城好风光，秋来长城绿叶红，能不忆长城？北京忆，最忆是长城，长城像是中华龙，卧在雄伟高山巅，何日再重游？"学生们享受词句带来的情感共鸣，心中的词作也如涓涓细流，喷涌而出。学生的词藻虽稚嫩，但显示出了他们对语文的热爱和举一反三的应用能力。

（二）自读实践课促进教师专业发展

荷兰哲学家斯宾诺莎认为，反思是认识真理的比较高级的方式。教师将参与教研活动的反思放到一起，发现研究中的成长轨迹：反思一，初步认识"一带一"教学模式；反思二，批判性反思"整体教学"研究；反思三，对单元要点进行科学性的思考；反思四，对有效小组合作学习的思考；反思五，体会语文讲出语文味的特点；反思六，结合"阅读"认识文体教学。参与研究不只是对自读课的逐步清晰认识，更重要的是形成了一种研究习惯。孔子也曾提出"吾日三省吾身"，那么，教师在研究中反思，在反思中再研究，从理论到实践，再由实践到理论，这样才能实现教师的专业发展。

基于单元整体的语文自读实践课，教师的有效实践是保证学生有效实践的前提，诠释教师主导，学生主体，活动主线的"三主"课堂。更重要的是养成学生阅读的意识，达到"授之以渔"的教学目的，指向学生语文核心素养的提升。

参考文献：

[1] 窦桂梅．小学语文主题教学研究 [M]. 北京：人民教育出版社，2015：296.

[2] 窦桂梅．窦桂梅与主题教学 [M]. 北京：北京师范大学出版社，2006：112.

[3] 李怀源．小学语文单元整体教学理论与实务 [M]. 北京：人民教育出版社，2017：156.

[4] 孔凡艳 . 学案助力阅读 [M]. 北京：北京出版社，2013：135–150.

[5] 刘月霞，郭华 . 深度学习：走向核心素养 [M]. 北京：教育科学出版社，2018：72–96.

[6] 引自叶圣陶 1978 年 3 月在北京语言学科规划座谈会上作题为《大力研究语文教学，尽快改进语文教学》的讲话。

四时景物美，共解其中味
——统编版小学语文五年级上册第七单元课文教学策略研究

北京市东城区和平里四小
欧阳小英

摘要：

统编版小学语文五年级上册第七单元安排了“初步体会课文中的静态描写和动态描写”这一语文要素，在本单元教学中，如何运用有效的教学策略去落实语文要素呢？本文从对比阅读、联系生活实际、想象画面、读写结合几个方面对如何开展小学语文五年级上册第七单元整体教学的策略进行探讨，结合实际教学，在教学中落实语文要素，提升学生的语文核心素养。

关键词：

小学语文；单元教学；语文核心素养；教学策略

统编版小学语文教科书（简称“统编教材”）五年级上册第七单元的语文要素是“初步体会课文中的静态描写和动态描写”，这是统编教材第一次专门编排一个单元来培养学生的文学品鉴能力，是学生在第二学段学习写景文章要求“边读边想象画面”阅读的能力的提升。学生经历从第二学段宽泛的感受到第三学段体会到初步的文学鉴赏，为五年级下册第七单元的语文要素“体会静态描写和动态描写的表达效果”做铺垫。这一单元的教学，为学生今后的文学欣赏品鉴打下基础。

这一单元围绕着“自然之趣”安排了四篇课文，通过具体生动的描写，表现了景致的情趣。学生在阅读欣赏时，借助文本的语言，联系实际生活，合理展开想象，从中感受大自然的独特魅力，简言之，就是凭借文本语言文字进行“自然审美”；单元习作教学过程中，学生观察一种自然现象或一处自然景观，按照一定的顺序描写景物，写出景物的动态变化，表达自己对自然的审美。四时景物的变化，在不同时空、不同地点，引发人们的思考不同，人们感受到的“情趣”也会不同。

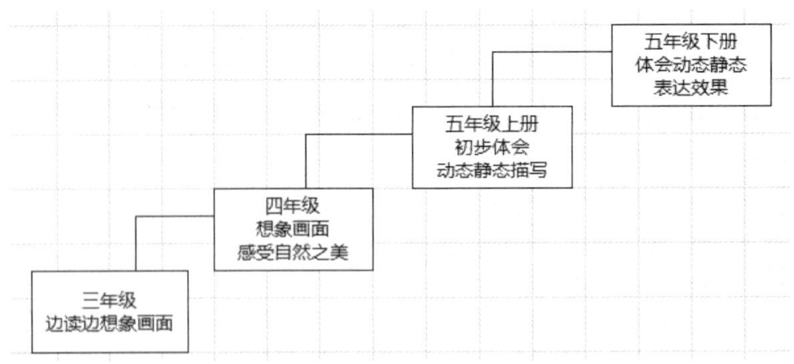

图1　统编版教材相关语文要素图

因此，教学本单元内容，要充分发掘单元主题教学内容的关联性，有效促进语文知识点的交融。对相关主题的内容进行适当的拓展与延伸，使学生对具体的教学主题有更深刻的理解与感受，实现“人文元素”与“阅读元素”融合。

从单元整体入手，运用想象画面、对比阅读、调用感官、以读促写等教学策略，“赏四时景物之美”，共解其中味，真正提升学生的语文核心素养。

一、想象画面，感受“动”“静”描写之趣

想象画面是一种常用的图像化的教学策略，学生在阅读中，根据文本的语言文字，联系生活实际，在脑海中描绘出相应的具体画面。借助想象的情境让学生阅读体验更真实、强烈。本单元的四篇课文，语言生动活泼，对以形象思维为主的小学生来说，通过想象画面可以将文字与画面相结合、意境和形象和谐统一，在想象的情境中感受文字的唯美灵动。

（一）紧扣重点，生成动态画面

《四季之美》一课，在教学第2自然段时，学生关注到“漆黑漆黑的暗夜，无数萤火虫翩翩飞舞”。“漆黑漆黑的暗夜”很安静，有一种静态美。“无数萤火虫翩翩飞舞”是怎样的情景呢？引导学生想象生活中见到的萤火虫在夜间翩翩起舞的情景，脑海中浮现无数“星星点点”的动态画面。漆黑的暗夜和闪烁的萤火虫，这一静一动，让无数跃动着的萤火虫更加灵动、富有生机。学生感

受作者独特的审美情趣及独特魅力。

（二）借助感官，一首诗一幅画

单元的首篇课文是古诗词三首——《山居秋暝》《枫桥夜泊》《长相思》如何让学生从诗句中初识动静之态。

在教学中，面对以形象思维为主的小学生，教师要引导学生充分调用各种感官读词品句赏文，可以更直观、更真实、更深入细致地理解文本，促进学生的审美。

以《山居秋暝》为例，教师引导学生体会“明月松间照，清泉石上流”是全诗的精妙所在。调动学生感官，走在这样的林中，你看到明月照在上________，听到________在________上流动，在动静之中，感受__________。

学生通过这个填空练习，知晓在所见、所闻中会发现不同的景致：静态描写有看到月光透过松叶的朦胧，动态描写是听到泉水流过石头发出的清脆响声。这一静一动，衬托出山间的静谧，实现了本课初识动、静态描写的目标。

《山居秋暝》这首诗明明展现的是山林景色的宁静，为什么还要写林间浣女喧闹的声音、渔舟摇动莲叶的姿态呢？在交流中，学生明白了有了浣女、渔舟的热闹，这才给宁静的山林带来了一份勃勃生机。这一个个景物就是一幅美丽的画卷。

教学中充分调动学生各种感官，感受文本文字，学生能通过感官想象动、静态之美，一首首诗词在脑海中生成了一幅幅画面，同时也会有意识地在阅读时从重点字词、修辞手法、表现手法等角度鉴赏文本，提高学生的文学鉴赏能力。

二、对比阅读，感悟“动”“静”描写之境

在阅读中，我们常常把一篇或者多篇内容或形式上有一定联系的文本进行对照，通过横向、纵向比较，从内容、主题、表达等多个角度进行同中求异，异中求同的辨析，从而加深理解。

单元整体的设计中，紧扣动、静态描写，在对比阅读中，景物的特点越发突显出来。

在《鸟的天堂》一课中，教师引导学生把傍晚的大榕树和早晨的大榕树进行比较，在对比阅读中，学生体会到大榕树在傍晚时分是静谧的，而在早晨大

榕树则是热闹的，在这一静一动的描写中，感受到即便是同一景物，在不同的时间里，景物的特点也在发生着变化。

在教学中，教师引导学生通过文字体会到榕树不仅形态上有一种“静”，还有一种作者在看不到鸟时感受到的榕树的“静”。体会“动态描写”的时候，学生在对比阅读中感受动静的变化：“我们继续拍掌，树上就变得热闹了，到处都是鸟声，到处都是鸟影。大的，小的，花的，黑的，有的站在枝头叫，有的飞起来，有的在扑翅膀……”从这一段文字中学生不仅感受到动态描写和静态描写的景象不同，而且体会到即便是相同的景物，在不同的时间里，景物的特点也是不同的。围绕“动态和静态描写”这一语文要素展开教学，在对比阅读中，学生习得从生活中发现动静之美的方法。

三、习得方法，写“动”“静”描写之景

统编教材五年级上册第七单元习作《______即景》要求学生“观察一种自然现象或一处自然景观”,“按照一定的顺序描写景物”,“写出景物的动态变化”。本单元关于表达的语文要素是“学习描写景物的变化”，呈现出鲜明的读写结合的特点。

（一）阅读品鉴，习得写景的方法

在教学中，初步体会静态描写和动态描写时，引导学生品味动、静态描写中景物的灵动，学生获得写景的方法，感受文字的魅力。

《四季之美》一文，篇幅短小，文字优美。作者用细腻的文字，捕捉微妙的变化，静中有动，动中有静，格外别致。

教学中，以文中的一个自然段为例，教师重点指导写作方法并进行归纳。比如第一自然段，作者描写春天时，选取的是独特的景物——黎明的天空。用“鱼肚色”“红晕”“红紫红紫”几个描写天空颜色变化的词语，加上“泛”“染”“飘”几个动词，展现动态的过程。通过这样动态描写，学生感受黎明的天空更加绚丽多姿。

学生阅读后交流、归纳作者的写作方法：先确定内容，每段开头都运用了“……最美是……”的句式，概括出最美的是什么。然后抓住每个季节最有代表性、最美的景物进行动、静态描写，表达景物的独特韵味和作者的审美情趣。

（二）方法迁移，描写“动”“静”之景

学习了《四季之美》一文，学生在优美的语言中，品味动、静态描写中景物的灵动，可以引导学生运用动、静态的描写方法试着模仿写一写。比如可以模仿一个片段“春天最美是……”“夏天最美是……”“秋天最美是……”“冬天最美是……”写一写眼中的四季美景。课堂上出示小练笔，读写结合，描写动、静之景，感受文字的魅力。

摘录学生片段1：

春天最美是新芽，树枝上悄悄长出嫩绿的树叶，为粗壮的树干点缀上了星星点点的绿色。柳树那柔软的枝条轻轻拂过湖面。湖水中那调皮的小鱼在嬉戏玩耍。小草钻破土地，花儿就像正在梳妆打扮的女子一样，用花瓣把自己裹了起来，想打扮好了再开放。此时，开放的花只有一种，她就是迎春花。迎春花就像小姑娘一样，随着温暖的春风摇曳，向路人们微笑。这一切都是雨带来的。

学生抓住新芽、柳树、小鱼儿、小草、花儿等进行描写，选取的景物突出了春天的特点。“长出”“点缀”“拂过”“嬉戏玩耍”“钻破”等具有动态之美的词语的使用，又展现了春天生机勃勃的特点。

片段2：

夏天最美是雨后，当置身于一座院墙之内时，檐下滴着水滴，当水滴落入地面形成一个个小水坑，泛起一圈圈涟漪。当吸入一口弥漫着土地温暖的气息和花草香气的空气，听着动听的蝉鸣，这一切都使人感到心情舒畅。在这些中，我最喜欢的是雨后的树叶。这时的树叶的颜色变得十分明亮，晶莹剔透的水滴落在树叶上，这使得树叶变得轻盈灵动。

学生围绕夏天的檐下的水滴、水坑、蝉、树叶等景物进行描写，用“滴”“落”“泛”“鸣”等词进行动态描写，展现了夏天雨后的独特之美。

有了这样片段的训练，再写身边的美景，写景物的变化……为单元习作做基础。本单元的教学，力求在阅读的过程中，将人文元素与“写”的元素有机整合，同步推进。从能够说出景物的静态和动态描写，到体会动态美，再到说出并读出静态和动态的不同特点，最后是体会描写，逐步在阅读与表达系列中落实和训练“初步体会景物描写的静态美和动态美”和“学习描写景物的变化”的语文要素。

综上所述，在教学中，巧妙运用教学策略，走进文本深处，细细品读那闪动着灵性的优美文字，想象作者所描绘的灵动画面，体验作者的情思和暖意，

就能发现更多的快乐与美好，这就是自然之趣。学生通过这种训练也会发现最美的不仅仅是四季变化的风景，还有那善于发现美的慧眼、那颗敏感而又充满情趣的心。

参考文献：

[1] 中华人民共和国教育部．义务教育语文课程标准（2011 年版）[S]. 北京师范大学出版社，2012：9.

[2] 王德刚．小学语文主题式单元整体教学的实践分析 [J]. 新课程（上），2017（3）：25.

[3] 朱莉．小学语文单元整体教学中听说读写整合训练的研究 [D]. 成都：四川师范大学，2016.

[4] 芮琼．清晰目标丰富路径强化联系——小学语文单元整体教学设计的实践与思考 [J]. 江苏教育研究，2017（Z2）：55–58.

[5] 王耿红．品读韵味 体会“四季之美”[J]．小学语文，2019：11.

立足单元整体，推进语文要素的落实
——以统编四年级下册第七单元教学为例

北京市通州区潞河中学附属学校
齐海杰

摘要:

统编小学语文教材以“人文主题”和“语文素养”双线并行的方式编排各单元课文。语文要素的落实在教学，人文要素的作用则是渗透。语文要素旨在依循语文内在的知识结构，形成一条贯穿全套教材的、显性的线索。教师要明确单元的语文要素，立足单元整体，依据要素落实合理分配课时目标，有机整合教学资源，充分利用教材提供的学习资源，实现单元教材之间的整体性联动。如：四年级下册七单元旨在引导学生仔细研读文本，发现人物的品质是如何通过人物的言行表现出来的，并能够受到人物品格的感染。教学时，应以单元整体教学设计为切入点，依据单元内的递承关系，以文章立足教学实践，通过整合分配教学任务，从而推进语文要素的落实。

关键词:

单元整体教学；分配课时目标；落实语文要素

《义务教育语文课程标准（2011年版）》中指出：“语文课程应致力于学生语文素养的形成与发展。语文素养是学生学好其他课程的基础，也是学生全面发展和终身发展的基础。”统编语文教材围绕“人文主题”和“语文素养”双线组织单元教学，着力建构语文核心素养体系，各个年级和单元的内容目标清晰，语文要素更明确。除了加强对不同学段、不同年级及不同册次之间的纵向关联性，体现出由易到难、由浅到深的发展梯度，同时加强横向联系单元内部的知识结构，使各个板块教学内容形成合力。

在使用统编语文教材时，需将教材呈现的静态“内容单元”转化为真实学习情境中的“学习单元”，把一个单元知识看成一个相互关联的相对整体，在单元整体学习目标的引领下，有目的地把一个单元的篇章等学习内容和活动进行系统性规划、整合重组设计，努力实现单元学习价值，并在课内学习之上进行课外拓展阅读，使学生能够在同等或者更少的单元学习时间内学习到更多、更广泛的语文知识，从而提高学生学习语文的能力，提升学生语文素养。

为强化学科核心素养，“单元整体教学”越来越被人重视。单元整体教学设计与实施的方式，有利于提高语文课堂教学效率，改善从前语文教学中知识点杂乱、学习重复、语文课堂教学效率低下等问题。下面笔者以小学语文四年级下册第七单元为例，尝试对小学语文教材的单元整体教学设计进行探究，让单元整体教学的设计与实施得到推行和发展。

一、立足整体解读，把握语文要素

统编教材构建了具有整体性、关联性和发展性的语文学习目标体系。每个单元都有明确的要达成的语文要素，每篇及单元的各个模块都有准确的学习定位。

（一）横联单元左右，抓联系

《义务教育教科书教师教学用书》编写说明中指出：教科书围绕“人文主题”和“语文要素”双线组织单元。以统编四年级下册第七单元为例，我们可以清晰地看到每个单元明确的人文主题。本单元选取古今中外优秀人物的光辉事迹，他们在所属的时代背景下，展现了独属于他们精神品格魅力的时代最强音。王昌龄在《芙蓉楼送辛渐》中，自陈“洛阳亲友如相问，一片冰心在玉壶”，冰清玉洁；卢纶征战沙场，在《塞下曲》中用“欲将轻骑逐，大雪满弓刀”的诗句发出奋勇报国的慨叹；王冕用“不要人夸好颜色，只留清气满乾坤”在《墨梅》图上题诗明志。古今中外，无独有偶，哈尔威船长在“诺曼底”号遇难时，英勇无畏，展现“船长精神”，最终像“黑色的雕像”一般徐徐沉入大海；黄继光主动请缨参加上甘岭战役，“用自己的胸膛堵住了敌人的枪口”；挑山工凭借“一步一步向上攀登”的执着，维持着生活的尊严；钱学森一片爱国热忱“坚持斗争五年”，终于回到了祖国的怀抱。

从单元整体的角度出发分析各个组成部分之间的关联可以得出：《古诗二首》旨在揭开伟大品格的含义，让学生初步感知伟大的人拥有伟大的品格；《“诺曼底号”遇难记》则在前一课认知的基础上，开始学习主要以“语言”为主的人物描写，从而体会一位伟大船长的英雄品格；《黄继光》侧重引导学生以“动作”为主的人物描写，体会到一位中国伟大英雄的形象；《挑山工》则在之前所学奠定基础的情况下，进行自主实践学习，巩固本单元学习方法，落实要素。

（二）纵观教材上下，找定位

纵观统编小学语文单元编排体系，“从人物的语言、动作等描写中感受人物品质”这一语文要素，首先要找到教材的关联，同时通过比较找到该单元存在的意义，才能进行单元整体教学设计。

表1 中高段“写人”文章阅读训练序列

册次单元	阅读训练要素
四上第六单元	通过人物的动作、语言、神态体会人物的心情。
四下第七单元	从人物的语言、动作等描写中感受人物的品质。
五下第四单元	通过课文中的动作、语言、神态的描写，体会人物的内心。
六上第四单元	读小说，关注情节、环境，感受人物形象。
六下第四单元	阅读时，关注神态、言行的描写，体会人物品质。

从上述纵向梳理中可以看出，“写人”文章阅读要素关注的是对所描述的人物精神品质的理解，这是“写人”文章阅读的核心。在这个纵向序列中，又形成小循环：四年级第七单元训练要素从体会人物的心情到感受人物的品质；五年级到六年级因课文难度增加，又一次开启从体会人物的心情到感受人物品质的巩固性提高训练。其实，体会人物心情，是感受人物品质的基础和支架。在训练梯度上，形成明显阶梯。本单元最终会落实通过语言、动作、神态感受人物品质，提高学生的阅读能力。这将为小学高年段全面分析人物形象奠定基础。

通过以上梳理可见，本单元阅读内容在整个小学的阶段的学习中起着承上启下的作用。每一节课的学习过程是层层递进的，前一课的学习内容都是为后一节的新知奠定基础。总之，抓好本单元的语文素养，对于学生们后续学习人物品质起到引领和提升的作用。

二、找准递承关系，分配落实要素

统编教材各个单元中，均选入文质兼美、内涵丰富、程度适宜的课文，以促进学生语文素养的全面发展。精读课文只是个“例子”，教师要用好例子，引导学生朗读理解、积累运用、启迪思维，培养语文实践能力。而略读课文则是迁移运用精读课文中学到的方法。每个单元中所编排的一组课文，其要达成的语文要素是一致的，同时体现了教学目标递承关系。教师要根据单元课文的地位以及所属学段和整个小学阶段所处的地位找到关联，从而合理分配单元语文要素，真正落实单元中相同的语文要素。

统编教材四年级下册第七单元的四篇课文从不同方面展示了人的精神追求和高尚品格:《古诗三首》表现了诗人的精神追求及戍边将士的英勇威武;《“诺曼底号”遇难记》歌颂了哈尔威船长忠于职守、舍己救人的崇高品质;《黄继光》则展现了抗美援朝英雄黄继光的英勇气概;《挑山工》表现了普通劳动者认准目标、脚踏实地、坚持不懈的精神。分析本单元教材编排的课文、口语交际、习作这三部分内容不难发现，它们之间相互关联、互相支撑。目标明确的递承式要素分配，不仅能激发学生学习的兴趣，更是丰富学生阅读体验的表现。教师通过对整个单元内部的环顾，确定核心任务，最终确定目标，落实语文要素的培养。

以《“诺曼底号”遇难记》为例，本课是雨果创作的短篇小说，讲述了哈尔威船长在“诺曼底号”客轮遭到猛烈撞击即将沉没之际，镇定自若地指挥乘客和船员有秩序地乘救生艇脱险，自己却随着客轮一起沉入大海的感人故事，歌颂了他忠于职守、舍己为人的崇高品质。基于此分析，教师就需要拓展关于船长精神的资料，用具体的数字、翔实的描述和鲜活的图片，让学生直观而感性地关注船长精神的神圣。有了这样的认知，教师再组织学生品味课文中描写哈尔威船长的语言细节时，就会形成更加自然而真切的感受。比如，教师引导学生将课文中哈尔威船长简短有力的对话集中出示，并进行整合对比，将教学的关注点聚焦在品味上，由于此时学生已经有了更加鲜活的认知，对于人物所表现出来的状态就有了更真切的感知，让学生意识到哈尔威身为能够牺牲自己，其忠于职守、舍己为人的伟大精神品质就镌刻在了学生的意识之中。

通过这一教学案例，教师正确把握本课在本单元的地位，明晰单元人物，使学生仔细研读文本，发现人物的品质是如何通过人物的语言表现出来的，并且能够受到人物品格的感染，为下一课学习其他人物描写的方法、体会人物品质做好铺垫。

三、统整教学模块，优化能力落实

统编教材每组教学内容都是围绕某一主题，由导语、课文、口语交际、习作和语文园地构成，而课文又由精读课文和略读课文组成。语文园地则是由交流平台、词句段运用、日积月累组成。单元的整个助学系统的构成是综合性的，我们就要通过整个单元涉及的知识要点确定单元主题。

如在统编语文四年级下册第七单元中，可以将教学模块进行有机整合。古诗教学时可顺势学习语文园地中的日积月累，积累更多关于人物伟大品格的古诗句，利用学习古诗的方法，迁移学习日积月累的内容。《"诺曼底号"遇难记》《黄继光》《挑山工》三篇文章相比，《黄继光》更能体现人物描写体现人物品质的特点，所以，把课文顺序稍作调整可以更好地体会学生通过学习后进行自主实践的过程。又如，交流平台中的提示要点，可以在自主实践学习《黄继光》时进行总结和补充新知识的内容。习作指导则是在阅读伟大人物事迹后，从中感悟人物品质，并将这种品质内化为自己的精神追求，从而向着崇高的精神追求迈进，不断提升自己全面的语文素养和能力。使单元整体形成闭环结构。立足单元整体，合理整合教学内容，使教学目的更明确，优化语文课堂教学，更突出语文的综合性和实践性，更突出学生"学"的过程。

四、总结

综上所述，统编教材的编排，要求教师立足单元整体，明确单元语文要素，挖掘教学价值，有机整合教学资源，以实现教学要素的有效达成，促进学生语文核心素养的提升。单元整体教学的设计与实施需要我们在语文课程标准的指导下，灵活调整自身的教学活动，恰当地进行单元整体教学设计，着力引导学生从文本表达的认知性状态出发，把握要素之间的关系，以融通、整合方式，运用科学的教学策略和教学板块，在深入实践的过程中进行体悟，以期在有效落实正确的教学目标的同时，注重学生的全面发展，强化学生的核心素养。

参考文献：

[1] 中华人民共和国教育部 . 义务教育语文课程标准（2011 年版）[S]. 北京：北京师范大学出版社，2012：9.

[2] 人民教育出版社课程教材研究所 . 义务教育教科书教师教学用书 [M]. 北京：人民教育出版社，2021：1.

[3] 陈晓波 . 设计“学习单元”的三个重要意识 [J]. 小学语文教学，2021（19）：1.

聚焦单元整体，探讨童话教学

北京市门头沟区教育研修学院
尚红燕

摘要：

学会阅读童话很重要。“阅读本身就是一种文体思维，什么样的文章就应该用什么样的阅读方法，童话就应该用童话的方式来阅读。”本文以三上第三单元一组童话为例，在课堂教学中践行和落实文本个性化要求和单元目标，实施了如下教学策略：把握人物形象，了解童话内容；理顺故事情节，感受童话结构；品析人物形象，明白童话道理；多角度思考，多元评价；大胆想象，创编童话。教师通过这些教学策略，引导学生乘着想象的翅膀走进美丽的童话世界。

关键词：

童话；阅读教学；策略

童话作为儿童文学的一种被编排在教材里，除了引导学生鉴赏、品味文学之美，启发学生阅读的情趣和兴趣，还有让学生爱上这类文学作品，会欣赏这类作品，能创作这类作品的目的。如何学会鉴赏？如何把自我丰富奇妙的想象世界勾勒成一幅童话作品？也即是教材文本的意图所在。由此，学会阅读童话很重要。“阅读本身就是一种文体思维，什么样的文章就应该用什么样的阅读方法，童话就应该用童话的方式来阅读，以此来帮助学生建构与童话阅读匹配的思维方式。”也就是用童话的方式教学童话，引领学生领会童话文本的要旨，由这一篇童话的学习迁移到这一类的阅读学习。下面笔者就结合统编教材三上第三单元的教学实践，谈谈童话文体阅读教学策略。

一、把握人物形象，了解童话内容

在童话作品里人物形象是整个作品的核心。作品借栩栩如生的人物形象生动鲜活有力地传达作品的思想。学生读到一篇童话，首先要从整体感知童话作品，把握人物形象是重点，也是童话教学的关键内容之一。如何感知童话作品的人物形象？有的可以从题目中直接读出来，如《蜘蛛开店》《青蛙卖泥塘》《小真的长头发》等，这些作品一读课题就知道了童话的主要人物形象。有的童话就必须带着阅读思考，浏览整篇文章，才能厘清人物形象以及形象之间的关系。例如，三上第三单元的四篇童话都不能从题目中读出人物形象。《去年的树》的教学实践设计了这样的阅读思考题：请同学们读课文想一想，童话中都有哪些形象？它们都是谁？谁是主要形象？学生读文后很快就发现《去年的树》的形象有：树、鸟儿、树根、大门、小姑娘、灯火，其中小鸟是形象。在找准形象后，学生就会自觉探寻这些形象之间是什么关系，它们之间发生了什么，进而童话的主要内容或故事梗概也就知道了。

通过设计抓童话人物形象的指向和目的，其一是站在儿童理解的角度品读作品，以儿童的视角审视作品；其二是通过抓人物形象，整体感知故事内容。如果说人物形象是整个故事明显的单个信息及多个信息的话，那么这些信息之间的联系，既是童话的主要内容或故事梗概，也是整个作品的基本信息。教学中，阅读思考题的设计能够引导学生根据需要从文本中找出单个信息及多个信息，并尝试建立信息之间的联系，使文章的骨骼框架显示出来，以达到看清整个文章内在流动方式和走向。教师通过简单引入，直接指向了童话的人物和主要内容，也就是提取了童话的基本信息，为进一步走进童话做了准备。

二、理顺故事情节，感受童话结构

童话文体的结构是有特点的，统编教材三上第三单元的四篇童话的结构有两种。一是反复叙事，结构相同，情感递升。《去年的树》和《那一定会很好》两篇精读课文都是在反复中推进故事情节的。了解了《去年的树》这种反复叙事的结构，再阅读略读课文《那一定会很好》就会很快从文章整体的角度发现两篇课文的结构都是反复叙事。《在牛肚子里旅行》和《一块奶酪》都是围绕一个核心主题，按照故事的起因、经过、结果展开叙事的结构。学生初步了解了童话的结构，对欣赏童话故事、讲故事、演故事、创编故事奠定了基础和支架。

童话无论是用哪种结构表达的，其“魂”都是想象，想象就离不开画面。教师引导学生读语言“看见画面”，品语言“想象画面”，联系生活“走进画面”。在童话的情境和画面中进行教与学的活动，是再好不过的。教师教得有法，学生学得无痕。将“了解童话表达顺序、把握童话的主要情节理清结构”等语文要素渗透于童话的阅读和欣赏中，引导学生学习阅读方法，掌握语文要素。如在《去年的树》的教学实践中是这样设计的：

师：童话中有几次人物对话？它们分别是谁与谁的对话？请细读课文找一找。

生 1：共有四次对话，分别是小鸟与大树、树根、大门、小姑娘。

师：谁来读读这四次对话？

生 2：读四次对话。

师：听完对话，在你的脑海浮现了怎样的图画？把你想象的画面用自己的话说说。

生 3：我想象了四幅画面……

师：出示四幅画面。（这每一幅都是童话的一个故事情节，也是文字的另一种表达。）对照画面，指导学生用多种形式朗读对话，体会和感受人物的心情变化。

《去年的树》中人物形象的四次对话，对应了反复叙事的童话结构。《在牛肚子里旅行》对应了围绕一个核心主题，按照故事发展顺序进行的童话结构。教学时，教师引导学生从“蟋蟀红头在牛肚子里的旅行路线”来理清故事情节，引导学生读童话，画出红头在牛肚子里旅行的路线图：红头被大黄牛卷到嘴里——进了牛肚子——从第一个胃到第二个胃又回到牛嘴里——和草一起喷出来。通过画图了解牛反刍的科学知识，理顺故事情节，从而感知按照故事发展顺序叙事的童话结构。教学中，教师在读中引导学生发现和关注童话作品这两种叙事结构，能够使学生天马行空的奇思妙想更有条理和章法，便于学生学习童话语言，便于学生学习讲故事，也便于学生在习作中创编童话。

三、品析人物形象，明白童话道理

把握人物和品人物是不同的含义。品人物是在童话各情节中，提取描写人物形象的动作、语言、神态、心情、态度等关键词句。学生通过多种形式的读，逐步感受人物的心理、心情及其变化，走进人物内心。教学时主要通过划重点句、找关键词、填写文章脉络表格等方法，了解童话故事情节的发展和童话人物心情、态度的变化，从而理解童话所示道理和主旨。《去年的树》中小鸟对朋友大树的真挚情感是通过四次对话来体现的。作者新美南吉在童话作品中，描写人物对话时，没有用任何形容人物心情的词句，这就给读者留下了无限的想象空间。学生们在整个故事的情境中，边读边想象人物的心情，再交流阅读和想象的体会，然后前后关联对比鸟儿的心情变化，很快就定格在珍重友情、信守承诺的精神价值上。

本单元的另外一篇精读课文《在牛肚子里旅行》，作者是通过人物对话展开叙事的。教学时教师要指导学生充分理解对话内容，通过多种形式的朗读，体会人物的心情。童话中红头说的话表现了它从“紧张、害怕、绝望到感激”的心情变化过程；青头说的话表现了它从“着急、惊讶到镇定、沉着”的心情变化过程。教师正是利用这些情节中人物心情和态度的“变”与“不变”，走进童话人物的内心，与文本人物对话，在发现和感受人物形象的心情和态度中，一步步走进作者，体会童话所揭示的道理，进而实现学生主动积极的思维和情感活动，对文本深入理解和体验，有所感悟和思考，受到情感熏陶，获得思想启迪，享受审美乐趣。

四、多角度思考，多元评价

阅读童话的目的之一是走进故事、走进人物、走进情节、走进作者……从中感悟精神的内涵，获得情感体验。也即让童话走进儿童的内心，帮助他们展开想象翅膀在美丽的童话世界里体验和感悟人生。从这个意义上看，只欣赏童话作品，不对接实际生活和自身体验进行思考和评价，是不完美的，是有缺憾的。阅读童话不仅要“走进去”，还要“跳出来”。“跳出来”就是站在童话故事之外，回到现实生活中来看童话。评价的目的首先是与作品和作者沟通的过程，发现共同的目标和愿望，达成共同的意向，产生共鸣；其次是要学生结合已有阅读经验和生活实际，对文本进行多角度思考分析和评判，对童话里的人、事、情节、主旨等，提出自己不同的看法和思考。

如《一块奶酪》导语中“你喜欢文中的蚂蚁队长吗？理由是什么？”这个要求指向的就是对童话人物的评价。看看学生的回答吧！

师：你喜欢文中的蚂蚁队长吗？理由是什么？

生1：不喜欢。蚂蚁队长有偷嘴的坏想法。

生2：喜欢。蚂蚁队长战胜了自己想偷嘴的心理，并且命令最小的蚂蚁吃掉了奶酪，他还是很有责任心和表率作用的。

生3：不喜欢。蚂蚁队长很虚伪，既然是掉了的奶酪渣，大家一起分吃了不挺好。自己想吃缺假装不吃，还让给小蚂蚁吃。

生4：喜欢。蚂蚁队长克服自己偷嘴心理，很有抑制力。

学生们的思考和评价是多角度的，是结合生活实际和自身体验形成的个性化感悟。教师要尊重学生的个性化阅读感悟，鼓励学生大胆表达自己的见解，言之成理、言之积极即可，即在轻松活跃的思维空间中培养学生独立思考、发表独立见解的习惯与能力。

五、大胆想象，创编童话

创编童话是本单元系列学习之后的延展学习活动，是对童话故事、人物、语言、结构等元素综合吸纳之后的表达，又是学生用自己的语言表达对想象的理解。这单元的“习作”——我来编童话，明确指向了迁移运用。在学习了四篇童话之后，有了想象情趣和欲望，有了童话结构的支点，有了文本学习语言的积累……教师再引导学生创编童话表达自我，就水到渠成了。

总之，抓人物形象，了解童话内容；理顺故事情节，感受童话结构；品析人物形象，明白童话道理；多角度思考，多元评价；大胆想象，创编童话。这些童话文体教学策略，教师根据学生对文本理解的难易程度，由浅入深、由易到难设计，其实也是阅读童话的阅读学习过程。这一过程符合学生认知水平和思维特点，为学生实现独立阅读搭建了阶梯。学生掌握了方法，不仅学会了通过阅读快速提取一篇文章的重要信息，而且能够由一篇文章的阅读学习延伸到一类文的阅读学习，最后形成一定的阅读学习能力和表达能力。

参考文献：

[1] 中华人民共和国教育部 . 义务教育语文课程标准（2011 年版）[S]. 北京：北京师范大学出版社，2012：9.

[2] 人民教育出版社，课程教材研究所 . 小学语文课程教材研究开发中心 . 义务教育教科书教师教学用书 [M]. 北京：人民教育出版社，2019：8.

[3] 倪文锦 . 童话教学中的人文精神教育 [J]. 语文教学通讯，2019（10）：71–73.

[4] 窦丽 . 童话教学的“童化”探寻 [J]. 语文教学通讯，2018（9）：58–59.

统编教材中习作单元“读写结合”的路径探索

北京市海淀区中关村第三小学
王冬娣　詹宇琦

摘要：

小学语文统编教材从三年级起，改变了传统阅读为中心的编排方式，新增习作单元，创新了教材编写的体例。习作单元以写作知识为主线、能力训练显渐进、实践过程入情境。习作内容的编排呈现“读写结合”的特点，强调在培养阅读能力的同时，引导语文教学更加关注表达，实现阅读能力和习作能力的融合发展。精心设计的读写活动，贯穿于习作教学过程的每个环节。有趣的读写活动，才能调动起学生学习写作的兴趣；有效的读写活动，让写作知识逐渐“内化”于学生的言语结构中，“活化”在学生的言语实践中，“显化”于学生真实的语境表达中，最终掌握熟练的言语技能，固着于学生的言语素养结构。本文将以习作单元为例，在单元整体视角下，对习作单元内精读课文、交流平台、初试身手、习作例文、习作各板块进行多元重组，通过大任务引领下的层级习作训练、读写活动、评价修改中促使学生习作能力螺旋上升，探索提升学生语文核心素养的读写结合新路径。

关键词：

习作单元；读写结合；路径探索；多元整合

一、习作单元“读写结合”教学优势

（一）体现“读写结合”特征

纵观小学语文统编本教材，我们发现自三年级上册开始出现“阅读策略单元”和“习作单元”，这属于功能性的特殊单元内容。“习作单元”的编排体现出“阅读介入写作，指向写作目标，即以读促写，学会写作本领，从而学会学习，学会更好地吸取知识”，这充分体现了鲜明的“读写结合”特征。这样完整的支持系统，不仅为学生在有限的时间内构建语言文字表达搭建了最初的台阶，而且实现了阅读与写作的“透明对接”，让“阅读”与“写作”近距离的关系看得见，有效的关联和对应的关系看得见，学生写作力的提升看得见。

（二）产生“读写结合”增值

统编小学语文教材习作单元在习作编写上有重大突破，其设置具有重大的意义和价值。深入研究习作单元的设置，可以帮助教师在理论和实践上明确方向，指导教师切实落实习作教学目标。一线教师需要深入领会编者意图，正确使用教材，让教材编排的“独特”之处在教学中产生“增值效应”，从而推动学生写作素养的提升。

（三）编排整合多元

1.纵向编排

纵观三至六年级统编语文教材的习作单元习作要素，纵向编写体系是根据小学生必须掌握的习作要素编写而成的。从三年级上册到六年级下册分别对观察、想象、写人、叙事、说明、抒情等几项关键习作能力训练进行系统设计。由习作要素可知，习作单元对小学习作要求循序渐进，逐步提升难度，呈现“写出来—写清楚—写得好”的阶梯状发展。统编小学语文教材对学生的习作能力要求越来越高，习作难度逐渐增大。各个习作要素之间成阶梯状排列，环环相扣，共同达成习作目标。教师在教学时要明确习作单元的重要性，用好教材，从整体出发，关注学生语言表达和习作能力的培养，争取“一作一得”，练好一个个习作技能点，一步一个脚印，扎实地完成习作教学目标。

2.横向编排

从横向上分析习作单元可知，编排单元的主线是学生习作能力的发展，目的是围绕读写融合训练“点”环环相扣精准发力，从而突破习作教学的重点难点，形成严谨的习作训练体系链。加大习作在统编教科书中的分量，才能实现学阅读与学表达均衡化发展。单元的编排以单元导语为引领，设置了“精读课文”“交流平台”“初试身手”“习作例文”“习作”等板块。单元导语让单元习作的教学目标更加明确；学习精读课文通过梳理课文内容，体会表达特点，学习习作表达方法；交流平台梳理提炼方法，为学生搭建写作支架；初试身手为学生提供试写练习，初步尝试运用表达方法，知识内化为能力；习作例文提供写作技法借鉴；最终通过单元习作贯穿整个单元写作训练，分享评改作品，呈现最终学习成果。各板块之间形成习作单元完整的结构。

二、习作单元中“读写结合”的路径探索

（一）横看成岭侧成峰——单元整体视角

统编本教材中的习作单元，按照“指向习作的阅读”进行编排，主体课文和习作教学虽然各成系统，但是两者结合紧密，相辅相成。在习作单元开始，尝试用单元大任务引领学生展开学习，学生从进入一个单元的学习就浸润在真实的情境中，通过学精读课文、结合交流平台、初试身手、习作例文等，不断学习、评改，形成单元学习成果。

以统编教材四年级下册第五单元为例，人文主题是“妙笔写美景，巧手著奇观”，习作要求是“学习按游览的顺序写景物”，继续培养学生对景物的描写能力，能够按照一定的顺序对景物进行描写，引导学生细心观察，留心身边的美。单元开始，老师发布本单元任务“校刊正在举行《心中的美景》征文活动，作为小编辑成长营的一员，如何在成长营中获得收获并向校刊投稿？”面对这个真实的驱动任务，带着“如何把游记类文章写好”的问题，学生从一开始就有了极大的学习热情。这个大任务又拆分成五个板块内容，分别是：接受挑战，领取“大礼包”“小编辑大讲堂”“小编辑实习期”“校刊约稿大挑战”“成果PK大展示”。最终完成习作《游________》，PK大展示后选出优秀习作向校刊投稿。以下为本单元教学结构图：

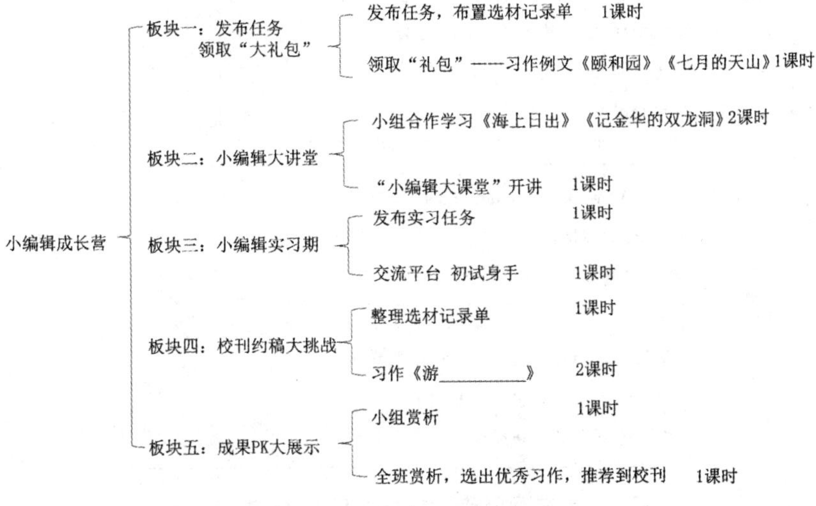

图1 本单元教学结构图

由此看出，习作单元作为习作训练的“立交桥”，通过有层次、有空间的写作训练，层层叠叠，拾级而上，在单元大任务引领下，版块间层层递进，息息相关，将学生置于一张联系紧密的语文关系结构网中，不断促进读写融合，促成写作知识向写作能力以及写作素养的转化。

（二）绝知此事要躬行——多元有效重组

习作单元中的“精读课文”“交流平台”“初试身手”“习作例文”“习作”实现了多元重组和使用，做到通过不同的组合落实编者意图，同时力求课堂教学效果的最大化。以下从“组合模式”“组合原因”“实施环节”以及预估的实际效果做了分析和梳理。

以统编教材三年级上册第五单元为例，本单元的语文要素是“体会作者是怎样留心观察周围事物的；仔细观察，写观察所得”；习作要求是“写观察印象深的一种事物或一处景物，注意写出新的发现”。本单元习作《我们眼中的缤纷世界》，要求学生观察身边的事物，获得新的发现后，把最近观察印象最深的一种事物或一处场景写下来。

本课的组合模式是“精读课文——交流平台——初试身手”。由于三年级的学生正处于由低年级的看图写话过渡到中年级的整篇习作这一阶段，因此习作要“化整为零”，逐步推进，充分利用“交流平台”，加深对课文内容和结构的理解。回读课文，总结方法，通过“初试身手”让学生体会到留心观察的重要性以及细致观察的方法，再将这迁移到自己的生活当中，突破习作的难点，从而为整篇习作的完成做铺垫。本节课的重点教学环节组合模式如下：

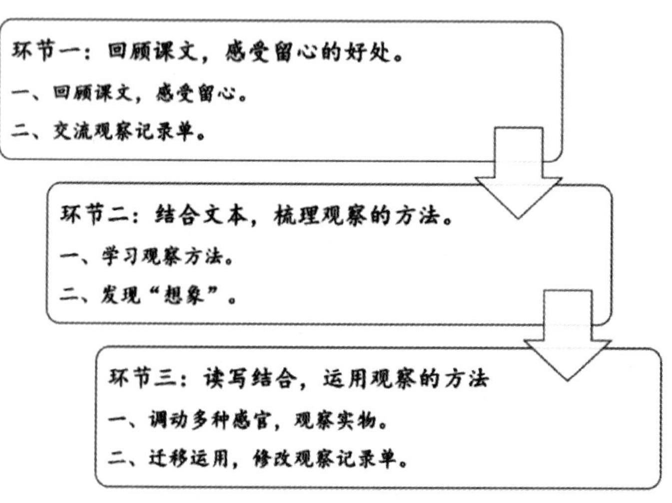

图 2　本节课重点教学环节组合模式

再如统编教材六年级上册第五单元，本单元的组合模式是“习作例文——习作”，旨在引导学生意识到用好例文对于高质量完成习作的重要性。本节课最大程度地发挥了习作例文的作用，其贯穿于学生拟定提纲的全过程。本节课的重点教学环节组合模式如下：

图3　本节课重点教学环节组合模式

（三）为有源头活水来——多维情感评价

1.明确单元任务，目标“瞄准靶心”

习作评改标准是整个习作单元的核心，应紧扣习作的目标要求，具体、明确、集中，贯穿于作文训练全过程。教的要求就是评的要求，写的内容就是评的内容，有的放矢，突出重点。评改标准是习作目标的进一步细化，要明确、集中，在精读课文的教学中，要逐步渗透和训练，分步达成，这样学生才能得到有效的训练。

2.贯穿整体评价，关注动态生成

对习作评改的研究是对写作教学本质的认识，也是习作单元“读写结合”教学探索的成果体现。习作评改要从教学目标出发，将评改贯彻全程，摒弃成文不修改的思想，做到每个环节都有评改内容与过程，将评改贯穿于任务发布、过程推进、支架搭建、习作完善、交流发表的全过程，将评改贯穿教学的全过程，真正实现评改优化习作教学的目的。

评改，不是简单的衡量与测定，而是为了更科学地把握写作教学的总体趋势，了解写作教学中出现的真实的问题。评改是为教学而准备的“学情诊断”。在习作之初，教师统筹学生的练笔和片段描写的情况，引发学生交流讨论，通过精读课文进一步指导，借助“初试身手”和“交流平台”进行讨论，反复修改。每一次的学习都是一次提高，每一次的修改都在不断靠近写作的“末端环节”。

3.交流发表，期待“百家论坛”

习作评改要改变教师的“一言堂”，让学生从不同角度、不同方向、不同层次进行多元化的评价。叶圣陶先生说："假如着重培养学生自己改的能力，教师只给些引导和指点，该怎么改，学生自己去考虑决定，学生不就处于主动地位了吗？养成自己改的能力，这是终身受用的。"加入自评和生生评价的环节，提升学生自我评改的能力，同时也是自我提高写作能力的过程。此外，也可适当加入家长参与评改与利用公众媒体的交流发表，拓宽评改范围，激发学生写作的热情，同时开拓学生写作的思路。

三、总结

精心设计的读写活动，贯穿于习作教学过程的每个环节。有趣的读写活动，才能调动起学生学习写作的兴趣；有效的读写活动，让写作知识逐渐"内化"于学生的言语结构中，"活化"在学生的言语实践中，"显化"于学生真实的语境表达中，最终掌握熟练的言语技能，固着于学生的言语素养结构中。

总之，"习作单元"是"新生事物"，它的教学价值和操作空间存在着无限的可能性。站在切实发展学生写作素养的立场上，每位教师要以严谨态度和求实精神，不断为"习作单元"生发出新的教学意义，不断为"习作单元"开拓出新的教学路径。

参考文献：

[1] 中华人民共和国教育部 . 义务教育语文课程标准（2011 年版）[S]. 北京：北京师范大学出版社，2012：9.

[2] 杨向东 . 如何基于核心素养设计教学案例 [N]. 中国教育报 .2008-05-30（5）.

[3] 辛涛，姜宇，林崇德，等 . 论学生发展核心素养的内涵特征及框架定位 [J]. 中国教育学刊，2016（6）：4-5.

[4] 郭华 . 深度学习及其意义 [J]. 课程・教材・教法，2016（11）：25-32.

浅谈单元“口语交际”与“习作”整合教学

北京市顺义区板桥中心小学校
王欢

摘要：

小学生“口语交际”与“习作”表达，指向“说”与“写”。“说”与“写”二者的联系非常紧密，其实质都是言语运用。统编教科书注重整体统整教学，整个单元可以看作是一个“大概念”，围绕着这一核心概念，有系统地组织材料，展开学习。纵览三至六年级教材编排内容，不少单元中“口语交际”和“习作”的编排极为和谐，可将二者作为一个整体开展教学。四年级下册第七单元的“口语交际”和“习作”教学，在表达方面就有共同的特性。本文从“说写整合”的必要性、切入点和实施策略三方面进行实践探索，对同一单元内 “口语交际”与“习作”整合教学提出教学建议，为其他单元进行“说写整合”提供参考。

关键词：

说写整合；单元统整；实施策略

《义务教育语文课程标准（2011年版）》中，将语文课程定义为一门综合性、实践性运用语言文字的课程。在这种课程性质的影响下，教师的语文教学和学生的语文学习要注重听、说、读、写方面的相互联系、相互应用。习作是语文课程综合性的体现，教师要在写作教学中培养学生的口语交际能力，在口语交际中使学生掌握写作技巧，一举两得，共同进步。

一、“说写整合”的必要性

（一）“说”与“写”之间的联系

小学生“口语交际”与“习作”表达，指向“说”与“写”，“说”是口语的表达，“写”则属于书面语。王尚文在《语文教育学导论》中写道：口头语言与书面语言之间存在着相互的影响，不仅言语之间存在着相互的影响，语感与笔感之间也是可以相互影响、相互渗透的。因书面语对口语的影响，使口语因之可以更加精炼严密，因口语对书面语的影响，书面语可以生动且具体。对口头语言进行训练有利于提升书面语的层次，对书面语的训练也有利于提升口头语言的输出质量。

这充分说明了“说写整合”教学中“说”与“写”的地位同样重要。只有“说”丰富了“写”的材料，才能推动“写”的进程；只有“写”精练了，才能提升“说”的语言。二者相得益彰，才能实现语言运用能力的提升，为培养学生的语文核心素养奠定坚实的基础。

（二）统编教科书编撰体系的支撑

统编小学语文教科书以人文主题和语文要素双线组元编排单元内容，这样的编排非常有特点：单元中明确亮出学习目标；单元学习内容围绕目标而设计；对单元学习结果的评价也依据目标设计。很明显，统编教科书注重整体统整教学，关注教学素材之间的内在联系，聚焦单元主题，以结构化的整体建构和推进来引导学生走进深度学习的教学样态。

纵览三至六年级教材编排内容，不少单元中“口语交际”和“习作”的编排是一致的，可见，将“口语交际”和“习作”联动进行教学设计、执教，有着教材编撰体系的有力支撑。更为重要的是，“口语交际”和“习作”联结能够在统整教学中协同发展，产生更为优质的学习效果。

二、“说写整合”的切入点

统编教科书四年级下册第七单元口语交际的内容是《自我介绍》，要求根据介绍对象和目的，自我介绍的内容也不同；习作的内容是《我的“自画像”》，要求学生抓住自己的长相、爱好、性格特点等来介绍自己。从“表达”这一学习项目上看，本次“口语交际”与“习作”有着千丝万缕的关联，可将二者作为一个整体开展教学。本文就以本单元为例，谈一谈同一单元内“说写整合”的整体构想。

（一）话题的关联性

本次口语交际中不同情境的介绍内容涉及外貌、性格特点、爱好和特长等。本次习作在教材中用问句的方式，分别从外貌、性格特点、爱好和特长等角度提示了介绍的内容。从学习内容上看，两个版块的话题均指向让学生对自我进行重新认识，并通过对自我的观察，反思自我表现，促进自我成长。在完成学习任务的同时，实现自我推荐，完成“向他人介绍自己”的交际目的。

（二）训练的生长点

统编语文教科书的编排体现了循序渐进、层层递进的特点。在进行单元“说写整合”教学时，要注意训练要素的前后勾连。根据学情，找准目标，把握训练的重点。本单元不论是口语交际《自我介绍》，还是习作《我的“自画像”》，都是属于旧话题，在前面的学习中均有涉及。面对这类话题，学生很容易按套路说，按套路写，实践时容易出现“新瓶装旧酒”的问题。在教学中，应该在旧的表达经验上实现突破。如《自我介绍》的口语表达中，重点攻关的是面对不同情况，如何说得有所不同；如何尊重口语交际中的对象，树立交际中的对象感。让学生不走老路，在适当旧经验的融入下，完成全新的认知生长、知识建构和能力提升。

（三）表达的情境性

无论是口语交际《自我介绍》，还是习作《我的“自画像”》，教材中都设定了生活的情境。因此，“交际”和“表达”都是基于一定情境来完成的。

口语交际《自我介绍》中，教材提出和别人初次见面、转学到新学校、聘校报记者、参加电视节目等不同类型的四个情境。要求学生在情境中，进行面对不同对象的自我介绍。在习作《我的“自画像”》中，则创设了“你们班来了一位新班主任，请你以《我的“自画像”》为题，向班主任做好介绍。”无论是口语交际还是习作，都不是“对着空气呐喊”，也不是漫无目的地随便说说，而是基于设定的环境背景，在具体而真实的交际任务中去实践。

三、“说写整合”的实施策略

“说写整合”的教学，不应该单纯地呈现从“说”到“写”的过程，而是在过程中体现“我中有你，你中有我”相互交融的状态。教学中的各个版块设置都应指向“说”“写”双重目标的推进，学生的学习活动是一个从“说”到“写”再到“说”的环状结构。

（一）丰富口语交际内容，渗透习作指导

叶圣陶先生说：“话怎么说，文章就怎么写。”写作其实就是说话，用你现在的语言写下最亲切的文字。透过这句话，我们可以感受到，习作教学中“先说后写”是一个基本方法，可以培养学生的习作兴趣。教学中，把口语交际课与习作指导课适当整合，不仅节省部分环节的教学时间，还能突出重点环节教学，提高习作的效率。

在口语交际《自我介绍》课上，让学生完成自我的人物卡片，卡片上设置姓名、外貌、性格、爱好、特长、他人评价等项目。请学生通过自我观察准确填写，将习作指导中的内容渗透于口语交际中。再设置“转学”的交际情境，要求学生面对新学校的同学进行自我介绍活动，并最终形成简短的自我介绍文字，为单元习作训练提供部分素材或框架。

（二）迁移口语交际训练，减弱习作课指导环节

丰富了口语交际的渗透引导，完成了进行连句成段的方法训练，在“自我介绍”的基础上，设置向“新班主任”介绍自己的情境，运用口头语言表达搭建起了习作的框架，文中的“我”的轮廓基本完成。那么，习作课上就可以减弱指导的环节，把节约下来的时间放在习作课的重点——细化“我”的形象上。

（三）单元各版块有效融合，加强说写练习

1.回顾课文，巩固写作方法

对于学生而言，最难的就是细化“我”的形象。这时，单元中读到的人物语言和动作描写就有了用武之地。《“诺曼底号”遇难记》一课，哈尔威船长

简短的语言让我们感受到了他舍己救人、忠于职守的崇高品质。而战场上黄继光果敢决绝的行动，更是让一个英勇无畏、不怕牺牲的英雄人物跃然纸上。课上用教材引导学生回顾语言和动作描写对突出人物性格的作用，给孩子们一个明确的导向，正如何捷老师所说的：范文印证了方法，具体展示了方法运用得当带来的优质表达效果，给儿童带来表达的信心。

2.初试身手，促进表达提升

初试身手，借助教师的习作范例给学生实践的机会。通过补白填空，在讨论交流中，师生共同完善范例。根据学习到的方法，在范例中补语言、补动作，进而把情节写具体、写生动。这是学生习作中的难点。突破这个壁垒可以用到“想”和“演”的方法。想就是想象，学生想象经历过的事件，就像放电影一样，不仅要事件完整，更要“放”出语言和动作；即便没有经历过，学生根据生活经验，也可以通过想象添加动作和语言。演就是表演，把语言和动作表演出来，再把听到的、看到的记录下来。在“想”和“演”中，习作就会多出几个动作、多了几次对话。实践的力量让学生“说”的思维变得清晰起来，他们在讨论交流中思考这些细节描写可以运用在自己的习作中的哪些地方，进而完善自己的习作。

（四）分享交流，提升说写水平

前面三个教学环节，充分体现了学生由“说”到“写”，说写结合的过程。分享交流环节，学生由“写”再次回到“说”，增加“说”的练习机会，并通过“说”来检验“写”的质量。

首先，小组成员将自己本堂课的习作《我的“自画像”》在小组内进行分享交流。教师要关注学生的倾听情况，并出示评价量表，指导学生进行自评和他评。其次，借助评价标准，小组内成员之间进行同伴互评，评选出本组的最优作品进行全班交流。在交流分享中，进一步借助自评来检测是否将自己想“说”的“写”明白了。最后，借助“他评”的形式听取读者意见，进一步完善习作，完成“自画像”。

“口语交际”与“习作”的整合教学，能够有效促进学生表达能力的提升。统编教科书全面使用的新时代，正是研究如何在单元整体教学设计中进行“说写整合”的最新契机。作为一线教师应在实践中放开脚步、提升格局，从对教材的审视与解读去寻找突破口探索全新的教学世界。

参考文献：

[1] 中华人民共和国教育部 . 义务教育语文课程标准（2011 年版）[S]. 北京：北京师范大学出版社，2012：9.

[2] 王璇 . 浅谈小学语文阅读教学中口语交际能力提升策略 [J]. 学周刊，2019（12）：133.

[3] 王尚文 . 语文教育学导论 [M]. 湖北：湖北教育出版社，1994：252–256.

[4] 王世琴 . 中段口语交际和习作教学整合初探 [J]. 中学课程辅导（教学研究），2016（20）：210–211.

[5] 汪璐璐 . 找准关联点：有感而“言”，顺势而“作”——三年级上册第七单元“口语交际”和“习作”整合教学建议 [J]. 小学语文，2020（11）：67–70.

深度学习理念下的语文习作单元整合策略谈

北京市顺义区马坡中心小学校
王瑛玮　许菲菲

摘要：

习作是小学语文教学重要的组成部分。基于课堂观察，现阶段习作教学还存在一些问题，教师“重阅读、轻习作”的现象比较严重，学生的写作由于缺乏系统、深入指导，习作能力得不到有效提升。本文以统编语文教材习作单元为例，探讨在深度学习理念下，如何借助单元整合策略促进学生习作能力的提升。

本论文共分为两部分：第一部分，深度解读教材，看清单元骨架。通过对习作单元横纵向的全面分析，发现单元的联系性和发展性。第二部分，依托教学实践，找准单元整合点。以习作能力培养为主线，通过对板块内容的重组整合，促进学生在习作领域的深度学习，发展语文核心素养。

关键词：

深度学习；习作单元；整合策略

习作是语文教学重要的组成部分。然而，在长期的教学实践中，习作教学的情况并不尽如人意，教师“重阅读、轻习作”的现象比较严重。在传统的习作课上，教师要么整堂课一味地灌输知识点，学生自由表达的欲望受到压制，写出的作文千篇一律；要么教师则是以“自由、放手”为理由，在指导学生习作时，让学生随自己想法自由表达，但由于没有科学的指导，学生在习作时常会感到无从下笔，抓不住重点，致使学生感到写作文越来越难，进而失去了习作兴趣；要么教师只重视习作指导课的教学，忽略了讲评修改课的跟进及作用，导致学生写作能力得不到显著提升。

为了转变习作教学的尴尬现状，统编语文教材推陈出新，厘清习作课程目标，设置独立的习作单元；聚焦习作教学内容，进行单元整体设计；有效落实习作学习实践，重视过程指导。基于统编教材习作单元的编写理念，笔者经过深入思考与实践，探索出一条习作教学的路径，即从深度学习理念出发，打破传统一课一讲的教学模式，以习作能力培养为主线，巧妙地整合、重构单元板块或课外学习资源，集中作用于习作实践活动，最终培养和发展学生的语文学科核心素养。下面，以统编语文教材习作单元为例，简单地谈一谈如何在深度学习理念下进行小学语文习作单元整合的策略思考。

一、深度解读教材，看清单元骨架

小学语文统编教材，每一个学习单元的目标之间都具有联系性和发展性。进行习作单元整合教学，首要的工作就是对习作单元进行全面的分析。

首先，要分析单元中每个板块内容之间的纵向关系。从教材编排上来看，习作单元不同于普通单元，共安排了五个板块内容："精读课文""交流平台""初试身手""习作例文""单元习作"，每一板块都有特定的功能。"阅读"让学生习得方法；"交流平台"引导学生提炼总结方法；"初试身手"让学生自我诊断，发现问题；"习作例文"让学生进一步体会方法；最后利用"习作"形成学习收获。五个板块内容紧密相连又层层递进，协同一致地指向学生习作能力。

其次，要分析统编教材中每个习作单元之间的横向联系。纵观统编语文教材，每一单元都结合着人文主题及语文要素设置一次习作教学。除此，每册教材还单独设置一个特殊的习作单元，从三年级到六年级，以学生的习作能力发展为主线，共编排了八个特殊的习作单元，形成了习作训练的系列，既能使每个单元重点突出，又能使学生的习作能力循序渐进地提升。

教师通过对每个习作单元从横向和纵向两个维度进行全面分析与把握，对每个单元在整个系统中的作用更加清晰明了。只有这样才能确定需整合的内容顺序以及它们之间的逻辑关系，从而由浅入深、从易到难地进行单元整合教学，促使学生循序渐进地习得方法、提高能力。

二、依托教学实践，找准单元整合点

在教学时，教师可以根据语文要素对这些板块进行重组整合，从而优化习作教学，提升写作能力。因此，找准单元整合点就显得尤为重要，经过实践探索，笔者发现可以从以下几方面进行整合：

（一）课文与课文整合，“合”中落实教学目标

习作单元的精读课文，应把重点放在“从阅读中学习表达方法”方面。这就需要教师认真研读教材，在教学中注重文章之间的关联，准确制定出精读课文的学习目标，合理取舍教学内容。

例如，在学习四年级上册习作单元的精读课文《麻雀》和《爬天都峰》时，单元教学目标确定为“能结合自己的阅读体验，梳理、总结把事情写清楚的方法”和“能按照一定的顺序，把事情发展过程中的重要内容写清楚”。上课时，教师把这两个目标作为本单元训练的重点展开教学。

具体操作时，先借助叙事类文本的抓手——“故事屋”，理清《麻雀》一文的六要素，发现文章的写作顺序；紧接着引导学生阅读另一篇精读课文《爬天都峰》，梳理出“爬山前、爬山中和爬上峰顶后”这样的时间顺序。在比较阅读中，学生总结出写作方法：想把事情写清楚，就要按一定顺序写，但按照什么顺序写，则要依据自己的习作内容而定。

如何把事情发展过程中的重要内容写清楚呢？《麻雀》一课是借助四格漫画的形式，把文章分解成起因、经过、高潮和结果四部分。在写得最细致、最具体的高潮部分，作者是将自己看到的、听到的、想到的完整而清楚地记录下来。《爬天都峰》一文同样是借助四格漫画形式梳理文章梗概，学生通过阅读发现，作者通过写自己在爬山过程中是怎么想、怎么说、怎么做的，把自己奋力爬天都峰的情景展现在读者眼前。由此，学生总结另一条写作方法：想把事情写清楚，就要把所见、所闻、所感都写下来。

综上所述，对于习作单元的精读课文的学习，学生要以目标重点为依托学到表达方法，并在写作实践中运用，这样才能真正落实单元语文要素，提升学生的习作能力。

（二）课文与交流平台整合，“合”中巩固学习方法

交流平台安排在精读课文和习作例文之间，是对精读课文中蕴含的习作方法进行的梳理总结，它可以依据教学需要，穿插在单元教学的整个过程中，供学生适时进行经验分享与提炼。

例如，统编五年级下册第五单元的交流平台是围绕本单元“学习描写人物的基本方法”这一语文要素，再次清晰、明确地梳理了“尝试把一个人的特点

写具体”的方法，巩固了学生在精读课文部分的学习所得。在教学时，可以把交流平台拆分，在学完每一篇课文后，立即出示交流平台对应的板块，及时巩固课堂所得。两篇精读课文都学完之后，再整合交流平台对课文进行对比梳理，从整体上再次引导学生感受描写人物的基本方法的多样，为后面的初试身手做准备。

（三）课文与初试身手整合，“合”中发挥学生自主性

初试身手是习作单元特有的板块内容，安排了一些片段练笔和实践活动，是习作的热身。由于初试身手的练习一般都是学生熟悉的事物或话题，学生相对较容易操作，每一个学生都会有话可讲，因此我们可以尝试调整写作顺序，先写后教，顺学而教，把初试身手前置，让学生先预写。预写之后，学生再来学习课文，会发现自己的习作有这样或那样的问题，然后我们再和精读课文学写作，最后用习得的方法，修改完善自己的习作。这样的整合让学生用习作解决真实任务，锻炼其解决问题的能力，发展了学生高阶思维，促进了他们的深度学习。

笔者以四年级下册习作单元为例进行说明。本单元的语文要素是“学习按游览的顺序写景物”。在精读课文《海上日出》学习之前，教师先布置一次预写，即先出示初试身手的任务：观察附近的一处景物，和同学交流看到了什么。再试着按一定的顺序写下来。预写之后，有的学生会发现自己介绍的景物顺序与游览顺序不一致；有的学生游览顺序表述不准确；还有的学生选取景物过多等。看来学写作这件事，需要好好学习。接下来教师指导学生学习精读课文《海上日出》，跟大作家学写作，学生把自己的作品和课文进行对比，这样学生的学习就有了方向。

就这样，学生将在精读课文中习得的习作知识和技能迁移运用到习作实践中，对初试身手的资源不断修改和完善，在读写交融中落实语文要素。这样的整合聚焦了语文要素，体现了学生学习的自主性。

（四）习作例文与单元习作整合，“合”中积累好词佳句

习作例文也是习作单元所特有的板块，是“为写而读”，可以让学生写前用，也可以边写边用，更多是在写后用，即在修改习作时，仔细参考习作例文，用得上的尽管拿来用，小到遣词造句，大到谋篇布局，用完看看自己的习作面貌改变了没有。

还以四年级下册习作单元中两篇习作例文为例。《颐和园》一文词汇丰富，

语言优美，学生要通过朗读、摘抄等，积累语言素材。读课文时，学生画出起过渡作用的句子，并画出“路线图”，体会过渡句的作用。然后再看看自己写完的单元习作，过渡句用了没有，使用过渡句的作用如何。《七月的天山》一课有两点值得学生参考：一是各自然段的首句均提示了顺序，把文章写得很有条理；二是运用了文学性的语言，把景色写得很优美。这样优美的语句，能否用到自己的习作中呢？学生可以借鉴思考。

总而言之，习作例文的功能不仅是为学生提供可以借鉴的范例，它还可以配合着单元习作，自己琢磨着使用。学生在借鉴、筛选、修改中训练分析、综合、评价和创造知识的能力，促进对习作的深度学习。

（五）单元习作与单元习作整合，“合”中践行学以致用

通过一整单元的学习，学生们已基本掌握按照一定顺序写景物的方法。这时就可以打破单元的界限，再看同样是写景的第一单元习作《我的乐园》，学生就可以进行尝试练习。除此之外，学生在学习习作单元时，还发现巧妙地运用写作支架也可以帮助理清写作思路。习作单元习作《游____》是通过填写游览路线图，把想要介绍的地方、沿途都有哪些景点、游览顺序是怎样的介绍得清清楚楚的。那第一单元习作《我的乐园》也可以借助支架，用填空的形式把相关内容填写到对应的表格板块，用这样的形式布局谋篇，也能把“我的乐园”写清楚。看来单元与单元之间、知识与知识之间，就是这样前后勾连、关联贯通的。

总之，对于习作这样一个特殊的单元进行设计时，教师要以发展学生核心素养为目标，打破单元板块的编排顺序，找寻每一板块之间的关联点，在合适处进行整合。教师通过对单元教学内容的重组整合，最大化地实现语文教学价值。

参考文献：

[1] 张江琴．以《麻雀》为例谈习作单元精读课文的教学 [J]. 小学教学参考期刊，2020（7）：86–87.

[2] 王阁杰．统编教材小学语文“读写结合”的教学策略研究 [J]. 考试周刊，2020，（47）：57–58.

[3] 梁昌辉．统编教材习作单元教什么、怎么教 [J]. 语文教学通讯・小学刊，2018（10）：64–66.

[4] 义务教育教科书教师教学用书 语文四年级下册 [M]. 人民教育出版社，2019.

国学润心，故事导行
——单元整体教学设计与活动实施的研究

北京市昌平区昌盛园小学
谢悦

摘要：

本文以统编小学语文五年级上册第三单元民间故事单元整体教学为例，带领学生在诵读国学经典的基础上，从单元整体出发引导学生探索中华优秀传统文化的传承方法与路径，让整个课堂更具有引领性、挑战性，不断加深学生对传统文化的理解和把握，促进可持续学习能力的提升。

关键词：

国学经典；民间故事；单元整体

统编小学语文五年级上册第三单元是以民间故事为主题编排的单元，选编了《猎人海力布》《牛郎织女》两个民间故事。民间故事是口耳相传的经典，它是民众集体在长期的历史发展过程中口头创作的一种文学形式，是老百姓智慧的结晶，反映了人们对是非对错最朴素的认识，寄托了人们对生活美好的愿望。

作为四大文明古国之一，中国绵延不息的五千年文化历程中积淀了无数优秀的文化瑰宝，除了民间故事，国学经典《论语》《千字文》《弟子规》等都是其中璀璨的宝藏。所以，带领学生在诵读国学的基础上，结合语文教材中民间故事的单元学习，引导学生迁移已有学习经验，促学生可持续学习能力的不断提升。

一、国学润心，内化精神追求

单元授课前，我们对本校五年级的学生行为表现进行充分调研，通过了解发现我校五年级学生存在以下问题：

1.认同诚信，但不能自觉践行诚信行为；

2.认同以礼待人，但缺失礼仪行为；

3.认同孝顺父母，但没有落实到行动中；

4.认同生命的重要性，但缺乏深层的感知和体验；

5.有环保意识，但不知如何与自然和谐共生。

调查表明，当前学生普遍以自我为中心，责任感及担当意识较为缺乏，与父母及他人缺乏有效沟通，不完全具备爱心、孝心及感恩之心的现象很普遍。因此，立德树人仍是教育的重要任务和必要部分。

因此，从优秀的传统文化中汲取营养，针对学生现状，让他们接受优秀民族文化的熏陶，落实社会主义核心价值观，树立正确的世界观、人生观和价值观的努力就显得十分必要。如在生态教育方面，学生对如何做到“适度”感到很迷茫。《论语·述而》中指出“子钓而不纲，弋不射宿”，这一观点和现在提倡的“猎而不绝”的环保理念是一致的，这样的做法能够实现人与自然和谐相处，达到天人共生。学生通过探究，在明白“钓而不纲”的理念基础上，让他们观看用大眼网、小眼网捕鱼的视频，找到不同，直观体会这么做的用意，树立善待自然的环保意识，减少与环境和谐共处的迷茫，促使学生将教育内化为精神追求、外化为行动自觉。

此外，选取《论语》《增广贤文》《三字经》《三国志》中的内容，结合语文教材《日积月累》的部分内容，将传统文化与课本知识相连接，如将《千字文》“信使可覆，器欲难量”关联《论语·为政》“人而无信，不知其可也”和《增广贤文》“一言既出，驷马难追”；“祸因恶积，福缘善庆”关联《三国志》“勿以恶小而为之，勿以善小而不为”，让中国瑰宝慢慢滋润学生的心田，使学生立志做诚实可信、与人友善的人。“百善孝为先”“孔怀兄弟，同气连枝”“交友投分，切磨箴规”等关联《弟子规》，对忠、孝和人的言谈举止、交友等方面进行阐释。在学习过程中，学生通过参考典故，查阅、搜集、整理资料，对文字及文字背后的意义进行解读，并通过多种方式（如手抄报、连环画、演示文稿及故事表演等）展现学习成果，提升学生的道德与文化涵养。

二、故事导行，外化行动自觉

在国学经典学习的基础上，带领学生走进教材中民间故事的单元进行学习。《义务教育语文课程标准（2011年版）》提出："阅读浅近的童话、寓言、故事，向往美好的情境，关心自然和生命，对感兴趣的人物和事件有自己感受和想法，并乐于与人交流。"民间故事承载着中国老百姓的无穷智慧，充溢着恒久的生命活力，具有经久不衰的文学影响力。结合课标的要求和学生年龄的特点进行教学，学生在学习过程中化身为故事的主人公，演绎动人的故事，审视自己的行为，领悟故事蕴含的道理，在这个过程中学生可以不断地提高自身的道德修养。

（一）找准学习起点，突出语文学习的综合性

本单元的阅读要素是"了解课文内容，创造性地复述故事"，这是在三年级"详细复述"和四年级"简要复述"的基础上进一步提出的要求，意在让学生把故事讲得更生动、更有吸引力，发展学生的创造性思维。学生在国学经典和共读交流民间故事的基础上，进而将口头交流这一方式转化为书面交流，学习运用缩写的方式呈现阅读的成果，并与同学交流。在读、讲、缩写、演绎民间故事的过程中，提升与发展学生的读写能力。

教学活动的重点设计有两个。一是结合国学经典的学习组织"民间故事大会"活动。王阳明说："见父自然知孝，见兄自然知弟，见孺子入井自然知恻隐，此便是良知。"以口语交际"小贴士"中提出的"丰富故事的细节""配上相应的动作和表情"为讲故事的提示和要求，引导学生在"讲"的实践中进一步提升创造性复述的能力。二是组织简缩版的《民间故事集》创作活动，如为教材中《牛郎织女》的故事绘制连环画活动，指导学生对故事的主要情节进行分解和定格，也为单元习作要求"提取主要信息，缩写故事"做巧妙的铺垫。最后以创作简缩版的《民间故事集》为任务驱动，完成缩写故事的学习任务。课下，要求学生继续阅读中外民间故事，组织学生在小组合作中通过讲故事、画故事、创造性复述及缩写故事呈现阅读成果。

综合学习全面提高学生的语文素养，学生创新思维能力和自学能力得到有效提升。《牛郎织女（一）》创造性复述激发了学生的想象能力，锻炼了学生思维的敏捷性和口头表达能力，以及对他人的观点进行评价的能力。《牛郎织

女（二）》创编连环画的教学中，培养了学生创新能力，文学与艺术的结合，使人物形象更加鲜活。

此外，民间故事往往具有很高的道德教育价值。透过《猎人海力布》和《牛郎织女》以及拓展的更多的民间故事，我们能看到老百姓的善恶取向、道德态度、精神气质，以及乐观向上的生存哲学和与人为善的理念，对学生的人格建构无形中起到了润物细无声的作用。

（二）多学科整合，由知到行

孔子说："辞达而已矣。"无论说话，写文章，都是说给、写给别人听或看的，要让人能懂。在单元学习中，学生们集思广益，力求打破语文与生活之间的"厚障壁"，真正扎扎实实地掌握并得心应手地运用语文这一工具，让语文课堂与社会天地相接壤。

通过开展的一系列的读书实践活动和课堂学习，孩子们积累了一定的知识，并认识到良好的修养和高尚的人格对学习和做人都有着重要的作用，不过，这种意识大多停留在认知层面，为了深化学生的理解，我们进行了课本剧表演和学科实践活动。

以《猎人海力布》为例，同学们在学习课文的基础上，通过梳理故事情节，感知人物形象后进行剧本的创编，感受民间故事中蕴含的真、善、美的品质。一开始，同学们结合自身性格特点认领人物后就紧锣密鼓地排练起来。一段时间后，课本剧《猎人海力布》应运而生。一个人的"道德""品行"是难"教"的，很多时候都是在潜移默化中形成。学生的真实表演区别于课堂上的对课文内容的感知，而是一部分学生向另一部分学生进行情感和价值观的渗透，是学生们内化海力布精神并传递海力布精神的过程。正因为如此，在多次排练和表演过程中，海力布舍己为人的精神已经深入人心。

此外，美术学科还与语文学科进行无缝对接。以民间故事《人参娃娃》为例，学生在学习创作连环画的过程中，更加深入地了解《人参娃娃》的故事内容，通过连环画这种表现形式直观感受中国传统艺术的魅力，在获得知识的同时陶冶情操，提升审美趣味，进行学科的有效整合。学生们反馈："在语文老师和美术老师的带领下，我们通过对故事情节进行梳理，充分发挥想象力，在创作连环画的过程中把自己想象成《人参娃娃》的主人公，做一个心中有爱、善良的人。"

老师以班级为单位收集学生的连环画作品，并把优秀作品制作成了展板，在学校进行展览，学生相互学习、借鉴。一幅幅精美的画作于无声中温暖着每一个人，以美育人，促进学生全面发展。

（三）开展复合型阅读活动，加强文化浸润

《基础教育课程改革纲要（试行）》中指出："新课程的培养目标应体现时代要求。要使学生具有爱国主义、集体主义精神，热爱社会主义，继承和发扬中华民族的优秀传统和革命传统。"因此，弘扬民族文化，提高学生的整体文学素养。学生在阅读前，通过课上讲民间故事、推荐民间故事激发对民间故事的阅读兴趣，课下学生用图画呈现自己对故事内容的整体把握，写读后感呈现自己对故事内容的理解；"共读交流"教学中，课上组织学生以"合作——探究"的方式运用创造性复述，交流自己喜欢的民间故事，体会中外民间故事的魅力，课后，围绕民间故事的主题阅读内容继续开展丰富的"民间故事创造性复述""民间故事连环画创编""民间故事戏剧表演"等活动，并与学科老师一起商讨，组织班内校内的交流展示评优活动。

三、成效分析

在国学经典的润泽和民间故事的导行下，教师进行单元整体教学和跨学科实践活动，在学生为主体的情景教学中立足单元整体开展课内外语言实践活动。在活动前、活动中及活动后的过程中，以"自主、合作、探究"的方式培养了学生合作素养，学生在合作探究中解决问题及发现问题的能力提升了；其次培养了学生系统思维素养，锻炼了学生的思维能力，提升了准确、有条理的口头表达能力及创造能力；最后充分发挥了传统文化的育人功能，拓展了传统文化建设的空间，培养了学生的兴趣，开拓了学生的视野，增长了学生的才干。

参考文献：

[1] 陈琴主编 . 中华经典素读本 [M]. 北京：中华书局，2012：16.

[2] 李岷妍 . 国学教育在语文教学中的渗透策略 [J]. 文学教育，2018（7）：76-77.

[3] 管美凤 . 馨香一缕 浸润心田——浅谈在语文教学中渗透国学教育 [J]. 中国校外教育，2012（5）：54-55.

借助信息技术，指导学生迈好习作第一步

北京市石景山区实验小学
周海燕

摘要：

三年级学生由低年级升入中年级，从写话到习作，表达标准提升了一大步，老师和学生都面临新的挑战。本人借助信息技术手段，指导学生把作文“写清楚”，帮助学生迈好习作第一步。首先，利用图片、文字资源，引导学生观察积累，为“写清楚”做好素材准备。其次，利用音频、视频资源，为学生再现情境，丰富细化习作内容，为语言“表达清楚”做积淀。最后，利用多屏互动，引导学生自主评改作文，提升习作评改实效。运用“四步评改法”，一是屏幕展示习作重点，再次强化作文审题；二是运用互动屏幕，习得作文评改方法；三是小组合作互助评改，合作探究共同提高；四是全班赏析佳作，再次感受“写清楚”的标准。

关键词：

信息技术；习作指导；写清楚；作文评改

三年级学生由低年级升入中年级，从写话到习作，表达标准提升了一大步，老师和学生都面临新的挑战。二年级时孩子们只是写几句话，有的孩子甚至还停留在写三句话上，三年级一下子就要求孩子写一大段话，而且要把这段话的内容“写清楚”。因为语文课标中明确规定，第二阶段的习作，要求“要注意把自己觉得新奇有趣，印象最深，最受感动的内容写清楚”。

如何突破这一难点呢？经过总结以往教学经验，并进行再次学习思考，笔者决定将信息技术与作文教学整合，指导学生把作文“写清楚”，帮助学生迈好习作第一步。一线教师在和同事边学习边探讨交流的实践过程中，不断优化作文指导方法，从而使作文教学在有限的时间内产生了预期的良好效果。

一、利用图片、文字引导学生观察积累

《义务教育语文课程标准（2011年版）》中要求学生养成留心观察周围事物的习惯，有意识地丰富自己的见闻，珍视个人的独特感受，积累学习素材。写作文前进行素材积累的重要性是不言而喻的，素材的积累需要学生留心观察、细致观察，甚至长期观察，培养学生的观察能力尤其重要。处在第二学段的学生，观察过程中注意力容易受到干扰，易分散，有时会因观察不仔细对所观察的事物只留下模糊的表象，甚至会很快淡忘，这也造成了学生写作时“无米下锅”的情况。习作课上，经常会有学生发愁不知写什么，无话可说，或者写不清楚，词不达意。

在习作教学中融入信息技术手段，既能清晰地再现观察对象，方便学生观察，又便于教师对习作指导内容的驾驭。教师有重点地进行方法指导，学生能有重点、有顺序地观察，逐步形成自主观察能力。

在写《我身边的植物》这篇习作时，教师首先利用网络资源，搜集到各种植物图片和文字介绍，如玉兰树、迎春花、绿萝等大家比较熟悉的植物，再观察这些植物的远观图、近观图，如每一个叶片、花朵的微距图片，以便学生细致观察植物形状、颜色、大小等特点。随后，教师把这些图片制成课件素材，课上引导学生按照一定的顺序进行观察、想象，先口头习作，再落到书面成文。这样为学生提供了可描写的内容，为“写清楚”打下了坚实的基础。

二、利用音频、视频为学生再现情境

三年级学生的感知比较笼统，总是观察事物的整体，获取对事物的综合印象，而忽视对事物更为具体细致的把握。尽管在习作单元教师和学生一起品读了作者如何进行描写，教师教给学生如何观察，从哪些角度去观察，但学生把观察到的事物写清楚仍然不是一件易事。此时应借助一些现代化的信息技术手段，如音频、视频等，它们具有可复现的特点，且不受时空限制，可以将记录存储的内容随时重新使用。这样，有利于引导学生做重点观察，进行语言训练，一步步引导学生把观察到的内容“说清楚”。

如在指导《课间十分钟》这篇习作时，老师组织孩子们一起来到操场上进行跳绳活动，有意识地提示孩子们在活动时注意观察。回到习作课上，先让学生说说自己是如何跳绳的，周围的人的表现怎样。结果，学生反馈最多的就是“我一边摇绳，一边跳绳，其他同学在一边大声为我加油”，基本停留在表面的描写上。

怎样才能把跳绳的过程说清楚呢？老师及时把用手机拍摄下来的短视频传到大屏幕上，将画面聚焦在一个同学身上，放慢速度呈现。从人物开始的准备动作，到起跳的第一个动作，再到跳时候的样子，以及周围同学眼睛如何看、嘴里说着什么、手上做着什么动作，逐一引导孩子用眼睛看、用耳朵听，然后连起来说。这样学生跳绳的过程说清楚了，其他同学如何看的也说清楚了，细致到学生说出“这位同学把绳向前抡的同时，双脚离地，腾空而起”这种极具画面感的语言，为后边的“写清楚”奠定了基础。然后，教师引导学生对同学的样子再展开想象，学生们各抒己见，思维异常活跃。一位同学说：“这位同学一起一落，就像一只可爱的小白兔。”其他同学立刻说他“像一只小鹿在森林中跳跃”，还有的同学说他“像一只小袋鼠在草原上蹦蹦跳跳”……活泼生动的语言被运用到孩子们的习作中，就这样利用视频资源帮助学生再现情境，丰富、细化了习作内容。

三、利用多屏互动引导学生自主评改作文

“文章不厌百回改，反复推敲佳句来。”习作评改的重要性不容置疑。这一环节主要分为老师评改和学生互改两种方式，是耗时最多、负担最重的一个环节。可是，这个过程常常是经过老师集体讲评、个人面批，学生的习作达到了老师要求的水平，但下次习作时，孩子的初稿变化依然不大，对于老师教给的写作方法运用起来总是不尽如人意。教师曾经尝试引导学生进行生生互改，但更加费时费力，如果篇篇作文这样操作，时间上也根本不允许。

那么，如何利用信息技术手段，引导学生自主评改作文，帮助学生发现并改正自己习作中的问题，从而提高学生的习作能力，是老师们在习作教学中应该着重思考的问题。

（一）屏幕展示习作重点，再次强化作文审题

学生写完作文底稿后，老师引导学生回顾并明确本次习作的写作要求及训练重点，并在学生回答内容的同时由大屏幕展现出来。有时对写作要求的具体内容也可以展示一些图片，达到图文并茂的效果。例如在写《我的植物朋友》这篇习作时，作文要求学生写之前去观察，看一看，摸一摸，闻一闻，从视觉、触觉、嗅觉等各个角度观察，并把自己观察到的内容和感受写清楚。这也是再次引导学生审题的过程，从而避免学生出现作文的大忌——跑题。

（二）运用互动屏幕，习得作文评改方法

教师首先把班级学生的作文分三类：优秀、良好和合格，然后运用互动屏幕，将学生的习作扫描后呈现在屏幕上。做好这些准备后，教师带领学生共同评改作文，通过屏幕显示评改过程，特别是从习作选材、结构安排、语言运用等方面分别评价，再运用修改符号进行修改，使学生对如何进行修改有初步的认识。这一环节，有评有改，对于学生新颖的选材，规范的结构，准确、生动、形象的语言，让学生自然而然地发现并一一肯定起到示范的作用。而对于出现的问题，学生也直观地看到该如何修正。这样的评改过程对提高学生写作水平起到了潜移默化的作用，习作作者、参与评改的学生都会从中有所收获。

黑色的文字，红色的修改符号，一字一句，一圈一线，都深深地印在孩子的头脑中，评改的方法也一点点浸透在学生的认知里。当然，最开始的操作异常艰辛，但学生慢慢地掌握了方法，逐渐形成习惯，必将受益终身。

（三）小组合作互相评改，合作探究共同提高

课堂学习合作小组一般有四人，按平时习作水平的高低搭配成组。首先，每位小作者要根据前两个环节的内容自评自改。然后，组员逐一在小组内朗读习作，其他同学给予评价，发表修改意见和建议，组长协助小作者修改。最后，评选出一篇公认的佳作，在全班反馈展示。小组同学围绕习作要求，训练重点及评改内容开展合作、探究。此时学生始终处于主动探究的状态，通过评定别人习作的优劣，发表个人的感受和独到的见解，使学习过程彰显个性，并为学生以后的习作提供方法借鉴。

这样的小组合作评改，同学们既能读到别人的习作，又能改进提升自己的习作，既能取人之长，又能补己之短。

（四）全班赏析佳作，再次感受“写清楚”的标准

佳作评选出来以后随即进行全班展示。每当几篇语言通顺、表达清晰的作文出现在大屏幕上，都是课堂气氛最活跃的时刻。同学们可以肯定作文内容，也可以提出疑问，由小作者答疑，交流中大家再一次体会“写清楚”的标准。经过一番评价，学生的潜能被激发，创造思维被激活，学生的个性得到了发展，一次次耳濡目染，学生的习作评改水平均有不同程度提升。

当然，在整个习作指导过程中，并不能保证每一个同学都跟得上集体的步伐，师生一对一的面批面改是不能缺少的。面对减负增效的教学实践要求，教师更需要多反思、多实践、多总结，在行动研究中成就学生学业水平的提升，成就自身教学能力的提升。而借助信息技术是辅助学习习作表达方法的手段，是一种达成目标的途径，不是教学实践的目的。学生在学习过程中逐渐习得审题、选材、表达、评改等方法，在反复实践练习中逐步提升写作素养。

总之，信息技术功能的强大和操作的便捷对作文的指导过程起到了促进作用。这种跨学科融合教学的作文指导课，将带领学生走进快乐的“信息技术+习作”的智慧课堂。老师也将在这个过程中，不断探索更有效的习作教学策略。教育家苏霍姆林斯基曾说：每一个儿童就其天资来说都是诗人。只要在教学方法上打开创造的源泉，就能使诗人的琴弦发出美妙的乐声。我们的习作教学也是如此，灵活地借助信息技术手段开展习作指导，一定能在一片墨韵书香中看到希望，迎来丰收的喜悦。

参考文献：

[1] 中华人民共和国教育部．义务教育语文课程标准（2011 年版）[S]. 北京：北京师范大学出版社，2012：9.

[2] 乔立君．用苏霍姆林斯基教育思想改进作文教学的尝试 [J]. 基础教育论坛，2017（5）：31–33.

[3] 陈郑斌．巧用网络资源 提高作文水平 [J]. 基础教育研究，2018（22）：44–45.

[4] 彭妙如．信息技术与小学语文教学深度融合的策略 [J]. 广东教育（综合版），2020（2）：46–47.

基于双线组元特点，整体推进单元教学的研究
——以《鲁滨孙漂流记（节选）》为例

首都师范大学附属顺义实验小学
张杰

摘要：

单元整体教学的推进是对统编教材“双线组元”结构特点的呼应，既是人文主题与语文要素在单元范围内立足整体的梯度落实，亦是二者在各自推进过程中相互关联融合与螺旋上升的过程。本文以《鲁滨孙漂流记（节选）》为例，从基于教材编排整体设计“双线组元”、基于人文主题彰显整体设计学习过程、基于语文要素落实整体设计学法和用法三方面系统论述了立足单元整体教学的理念、意图、思路与方式，意在探索单元整体教学方式，树立双线组元融会贯通的思想，从而提升整体把握单元语文教学的能力，实现“双线组元”单元构想。

关键词：

双线组元；整体推进；教学探索

2019年9月统编小学语文教材（以下简称“统编教材”）在全国范围内统一使用。统编教材的最大特点是“双线组元”，即人文主题与语文要素共同结构单元，编排体系且呈螺旋式上升。从单元语文要素的落实看具有“三位一体”的特点，即关注精读学法、自读练法、课外阅读用法的课内外阅读一体化设计；就单元语文要素之间的关系看又具有“读写结合”的特点，即注重单元阅读要素落实和写作要素运用的紧密结合与学以致用。

教材设计体系化势必要求教学实践系统化。从人文主题认识程度的关联到语文要素落实的梯度划分，再到课上与课下的顺承衔接，都需要教师在宏观把

握教材编排体系的基础上进行每一课教学的单元整体设计。

疫情防控期间，北京市翠微小学赵乐林老师在“空中课堂”执教统编教材第十二册第二单元《鲁滨孙漂流记（节选）》。赵老师在充分尊重教材编排特点基础上完成了立足单元的整体教学，既体现语文要素落实的过程与方法，也尊重语文学习规律与学生认知特点，同时凸显语言实践。本文即是以赵老师的课例为例，立足“双线组元”这一特点进行单元整体教学的研究。

一、基于教材编排整体设计“双线组元”

从教学内容编排看，《鲁滨孙漂流记》所在单元的人文主题是“跟随外国文学名著的脚步，去感受更广阔的世界”；语文要素包括两个阅读要素，“借助作品梗概，了解名著的主要内容”“就印象深刻的情节和人物交流感受”，和一个习作要素，“学习写作品梗概”。本单元收录一篇精读课文《鲁滨孙漂流记（节选）》；两篇自读课文《骑鹅旅行记（节选）》和《汤姆·索亚历险记（节选）》；“快乐读书吧”是“漫步世界名著花园”。从语文要素的落实来看：单元起始课《鲁滨孙漂流记（节选）》通过设计两道课后习题，“默读梗概，想想这部小说写了鲁滨孙流落荒岛的哪些事，用小标题的方法列出来”“默读节选的片段，说一说：鲁滨孙克服了哪些苦难？他的心态发生了什么变化？你觉得鲁滨孙是一个什么样的人？”来落实对单元语文要素的学习，以掌握学法。接着，学生在自主学习《骑鹅旅行记（节选）》《汤姆·索亚历险记（节选）》的过程中实现学法的迁移运用，最后，学生通过“同读一本书”与“快乐读书吧”的内容，实现课内阅读向课外阅读的拓展延伸，借助“写作——学习写作品梗概”完成“梗概”部分的阅读学法及习作用法实践。

这样的编排特点具有统编教材单元编排的普遍性，凸显单元人文主题与语文要素的紧密关联。对于单元人文主题的认知，往往需要在单元语文要素落实过程中不断深化与发展。如果人文主题像本单元涉及文章题材与体裁，关联性会更高。

反之，学生在落实语文要素过程中的知识习得、学法获得与思维发展势必会促进学生对人文主题的个性化与多样化认知，产生思想意识与精神文化层面的深远影响。因此统编教材每一课时教学都要立足单元整体，统筹设计“双线组元”。

二、基于人文主题引领整体设计学习过程

本单元可以从三个维度理解人文主题“跟随外国文学名著的脚步，去感受更广阔的世界”。首先是激发学生阅读外国名著的兴趣，帮助学生养成阅读外国名著的习惯。其次是把握阅读外国名著的方法，并在真实的阅读过程中实践运用。最后是运用阅读方法走进更多的外国名著，体会不同异域经典，感受更广阔的世界。本单元人文主题凸显“阅读”核心，无论是阅读表象的兴趣与习惯，还是阅读本身的方法支撑，乃至课内外阅读延续，都体现着一篇课文的学习、一个单元学习甚至学生终身发展的整体推进。这为教学设计带来更大挑战，赵老师以寒假中向学生推荐阅读外国名著为切入点，通过调整整册书的教学顺序、精心设计阅读活动与作业等角度，实现了单元人文主题整体推进的设想。

（一）基于阅读连续性调整教学顺序

赵老师对整册教材的教学顺序进行了调整：《鲁滨孙漂流记》一课所在的第二单元教学调整到第一单元之前进行教学。这样的安排基于两点考虑：一是假期学生已经开始阅读外国名著，二是学习本单元之后学生还要继续阅读，需要给学生留出充足的阅读时间。将本单元学习定位为学生阅读收获与阅读方法的补给，起到承上启下的作用，这样的调整有利于学生课内外阅读的连续与发展。

（二）基于阅读期待设计教学环节

课堂学习就要结束的时候，赵老师引导学生对照目录和梗概进行思考：“还有哪些内容感兴趣？”激发学生对梗概中细节的探究兴趣；之后引发学生对目录中“逃离”“风暴”“炮声”等内容的想象，激起学生对名著情境的探究欲望；然后拿出《鲁滨孙漂流记》这本书，声情并茂地和同学们分享自己喜欢的语句——“我怀着热切的希望……”和学生一起感悟名著语言的经典，产生情感共鸣；最后借助法国思想家卢梭对这部名著的评价，呼吁孩子们一起阅读《鲁滨孙漂流记》，做自己内心的“国王”。这一系列教学环节的设计只有一个目的，那就是从不同维度激发学生的阅读期待，将外国名著阅读继续下去，并在阅读中感受多彩世界。这是落实单元人文主题的综合表现。

（三）基于人文主题落实布置课后作业

学习结束后，赵老师布置了两项作业：1.读《鲁滨孙漂流记》，做好摘抄和笔记。2.查找《骑鹅旅行记》《汤姆·索亚历险记》《爱丽丝漫游奇境》三本书的故事梗概，了解作品的主要内容，从中选择自己喜欢的一本书来读。

这样的作业设计可谓匠心独具。作业1是对《鲁滨孙漂流记（节选）》教学的课内学法向课外用法的延续；作业2是在统整单元教学内容基础上的整体预热，关注《骑鹅旅行记（节选）》阅读建议（作品中还有许多有趣的故事，如《鹤之舞表演大会》《大海中的白银》，猜猜它们又将讲述怎样的神奇故事。有兴趣的话可以找来读一读）和《汤姆·索亚历险记（节选）》阅读建议（如果你还想知道汤姆的其他故事，就去读一读《汤姆·索亚历险记》这本书吧）的有效落实。关联梗概与内容之间的关系，为如何阅读名著和单元习作写作品梗概做铺垫。这种立足单元的作业设计可谓一举多得。

三、基于语文要素落实整体设计学法用法

统编教材单元语文要素一般由两个或三个构成且联系紧密。教学时需要在关注单一语文要素学法用法落实的基础上，设计语文要素之间的融合，从而达到多个语文要素共同落实的目的。语文要素落实需要关注两个整体：单元整体与篇章整体。

（一）语文要素落实要关联“单元整体”

立足单元的语文要素梯度落实是“大整体”。本单元“梗概”的语文要素可以从两个方面落实：首先是阅读名著的依据，“借助作品梗概，了解名著的主要内容”；其次是表达的目标“学习写作品梗概”。教学时赵老师将两者进行了紧密的统整。

上课伊始赵老师首先引导学生思考“这篇课文在编排的时候，呈现方式与我们常见课文的呈现方式有什么不同呢？”并适时明确“梗概”的概念。这是帮助学生从形式上认识“梗概”；之后引导学生“默读梗概部分，想想这部小说写了鲁滨孙流落荒岛的哪些事，用小标题的方式列出来”是对梗概内容的结构划分，引导学生整体把握梗概的主要内容；然后引导学生“对照梗概，推断出节选在小说的哪个部分？是根据什么判断出来的？”这是引

导学生将梗概与节选内容进行关联对应，从内容上找到梗概和节选的契合点，为后面学习《骑鹅旅行记（节选）》《汤姆·索亚历险记（节选）》做铺垫。最后提出“对比读读两部分内容，你能发现节选与梗概在表达上的不同吗？”这种辨析梗概与节选在表达上的异同为写作品梗概埋下伏笔，是从阅读走向表达的过渡，是对达到写“梗概”目标的有力支撑。这是单元范围内“梗概”的整体设计。

（二）语文要素落实要立足“篇章整体”

“就印象深刻的情节和人物交流感受”这一语文要素在《鲁滨孙漂流记（节选）》一课的落实是“小整体”。赵老师从体会“鲁滨孙是一个什么样的人？”为切入点展开教学。

首先引导学生默读节选片段，通过表格梳理“鲁滨孙遇到的困难和克服困难的方法”。从故事情节带领学生感受鲁滨孙克服困难的过程，是一种结构化认知。之后用“你能说说鲁滨孙给你留下什么印象？”引导学生整体感受鲁滨孙“敢于冒险、不畏艰险、勇敢坚毅、聪明能干”的人物形象。基于“事件”的人物评价，在有理有据评价人物基础上建立人物形象认知，这是很多教师都会选择的方法，属于解释性阅读的范畴。

接下来的环节设计与众不同。赵老师引导学生默读课文，想一想鲁滨孙在克服种种困难的过程中，他的心态发生了什么变化？在文中画出相关语句，圈出关键词，并将自己的感受批注在旁边。之后和学生一起梳理鲁滨孙的内心变化：流落荒岛时苦闷失望，制作工具时智慧应对，习惯岛上生活时心平气和，思考幸与不幸时积极乐观。这样的心理变化过程与鲁滨孙克服困难的种种行为不谋而合。之后对“鲁滨孙是一个什么样的人？”的评价，就变得更加丰满与立体：鲁滨孙是一个不屈服于命运的人，是一个善于调整心态的人，是一个积极乐观的人。通过情节划分关联人物形象，立足行为与心理变化凸显人物形象，关注文本前后联系形成对鲁滨孙人物形象的多样化认知……至此，“就印象深刻的情节和人物交流感受”的语文要素在这一课得到了整体落实。

叶老说“教材无非是个例子”，意在鼓励教师用教材教，基于教材而不止于教材。借用这样一个案例，从教学环节设计体会教学理念揣摩教育思想，基于课时教学而不止于课时教学，意在探索单元整体教学方式，树立双线组元融会贯通的思想，从而提升整体把握单元语文教学能力，实现立足“双线组元”进行单元整体教学的美好境界。

参考文献：

[1] 中华人民共和国教育部 . 义务教育语文课程标准（2011 年版）[S]. 北京：北京师范大学出版社，2012：9.

[2] 引自孔凡艳在北京市顺义区教育研究与教师研修中心 2021 年 2 月 24 日举办的单元整体教学研讨会“统编教材背景下单元整体教学与课时设计”的发言。

[3] 引自赵乐林在北京市空中课堂 2020 年 4 月 15 日，16 日教学《鲁滨孙漂流记（节选）》的教学设计，有改动。

以课后练习题为抓手，落实低年级语文要素
——以二年级上册第三单元为例

北京市平谷区东交民巷小学马坊分校
张静

摘要：

统编低年级语文教材没有直接出示单元语文要素，教师在教学中可以紧紧抓住语文要素落实的主渠道——课后练习题来理解教科书的编排意图，从中提炼出最有价值的教学内容。第一，可以横向思考整个单元的课后练习题，找到关联点，梳理本单元的语文要素，将语文要素贯穿于整个单元的教学。第二，基于学生认知规律，在纵向语文要素序列对比中，确定低年级学生应达成的目标程度，并在课堂中为学生提供支撑与路径。第三，从学生的能力生长点出发，设计教学内容，找准语言训练的切入点，由浅入深、由易到难，引导学生积极参与，落实语文要素。

关键词：

课后练习题；低年级；语文要素

统编低年级语文教材与中高年级不同，没有直接出示语文要素。教师要认真研读教材，读懂编排意图，从中提炼出最有价值的教学内容。教师在教学中可以紧紧抓住语文要素落实的主渠道——课后练习题来揣摩教科书的编排意图，横向思考整个单元的课后练习题，找到关联点，梳理本单元的语文要素；基于学生认知规律，在纵向语文要素序列对比中，确定低年级学生应达成的目标程度；在课堂中提供路径，引导学生积极参与，落实语文要素。本文将以统编教科书二年级上册第三单元为例，谈谈如何借助课后题，落实“借助字词短句，尝试讲述课文内容”这一语文要素，开展有实效的阅读教学。

一、借助课后习题，横向对比确定语文要素

根据低年级语文教科书的编排特点，教师可以利用课后练习题发现隐性联系，悟透文本，提炼出本单元的语文要素。二年级上册第三单元以“儿童生活”为主题，编排了《曹冲称象》《玲玲的画》《一封信》《妈妈睡了》四篇课文。

在四篇课文中，“针对两种称象的办法，说说为什么曹冲的办法好”“露西前后写的两封信，你更喜欢哪一封？为什么？”“对‘只要肯动脑筋，坏事有时也能变成好事’的理解”“说说家人睡觉的样子”这几道练习题指向让学生说出感受或想法，其中两道是运用比较谈谈自己的感想，另外两道是联系生活谈体会。无论是在比较中谈感受还是联系生活谈体会，都要建立在学习字词、读懂课文的基础上。教学中教师要重视这些问题的讨论，引导学生畅谈自己的感受或想法。

除上述四道练习题外，教材中还有几道课后题：《曹冲称象》这篇课文借助已给的关键语句，将称象的过程排列顺序，连起来说一段话。《玲玲的画》这篇课文借助已给的词语“得意”“伤心”“满意”，串联心情完整地讲故事。《一封信》这篇课文先让学生画出露西写第二封信的内容，试着把第二封信读出来。《妈妈睡了》这篇课文让学生自己找到文中关键词，说说睡梦中妈妈的样子。横向看这几道课后题，确定本单元的语文要素是“借助词句，尝试讲述课文内容”。

统编小学语文教材执行主编陈先云先生认为，语文要素包括必要的语文知识、基本的语文能力、适当的学习策略和良好的学习习惯等。二年级上册第三单元“借助字词短句，尝试讲述课文内容”这一语文要素属于基本能力的训练。低年级讲述课文内容是中高年级复述课文的尝试阶段。从教材编排看，本单元对讲述能力的要求是由浅入深、由易到难、拾级而上的：从讲一段到讲整篇课文；从利用练习题中的关键词讲述到自己从文中找关键词讲述课文内容。

二、基于认知规律 纵向对比确定达成标准

统编教材充分尊重学生的认知规律，各个语文要素以螺旋序列形式编排，

贯穿在不同年段、不同年级，同一要素纵向延伸，形成了同一能力的不断发展之路。教师对单元语文要素的理解要精准、到位，要探究同一语文要素在不同单元、不同年级的具体描述，更要深入理解其内涵。

关于“讲述与复述”在二年级上册中是这样安排的：第一单元“借助图片，了解课文内容”；第三单元“借助词句，尝试讲述课文内容”；第六单元“借助词句，了解课文内容”。通过对比发现，单元与单元之间的纵向联系，同样是讲述课文，这三个单元运用了借助图片和借助词句两种方法，经历了从初步尝试讲述到练习讲述的过程。学生从图片入手，依据图片能轻松地讲述课文内容，然后过渡到借助词句尝试讲述课文内容。统编教科书遵循了学生的认知发展规律，循序渐进，由直观到抽象，由简单到有难度，是在掌握了初级讲述本领的基础上培养高一级讲述能力。

纵向对比统编教科书发现：从年段上看，讲述是复述的先期阶段。低年级学生可以借助图片、词语、句式、图画、示意图、表格等辅助手段进行复述，为以后的复述课文提供一个支架。中高年级，复述分别有几个层次：三年级下册第八单元的语文要素是“了解故事的主要内容，复述故事”，这个阶段是详细复述；四年级上册第八单元的语文要素是“了解故事情节，简要复述课文”，这个阶段是简要复述；五年级上册第三单元的语文要素是“了解课文内容，创造性地复述故事”，就是要以文本为基础，在一定的情境、语境中展开合理想象。从细致复述、简要复述到创造性地复述，能力进阶增强。

将所有关于“讲述与复述”的单元进行纵比，确定出二年级上册第三单元“借助词句，尝试讲述课文内容”这一单元语文要素的达成目标有两个，一是能借助词句会讲述课文内容，二是能正确提取文中关键词句讲述课文内容。

三、提供认知路径，推动单元语文要素落实

统编小学语文教材执行主编陈先云先生说过：教什么是内容，怎么教是方法，为什么教是目标。语文教学要重视研究“教什么”，其次才是“怎么教”，在此基础上思考“为什么教”“教到什么程度”。确定了单元语文要素之后，教师就要将语文要素贯穿于整个单元的教学。在学习字词、读通课文的基础上，将“初步讲述课文内容”作为本单元教学不可缺少的环节，教师要给足时间、空间，让学生愿意讲述，会讲述课文，将静态的教材内容转化为动态的能力，

在课堂中发展学生的思维。

既然是运用课后练习题梳理出的语文要素，那么，在教学中，教师就更要重视课后练习题，以课后练习题为支架，寻找一条合理路径，将课后练习作为推动单元语文要素落实的载体。

（一）合理定位，减缓坡度，设置情境愿讲述

教师要依据本单元要素确定课时教学目标，选择合理的教学方法，让学生在愉悦的气氛中愿意讲述。在本单元之前，学生已经学习了借助图片讲述课文内容，有一定的讲述基础。教师可以采用设置情境、表演、观看图像等方式，减缓讲述的坡度，增加讲述的兴趣。在《曹冲称象》这篇课文的教学中，教师准备了大船、石头、大象等图片教具。学生充分读文，比较了“官员们和曹冲的办法谁的更好，好在哪里”之后，教师随机出示“赶象上船”“把大象赶上岸，往船上装石头”“在船舷上做记号”“称石头的重量”这几个词句，学生利用教具演出对应的环节。在表演的过程中，学生逐渐意识到应该先做什么，后做什么，曹冲称象的顺序自然而然就理清了。标好序号之后，学生将关键词句串联起来，对照正确的顺序讲述称象的过程，还能做到一边讲一边演示过程，学生自导自演《曹冲称象》，着实提高了学生讲述的兴趣。

（二）走入文本，搭建支架，确定线索能讲述

教师在教学前，要吃透教材的编写意图。同一单元中，在同一要素的引领下，不同篇目的侧重点也是不一样的，它们从不同方面或从能力的不同阶段达成本单元语文要素目标。在本单元中，《曹冲称象》直接出示了称象过程的关键词句；《玲玲的画》出示的不是这件事发生过程中的关键词句，而是人物的心情线索。为了让学生依据“得意”“伤心”“满意”这三个心情词语，讲述课文内容，教师可以引导学生说一说玲玲得意、伤心、满意的原因是什么。这一问题，将事件与心情一一对应，为讲述课文搭建了“支架”，理清了课文脉络。教师将各个教学环节串联，将讲述课文内容分解，以阅读理解为抓手，确定讲述线索，巧妙地引导学生与文本对话，在实践中感受“讲述课文”的方法。在落实本单元语文要素的同时，关注学生的语言发展。

（三）关注语用，识判关键，提取信息会讲述

语文要素分为三个维度：阅读、表达（口语与书面语）和习惯。本单元语文要素是“借助字词短句，尝试讲述课文内容”，属于表达这个维度。四篇课

文的讲述，无论是排列称象过程、借助不同心情讲述、写出第二封信内容，还是说妈妈睡梦中的样子，这些都无一例外地指向有序表达。教师在教学中，要重视文本表达的先后顺序，在引导学生发现关键词句的同时，关注有序表达。

在《妈妈睡了》一课教学中，教师首先要找到本课中“关键语句”，教师可以让学生用一个词语来形容“睡梦中的妈妈的样子”。如果学生的答案多样，可以对比一下这些词语，哪一个更能形容睡梦中妈妈的样子。通过比较，学生一定能找到“美丽”这个关键词语。学生在第2自然段的学习中，有了提取关键词语的体验，在3、4自然段中，自然就会提取到“温柔、好累”这两个关键词语。教学时，教师可采用先提取关键词，再具体讲述睡梦中的妈妈是怎样的美丽、怎样的温柔，把关键词语展开成一幅画面，让学生初步感受将几个词展开成一篇课文的讲述方法。最后，学生完整、有序地讲述妈妈睡梦中的样子，将阅读与语用结合，让学生学会借助关键词句初步讲述课文，使这种必要的表达能力在此单元中得到专门的训练和应有的发展。又如在《一封信》教学中，教师鼓励学生自主阅读，发现正确提取信息的窍门，即找到露西写信的提示语，将这些语句画下来，按照语句出现的先后顺序说出第二封信的全部内容。

低年级统编教材中的语文要素，藏在各个单元之中，教师在教学之前，要深入钻研教材，善于发现课后练习题中的相同点，找到关键点，横向对比，纵向溯源，确定单元语文要素，以此设计教学内容，找准语言训练的切入点，确保学生达到相应的语文能力。

参考文献：

[1] 杨永彬，严丽．“四定”：语文要素的确证与突围 [J]. 江西教育，2021（6）：11–14.

[2] 陈先云．语文教学要重视研究“教什么”[J]. 小学教育 2020（3）：1.

[3] 陈先云．语文教学应当轻装前行——统编教科书使用中应注意的几个问题 [J]. 小学语文，2020（3）：4–12.

[4] 曹月红．多元融合，走进童年多彩的语文世界 [J]. 语文教学通讯，2021（3）：59–60.

减省与联结
——统编小学语文低年级“课文单元”教学策略

北京市平谷区教育研修中心
张军志

摘要：

统编教材低年级“课文单元”力图实现识字教学与阅读教学有机融合，落实在教学中，可通过减省的方式进行文本解读，让词语成为低年级语文“课文单元”的关键要素，进而用词语联结学生生活经验、文本语境和多媒体资源、补充资料等，在突出低年级教学重点的同时，有效地落实学生核心素养。

关键词：

统编教材；低年级；课文单元；减省与联结策略

小学低年级语文教学的重点是识字教学，如何在统编教材低年级四册教材的“识字单元”和“课文单元”有效达成目标，尤其是在“课文单元”中扎实落实识字教学，使学生独立识字能力和阅读能力都得到发展，一直是教学实践层面努力探究的话题。

低年级的“课文单元”与“识字单元”相比，文本虽然承担了培养学生阅读能力的任务，但是更重要的任务仍是识字写字能力培养。当前，一些教师在低年级“课文单元”的教学中，用阅读目标挤占或者替代识字目标，把大量活动或环节用来引导学生阅读理解，导致学生识字效果不高、识字教学缺席等现象，不仅违背了《义务教育语文课程标准（2011年版）》的要求，同时在使用统编教材方面也存在误读。本文即围绕如何在“课文单元”中更好地落实识字教学目标，从而实现识字和阅读的有机融通这一问题进行了思考和研究。

一、解读文本的减省策略

对于低年级的“课文单元”，文本解读的策略之一就是做减省。减省是指通读全篇课文后，能从篇—段—句—词语逐步抓其关键，最后做到能通过关键词语的理解抵达阅读的理解。

统编教材一年级下册“课文单元”中第六课《树和喜鹊》的教学，按照做减省的策略，从篇章逐步减省到句子：树很孤单，喜鹊也很孤独；树有了邻居，喜鹊也有了邻居；树很快乐，喜鹊也很快乐；再减省到词语：孤单，快乐。具体教学活动围绕“什么是孤单，树和喜鹊为什么很快乐”这两个问题展开，就能够实现从词语的理解抵达阅读理解了，对于单元语文要素“联系上文了解词语的意思”也有了很好的落实途径。

“课文单元”的第四课《四个太阳》由四个段落组成，每个自然段都是从颜色、季节、赋予颜色的理由三个方面来表述的。因此，我们可以减省到词语为“季节——颜色——理由”，和课后练习题“读一读，记一记”的词语相吻合，同时抓住了这些词语，也就落实了单元的语文要素——提取课文明显的信息。

“课文单元”第十八课《小猴子下山》是一篇比较长的课文，我们同样可以减省到几组词语来学习。这几组词语分别是：看到了什么？词语包括“玉米、桃子、西瓜、小兔子”；什么样？词语包括“又（ ）又（ ）”；做了什么？词语包括“扛、摘、捧、抱、扔、追”等。在三组词语的识、写过程中，其实就达成了整个文本的阅读理解。

为什么可以用做减省的策略解读低年级文本？依据应该有以下几个：一是低年级的选文都比较简单，编者考虑到了文本结构、识字数量、包含信息等多个因素，这就为做减省的解读策略提供了文本资源；二是减省到词语，就遵循了字不离词、词不离句的识字教学规律，让词语成为汉字最小的认知情境，也是句子最直接的理解基础，是语言表达的核心重点。三是这种方式解读，最大限度减少了逐段讲解、串讲串问的问题，使得词语理解了，句子和内容也就随之解决了。

二、阅读文本的联结策略

做减省的文本解读策略，让词语成为低年级语文“课文单元”的关键要素。具体到设计实施过程中，如何有效地实现从词语理解到对整篇课文的理解呢？“联结”就是一个比较好的策略。

《八角楼上》是统编教材新修订后增加的一篇课文。这个单元的人文主题是“革命先辈”，语文要素是“借助词句，了解课文内容”。为什么革命传统教育内容要设计这样的语文要素？这和革命传统教育篇目的特点有关系。学生学习革命传统教育篇目会遇到一些问题。一是革命传统教育中的固有词汇学生不好理解。比如乐观主义、艰苦奋斗、坚定意志等等，还有一些伟人的名字和事迹等等。二是学生已有经验难于和文本对接。三是革命先辈的品格不好体会。四是补充资料需要适切、恰当。

因为革命传统教育中的固有词汇学生不好理解，所以本单元的语文要素是“借助词句，了解课文内容”，帮助学生突破固有词语的关键障碍，学生对课文内容的理解也就水到渠成了，而这正好和做减省的解读策略相契合。因此，根据文本的内在逻辑，做减省就可以聚焦到一个词语——艰苦斗争。一个词语就联结了那个艰苦年代的情形，联结在艰苦年代仍然坚持斗争的工作状态，把这些有机贯通起来，形成了比较清晰和富有逻辑的教学思路。

布鲁纳认知结构学习理论认为，对纷繁复杂的事物进行分类是人类思维的基本任务，只有经过分类人们才能对世界有明确而有条理的认识。人们通过现有的类别编码系统和外部世界进行互动交流，借助现有类别处理外来信息，并形成新的类别，这种将事物置于类别编码系统的活动，称为“类目化”。因此，在具体设计中，认真研读课文中词语之间的联结，进行词语的“类目化”梳理，最终把“艰苦斗争”这个贯穿文本的词语和“类目化”梳理后的几组词语联结起来。经过“类目化”梳理后的几组词语分别是：

一是用词语说住处：八角楼——茅坪镇——井冈山

二是用词语说画面：

单军衣，薄毛毯，寒冬腊月

左手握，右手拨

清油灯——灯芯——星星之火——明亮——照亮

凝视——沉思——觉察

三是用句子说画面：描述毛主席认真工作情景的句子。

用词句说住处、说画面的过程中，要把词语联结句子理解；要把词语联结自己的生活经验去理解；把词语联结教师呈现的图片、视频以及补充资料去理解；也要把词语联结“艰苦斗争”这个关键词语去理解，不断强化艰苦的状态和工作的状态，理解“艰苦斗争”的内涵。

《寒号鸟》是二上第五单元一篇课文，这个单元的人文主题是思维方式，语文要素是“初步体会课文讲述的道理”。这是一个寓言单元的教学，要抓住人文主题和语文要素之间的密切联系，帮助学生从思维方式的角度去理解道理，具体的解读路径可以从寓意到故事，从故事到词语；逐渐做减省，最终一直减省到——“得过且过，将来难过”两个词语。

教学设计时就可以围绕词语“得过且过”设计问题。“‘得过且过’是什么意思？寒号鸟怎么得过且过？”围绕词语“将来难过”提出问题，“‘将来难过’是什么样子？为什么会将来难过？”展开教学。教学中，抓住“冻得直……，冷得像……”词语，联结上下文和生活经验，联结具体的文本语境，通过有声有色的朗读和语言运用，让得过且过和难过的状态逐渐清晰地呈现出来，为学生体会课文讲述的道理搭建多元而丰富的支架。

通过以上的具体实例，我们可以梳理一下在“课文单元”教学实践中的可行做法。

首先要用做减省策略解读文本。在理解和把握统编教材人文主题和语文要素各自的内涵及其关系的基础上，把课文由厚读薄，尝试从篇章到段落到词语。这个做法的难点就是找到哪些词语具有一以贯之或牵一发动全身的价值。因此，当整体到部分的解读不好下手时，还可以直接从词语入手去发现，这就需要教师重点研读课文中一、二类字的认读方法，明确哪些字可以随文识，哪些字可以集中识，哪些字可以借助生活经验识，哪些字可以利用字理识，哪些字需要在上下文语境中识。再把这些字尽可能放到课文的词语语境中去，对这些词语类目化梳理后，就可以找到那些关键的词语了。由此，让词语成为识字教学和阅读教学的联结纽带，完成二者的有机融合。

其次，要用联结策略展开教学。一是词语之间的联结。《八角楼上》一课中，用词语说画面，就是梳理出了几组词语，这就是词语“类目化”后的结果，这些词语其实都指向“艰苦斗争”这个价值一以贯之的词语。二是文本语境的联结。这就要把关键词语放到具体的句子中去理解，让“字不离词，词不离句”的规律得到有效落实。三是教材中图片、资料和词语的联结。《八角楼上》要让学生知道艰苦斗争的意义，必须和资料进行联结，在“凝视——沉思——觉察”一组词语学习中，要在“沉思”一词的学习中，联结资料，把艰苦年代的背景，红军当时的处境和毛主席的光辉著作指引中国革命胜利道路等关键的信息传达给学生，学生才会懂得工作中“沉思”的深刻内涵。四是和生活经验有效联结。描述毛主席工作画面的这组词语，对学生而言比较陌生，需要和学生的生活经验紧密联结，把自己凝视、沉思和察觉的生活情景和经验体会激活，初步理解了这些词语的运用的语境和呈现的境况后，再联结适当的资料，让毛主席的深夜工作画面鲜活起来。

总之，在小学语文低年级“课文单元”的教学中尝试运用减省和联结的策略，搭建了识字教学和阅读教学整合的通道，避免了随文识字中很多老师逐段讲解、逐段识字的现象，为低年级语文教师解读文本，展开教学，落实年段教学目标提供了一个可行的做法。

参考文献：

[1] 曹爱卫 . 低年级红色经典课文教学思考与实践 [J]. 小学教学研究，2021（15）：9–11.

[2] 温儒敏 . 义务教育教科书语文二年级上册 [M]. 北京：人民教育出版社，2021：60–63+72.

[3] 温儒敏 . 义务教育教科书语文二年级上册 [M]. 北京：人民教育出版社，2021:24–25.32–33.94–96.

从单元整体出发统筹安排教学内容

北京市通州区后南仓小学
张平

摘要：

统编教材在编排和设计上突出两个特点：第一，有明确的语文要素。统编教材的语文要素包括必备的语文知识、基本的语文能力、适当的学习策略、良好的学习习惯。这个核心理念在教材编排上以双线结构体现，即宽泛的人文主题和螺旋上升的语文要素。教材中的每个单元都有一个明确的人文主题，语文要素螺旋式地体现在各篇课文中。第二，体现单元的整体意识。统编教材建立了灵活的单元体制，将语文要素分成若干知识和能力训练点，统筹规划训练目标，按照一定的梯度，落实在各年级的单元教学中，阶梯式上升。所以在教学过程中要把单元看成一个整体，同一单元中的课文都要为单元目标的落实服务。

关键词：

单元整体；统筹安排；语文要素；人文主题

为了能更好地理解统编教材的设计理念和实施策略等，教者需要认真阅读教材和教师教学用书，研究其中的单元说明、教学内容、教材解析、教学目标、教学建议等方面的内容。统编教材在编排和设计上突出了以下两个特点：

一、有明确的语文要素

统编教材清晰地体现了它的核心理念——语文要素。这个语文要素包括四方面的内容，即必备的语文知识、基本的语文能力、适当的学习策略、良好的学习习惯。这一核心理念在教材的编排上以双线结构体现出来，即宽泛的人文主题和螺旋上升的语文要素。教材中的每个单元都由一个明确的人文主题将课文组织在一起，并将要训练的语文要素螺旋式地体现在各篇课文中。

下面以一年级语文下册七单元为例，简单介绍一下人文主题和语文要素。

表1　一下七单元编排情况

单元	人文主题	课文	识字写字训练要素	阅读训练要素	口语交际训练要素	说话写话训练要素
七	习惯	《文具的家》《一分钟》《动物王国开大会》《小猴子下山》	掌握“加一加、减一减”的识字方法；学习分辨形近字；学习笔顺规则，正确书写。	根据信息做简单推断，训练逻辑思维；读好疑问句与祈使句；利用多种方式读懂长课文。	明白游戏规则并有条理地表达，初步养成良好的行为意识与行为惯。	展开想象，能选择几个词语说几句话。

本单元的人文主题是“习惯”，即管理自己的文具和时间的习惯，把话说完整、说明白的习惯，做事有目标的习惯。每篇课文有一个习惯养成的目标，围绕这些习惯，将语文要素阶梯式地呈现出来。这几篇课文本来各自独立，之所以能够组合在一个单元内，是按一个标准编排在一起的，这个标准就是“单元的双线结构”。如果不把它们整合起来，就会孤立、缺少关联，所以教学时要把单元当成一个整体，统筹安排。

表2　单元人文主题与语文能力关系表

课题	人文主题	语文能力
《文具的家》	爱护学习用品	掌握多种识字写字方法，根据插图活字形进行推断。
《一分钟》	利用好时间	运用“要是……就……”的句式进行推断。
《动物王国开大会》	把话说清楚	关注相似情节，根据课文信息做推断；读好祈使句和疑问句的语气，体验角色。
《小猴子下山》	做事目标明确	抓重点词语，整合信息，进行推断。

二、灵活的单元体制

统编教材建立了灵活的单元体制，将语文训练的基本要素分成若干个知识和能力训练的“点”。但是这些内容并非如夜空中的星星零散地分布，而是以单元为整体，统筹规划训练目标的序列，并按照一定的梯度，落实在各个年级的单元教学内容中。这个梯度不仅有同册书的横向梯度，也有跨越年级段的纵向梯度。语文要素由浅到深，由易到难，由简到繁，由渗透、学习到练习、应用，分布到不同年级的单元教材中，层次鲜明，梯度清晰。这样的单元构建体系符合学生的身心发展特点，符合语文学习的基本规律，能够稳步促进学生语文素养的提升，从而培养学生语言文字的运用能力。所以在教学过程中要把单元看成一个整体，同一单元中的课文都要为单元目标的落实服务，不能把教学过程碎片化，不能把教学重点放在理解课文内容上，而是应该以本单元要训练的语文要素为核心制定单元目标，在单元目标的基础上制定每篇课文的教学目标。

统编教材一年级语文下册第七单元在阅读方面有三个教学重点：一是“根据课文信息做简单推断”；二是“读好祈使句和疑问句”；三是“利用多种方式读懂长课文”。下面将以“根据课文信息做简单推断”的单元教学重点为例，简单谈谈教师应该怎样进行单元整体教学的设计。

（一）进行单元整体教学分析

这个单元围绕“习惯”这一人文主题编排了四篇课文：《文具的家》《一分钟》《动物王国开大会》《小猴子下山》；口语交际的内容是“一起做游戏”；本单元的“语文园地”，包括“识字加油站”“字词句运用”“书写提示”“日积月累”“和大人一起读”五方面的内容。本单元课文贴近学生的生活，故事情节充满童趣，语言通俗易懂，文中丰富的插图能激发学生的阅读兴趣。

本单元的人文主题是要引导学生养成良好的生活和学习习惯，懂得做事要目标明确、有始有终的道理。《文具的家》是让学生学会管理自己的文具，养成爱护学习用品的好习惯；《一分钟》是时间意识的渗透，让学生逐步学会管理时间，培养学生守时的习惯；《动物王国开大会》让学生明白通知事情时，要把重要的内容说清楚、说完整，养成表达清楚、有条理的习惯；《小猴子下山》渗透了做事情要有目标意识，培养学生做事有始有终的习惯；《口语交际》让学生养成把游戏规则说清楚、说明白的同时，还要学会主动邀请小伙伴做游戏，培养学生乐于交往的意识和友善待人的行为习惯。

本单元要学习掌握的阅读方面的语文要素是“根据课文信息做简单推断”，纵观一至三年级语文教材，可以把握本单元教学重点的达成度。

1.纵向看递进

表 3 “提取信息”能力进阶表

册别	阅读能力	阅读方法
一上	从文中寻找明显信息。	借助圈一圈、画一画的方法。

续表

册别	阅读能力	阅读方法
一下	1. 找出明显信息，培养阅读理解能力。 2. 根据课文内容信息做简单推断，并联系生活实际进行表达，训练逻辑思维。	利用多种方式读懂课文，运用图片、联系生活实际、运用句式、相似故事情节等方法学会做简单推断。
二上	借助词句、图片、提示，了解、讲述、复述课文内容。	联系上下文、联系生活、观察图片进行学习。
二下	提取主要信息，了解课文内容。	联系生活实际和提示进行学习。
三上	根据要求提取段落中的重要信息，并对有关的现象或成因做出解释。	1. 通过讨论、比较、交流引导学生掌握预测这一策略。 2. 联系上下文、利用找关键句，提取重要信息，分析现象，做出合理解释。
三下	借助关键语句概括一段话的大意。	借助段落中的关键语句归纳整合信息的方法。

由上图可见，从一年级上册开始，教材中就开始安排了“从文中寻找明显信息”的相关阅读能力，但不同年级的具体要求及阅读方法是不同的。本单元“根据课文信息做简单推断”是对一年级上册教材“寻找明显信息”的进一步扩展，并为三年级“提取信息做出推断或解释”打下基础。

2.横向看联系

表 4　单元内部阅读能力分布情况

课题	阅读能力
《文具的家》	读熟课文，读好对话。
《一分钟》	引导学生根据课文内容的内在联系，运用“要是”的句式进行简单推断，训练学生的逻辑思维能力。
《动物王国开大会》	根据相似情节对后边内容做出推断，建立信息完整性的意识，继续进行逻辑思维能力训练。
《小猴子下山》	读懂课文并提取、整合信息，做出推断。

由此可见，本单元从课文内容上看都是对学生形成良好习惯的培养，在语文要素的学习上这四篇课文始终以“根据课文信息做简单推断”为主线，单元的各个部分都围绕这条主线安排教学内容。语文要素的训练也呈阶梯式进行，由浅入深逐步完成：从渗透推断、用简单句式学习推断到根据情节做推断，最后到整合信息做推断，清晰地呈现出了一幅螺旋上升的能力曲线图，正所谓“当下学习内容是早先学习内容的延续，也是未来学习内容的基础，彼此之间是有呼应、继承和发展的”。

（二）对单元整体教学设计的思考

本单元围绕“根据课文信息做简单推断”的阅读能力进行训练，按照“渗透推断—学习推断—练习推断—使用推断”的顺序循序渐进，阶梯式上升。《文具的家》需要学生掌握的语文能力是：1.爱护学习用品。2.掌握多种识字写字方法，根据插图或字形来推断。《一分钟》需要学生掌握的语文能力是：1.利用好时间。2.运用“要是……就……”的句式进行推断。《动物王国开大会》需要学生掌握的语文能力是：1.把话说清楚。2.关注相似情节，根据课文信息做推断，读好祈使句和疑问句的语气，体验角色。《猴子下山》需要学生掌握的语文能力是：1.做事目标明确。2.抓重点词语，整合信息，进行推断。

本单元教学在阅读能力上的重点是“根据课文信息做简单推断”，单元中各部分内容的设计都是为了这个阅读能力服务。整理内容如下：《文具的家》在教学时向学生“渗透推断”，在教学中安排了“猜一猜”的问题：“猜一猜贝贝是男孩还是女孩，你是怎么猜到的？”学生可以根据课文中的插图猜出来，也可以根据课文中的代词“她”猜出来;《一分钟》在教学时主要是让学生“学习推断”的方法，利用“要是……就……”的句式进行推断，“要是早一分钟，就能赶上绿灯了；要是能赶上绿灯，就能及时通过路口了；要是能及时通过路口，就能赶上公共汽车了；要是能赶上公共汽车，就不会迟到了”。这样环环相扣的句式推断练习，既训练了学生的逻辑思维能力，又让学生轻而易举地理解了课文内容。《动物王国开大会》主要是“练习推断”，学生根据课文中相似的故事情节做推断，从而了解发布通知的几个要素；《小猴子下山》是让学生在整合课文信息的情况下，推断出“小猴子最后为什么空着手回家”。

统编教材在编排和设计上体现了单元整体的意识，教师首先要知道“教什么”，知道每个年级的语文学习大致达到什么要求，通过哪些方法去实现，每一个单元的知识点和能力点在哪里。然后，教师要思考“怎样教”，明确每一课每一个教学环节到底要落实哪些教学目标；学生学习的重点难点是什么，用什么教学方法更适合学生。最后教师再进行具体的教学设计，落实教学目标。

参考文献：

[1] 李胜利．大单元教学整体设计的三个要素 [J]. 教学月刊：小学版（语文），2021（11）：26–29.

[2] 曹爱卫．低年级阅读教学设计策略 [J]. 小学语文，2018（1–2）：26–30.

浅谈基于语文学科素养的课堂活动设计

北京市石景山区古城第二小学
赵瑞莲

摘要

在教学中有效的教学活动设计会使学生身心成长愉悦，素养得到提升。对此，本文从三个方面阐述：一是基于单元视域，设计语文活动群，借助人文主题，体会文本特点，渗透思维方式，挖掘文化内涵；二是借助预学体验单设计活动，聚焦问题，顺学而导，利用思维导图，梳理内容；三是依托伙伴课堂，创设小组学习氛围，促进自由交流，基于整体视野创新思维，在碰撞中引发深度思维，提升语文素养，让学生在集体共学中促进高品质思维。

关键词

语文学科素养；课堂活动；高品质思维

在教学实践中，我们认识到：有效的教学活动设计使学生身心成长愉悦，素养得到提升。为此，我们在以下几个方面进行了探索。

一、基于单元视域，设计语文活动群

（一）借助人文主题，体会文本特点

统编教材注重突出单元统整，每册都有“快乐读书吧”单元，倡导学生在阅读相关文体的文章后，迁移运用阅读方法进行整本书的阅读，提升学生的语文素养。

1.前置阅读活动，激发学生兴趣

我们把整本书提前向学生推荐，设计单元项目阅读。如六年级下册第二单

元，我们设计了如下的《外国名著之旅》单元阅读。

首先前置阅读任务，开学初即让学生从教材推荐的外国名著中选择自己感兴趣的一本进行阅读，使学生对名著有一定的了解和认识。课上，读过的同学可以说说小说的环境（背景）、主要人物、情节等，使其他不太有兴趣的同学产生阅读期待；再从选文和“补充资料”中阅读三个小说的梗概，思考：你都了解到哪些内容？各有什么特点？没读过的同学，通过其他同学的简介和梗概找到整本书中自己喜欢的故事情节深入阅读，多角度启发学生的阅读兴趣。

2.整体设计活动，渗透思维方式

教师将教学中的环节及要素进行纵向比较、横向联系进行整体把握，应用到教学中，培养学生多元开放的思维能力。此单元学习了三篇课文《鲁滨孙漂流记（节选）》《骑鹅旅行记（节选）》《汤姆·索亚历险记（节选）》，把它们放在一起进行横向和纵向比较，发现三篇节选的相同之处和不同之处。学生通过纵向比较，发现这三篇课文分别是“漂流记”“旅行记”“历险记”，都是一段“传奇”的经历，都有历尽艰难险阻的意味。不同的是，鲁滨孙的漂流，是成人故事，现实感强；尼尔斯的骑鹅旅行，属于孩子的经历，梦幻感强；汤姆·索亚的历险过程，则介于二者之间。横向比较发现，像尼尔斯、汤姆·索亚这两位主人公既有好品质、又有缺点，进而追问：他们到底是什么样的人物形象呢？可以关注侧面描写和心理描写评价尼尔斯，可以随着情节的发展逐步丰富对汤姆的评价。学生通过学习，大胆想象和辩证认识的思维会渗透到其头脑中。

立足语文素养，在单元整合背景下进行探究式合作学习，使得教学目标更为明晰，各学习内容和要素之间也更具关联性，学生能够主动获得，为实现高效课堂提供了有力保证。

（二）依托综合实践活动，挖掘文化内涵

三年级下册第三单元《中国优秀传统文化》是学生接触的第一个综合实践活动单元。虽然名为综合实践活动，但是语文综合性学习姓“语”不姓“综”，此次学习具有明显的“学科性”，以培养学生语文素养为根本目的，因此，本次综合性学习是紧紧围绕“学习语言文字运用”展开活动设计。学生始终在探究祖国传统文化这一大任务驱动下，通过小组合作探究模式了解祖国传统文化内涵：首先进入探究“传统节日文化”的《古诗三首》，通过梳理了解传统节日中的“春节”“清明节”“重阳节”的时间及古今习俗的不同与延续，产生研究传统节日文化的兴趣。在探寻与实践阶段，将单元中的三次综合实践活动交

融其中，借助口语交际的方式，继续引导学生设计研究传统节日文化方案以及如何落实方案。同时，开展对《纸的发明》《赵州桥》《一幅名扬中外的画》等中华历史文化遗产的探究。在任务群的驱动下，学生浸润在“传统文化”的探究活动中，对祖国传统文化的内涵有更全面、更深入、更具体的认识。最终在不同形式的综合实践展示活动中，产生强烈的传承责任感。

二、借助预学体验单设计活动，以学定教

（一）顺学而导，聚焦问题

依托预学体验单，鼓励学生通过阅读提出具有一定思考性的问题，体现“生本教育”理念，引导学生通过先思后学，对新知识有了初步感受和浅层理解，使课堂教学更聚焦，真正提高了课堂教学的实效性。预学体验单以问题导向，使学习环境前移。

10 在牛肚子里旅行

预学体验单　　　　姓名：

看生字表学写生字是非常棒的能力。《在牛肚子里旅行》这课的生字你会写吗？请你在前5个格中各写一遍，在你认为难写的字下面画个▲。

这段时间，我们读了很多童话故事，一波三折的故事情节和鲜明的人物形象给我们留下了深刻的印象。还记得吗？在《在牛肚子里旅行》中，红头的惊险旅行真是惊险。

用你自己喜欢的方式画出它在牛肚子里旅行的路线。

收集有关牛胃的知识和图片，和同学交流交流。

还有什么问题：____________________

最后别忘了把这个故事读熟哦，相信你！一定成！

图1 《在牛肚子里旅行》预学体验单

预学体验单设计的关键，一是问题导向，二是可操作性。学生通过一定的方式自主学习，达成某种程度的学业目标。

预学体验单的运用使学生学习环节前移，课堂上，教师会根据学生的预习情况选择内容：《在牛肚子里旅行》一课体验单中：这课的生字你会写吗？请在前5个格中各写一遍？在你认为难写的字下面画个▲。

学生通过学习发现“旅”这几个字容易写错，其他字没有问题。教师上课基于学生情况聚焦问题，重点指导“旅”字。

（二）思维导图，梳理内容

为了让学生能在课前熟悉文章主要内容，也为了精准了解学情，达到课堂提质增效的目的，我们在预学体验单中设计了让学生用思维导图的形式梳理文章的框架及人物关系。如五上三单元民间故事单元的学习任务是“请同学们认真阅读《牛郎织女（一）》《牛郎织女（二）》，用你喜欢的图示梳理故事的主要内容”。课上学生在跟学习伙伴介绍自己的作品后，老师发现：约有96%的学生可以用图示理清故事中的人物关系，有92%梳理出故事的主要情节，了解故事内容。再通过“你还有哪些问题”，聚焦学生最喜欢的情节，通过前测发现学生最喜欢的情节，依生而导，顺势而学重点情节。

班中有32名同学，根据检测结果：
喜欢“牛郎和老牛相依为命”这一情节的6人。
喜欢“牛郎初识织女”这一情节的10人。
喜欢“牛郎织女鹊桥相会”这一情节，有8人。
选择其他情节8人。
通过检测，教师从学生角度先设计“牛郎初识织女”的情节。

图2 《在牛肚子里旅行》学情调研

三、依托伙伴课堂，创新思维提升语文素养

（一）聚焦个性化批注，尊重独特体验

《义务教育语文课程标准（2011年版）》（以下简称《课标》）在阅读教学的实施建议中，明确指出：“阅读是学生的个性化行为，阅读教学应引导学生钻研文本，在主动积极的思维和情感活动中，加深理解和体验，有所感悟和

思考，受到情感熏陶，获得思想启迪，享受审美乐趣。要珍视学生独特的感受、体验和理解。”显然，课标把发展学生的个性放在一个很重要的位置，以发展学生个性为出发点与归宿点，倡导语文阅读教学，走个性化阅读教学改革之路。

1.聚焦情感体验，品读感悟情感

《在牛肚子里的旅行》一课重在引导学生感受青头临危不惧，对朋友充满真挚的情感，并且能灵活运用知识救出朋友。而情感态度价值观目标的达成并不是教师强加给学生的，是教师激起学生的生活经验和独特的情感体验，让他们在潜移默化中感受文本内涵，受到人文思想的熏陶。

2.聚焦关键词语，多元思维碰撞

教学中，教师以“小小的青头是如何救出红头的呢？”为引子，画出描写青头的动作、语言、神态的句子，并从中细细理解品味青头身上表现出来的精神，学生把自己的感受用精当的词语写到卡片上。同样的语句，却呈现出“吃惊”“冷静”“镇静”等不同的情感体验。学生自主阅读营造了一个有利于个性化活动的氛围，直接面对文本，主动地、专注地阅读。教师在交流互评中尊重学生的独特体验，不断提升学生的语文素养。

（二）集体共学，促进高品质思维

1.创设氛围，促进自由交流

伙伴课堂力求在小组合作中注重高品质的思维参与，解决共同的问题。本课在学生活动设计中，注重引导学生辨识、分析、归纳和概括关键词句，并能有依据、有条理地表达自己的观点和发现。学生在充分的互动学习中，通过生生互评、教师点拨，锻炼思维的深刻性和开放性。

2.深度思维，提升语文素养

（1）体验探索，多元思维碰撞

突出学生为主体，注重学生创新思维能力的培养，在活动中体验、合作中探索、开放中创新。《鲁滨孙漂流记（节选）》第二课时重点体现了探究式合作学习。学生在课前预学体验单中已经梳理了“鲁滨孙克服了哪些困难？”课上小组活动：“选取最难以逾越的困难、画人物心态变化图，讨论交流。”老师基于对学生思维的自主展现，让七个小组齐上阵，每个小组都在小白板上呈现讨论结果，其他学生则观察结果，发现各个小组所呈现图中的共性是基于学生原有认知的，对于有争议的内容，才是课堂上需要重点突破的。在学习的全过程中，所有的同学都参与质疑探讨而不是置身事外，当涉及哪个小组有疑惑时，也是本小组和观察的同学互动，再有问题时，其他同学也参与进来，最终形成比较深刻的认识。教师注重引导学生合作学习，尊重学生个性，为学生创设了平等、宽松、愉悦的学习氛围，使学生的思想得以解放，思维得以活跃，潜能得以发挥。这也符合了语文教学变革的必然趋势，每个学生都有任务驱动，生生之间思维碰撞，互相启发，促使更深入的思考，从而对鲁滨孙这个人物形象做出全面的、立体的、多元的评价，形成多元思维碰撞。

整单元的名著阅读后，对印象深刻的人物进行交流，此时相信每个孩子都会有自己心目中的人物形象。

（2）几度有效对话，突破难点

《课标》指出："阅读教学是学生、教师、教科书编者、文本之间对话的过程。"阅读教学中多重对话与交流的有效实现，一方面有赖于学生认真阅读文本，与作者对话，理解作者在文本中表达的意思；另一方面就是教师要有效地组织学生进行阅读交流。《鲁滨孙漂流记（节选）》第二课时在元认知的基础上，学生与文本、与形象、与同伴、与师长进行对话，一是思考和分析鲁滨孙这个人物形象，二是思考面对困难时该如何应对，三是思考我们面对未来人生中各种未知的心态。通过多元、多维度的对话，使学生掌握阅读名著感知形象的方法，从经历、精神、品质上挖掘出鲁滨孙这一人物形象中能够触动学生自我观照、促进学生自我认知的东西，让学生成长的道路更坚实，充分发挥教材的育人价值。

我们可以通过语文活动增加课堂参与的深度和广度，采取多种形式提高学生兴趣，让学生积极参与到课堂中来，最大限度地提高课堂教学的实效性。

参考文献：

[1] 中华人民共和国教育部．义务教育语文课程标准（2011 年版）[S]. 北京：北京师范大学出版社，2012.

[2] 贾雪英．小学高年级外国文学阅读方法初探 [J]. 甘肃教育，2019（6）：88.

[3] 尚吉林．论如何提高小学语文课堂教学的有效性 [J]. 学周刊，2021（30）：27-28.

[4] 邹施凯，杨晓翔．学校共同体建构的范式探析 [J]. 江苏教育，2021（Z2）：45-47.

例谈习作单元精读课文教学功能的发挥

北京市大兴区庞各庄镇第二中心小学
赵雪娇

摘要：

习作单元是统编教材出现的一个特殊单元，是以培养习作能力为核心编排的单元。习作单元中“精读课文”定位与其他单元不同，直接指向表达。如何发挥精读课文范文、样例的作用，促进学生读中学法、读写结合，成为摆在教师面前的一个问题。本文围绕如何“巧用”精读课文学习习作单元这一内容展开，通过分析教材编写体例和特点，合理利用精读课文课后习题，以及搭建学生实践平台，探讨如何在习作单元培养学生习作能力。

关键词：

精读课文；习作单元；体例特点；课后习题；实践

众所周知，习作是学生语文综合能力运用的体现。小学阶段，要求学生“能具体明确、文从字顺地表达自己的见闻、体验和想法，能根据需要，运用常见的表达方式写作，发展书面语言运用能力”。然而，在习作教学中，又存在着很多问题，学生难学，教师难教。为了改变这种情况，统编教材创新地设置了习作单元，在学习精读课文时学习文章的写法，集中训练，从而提高学生的写作能力。合理利用精读课文，学好习作单元，成为一线语文教师需要研究的一项重要课题。

一、明确编排特点，准确定位精读课文教学价值

习作单元从三年级开始出现，这种自成体系的单元形式，更具系统性、针

对性和可操作性。课文由“精读课文”和“习作例文”组成，渗透许多可供学生学习的表达特点和写作方法，辅助以“交流平台”和“初试身手”提供写作范文与素材，最后进行单元习作练习。这种特定的编排体例有利于学生习作单元的综合性学习。

“小学语文统编教材中的习作单元中的各项内容存在较强的内在联系，构成了以一个主题为中心的链条。从导语部分到习作练习部分，是培养学生逐渐形成习作能力的过程。”习作单元精读课文一般只有两篇，这两篇课文在教给学生写作方法上肩负着重任。习作单元和其他单元一样，具有很强的单元整体性。但是，它们又有着自己特定的价值，那就是为写作服务。

其他单元的精读课文主要训练和培养学生的阅读理解能力，引导学生学习具体的阅读方法，体会文章所蕴含的思想感情；而习作单元的精读课文不同于传统的阅读课文，精读课文是为写作服务，主要是培养学生习作知识和表达方法。例如，在四年级上册的习作单元，两篇精读课文为《麻雀》和《爬天都峰》，都是写事的文章。学生首先学习概括文章写了一件什么事，明确“时间、地点、事件、起因、经过、结果”六要素和写作顺序，为“交流平台”梳理和总结写作方法提供依据，为“初试身手”尝试“看图并发挥想象，把图片的内容说清楚”做准备，第一题侧重让学生练习把看到的、听到的或想到的说出来，而第二题侧重让学生练习动词的使用。可以看出，“精读课文”的学习为学生真正习作奠定了基础。

同时，习作单元的训练目标明确提出对精读课文的学习要求。例如五年级上册的习作单元，作者在篇章页明确提出通过“阅读简单的说明性文章，了解基本的说明方法”。这就为我们把握本单元训练重点提供了依据，为制定具体教学策略提供了抓手。在这样的认识之下，本单元的两篇精读课文的教学目标就非常清晰了。

另外，习作单元利用精读课文学习表达时，对学生的能力要求也是梯度设计的。如五年级上册的两篇精读课文，第一篇课文《太阳》主要培养学生初步了解列数字、做比较等基本的说明方法，体会运用这些说明方法的好处。第二篇《松鼠》则在此基础上，能体会出说明性文章的不同的语言风格，学习难度逐步提升。学生在学习不同类型的说明性文章，了解其特点的基础上，在“交流平台”总结学习方法，在“初试身手”初步实践，在“习作例文”中强化写作方法的学习，之后真正进入习作，“搜集资料，用恰当的说明方法，把某一种事物介绍清楚”。

由此可见，编者在编排习作单元时，除了在不同年段、不同册次之间体现纵向联系，在每一单元的编排上也巧妙安排精读课文，合理设置了“交流平台”和“初试身手”，以及习作内容，使整个学习内容间存在着紧密的、内在的系统联系，充分体现出习作单元的序列化、体系化。

二、关注课后习题，聚焦语文要素促进读写联动

统编教材不同于以往教材和其他版本教材的显著特点之一，在于课后习题直指本单元“语文要素”。习作单元同样如此。在精读课文的阅读教学中，教师引导学生学习课文的写作方法，有所侧重地从两篇精读课文中学到不同的写法，让学生从经典的样本例文中发现写作知识在其中产生的表达效果，直观地感受到写作知识所带来的精妙之处。此时，我们就要细致研读课文习题，引导学生在层层推进的语文实践活动中掌握写法，当学生动笔完成本单元习作时，才有可能得心应手。

以统编语文五年级上册的习作单元为例。这一单元选编的两篇精读课文分别为《太阳》和《松鼠》。教学这两篇课文，教师要把教学的重点首先放在说明方法的学习上；其次，通过比较的方法，体会说明性文章不同的语言风格，为学生习作找到方法。

《太阳》一课，课后有两道思考题：

1. 默读课文，想一想：课文从哪些方面介绍了太阳？太阳对人类有哪些作用？

2. 读下面的句子，结合课文内容，说说作者是运用哪些说明方法介绍太阳的，体会这样写的好处。

◇太阳离我们约有一亿五千万千米远。

◇约一百三十万个地球的体积才能抵得上一个太阳。

◇到太阳上去，如果步行，日夜不停地走，差不多要走三千五百年；就是坐飞机，也要飞二十几年。

课后习题是编者编写意图的集中体现，从第一题分析可以看出，编者希望通过第一个问题让学生关注文章的主要内容，在写法上关注作者分几个方面介绍“太阳”这一事物以及它对人类的作用。作者正是将这些分开、逐层介绍，才使得文章内容、层次清楚。第二题要让学生结合课文内容，学习说明方法，体会几种常见说明方法的作用。两道题目，一个从内容的选择上，一个从写法的学习上都为习作做好了准备。

《松鼠》一课，课后也有两道思考题：

1. 默读课文，把从课文中获得的有关松鼠的信息分条写下来。

2. 读下面的句子，找出课文中相应的内容，体会表达上的不同。

◇松鼠体形细长，体长 17 ~ 26 厘米，尾长 15 ~ 21 厘米，体重 300 ~ 400 克。

◇松鼠在树上筑巢或利用树洞栖居，巢以树的树干枝条及杂物构成，直径约 50 厘米。

◇松鼠每年春、秋季换毛。年产仔 2 ~ 3 次，一般在 4、6 月产仔较多。

——选自《中国大百科全书》（第二版）

通过本课第一题同前一课相比，我们发现这次编者想要我们关注的不仅仅是分层次介绍主要内容，还应该把视角落到梳理信息方法的学习上来。而第二题，编者主要侧重让学生通过对比，感受说明性文章不同的语言风格，为习作表达提供了可供参考的范例。

由此可见，两篇精读课文的侧重点和难度是不同的。两课的课后题都关注了课文内容的整体把握和学习，让学生在习作中明确“写什么”。但《太阳》一课题目较简单，而《松鼠》一课的课后题，更倾向于学习方法的习得。学生在上一单元习作的学习中，学会了列提纲写作文；在本课中，学生可以利用列提纲的方法整理信息，在小组交流中互相补充和完善，从而让信息完整、清楚、准确，这样不但提高了学生提取信息的能力，还让前后所学联系起来。当然，学生也可以通过列表法整理，使信息一目了然。但是不论使用哪种方法，学生在整理信息时都对文章内容进行了深度学习，也为后面自主习作时选择习作内容提供了依据和启发。两篇课文的第二题，都以写作方法的学习为目标，一个指向“说明方法”，一个指向“语言风格”，但毋庸置疑都关注到学生习作中“怎样写”的问题。这使得学生在学习和解决课后题的过程中，将写作知识的学习具体化、形象化。

三、搭建实践平台，基于单元整体尝试迁移用法

叶黎明老师说：“迫切需要改进的，是在写作练习中用专业的写作知识，精当的阅读分析和可操作的步骤、提示为学生搭建写作的‘脚手架’。”那么，学习习作单元，如何利用精读课文为学生搭建写作的“脚手架”呢？这就要“重视写作教学与阅读教学、口语交际教学之间的联系，善于将读与写、说与写有机结合，相互促进”。这就要求教师立足单元整体，制定具体的训练目标，

设置层级不同的训练体系，帮助学生写好单元作文。

以四年级下册习作单元为例。本单元语文要素为“了解课文按一定顺序写景物的方法”“学习按游览的顺序写景物”。围绕这一语文要素，本单元编排了《海上日出》和《记金华的双龙洞》两篇精读课文、“交流平台”、“初试身手”、两篇习作例文《颐和园》和《七月的天山》，以及习作《游____》。教学中，教师要充分借助“精读课文”“习作例文”“交流平台”，总结和提炼出“按游览顺序写景物”的方法；通过“初始身手”“习作”迁移用法，在学、练、用中实现读与写的有机融合，培养学生观察和写作的能力。本次习作是学生第一次接触按照游览顺序描写多处景物的写法，因此教学中要充分发挥精读课文、习作例文“导学”的功能，引导学生读中悟法、读写结合。

上课伊始，教师通过情境创设，激发学习兴趣，借助课后习题一帮助学生回顾第一课时内容，梳理游览路线。接着，教师引导学生通过默读、思考、画批、朗读、小组合作、交流学习等方式，把握关键词句，学习作者的所见、所闻、所感，体会作者是怎样把孔隙特点写清楚的。而在学习内洞特点时，运用批注的方法自主学习内洞部分，通过重点词句的品读、资料和图片的直观感受，深化理解，进一步感悟作者抓特点写景的方法。在这里，“精读课文”写法学习明朗化，随着课文学习的深入，不断巩固和内化写作方法，为学生进一步的习作实践奠定了基础。接下来，引导学生结合课前活动中自己绘制的游览路线图，把其中感受最深的景点圈出来，并试着将它的特点写清楚，使课文写法得到迁移，使“精读课文”和“初试身手”有机结合，在迁移练笔中促进学生认知能力和习作水平的不断发展。

综上所述，习作单元精读课文教学的定位一定是指向习作能力培养的。在“精读课文”教学中，阅读与写作应当相辅相成，凸显的是结合视角，而不是精读课文的孰轻孰重。教学目标要清楚且聚焦，教学的实施要有针对性，通过丰富的读与写的交互手段，以读促写，读写结合，将习作能力的提升落到实处。

参考文献：

[1] 中华人民共和国教育部 . 义务教育语文课程标准（2011 年版）[S]. 北京：北京师范大学出版社，2012.

[2] 黄小贤 . 小学语文习作单元教学策略探析 [J]. 教育学文摘，2019（10）：14.

[3] 叶黎明 . 写作教学内容新论 [M]. 北京：上海教育出版社，2012：145.

指向习作的精读课
——以六年级上册习作单元为例

首都师范大学附属小学
张学静

摘要：

统编教材三至六年级独具匠心地设置了习作单元。本文以六年级上册习作单元为例，探究习作单元的教学策略，总结出三个方法：立足单元整体教学，纵向比较，精准定位，横向关联，聚焦写法；创设大情境、大任务，与学生的生活联系起来，激发学生的写作热情；巧用“思维导图”支架，理清作者的写作思路，学习作者围绕中心意思写的方法，再迁移运用写法，绘制自己的习作提纲。

关键词：

习作单元；整体教学；大情境；大任务；思维导图

一、习作单元精读课教学中存在的问题

统编三至六年级语文教材均独设了习作单元进行语言表达训练。习作单元的设置更加凸显了语文的工具性，以培养学生的习作能力为核心，提升学生的语言建构与运用能力，使思维发展与提升的同时，发展学生的语文核心素养。但是，在实际教学中，不少教师仍然墨守成规，把习作单元的精读课上成阅读课，在进行教材分析时没有立足于单元整体，没有准确把握统编教材习作单元的编排意图，紧紧围绕习作能力的培养这条主线开展教学；单元内每篇课文在教学时缺少关联，整合单元间相关资源的意识薄弱；写作没有与学生的生活关联，缺少真实的写作情境。因此，学生在学完课文后，依旧为习作苦恼，不知道如何下笔写，如何安排写作的材料，写作兴趣低。鉴于上述存在的问题，以下将围绕统编教材六年级上册第五单元的教学，对习作单元的精读课文如何有效教学进行探究。

二、习作单元精读课教学中的几点思考

（一）立足单元整体教学

统编小学语文教材六年级上册第五单元是习作单元，单元中每一项内容的安排，都直接指向习作能力的培养。打开三至六年级的统编语文教材，发现每个单元习作依旧存在，课后的小练笔有所增加，同时，三至六年级每一册教材中都新增加了习作单元，但不同册次的习作单元中的训练点稍有不同。

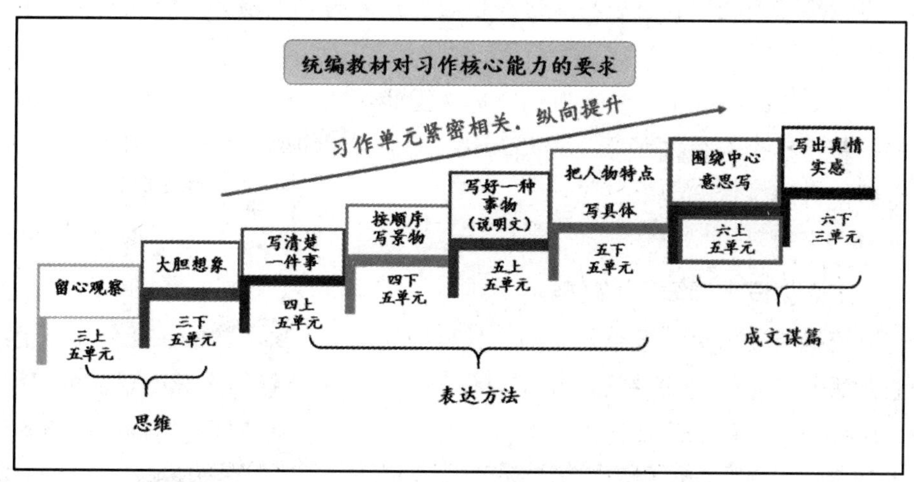

图1 统编小学语文三——六年级教材中习作单元训练点

通过纵向比较可以发现，八个习作单元之间有着紧密的联系，序列性很强，直指习作核心能力的培养，层层递进，逐步提升学生的语言建构与表达能力。三年级培养学生留心观察、大胆想象的习作意识；四、五年级开始分别强化写人、记事、状物、写景、说明等习作方法的学习，达到把作文写清楚、写具体的培养目标；到了六年级上学期，开始引导学生围绕中心意思选材，要求学生试着运用小学阶段掌握的写人、记事等基本方法，写出中心明确、材料具体而恰当的习作；六下则强调写出真情实感的习作，指向习作的高阶目标。

通过单元内部的横向关联可以发现，每一个习作单元在编写体例上都呈现出这样一个稳定的格局：均由单元导语、两篇精读课文、一个“交流平台”、一个“初试身手”、两篇习作例文和一次习作训练构成，这些内容都紧紧围绕着某一项习作能力点展开，各项内容之间环环相扣，体现出了整体性和综合性。

习作单元每一部分的设计均指向习作目标。以六年级上册第五单元为例，“语文要素”明确该单元的习作任务与要求是“从不同方面或选取不同事例，表达中心意思”。本单元通过两篇精读课文《夏天里的成长》和《盼》，让学生体会作者如何从不同方面或借助不同事例表达中心意思；“交流平台”总结“围绕中心意思写”的方法；“初试身手”搭建习作支架；两篇习作例文《爸爸的计划》和《小站》从不同角度启发学生围绕中心意思，从不同方面或选取不同事例来写；最后是单元习作，要求学生选择一个汉字，围绕中心意思写，将所学内容转化为习作实践，呈现本单元的学习成果。该单元的四篇选文各具特色，文体不同，且内容各有侧重，涵盖了景、物、人、事不同方面的描写，但都同时聚焦“围绕中心意思写”这一核心要素，为学生领会习作方法提供了多种范例。

习作单元的编排是一个有机的整体。因此，教学时应该从整体出发，纵向比较，精准定位，横向关联，聚焦写法，循序渐进地引导学生从文本中发现、习得表达方法。

（二）创设大情境、大任务

以统编语文六上第五单元为例，教材中给出了本次习作的总任务——围绕中心意思写。正文的第一段给出了习作的话题——选择一个感受最深的汉字；第二段提出了习作的具体要求，主要围绕中心意思，从不同的方面或选择不同的事例来写；第三四段提出了拟提纲和习作要求。此习作任务清晰，要求明确，但是缺少真情境、真目的；习作对象虽有所体现，但不是真读者、真交流。写作是为了表达与交流。在真实的生活世界里，写作是为了特定的读者，为了特定的目的而进行的交际活动。因此，教师创设单元大情境，设计大任务，结合班级活动和学生喜欢分享、播报的特点，在班级微信平台和公众号“开播自言‘字’语栏目”，这就与学生的生活联系起来，激发了学生的写作热情。

为了完成单元大任务开播班级自言“字”语栏目，笔者又创设了四个子任务：

任务一：发布单元大任务。课上先引导学生认识单元整体，知道六上习作单元的核心是“围绕中心意思写”，阅读单元封面及语文要素，浏览单元内容。接着，发布单元大任务：班级自言“字”语栏目马上就要开播了，这是一档以字言心、以事语情的栏目，它给我们搭建了用汉字传递心声，用经历分享感受的平台。让我们拿起笔，选择一个汉字，传递一种心声，或喜或悲；诉说一段经历，分享一次感受，或乐或悔。播报时间：每周三中午13:10。请至少提前两周准备好播报稿，期待同学们精彩的播报！以此调动学生写作的积极性。

任务二：研读他人的“字”语，学习“围绕中心意思写”的方法。活动1——学习《夏天里的成长》，让学生学习围绕中心意思从不同方面写的方法。活动2——学习《盼》，让学生学习围绕中心意思选择不同事例写的方法，在两次活动中，分别选择“初试身手”里的三个题目，边学边练，及时反馈，让学生在试一试的过程中，进一步领悟写法，如果出现问题，及时进行补充和纠正。活动3——学习《爸爸的计划》《小站》，学习围绕中心意思选择典型事例、突出特点写。通过三个小活动，研读他人的“字”语，学习围绕中心意思写的方法，丰富自己的习作思路，为写出我的自言“字”语作品做好充分准备。

任务三：我的自言“字”语。分为两个活动，活动1——我的自言“字”语我会写，综合运用写法，写播报稿。活动2——我的自言“字”语我会改，综合运用写法，修改播报稿。

活动四：我来当主播。开展自言“字”语播报系列活动。完善播报稿、投稿、背稿，在班级播报中分享，每次分享后进行同伴间点评和建议。

改编后的任务情境，话题未变，却巧妙地把“选择一个感受最深的汉字写一篇习作”的枯燥的习作任务，转化为“开播自言‘字’语栏目”的真实任务情境，把所有人的角色进行了转换，把“围绕中心意思，从不同的方面或选择不同的事例来写”的习作要求转化为“用汉字传递心声，用经历分享感受”的真实情感交流。因此，这样的任务情境使学生更有代入感，更能激发学生的写作热情，这样的习作也更能打动读者。

（三）巧用“思维导图”支架

思维导图是表达发散性思维有效的图形思维工具，它特有的形象性、层次性、关联性和可扩展性，能将阅读的思维过程具体化、可视化和直观化。巧妙地使用“思维导图”这一支架，有助于理清作者的写作思路，读中学写；同时，也便于整理自己的习作材料，可以作为习作提纲使用。

统编教材六年级上册第五单元为习作单元，围绕中心意思选材，结构清晰。教学第一篇课文《夏天里的成长》时，结合课后练习：找出中心句，说说课文是怎样围绕这句话写的，先让学生画出全文的中心句“夏天是万物迅速生长的季节”，再圈出围绕这句话写了哪些事物，通过归类发现作者从生物、事物和人这三个方面进行描写，层层递进，最后绘制思维导图，理清作者的写作思路，学习作者围绕中心意思从不同方面写的方法。

教学第二篇课文《盼》时，首先，围绕“盼”这个中心意思，作者依次写了得到雨衣、盼穿雨衣、穿上雨衣这三个事例，引导学生体会围绕中心意思选择不同事例写的方法。其次，通过组织学生比较哪个事例写得更具体、更详细，为什么要详细写等问题，引导学生体会“盼穿雨衣”中放学下雨、借故外出、窗前看雨、雨后看景时的心情，这几个小事例特别能体现课文的中心意思，因此写得更详细，帮助学生深刻地理解围绕中心意思表达时，要将重要部分写具体的方法。最后，学生边学习课文边绘制思维导图，理清作者的写作思路，学习作者围绕中心意思选取不同事例写的方法。

思维导图还可以作为习作提纲使用。结合“初试身手”的第二题，让学生选择一个题目，画一画思维导图，迁移运用写法，在实践中学会围绕中心意思从不同方面或借助不同事例写，按一定顺序安排材料，提升学生的习作能力。

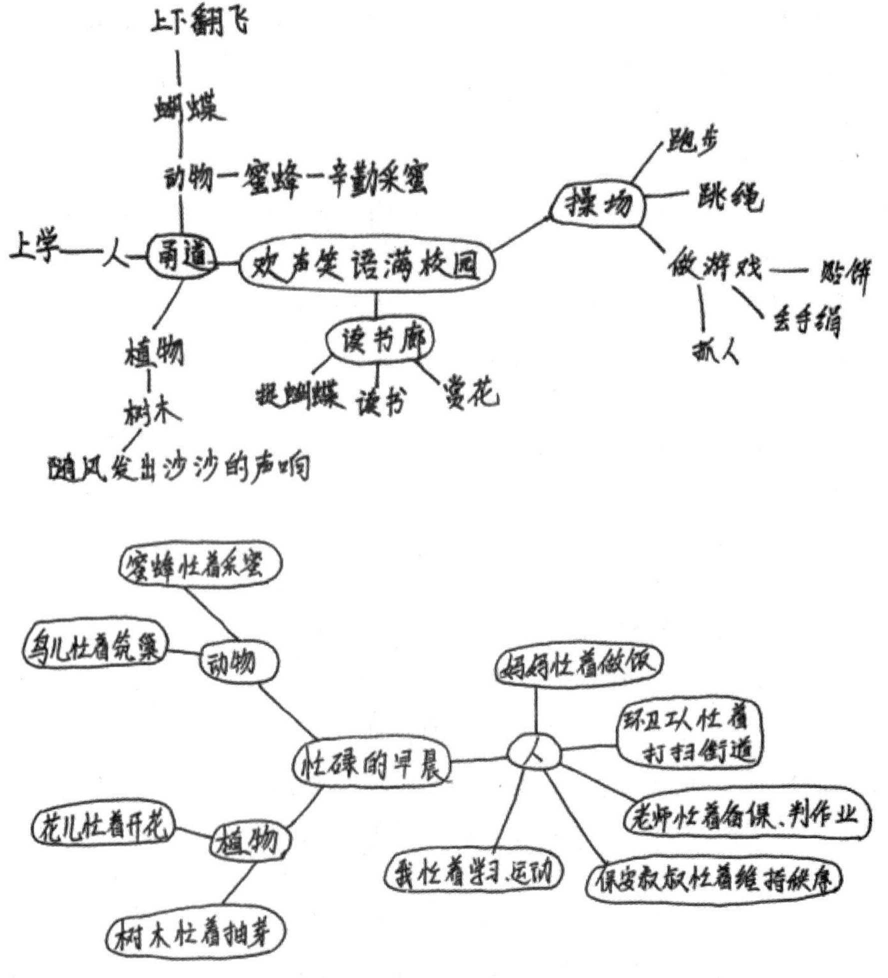

图2　学生的思维导图作品

三、结语

综上所述，统编教材的习作单元自成体系，每一部分的设计都指向习作目标。其中，习作单元的精读课文的定位也是直接指向表达，强调从阅读中学习表达方法。教学时教师应立足单元整体，纵向比较，横向关联，灵活使用精读课文，引导学生学习作者的表达方法；创设单元大任务、大情境，激发学生的创作热情；使用好思维导图习作支架，引导学生理清作者的写作思路，学习作者的写作方法，再迁移运用写法，绘制自己的思维导图，列习作提纲，提升习作能力。学生在班级自言“字”语播报活动中，热情高涨，能够围绕中心意思选择材料，按一定顺序安排材料，布局谋篇，播报时中心意思鲜明。但是也存在一些不足，比如有些学生的语言不够生动，描写不够具体，需要教师在后期引导学生留心观察生活，在平时注重积累优美的语句，不断提升学生的习作表达能力。

参考文献：

[1] 黄国才 . 整体观照，边写边读，优化习作单元教学 [J]. 福建教育，2021（40）：32-33，55.

[2] 林燕 . 基于“单元整体”的习作教学策略 [J]. 课程教学研究，2021（8）：67-71.

[3] 方茹，苗润玉 . 在单元整体教学理念下的习作教学尝试 [J]. 语文教学通讯，2021（Z3）：175-176.

[4] 苏蜜团 . 思维导图三步教学 促语言思维双丰收——以统编教材五上习作单元整体教学为例 [J]. 福建教育学院学报，2020（3）：55-57.

落实语文要素，实施单元整体教学
——以统编语文四年级上册第三单元为例

中国传媒大学附属小学
张笑洋

摘要：

“核心素养”概念的提出，有效地解决了“培养什么样的人”这一在基础教育中存在已久的问题。我国也将学生核心素养的培养视为未来基础教育改革的核心内容。笔者以统编四年级语文上册第三单元为例，研究如何将单元语文要素落实到课文和习作中，从而培养学生的核心素养。

首先，本文围绕单元主题和语文要素，对单元中的《古诗三首》《爬山虎的脚》《蟋蟀的住宅》以及习作“学写观察日记”进行分析。其次，从单元整体教学的角度，将语文要素与课时结合，推进语文要素的落实。最后，进行单元整体教学设计，重点阐释课文和习作中能够突出语文要素的设计环节。

关键词：

核心素养；单元整体教学；语文要素

统编四年级语文上册第三单元的人文主题是“处处留心皆学问”。语文要素有两个：一个是指向阅读——“体会文章准确生动的表达，感受作者连续细致的观察”；另一个指向表达——“进行连续观察，学写观察日记”。单元主题和语文要素相互联系，紧密配合，符合语文学科核心素养的精神与要求。

一、关注双线结构，准确把握教材

围绕上述主题和要素，本单元选编了《古诗三首》和课文《爬山虎的脚》

《蟋蟀的住宅》，还有一个单元习作“学写观察日记”。

（一）人文主题：内容丰富，聚焦“观察”

本单元的第一篇课文是《古诗三首》。这三首诗无论是写景还是说理，其背后都蕴含着作者独特的观察方法和角度。第二篇课文是《爬山虎的脚》。作者叶圣陶先生通过长期细致的观察，生动地描写了爬山虎叶子的形状和颜色，以及爬山虎是如何一步步向上爬的。同样，在《蟋蟀的住宅》这篇课文中，作者法布尔把蟋蟀不肯随遇而安的特点、住宅内外部特点和蟋蟀搭建住宅的过程写得十分具体，这与作者连续而细致的观察密不可分。最后，单元习作“写观察日记”则要求学生运用课文中学习的观察方法，记录观察对象的变化，完成一篇观察日记。这是对前面学习成果的全方位检验与提升。

本单元教材紧扣“处处留心皆学问”的主题，通过古诗、散文等文学形式让学生感受到了细致观察所产生的巨大魅力，唤起了儿童观察的欲望和阅读习作的兴趣，为落实核心素养提供了坚实的保障。

（二）语文要素：读写并重，突出导学功能

教材的导学系统精准地体现了编者的编排思路，将以往隐性的教学目标显性化，为单元教学的顺利推进提供了科学、合理的依据。

从本单元的导学系统中我们可以发现，指向阅读的语文要素“体会文章准确生动的表达，感受作者连续细致的观察”充分体现了“分步呈现，循序渐进”的编排理念。《爬山虎的脚》课后练习题设计了抓住关键语句感受作者仔细观察的训练；《蟋蟀的住宅》课后练习题要求默读课文，说说作者是怎样观察的，这是在上节课训练的基础上，进一步落实多角度观察的训练。另一方面，《古诗三首》课后练习题要求想象生动的画面，理解诗意；《爬山虎的脚》课后练习题要求抄写描写生动的句子；《蟋蟀的住宅》课后练习题要求读片段，比较在表达上与课文有何异同。这三道题也是根据单元语文要素进行设计的，引导学生从想象、抄写和对比三个角度，感受文章生动的表达。最后，在“交流平台”和“日积月累”中梳理出细致观察的方法，以及在细致观察基础上总结出的智慧之语。

二、落实语文要素，实施单元教学

统编教材每个单元的人文主题和语文要素虽各不相同，但皆以达成语文课

标和提升语文核心素养为目的。加强单元整体教学，落实语文课标和核心素养，重在语文要素的凸显和落实。因此，教师要精准把握教材，精心设计教学活动，精确地实现目标落地。

对于如何在把握编写理念的基础上，落实语文要素，实施本单元的教学，笔者进行了以下思考。

（一）整体规划，分步推进

在技能学习目标体系里，“学习”属于第一层级，处于模仿水平；“运用”属于更高的第二、第三层级，处于“独立操作”和“迁移”的水平。

教材的编排理念明确指出，要站在单元整体的视角上规划教学。本单元的三篇选文和一篇习作的编排也是按照感受、学习、运用的顺序逐层递进的。

通过分析课文内容和课后习题可以发现，学生在进入本单元的学习后首先的任务是感受连续细致的观察。例如在古诗《题西林壁》中，作者通过对庐山进行不同角度的观察，得出了“不识庐山真面目，只缘身在此山中”的结论，揭示了人生哲理。又如，在《爬山虎的脚》中，课后习题要求“朗读课文，说一说从哪些地方可以看出作者观察得特别仔细”，其目的同样是引导学生感受细致的观察。

在感受什么是细致观察之后，学生们就要学习如何进行观察了。本单元课文作者皆是名家，所以他们的观察方法尤其值得学习。在第三篇课文《蟋蟀的住宅》的课后习题中也要求学生们“说一说作者是怎样观察的”，从而认识到作者法布尔是通过看、听和触摸等方法对蟋蟀进行了连续的、细致的观察。

在学习了观察方法后，就进入了单元习作——写观察日记。习作要求学生“试着进行连续观察，用观察日记记录自己的收获”，这属于更高层级的运用水平。

基于以上分析，我们可以将“连续细致观察”这一核心语文要素按照不同层级分解到每节课之中，从而形成更准确、更有操作性的教学目标，具体如下：

表1 语文要素在本单元课文中的体现

课题	要素分解
《古诗三首》	感受作者连续细致及多角度观察。
《爬山虎的脚》	感受作者对爬山虎的脚进行的连续细致观察。
《蟋蟀的住宅》	学习作者认真连续观察事物的方法。
习作	运用所学到的观察方法，记录观察对象的变化，学写观察日记。

（二）强化实践 重在习得

教材在“单元导语”中点明要素，在三篇精读课文里落实要素，贯穿写法指导，最后在“交流平台”里梳理总结，进一步提炼方法。指导学生学习“连续细致观察”的方法有很多，但无论什么样的方法指导都应该始终关注学生主体的感悟，让学生在积极、自主的语文实践中感受、理解、运用，最终习得该技能。

例如《爬山虎的脚》一课，可借助学习单，说清爬山虎爬的过程，感受作者细致、连续的观察。

第一步，出示学习单，布置学习任务。（1）默读课文，用横线画出描写爬山虎向上爬的语句。（2）依据课文中的描述，展开想象，完成画图（如认为长方框不够，可继续添加）。（3）用简练的词语描述图片中爬山虎脚的状态，写在图片下方。

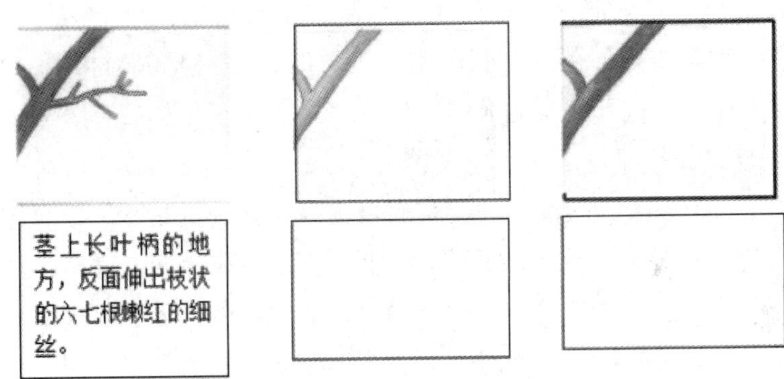

图1　爬山虎爬墙示意图

第二步，引导学生依据第五自然段中“触着墙的细丝和小圆片逐渐变成灰色”这句话，把弯曲的六七根细丝画成灰色，添加在第三幅图后面。

第三步，给第四幅图片配以恰当的文字。其中“逐渐”为关键词语。教师引导学生通过绘画的方式呈现出细丝和小圆盘逐渐变成灰色的过程。

第四步，朗读课文重点段落，谈感受。指名学生朗读爬山虎爬墙的过程，之后谈感受，总结作者运用的观察方法及好处。

第五步，发现写作的秘密。引导学生感受到这四幅图表现了爬山虎爬墙的几个关键的变化，明确要抓住事物的重要变化进行记录，不应面面俱到。

又如教学《蟋蟀的住宅》时，教师可在学生理解了蟋蟀住宅内部、外部特点的基础上，让学生思考法布尔是怎样观察的，并把想法批注在书上。接着，抓住“隧道顺着地势弯弯曲曲，最多九寸深，一指宽，这便是蟋蟀的住宅”“蟋蟀出来吃周围的嫩草，决不去碰这一丛草”“那微斜的门口，经过仔细耙扫，收拾得很平坦。当四周很安静的时候，蟋蟀就在这平台上弹琴”等语句，学习作者法布尔用眼睛看、用耳朵听、用心想，调动多种感官的观察方法，调动学生的生活经验，通过充分朗读读出趣味，学习作者的细致观察和生动的表达。

总之，教师要根据学生的实际情况和教材特点，精心设计教学环节，让学生在具体的情景中自主学习，独立操作，跟随名家学观察。这样，学生不仅学会重要的观察方法，还能运用习得的方法进行写作，直至在生活中养成善于观察思考的好习惯，这才是教学的最终目的。

（三）依标扣本，指导习作

《义务教育语文课程标准（2011年版）》对第二学段的习作要求是：注重培植习作信心，注意把自己觉得新奇有趣或印象深刻、最受感动的经历写清楚。因此，教学本单元习作“写观察日记”时，一定要依标扣本，尊重学生，尊重教材，让学生打开观察的大门，乐于表达、乐于分享。

1.学做观察记录，为观察日记准备

观察记录可以分为两类，一类是表格记录，另一类是图文结合记录。在教学表格式观察记录时，首先教师可以提问：“仔细看看这个表格，从中你发现了什么？”然后引导学生总结出表格观察记录包含的内容：观察对象、记录观察时间和观察对象的特点。同时让学生了解到表格观察记录可以一目了然地看出事物的变化。

在教学图文结合式观察记录时，教师首先要引导学生将其与表格式观察记录进行对比，进而发现图文结合式观察记录每次记录有图片有文字，文字与图片内容一致，更加形象直观。

2.整理观察记录，形成观察日记

第一步，对比发现观察记录和观察日记之间的不同点。首先教师提问：“看观察记录和观察日记《燕子窝》，你有什么发现？”然后帮助学生进行归纳总结：观察记录是连续的随机记录，变化记录简单。而观察日记变化记录细致，调动多种感官观察，能让读者感受到观察的细致。

第二步，学习选择观察日记的内容（从观察记录中确定内容）。这个环节的目的是帮助学生选材。观察记录有多篇，我选择哪几天的内容写成日记？如何选择合适的内容表现主题？其中最重要的就是把几次变化明显的观察记录改写成几篇相应的观察日记。而变化不大或者没有变化的观察记录，则不要写成观察日记。

另外，为了让别人看清楚观察的过程，日记中有时要交代必要的观察时间，如“经过三天的等待”“漫长的一周过去了”，也可以用上表示顺序的词语，如“刚才、之前、然后”，把观察的过程衔接起来。

通过以上教材分析与教学实施，单元语文要素在课文和习作中能够得到较好的落实，学生们的语文核心素养在目标指向清晰、学习层次清晰的单元整体教学的过程中也会逐渐得到提升。

参考文献：

[1] 中华人民共和国教育部 . 义务教育教科书语文四年级上册 [M]. 北京：人民教育出版社，2019：36.

[2] 中华人民共和国教育部 . 义务教育语文课程标准（2011 年版）[S]. 北京：北京师范大学出版社，2012：9.

[3] 王华星 . 聚焦语文要素，实施整体教学——统编教材三年级下册第六单元教材分析与教学建议 [J]. 小学语文教师，2019（4）：17–18.

[4] 引自北京市朝阳区教研中心教研员林秀平老师在朝阳区四年级上册语文教材介绍上的发言，有改动。

立足关键概念，建构单元整体教学

北京市延庆区教育科学研究中心
袁红娥

摘要：

单元整体教学能为学生提供更完整的情境，呈现解决问题、发展素养的过程，让学生经历经验的自我建构过程，逐步提升素养。单元整体教学不是原有单篇教学设计的简单累加，而是立足关键能力，对教学内容的重组与整合，对学生学习过程的整体规划。因此，教师应做到研读教材，明确关键概念；立足关键概念，整合教学内容；任务驱动，设计有效活动。单元整体教学为学生提供了主动学习的材料，设计有效的活动，增加宽泛的语言实践的空间，实现语文教学的多重功能，提升学生的语文素养，达成育人目标。

关键词：

关键概念；单元整体；教学设计

关键概念是构成语文学科的认知框架，在语文学习中具备广泛的解释力，能够引导学生在不同的言语情境中恰当迁移和运用概念解决现实问题，包括完成语言实践活动必须具备的关键能力、关键品质和关键的思维特征。

单元整体教学设计可以给学生提供更大的学习空间，解决更复杂的问题，有利于培养学生具有健全人格和必备的品质，有利于培养学生的语文素养，为落实“立德树人”的教育目标、培养德智体美劳全面发展的人奠定基础。而学生素养要通过主体的语言实践活动形成、发展并呈现出来。单元整体教学是聚焦主题、聚焦关键能力的单元学习内容，可以提供更完整的情境，呈现解决问题、发展素养的过程，让学生经历经验的自我建构过程，逐步提升素养。因此，单元整体教学具有十分重要的意义。

单元整体教学不是原有单篇教学设计的简单累加，而是立足关键能力，对教学内容的重组与整合，对学生学习过程的整体规划。那么，教师该如何进行单元整体教学设计？

一、研读教材，抓住关键概念

关键概念是单元教学的重点。统编教材每个单元的语文要素都可以作为关键概念，但关键概念不一定局限于语文要素。如：四年级“作家笔下的动物”单元，几篇课文呈现出同一作家不同作品和同一内容不同作家的表达。结合精读课文、略读课文、课后链接以及习题的编制，发现本单元的关键概念是：“比较”，用比较的思维阅读。因此，要研究教材，抓住关键概念教学。教材中的关键概念呈螺旋式上升，前后相互联系、相互依存，教学中要关注前后联系，使教学具有系统性和联系性。

二、立足关键概念，整合教学内容

统编教材的编写特点是双线组元。主题与语文要素、课文、课后链接与课后题、口语交际、习作是一个语文学习的系统。教材为学生学习提供内容，但学生的学习可以围绕关键概念或语文要素，对单元内的学习资源进行重组和整合，形成单元学习的进阶。

（一）重组、调整课文在单元教学中的顺序

整合并不是把原来不在一个单元的课文进行调整，也不是将一篇课文中的内容简单放到一起，而是要发挥整体之和大于部分的教学功能，通过整合，为学生搭建更大的学习空间，建立更完整的学习过程，展开更深入的思辨，促进学生素养的提升。教材中的单元设计是编者按照一定的系统设置的，备课时应根据需要重组。四年级“作家笔下的动物”单元，围绕核心概念“比较”进行重组。第一阶段重在学习，内容包括《猫》及《母鸡》。可以以老舍的《猫》为重点，通过与“阅读链接”中夏丏尊和周而复的《猫》的片段进行对比，掌握比较阅读的方法，发现老舍表达情感的特点；通过与《母鸡》甚至老舍更多相关文章进行自主的比较阅读，进一步感受老舍语言的特点。第二阶段是学生第一阶段学习的迁移和运用，以丰子恺的《白鹅》为重点，关联“阅读链接”

《白公鹅》，引导学生自主学习，自主交流。这样调换教学顺序，将“阅读链接”中夏丏尊和周而复的《猫》的片段前置，与课文进行比较阅读，更好地落实比较阅读的方法，为学生提供更大的阅读空间。

（二）依据语文要素，精准定位每篇课文的功能

课文是教材的主体部分，每篇课文都有一定的教学功能。精读课文是学生学习方法的载体，略读课文是练习的载体。每篇课文在各自的单元中都承载着不同的教学任务，要认真研究单元语文要素和课后习题，以确定基本的教学功能，有梯度地落实单元教学目标。如：四年级上册第二单元是“提问”策略单元，同样承载着落实“提问”策略培养的任务，四篇课文的功能定位也是不同的。第五课《一个豆荚里的五粒豆》是针对全文和局部提问，第六课《蝙蝠和雷达》是从不同角度提问，第七课《呼风唤雨的世纪》是整理和筛选问题，第八课《蝴蝶的家》是分类和筛选问题。单元整体上是树立提问的意识，养成提问的习惯。这个单元的要素落实是递进的，层层深入。也有些课文的教学功能是围绕核心概念从不同角度落实的。如二年级下册第七单元以“变化”为主题，以“借助提示讲故事”为语文核心要素。四篇课文的功能分别是：《大象的耳朵》回顾经验，调动兴趣；《蜘蛛开店》借助示意图讲故事；《青蛙卖泥塘》借助关键情节讲故事；《小毛虫》借助关键词句讲故事。几篇课文从不同角度提示学生学习讲故事的方法。精准定位教学功能，准确把握语文要素的前后联系，有利于学生的深度学习和目标达成，提升学生语文素养。

（三）读写整合，发挥课文更大功能

课标指出：语文课程是一门学习语言文字运用的综合性、实践性课程。教师要致力于培养学生的语言运用能力。口语交际与习作都是安排在每个单元的最后两个部分，如果按照教材的编排学完所有的课文，最后再学习这两个内容，有时会失去其应有的意义。在单元教学中通过整合单元内容，寻求读写结合点，将口语交际、阅读与写作有机整合，引导学生将文本中的结构、描写方法、写作技巧迁移到写作中来，将学法与写法相整合，读写结合，以读促写，学以致用。

如：六年级下册第二单元语文要素是“借助作品梗概，了解名著的主要内容，学写作品梗概”。教材安排的第五课《鲁滨孙漂流记》是“梗概+节选”的方式。习作要求写作品梗概，教学时，可将本课的阅读教学和习作教学整合。阅读《鲁滨孙漂流记》的梗概时，认知梗概的作用，借助梗概了解整本书的内

容，激发学生阅读的兴趣。同时对比节选与梗概的不同之处以及有联系的地方，发现梗概是保留文中重要的情节，将生动描写转换为简单叙述，对次要情节进行删减，但不改变原著的故事和要表达的思想。了解梗概的写法，引导学生读写结合，深化整本书阅读的方法，将梗概学深学透，提高教学效率，培养学生高阶思维能力。

因此，在阅读教学过程中，教师要努力整合教学内容，优化教学结构，构建多边互动，强化阅读实践，引导学生探究、思考，全面提高学生的语文素养。

三、任务驱动，设计有效活动

在无背景的情境下获得的知识，经常是惰性的和不具备实践作用的。学校应该在相关的或真实的情境中传授知识。北京市《学科改进意见》以及统编教材也都着重强调语文学习的综合性、实践性、开放性、体验性；提倡在生活中“学语文”“用语文”，在学生个体言语经验发展过程中培育语文学科核心素养。因此，只有设计高质量的学习活动，才能高质量地培养学生的语言运用能力。教师如何把“原生态”的语文课程资源，统整为与生活情境密切相关的学习活动，凸显言语活动的实践、语言文字的运用，是一个值得思考的问题。

（一）结合课文情景设置学习活动

《高中语文课程标准（2017年版2020年修订）》指出：教师应以“积极的语言实践活动”为核心，通过创设语言运用的情境，引发学生的需要和动机，提供必要的语文学习资源和有效的方法策略指导，引导学生在活动中实现语文素养的提升。在教学中要努力设计有思维空间的语言实践活动。如：五年级上册“民间故事”单元《猎人海力布》的教学，在学习课文时，教师设计“变化角色创造性复述课文”，小组合作讲述海力布“劝搬家”这部分内容，每组选择一个角色（海力布或者乡亲们），大胆想象讲述民间故事。学生在情境中变换着角色，讲得生动有趣而且具有创意。在创造性复述的过程中，学习运用语言，学生深切体会到民间故事的独特魅力。

（二）结合生活经验，设计学习活动

学习任务的设计，应该与学生的生活或学习相关，这样才能调动学生真实

的阅读需要，使学生主动参与到语文学习过程中，并根据任务解决过程中的实际情况，灵活地调整自己的语言实践，提高应对复杂情境的能力，提升语文素养。在六年级下册“民风民俗”单元的学习中，单元起始课时，教师将“口语交际”“习作”整合，结合生活设定一个学习任务单，即“民俗风情DIY行程”，以表格形式分别从景点特点、特色就餐、精美购物、民族风情体验几方面设计旅游行程，将学生置身于情境中，带着任务学习本单元课文，从人文、自然景观到餐饮文化及特产、民族风情，寻找最有特色的填写表格，既为学生提供研究的内容，也为学生提供活动支架。大家搜集资料、筛选特色材料、研究背后文化、准备讲解、招募游客，在完成口语交际任务的同时也为习作提供了丰富的材料，在解决生活问题中进行言语实践，提升学生语文综合素养。

（三）结合身边资源，设计拓展活动

语文学习资源无处不在，无处不有。在单元主题教学中，要善于利用身边资源帮助学生的语文学习从课内学习走向应用。在学习五年级上册“民间故事”单元之后，学生开展了调查民间故事的语文实践活动。学生们搜集本地区的民间故事进行研究，他们通过实地考察、调查访问、查阅资料，完成调查表。活动设计使学生兴趣盎然，不仅研究了本地区的民间故事，还迁移课内学到的方法，依托想象力讲述民间故事，在真实的情境中运用语言，在实践中传承民族文化，培养综合素养。

总之，单元整体教学要立足核心概念为学生提供真实的任务情景，激发学生语言实践的内驱力，借助精读、略读与链接的组合，借助略读与表达课的整合，课内阅读与课外阅读的整合，重整教学板块，为学生提供主动学习的材料，开阔语言实践的空间，实现语文教学的多重功能，提升学生的语文素养，达成育人目标。

参考文献：

[1] 中华人民共和国教育部．义务教育语文课程标准（2011 年版）[S]. 北京：北京师范大学出版社，2012.

[2] 中华人民共和国教育部．普通高中语文课程标准（2017 年版 2020 年修订）[S]. 北京：人民教育出版社，2020.

[3] 引自李英杰于 2021 年 1 月在“指向核心素养的学习进阶设计”讲座上的发言，有改动。